mosel

Nicole Sperk

Senkrechtstarter

Und jetzt die Blicke zum Himmel! Hoch oben über allem, was Menschen geschaffen haben, gleiten sie dahin wie Vögel und spüren grenzenlose Freiheit, die Drachenflieger, die nicht mehr brauchen als ein bisschen Ausrüstung und die richtigen Windverhältnisse. Von da oben sehen sie die schier unberührte Schönheit dieser besonderen Landschaft, die steilen Weinberge mit den kerzengerade gepflanzten Reben in den kleinen Terrassen, die sanft sich in die Hügel schmiegenden Häuser, die Wälder und Wiesen. Und, natürlich: den sanft dahinplätschernden Fluss. Komm, lass uns glücklich sein.

Überflieger

Oh, du Schleifenreiche …

Sauer macht lustig

Gehupft wie gesprungen

Echternach

Die Dinos sind los

Teufelsschlucht

Kaiser Konstantin war hier

Trier

Passioniertes Laienspiel

Schweich

Wein-schiff-bar

Klüsserath

Trittenheim

Neumagen

Mosel-Loreley

Piesport

Säule mit Vergangenheit

Igel

Konz

Wo der Elbling kühl im Glase perlt …

Wincheringen

Venedig an der Saar

Saarburg

Europa ist ein Dorf

Schengen

Haben Sie schon alle Tassen im Schrank?

Mettlach

Weinreich

Die Mosel — malerische Landschaften, romantische Orte und steile Weinberge links und rechts des Flusses. Fürs Herz, fürs Auge und für den Gaumen.

Querfeldein

Fundstücke — zwischen kleinen Dörfern und großen Städten, zwischen Trubel und Einsamkeit. An der Mosel ist Geschichte spürbar und das Eintauchen ins Hier und Jetzt leicht.

Kampf den Klischees

Das Restaurant ist altbacken eingerichtet, der Wein lieblich, und, sorry, aber draußen gibt es nur Kännchen. Ein anderes Mosel-Klischee besagt, dass vor allem Niederländer im Wohnwagen hier Urlaub machen. Ja, klar, das stimmt alles irgendwie. Es gibt aber noch so viel mehr. Lassen Sie sich davon den Blick nicht trüben. Kommen Sie und urteilen Sie selbst.

»Es war«

Reisefreund Goethe war ja praktisch überall und deswegen auch in dieser Region. »Wir genossen des köstlichsten Moselweins«, schrieb er. Weniger genossen hatte er zuvor eine Schifffahrt auf dem Fluss mit schwerer Seenot. Tucholsky wählte als Verkehrsmittel das zwischen Trier und Bullay verkehrende »Saufbähnchen«: »Wir soffen uns langsam den Fluss hinab. (…) Auf jeder dritten Station stiegen wir aus und sahen nach, wie es mit dem Weine wäre. Es war.«

Supertrubel

Cochem hat 5000 Einwohner und jährlich 1,5 Millionen Besucher. Ist das noch zu toppen?

Es gibt Moselaner, die behaupten, ihre Region sei am »Arsch der Welt«. Doch wie immer ist das eine Frage der Perspektive. Man kann ebenso mit Fug und Recht behaupten, dass diese Region mitten in Europa liegt. Nicht nur, weil Frankreich und Luxemburg direkte Nachbarn sind. Auch weil im kleinen Moseldorf Schengen nicht weniger verwirklicht wurde als die Vision eines grenzenlosen Europas.

Alle Farben auf der Palette

Sie würden am liebsten sofort losfahren? Werfen Sie lieber noch mal einen Blick auf den Kalender. Wie wäre es denn mit einer Reise im Herbst? Bevor sich Ende Oktober viele Hotels, Restaurants, Museen und Attraktionen in die Winterpause verabschieden, ist die schönste Reisezeit. Wenn sich im Indian Summer die Natur in allen erdenklichen Farben präsentiert, wird der Mensch schon mal sprachlos vor Überwältigung.

Sammellust
An der Mosel gibt es etliche Menschen, die etliche Dinge sammeln. Und sie zur großen Freude anderer Menschen auch noch ausstellen. In Beilstein kann man Kaffeemühlen bewundern, in Bernkastel-Kues Oldtimer, in Traben-Trarbach Buddhafiguren.

»Oh Moselstrand! Oh selig Land! Ihr grünen Berge, oh Fluss und Tal« – so singt das Mosellied.

Wunderbar wanderbar

Zu den schönsten Dingen an der Mosel gehört neben der Mosel selbst, den steilen Hängen, den Spuren römischen und mittelalterlichen Lebens, den Burgen, den schnuckeligen kleinen Orten und den pulsierenden Großstädten mit Sicherheit eins: das Wandern. Unzählige Wanderwege, große, kleine, einfache, schwierige und immer wieder neue geben dem Besucher die Gelegenheit, sich gratis an der frischen Luft zu bewegen, herrliche Naturschönheiten vom Wasserfall bis zum Waldbächlein zu entdecken und viel zu lernen. Über Flora und Fauna, über Weinbau und Wirtschaft, über Menschen und Legenden. Vom kurzen Spaziergang mit dem Kinderwagen bis zur anspruchsvollen Klettertour ist hier alles möglich.

Inhalt

Vor Ort

Trier und Umgebung 14

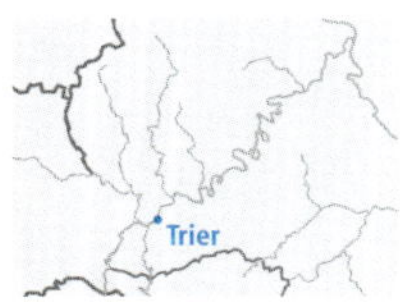

Auch das ist Trier: die grüne Oase Petrisberg hoch über den Dächern der Stadt

Südliche Weinmosel 42

Schweich bis Veldenz 72

Bernkastel-Kues bis Wolf 100

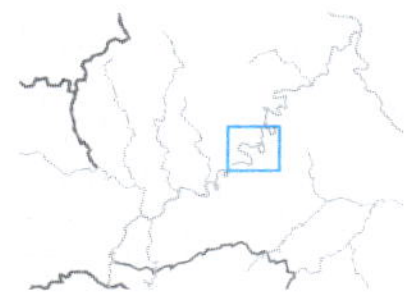

Zauberhaftes Fachwerk: die mittelalterliche Altstadt von Bernkastel-Kues

Traben-Trarbach bis Zell 128

Alf bis Bruttig-Fankel 152

Cochem bis Burg Eltz 172

Hatzenport bis Winningen 196

Koblenz und Umgebung

Alles ist im Fluss – oder auf dem Fluss …

Das Kleingedruckte

Das Magazin

Vor

Inbegriff der Mosel-Romantik: Cochem mit der Reichsburg

Ort

Trier und Umgebung

Viel Geschichte auf engem Raum — Wer einen Ort kennt, der mehr Geschichte pro Quadratmeter aufzuweisen hat, darf sich nach der Stadtführung mit einem Krug Viez belohnen.

Seite 17

Trier 

Augusta Treverorum war in der Spätantike Kaiserresidenz. Die antike Stadt lebt – mit neun UNESCO-Welterbestätten.

Seite 18

Porta Nigra

Triers Wahrzeichen heute ist das römische Stadttor Porta Nigra.

Seite 22

Dom St. Peter

Mit Sicherheit einer der Höhepunkte! Der Dom ist die älteste deutsche Bischofskirche, und in ihm sind von der Antike bis zur Gegenwart alle Stilepochen zu finden.

Salve! An den Römern kommt in Trier keiner vorbei.

Seite 24

Konstantin-Basilika

Die römische Palastaula, wo Kaiser Konstantin Audienz hielt, steht beispielhaft für einen Bauboom im 3./4. Jh.

Seite 26

Römische Badekultur

Wo haben sie gebadet und sauniert, die römischen Bewohner Triers? Nicht in den Kaiserthermen – dieser beeindruckende Bau blieb unvollendet. Die Tour führt Sie an Orte, wo Sie der antiken Badekultur auf den Grund gehen und mehr erfahren können, über und unter der Erde.

Seite 28

Rheinisches Landesmuseum

Die Sammlung hat ein internationales Niveau – und ein Besuch hilft, viele historische Zusammenhänge kennenzulernen und zu verstehen.

Seite 31

Kartoffel-Kiste

In der Kartoffel-Kiste wird die tolle Knolle in allen Varianten auf den Tisch gebracht – von Bratkartoffeln bis Kartoffelschnaps.

Seite 32

Auf dem Petrisberg

Trier ist eine alte, gleichzeitig aber auch eine moderne Stadt. Zur Landesgartenschau 2004 ist ein Konversionsgelände der französischen Armee zu einem wunderschönen Naherlebnispark umgestaltet worden.

Seite 38

Ruwer-Hochwald-Radweg

Wer den Bahntrassenweg radelt, kommt an Weinbergen vorbei, aber auch an Wiesen, an Mühlen und Burgen. Und radelt durch eine herrlich unberührte Landschaft.

Karl Marx ist der »größte« und wohl bekannteste Trierer weltweit.

Die Mosel spielt in Trier gar keine so große Rolle. Richtiges Leben am Fluss spielt sich nur am Zurlaubener Ufer mit Biergärten und Restaurants ab.

Junge alte Stadt

D

Die Deutsche Bahn hat Trier ganz schön aufs Abstellgleis geschoben: Kein Intercity steuert den Hauptbahnhof Trier an, nur Regionalzüge fahren zurzeit in Deutschlands älteste Stadt. Der Beliebtheit als Reiseziel tut das keinen Abbruch. Die Besucher kommen mit dem Auto, mit Reisebussen oder gleich mit dem Schiff. Rund 450 000 Gäste pro Jahr verzeichnet die offizielle Statistik. Die große Karl-Marx-Ausstellung 2018 war in touristischer Hinsicht ein voller Erfolg. Jeder vierte Gast jährlich kommt aktuell aus dem Ausland.

Deutschlands älteste Stadt

Was sie in Trier suchen? Dieses ganz besondere, unverwechselbare Flair der alten Kaiserresidenz. Die Römer haben sich mit grandiosen Bauten verewigt, die heute ganz selbstverständlich Teil des Stadtbildes sind: Porta Nigra und Kaiserthermen, Konstantin-Basilika und Amphitheater.

Trier ist nicht nur alt

Trier ist auch hip und jung und studentisch, hat schicke Cafés zu bieten und schöne Geschäfte. Dank der besonderen Lage mitten in Europa, im deutsch-französisch-luxemburgischen Dreiländereck, ist die Stimmung internationaler und weltoffener, als man es von einer mit 115 000 Einwohnern eher kleinen Großstadt eigentlich erwarten würde. Und dann ist da natürlich noch der Fluss. Städte am Wasser sind besondere Orte, immer. An den Ufern von Flüssen kann man sitzen oder entlangflanieren, die Stille genießen oder das geschäftige Leben, die wundervolle Natur oder den regen Schiffsverkehr. Und gleichzeitig kann man den Blick in die Ferne schweifen lassen, sich wegträumen in die weite Welt, flussabwärts, -aufwärts, zur Quelle, zur Mündung. Wo Wasser ist, ist Leben.

ORIENTIERUNG O

Internet: www.trier-info.de (Touristische Informationen in sechs Sprachen), www.zentrum-der-antike.de
Verkehr: Züge Richtung Köln über Koblenz oder auf der Eifelstrecke über Gerolstein und Euskirchen, Saarbrücken/Mannheim, Luxemburg/Metz. Busse fahren nach Berlin, Hamburg, München, Shuttlebusse zum Flughafen Hahn und nach Luxemburg, Busse des VRT fahren ins Trierer Umland, www.vrt-info.de.

Trier

Es gibt viele Städte, die sich schon glücklich schätzen würden, wenn sie nur einen Bruchteil der Sehenswürdigkeiten Triers besitzen würden. Sie stehen auf ganz engem Raum und sind zu Fuß oder im ungünstigsten Fall nach wenigen Minuten Busfahrt erreichbar: all die prachtvollen Bauwerke, die uns die Römer hinterlassen haben und die von den Kriegstreibern späterer Jahrhunderte verschont worden sind. Jedem von ihnen kann man theoretisch einen halben Tag widmen. Der Porta Nigra natürlich, der Konstantin-Basilika, dem Amphitheater, den Kaiser-, Barbara- und Viehmarkt-Thermen, dem Dom, dem Kurfürstlichen Palais, dem Priesterseminar. Die heutige Stadtentwicklung hat die Aufgabe, sie zu hegen und zu pflegen und gleichzeitig dafür zu sorgen, dass die Stadt nicht zum Freilichtmuseum wird. In Trier gelingt das, irgendwie.

Eine lebendige Stadt

Das Schöne an dieser so ungeheuer lebendigen Stadt Trier: Man kann einfach umherschlendern zwischen all diesen hübsch hergerichteten Häusern, Kaffee trinken oder Viez oder das erste Glas Riesling des Tages und sich freuen, dass es noch solche Innenstädte gibt. Ja, auch Trier klagt über Leerstände, aber bei Weitem nicht im selben Ausmaß wie andere Städte. Man fährt hier noch der Internetbestellerei zum Trotz zum Einkaufen in die Stadt. Für einen großen Teil des Hunsrücks, der Eifel und Luxemburgs ist Trier traditionell ein wichtiger Anziehungspunkt, kulturell, kulinarisch und für den Konsum.

Der Hauptmarkt von Trier: von gutbürgerlich bis elegant, von Mittelalter bis Barock, mit Steipe und Rotem Haus (links vorn)

Von der Porta Nigra in die Altstadt

Triers Wahrzeichen schlechthin

Kein Trierer sagt **Porta Nigra** ❶. Eigentlich sagt auch niemand »Porta«. Das Wahrzeichen der Stadt ist die »Pochta«. Ein Bauwerk, auf das die Einheimischen ungeheuer stolz sind – und auch sein können: Es handelt sich schließlich um das am besten erhaltene römische Stadttor nördlich der Alpen. Das »schwarze Tor« entstand um die Mitte des 2. Jh. und zwar keineswegs aus schwarzem, sondern im Gegenteil aus hellem Sandstein, der erst im Lauf der Zeit nachdunkelte. Ihren Namen hat die Porta Nigra daher auch erst im Mittelalter bekommen.

Der Eindruck, dass das Bauwerk irgendwie nicht so ganz fertig geworden ist – er täuscht nicht. Erbaut wurde das Stadttor nicht, weil die römischen Herrscher sich akut bedroht fühlten, sondern zu Repräsentationszwecken, um die herausragende Bedeutung Triers zu betonen. Zu seiner antiken Blütezeit im 4. Jh. lebten in Trier mehr als 80 000 Menschen. Eine Zahl, die erst wieder im 20. Jh. erreicht worden ist. Eigentlich fühlte man sich in der Stadt damals recht sicher. Doch eine überraschende Belagerung im Jahr 197 und der Beginn unruhiger Zeiten führten wohl dazu, dass die Porta Nigra nicht so repräsentativ ausfiel wie geplant.

Vielleicht hätte dem nördlichen Stadttor Porta Nigra im Mittelalter ein ähnliches Schicksal geblüht wie den anderen Stadttoren – Steinbruch, totale Abtragung. Ein christlicher Fundamentalist verhinderte das, wenn auch eher unabsichtlich: Simeon, ein nach Trier geratener Gesandter des Sinai-Klosters, ließ sich hier im 11. Jh. als Eremit einmauern. Die profane Porta wurde nach seinem Tod und seiner Heiligsprechung zur Simeonskirche umgebaut. Ein Konvent, das Simeonstift, siedelte sich neben der Doppelkirche an. Das blieb viele Jahrhunderte lang so, bis französische Revolutionstruppen, denen das Gotteshaus ein Dorn im Auge war, 1794 begannen den Bau abzutragen und als Baumaterial zu verwerten – dem gebot Napoleon schließlich Einhalt. Er ließ die unantiken Zutaten entfernen, was wiederum die preußische Regierung nach 1815 rückgängig machte und systematisch Denkmalschutzmaßnahmen unternahm. So spiegelt das Bauwerk heute auch die Geschichte der Stadt und ist ein hervorragender Ausgangspunkt, um ihre römischen Wurzeln kennenzulernen.

Porta-Nigra-Platz, www.trier-info.de/porta nigra-info, April–Sept. 9–18, Okt./März 9–17, Nov.–Feb. 9–16 Uhr, 4 €, erm. 3 €, 6–18 Jahre 2 €, Familienkarte ab 4 €

Klosterruhe und ein Revolutionär

Direkt neben der Porta Nigra befindet sich das **Simeonstift** ❷. Der romanische Bau aus der Mitte des 11. Jh. diente bis 1802 als Kloster und besitzt einen bemerkenswerten zweigeschossigen Kreuzgang.

F

FAKTENCHECK

Einwohner: 112 000
Bedeutung: wichtiges Zentrum für die Region Mosel-Eifel-Hunsrück-Saarland-Luxemburg, Industriestandort, Weinbau, Universität und Hochschule
Stimmung auf den ersten Blick: traditionsreich, geprägt von Geschichte und Kultur – Theater, Museen, historische Bauten
Stimmung auf den zweiten Blick: fröhlich, multikulturell, jung
Besonderheiten: großes kulturelles Angebot und viel Grün in der Stadt

Die Porta Nigra war ursprünglich eines von vier römischen Stadttoren – und es hat als einziges das Mittelalter überlebt, ohne zum Steinbruch zu werden. Die Porta Nigra ist das Wahrzeichen der Stadt und ein Symbol für ihre Geschichte.

In einem Teil des ehemaligen Stiftsgebäudes und in einem angrenzenden Neubau ist das Trierer **Stadtmuseum Simeonstift** (s. S. 28) untergebracht. Auf dem Vorplatz, dem Simeonsplatz, steht seit 2018 das **Karl-Marx-Denkmal** ❸, eine Schenkung der Volksrepublik China an die Stadt Trier (s. Zugabe S. 41).

Schön bunt rund um den Markt

Nicht nur in der Antike, auch im Mittelalter war Trier eine bedeutende Stadt. Dieser Eindruck hat sich vermutlich schon auf dem kurzen Weg von der Porta Nigra ins Zentrum verfestigt. Der **Hauptmarkt** ist ein Platz von bunter Schönheit – vor allem natürlich, wenn Wochenmarkt ist. Dazu tragen auch die reizvollen Bürgerhäuser bei. Die **Löwen-Apotheke** ❹, die im Jahr 1241 erstmals urkundlich erwähnt wurde, hat den Anspruch, die älteste Deutschlands zu sein. Sie befindet sich seit dem Jahr 1660 in Familienbesitz. Der große Gebäudekomplex **Palais Walderdorff** ❺, in dem unter anderem die Stadtbibliothek untergebracht ist, präsentiert seine Marktfront. Hier fällt beson-

MARKTKREUZ

M

Vor lauter Marktständen oft nicht zu sehen ist das **Marktkreuz,** eine Kopie des Originals aus dem Jahr 958, das sich im Stadtmuseum Simeonstift befindet. Das Marktkreuz wurde aufgestellt, als der Markt eingerichtet wurde – also bereits seit über 1000 Jahren ist Trier Marktstadt.

Trier

Ansehen

1 Porta Nigra
2 Simeonstift mit Stadtmuseum
3 Karl-Marx-Denkmal
4 Löwen-Apotheke
5 Palais Walderdorff/ Münze (Hauptwache)
6 Petrusbrunnen
7 Steipe
8 Judenpforte
9 Dom St. Peter
10 Liebfrauenkirche
11 Heuschreckbrunnen
12 Kornmarkt
13 Kurfürstliches Palais
14 Konstantin-Basilika
15 Amphitheater
16 St. Paulin
17 Römerbrücke
18 Rheinisches Landesmuseum
19 Karl-Marx-Haus
20 Museum am Dom
21 Schatzkammer Stadtbibliothek

Schlafen

1 Hotel Deutscher Hof
2 Römerstadt-Jugendherberge
3 Nells Park Hotel
4 ante porta – das Stadthotel

Essen

1 Schlemmereule
2 Astarix
3 Burgeramt
4 Zuppa
5 Restaurant Kartoffel-Kiste
6 Zurlauben
7 Zum Domstein

Einkaufen

1 Wochenmarkt
2 Das Weinhaus

Bewegen

1 Stand Up Paddling
2 Blocschokolade

Ausgehen

1 Tufa
2 Lucky's Luke
3 Theater Trier

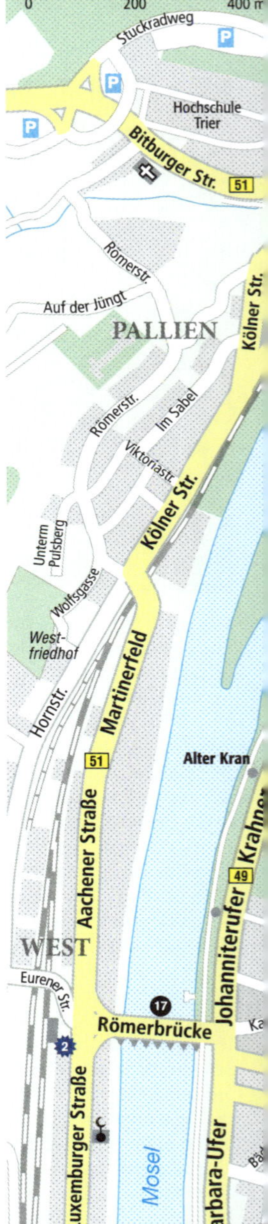

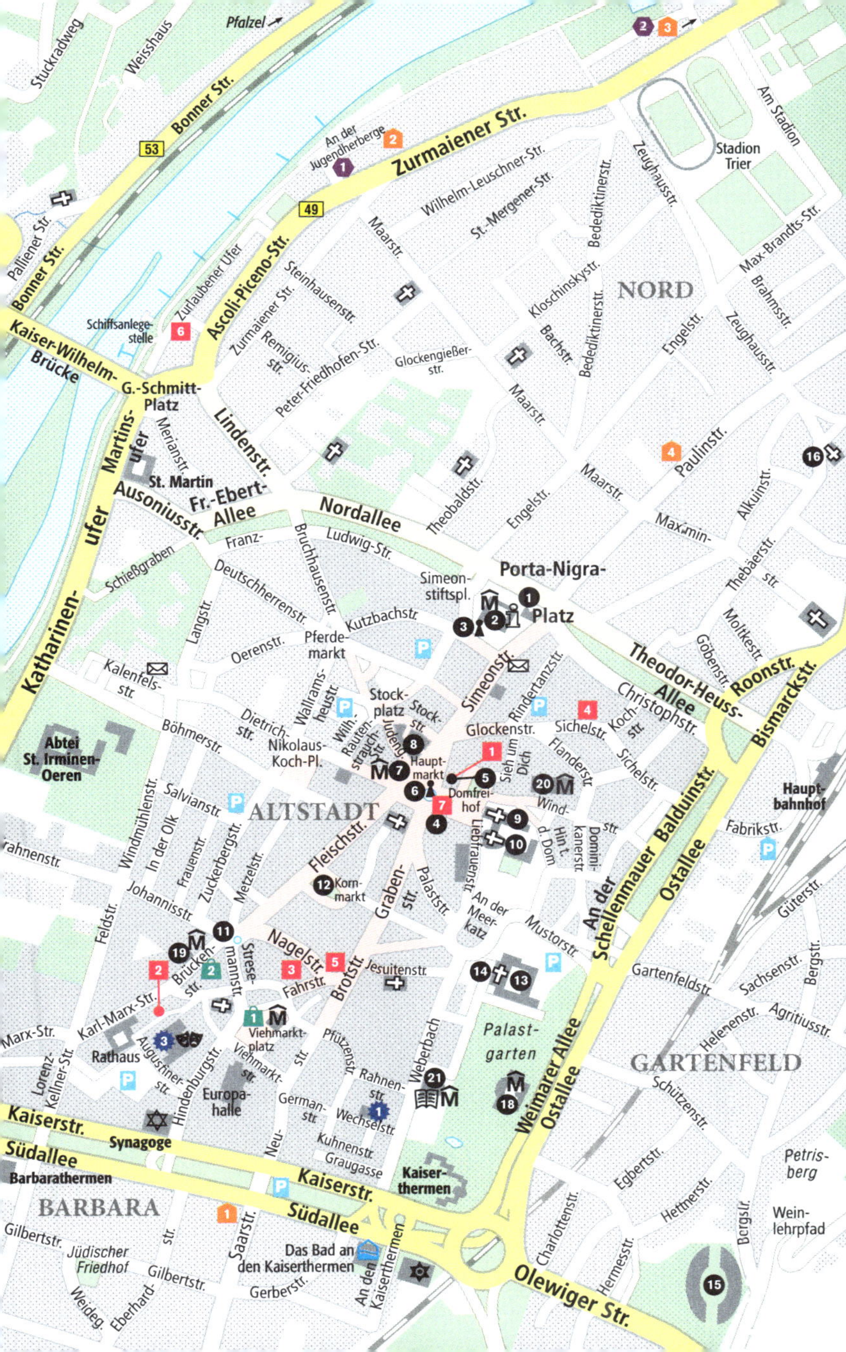
Pfalzel
Stuckradweg
Weisshaus
Bonner Str.
Zurmaiener Str.
An der Jugendherberge
Stadion Trier
Am Stadion
Zeughausstr.
Wilhelm-Leuschner-Str.
St.-Mergener-Str.
Bedediktinerstr.
Maarstr.
Pallienser Str.
Zurlaubener Ufer
Ascoli-Piceno-Str.
Steinhausenstr.
Max-Brandts-Str.
Brahmsstr.
NORD
Kloschinskystr.
Bachstr.
Schiffsanlegestelle
Kaiser-Wilhelm-Brücke
Remigiusstr.
Peter-Friedhofen-Str.
Glockengießerstr.
Engelstr.
G.-Schmitt-Platz
Lindenstr.
Martinsufer
Meriansstr.
St. Martin
Paulinstr.
Alkuinstr.
Ausoniusstr.
Fr.-Ebert-Allee
Nordallee
Theobaldstr.
Maximinstr.
Franz-Ludwig-Str.
Bruchhausenstr.
Simeonstiftspl.
Porta-Nigra-Platz
Thebäerstr.
Katharinenufer
Schießgraben
Deutschherrenstr.
Langstr.
Kutzbachstr.
Pferdemarkt
Oerenstr.
Moltkestr.
Göbenstr.
Theodor-Heuss-Allee
Roonstr.
Bismarckstr.
Kalenfelsstr.
Wallramsneustr.
Stockplatz
Stockstr.
Simeonstr.
Rindertanzstr.
Christophstr.
Kochstr.
Abtei St. Irminen-Oeren
Böhmerstr.
Dietrichstr.
Nikolaus-Koch-Pl.
Wilh.-Rautenstrauch-Str.
Judengasse
Hauptmarkt
Glockenstr.
Sichelstr.
Flanderstr.
Sieh um Dich
Domfreihof
Windstr.
Hauptbahnhof
Salvianstr.
ALTSTADT
Fleischstr.
Liebfrauenstr.
Hinter d. Dom
Dominikanerstr.
Balduinstr.
Fabrikstr.
Windmühlenstr.
In der Olk
Frauenstr.
Zuckerbergstr.
Metzelstr.
Kornmarkt
Grabenstr.
Palaststr.
An der Meerkatz
An der Schellenmauer
Ostallee
Güterstr.
Johannisstr.
Feldstr.
Nagelstr.
Mustorstr.
Brückenstr.
Stresemannstr.
Fahrstr.
Brotstr.
Jesuitenstr.
Gartenfeldstr.
Sachsenstr.
Bergstr.
Karl-Marx-Str.
Viehmarktplatz
Pfützenstr.
Weberbach
Palastgarten
Agritiusstr.
Helenenstr.
GARTENFELD
Rathaus
Augustinerstr.
Hindenburgstr.
Viehmarktstr.
Europahalle
Rahnenstr.
Weimarer Allee
Schützenstr.
Lorenz-Kellner-Str.
German-str.
Wechselstr.
Kaiserstr.
Synagoge
Neustr.
Kuhnenstr.
Graugasse
Kaiserthermen
Südallee
Barbarathermen
Egbertstr.
Petrisberg
BARBARA
Hettnerstr.
Weinlehrpfad
Gilbertstr.
Jüdischer Friedhof
Saarstr.
Das Bad an den Kaiserthermen
An den Kaiserthermen
Charlottenstr.
Hermesstr.
Bergstr.
Gerberstr.
Weideg.
Eberhardstr.
Olewiger Str.

ders das Eckhaus zur Sternstraße mit der Marienstatue auf: die ehemalige **Münze (Hauptwache)** ❺. Nicht zu übersehen ist der wunderschöne **Petrusbrunnen** ❻ aus dem Jahr 1595, der reich dekoriert ist. Vier Figuren symbolisieren die Kardinaltugenden: die Gerechtigkeit, die Stärke, die Mäßigung und die Weisheit.

Spuren des Mittelalters

Am Hauptmarkt fällt die spätgotische **Steipe** ❼ ins Auge. Hier schlägt das eigentliche Herz der Stadt. In dem Gebäude aus dem 15. Jh. tagte einst das Marktgericht, hier bewirteten die Ratsherren sich und ihre Gäste. Der Name ›Steipe‹ rührt von den Stützen des Arkadengangs im Untergeschoss her, auf Trierisch ›Steipen‹ genannt. Im Dezember 1944 wurde das Gebäude bei der Bombardierung Triers komplett zerstört. Auf Wunsch der Trierer wurde es 25 Jahre später originalgetreu wiederaufgebaut, gemeinsam mit dem angrenzenden barocken **Roten Haus** mit dem hübschen Volutengiebel. Die beiden Gebäude beherbergen heute ein Café und ein Spielzeugmuseum.

Spielzeugmuseum: Dietrichstr. 51, T 0651 758 50, www.spielzeugmuseum-trier.de, Di–So 11–17 Uhr, 6 €, 4–10 Jahre 2 €, 11–18 Jahre 3 €, Familienkarte ab 15 €

Das frühere jüdische Viertel

Vom Hauptmarkt gelangt man durch die **Judenpforte** ❽ und die **Judengasse** ins Karree Jakobstraße, Stockplatz und Stockstraße und damit ins mittelalterliche jüdische Viertel, das bis zur Vertreibung von Triers jüdischer Bevölkerung 1418 bestand. Die »cleynen Juden porten« (Judenpforte) wurde – eine demütigende Einschränkung der Bewegungsfreiheit – nach Läuten der »Lumpenglocke« von St. Gangolf nachts mit einer Kette verschlossen.

Eine große, bedeutende Kirche

Wenn man von der quirligen Sternstraße kommt, ist die Begegnung mit dem **Dom St. Peter** ❾ eine ganz unverhoffte. Elegant und eindrucksvoll steht sie da, die mit ihrer mehr als 1700 Jahre alten Geschichte älteste Bischofskirche Deutschlands, in der man einen Streifzug durch sämtliche Stilepochen der europäischen Bau- und Kunstgeschichte unternehmen kann – von der Antike bis zur Gegenwart. Seit 1986 zählt er zum UNESCO-Weltkulturerbe. Im Chaos der Völkerwanderung um das Jahr 500 und der Normannenüberfälle 882 blieben die junge Kirche und ihr bischöfliches Oberhaupt die Garanten der Kontinuität.

DER HEILIGE ROCK

H

Mittelalterliche Chroniken berichten, dass die 79-jährige Kaisermutter Helena 324 auf ihrer Wallfahrt nach Palästina nicht nur das Kreuz, sondern auch die Tunika Christi aufgespürt habe, von der schon im Johannesevangelium die Rede war: »Der Leibrock aber war ohne Naht, von oben an im Ganzen gewebt.« Die im Bistum hochverehrte Heilige erschien als glaubwürdige Zeugin für die Echtheit des Heiligen Rocks, der am 1. Mai 1196 aus dem Dunkel der Geschichte auftauchte. Alljährlich zu den Heilig-Rock-Tagen ist die Kapelle geöffnet. Der Rock aber bleibt im klimatisierten Schrein vor den Blicken verborgen und wird nur zu besonderen Anlässen gezeigt. Zuletzt, 2012, kamen über eine halbe Million Pilger. Nicht die Echtheit sei entscheidend, betont man heute, sondern der symbolische Gehalt. Das nahtlose Gewand stehe für die Einheit der Kirche.

Zu den Schätzen der Liebfrauenkirche gehört die Thronende Madonna aus dem 14. Jh.

Kaiser Konstantins Mutter, die hl. Helena, soll Anfang des 4. Jh. Bischof Agritius ihren Palast geschenkt haben, um darauf ein Gotteshaus zu bauen. Nach dem Zweiten Weltkrieg fand man tatsächlich Fragmente der Deckenbemalung eines Prunksaals mit Motiven der kaiserlichen Familie. Sie sind im **Museum am Dom** ausgestellt (s. S. 29). Die Anlage mit vier parallel angeordneten Basiliken und angrenzenden Atrien und Vorhöfen reichte fast bis an den heutigen Marktplatz heran.

Der Dom war auch schon früh eine Pilgerstätte. Die Statuen der hl. Helena und Kaiser Konstantins bewachen die kostbarste Reliquie des Bistums: den Heiligen Rock in der gleichnamigen Kapelle (s. S. 22).

Dom-Information: Liebfrauenstr. 12/Ecke Domfreihof, www.dominformation.de, Dom: April–Okt. 6.30–18, Nov.–März 6.30–17.30 Uhr; Domschatzkammer: Mo–Sa 11–17, So 12.30–17 Uhr

Eine kleine, sehr schöne Kirche

Die filigrane **Liebfrauenkirche** ❿ direkt neben dem Dom ist der älteste gotische Zentralbau Deutschlands. Sie wurde 1227 bis 1260 von französischen Bauleuten im Stil der Gotik der Île de France und der Champagne errichtet. Ihrem Grundriss liegt der Gedanke der zwölfblättrigen Rosa Mystica zugrunde. 1951 erhob sie der Papst zur Basilica minor, seit 1986 zählt sie zu den Trierer UNESCO-Welterbestätten.

Die Einkaufsmeile

Zwischen all den alten, bedeutenden Gebäuden, den imposanten Kirchen und den renommierten Museen befinden sich jede Menge moderne Restaurants und Geschäfte. Für viele Menschen sind sie der eigentliche Grund, regelmäßig in die Stadt zu fahren. Viele schöne Läden findet man in der **Fleischstraße** in Bauten mit Gründerzeitfassaden. Auch Jugendstil ist hier immer wieder zu finden. Der **Heuschreckbrunnen** ⓫, von Willi Hahn 1977 gestaltet, verewigt Trierer Originale wie Fischer's Maathes, der öfter mal mit preußischen Obrigkeiten im Clinch lag. Der Künstler selbst hat sich auch verewigt: Er steckt im Sockel des nach der Trierer Karnevalsgesellschaft ›Heuschreck‹ benannten Brunnens.

Geschäftig geht es in der **Brotstraße** zu, durch die man zum Hauptmarkt schlendern kann. Von der Porta Nigra bis zu den Thermen am Viehmarkt bieten sich zahlreiche Möglichkeiten, hübsche Geschäfte zu betreten oder in einem Café eine Pause einzulegen. Auch zum **Kornmarkt** ⓬ lohnt sich ein Abstecher. Hier steht seit Mitte des 18. Jh. einer der schönsten Rokokobrunnen Deutschlands, der Georgsbrunnen. Der Drachentöter bildet die Spitze, um-

KLEINE SPIELEN GERN ...

Familien finden direkt am Palastgarten zwei der schönsten Spielplätze Triers. Einer ist mit Sandkasten und Schaukel für Kleinkinder und einer mit Klettergerüst für größere Kinder geeignet. Daneben ist eine große Wiese zum Rennen und (Aus-)Toben.

geben wird er von Allegorien der vier Jahreszeiten.

Am Palastgarten

Architektonisches Juwel

Das **Kurfürstliche Palais** ⓭ nahe der Konstantin-Basilika war im 17. und 18. Jh. Residenz der Trierer Kurfürsten, die in Personalunion auch Erzbischöfe waren. Weniger glamourös ist seine heutige Nutzung: Das Palais ist Sitz der Aufsichts- und Dienstleistungsdirektion Trier (ADD), einer Landesbehörde, zu deren Aufgaben unter anderem die Schulaufsicht im Land gehört. Sofern man nicht gerade zu einer Veranstaltung im Südflügel geladen ist, kann man somit nur von außen bestaunen, welches Rokokojuwel der Architekt Johannes Seiz, ein Schüler von Balthasar Neumann, zusammen mit dem Bildhauer Ferdinand Tietz ab 1756 hier schuf.

Öffentlich zugänglich ist dagegen der wunderschöne Park, der auf der einen Seite vom Kurfürstlichen Palais begrenzt wird und auf der anderen Seite vom Rheinischen Landesmuseum. Der **Palastgarten**, ein Ort vollendeter barocker Gartenarchitektur, lädt ein zum Flanieren, zum Bestaunen der Wasserspiele, zum Luftholen unter großen Magnolienbäumen.

Römische Baumeister

Rom, Mailand, Thessaloniki, Konstantinopel – und Trier. Niemand wunderte sich im 3. und 4. Jh., wenn diese Städte in einem Atemzug genannt wurden. Trier war Kaiserresidenz und Hauptstadt des Weströmischen Reiches. In der Neuordnung des Imperiums spielte Trier eine wichtige Rolle. Damit begann in der Stadt etwas, was man heute als ›Bauboom‹ bezeichnen würde. Die römische **Palastaula**, auch Basilika oder **Konstantin-Basilika** ⓮ genannt, ist ein Beispiel für ein Bauprogramm auf engstem Raum. Verschiedene Kaiser haben sich ihrem Bau gewidmet: zuerst Augustus Maximian, dann Konstantius Chlorus und Konstantin. Gratian schließlich stattete die Palastaula wohnlich aus mit Marmor, Malerei und Mosaiken.

Dass man diesen Prunk heute nicht mehr sehen kann, liegt daran, dass das klassizistische Dekor, auf dessen Restaurierung König Friedrich Wilhelm IV. von Preußen im 19. Jh. Wert gelegt hatte, beim Bombenangriff 1944 komplett zerstört wurde. Auf seine Wiederherstellung wurde 1956 bewusst verzichtet. Heute wirkt das evangelische Gotteshaus einerseits schmucklos, dadurch andererseits aber auch sehr bodenständig.

Konstantinstr. 11, T 0651 99 49 12 00, www.konstantin-basilika.de, April–Okt. Mo–Sa 10–18, So 14–18, Nov. und Jan.–März Di–Sa 10–12, 14–16, So 14–16, Dez. Mo–Sa 10–12, 14–16, So 14–16 Uhr, Eintritt frei

Außerhalb der Innenstadt

Brot und Spiele

Dass man sich in einer Arena versammelt, um gemeinsam auf Rängen sitzend Theaterspektakel anzuschauen, Reden zu hören oder Feste zu feiern, ist keine Erfindung unserer Zeit. Schon im antiken Trier hatte die Bevölkerung ihr **Amphitheater ⓯**, in dem bis zu 18 000 Zuschauer Platz fanden. Der größte Unterschied zu heute ist vielleicht die Art der Massenunterhaltung: Damals erfreuten sich die Menschen hauptsächlich an den oft blutrünstigen Kämpfen zwischen Menschen oder zwischen Tieren. Die Käfige und Bereiche, in denen die Protagonisten auf ihren Einsatz warteten, können heute noch besichtigt werden.

Olewiger Str. 25, April–Sept. 9–18, Okt./März 9–17, Nov.–Feb. 9–16 Uhr, 4 €, Rentner, Arbeitslose, erm. 3 €, 7–18 Jahre 2,50 €, Familienkarte ab 4 €

Farbenfrohes Gotteshaus

Einladend, fantasiereich, im Innern prachtvoll überquellend – so stellt sich die spätbarocke katholische Pfarrkirche **St. Paulin ⓰** im Norden Triers dar. Eine erste Kirche an dieser Stelle war im 4. Jh. errichtet worden. Bis zum 17. Jh. folgten mehrere weitere Gotteshäuser, die alle durch Brände oder bei kriegerischen Auseinandersetzungen zerstört wurden.

Der Grundstein für die heutige Kirche wurde im 18. Jh. gelegt. Sie trägt Balthasar Neumanns Handschrift. Der berühmte Barockbaumeister gestaltete im frühen 18. Jh. nicht nur Schlösser in Würzburg oder Brühl, sondern auch Kircheninnenräume. Wenn Sie den Kopf in den Nacken legen, sehen Sie nicht nur den von ihm entworfenen Orgelprospekt, sondern auch das Deckengemälde von Christoph Thomas Scheffler (1743). Es zeigt das Schicksal des verbannten Bischofs Paulinus, dessen Gebeine nach seinem Tod 358 hierher überführt wur-

Opulent und überwältigend präsentiert sich der Hochaltar von St. Paulin. Die Innenausstattung der Kirche ist ein Werk des berühmten Barockbaumeisters Balthasar Neumann.

TOUR
Warmes Wasser und kalte Güsse

Auf den Spuren der römischen Badekultur in Trier

Infos

Start:
Kaiserthermen
Dauer:
2–3 Std.

Infos:
www.trier-info.de, Kaiserthermen April–Sept. 9–18, Okt., März 9–17, Nov.–Feb. 9–16 Uhr, Viehmarktthermen Di–So 11–17 Uhr, je 4 €

In warmem Wasser planschen, in der Sauna schwitzen und sich anschließend mit einem eiskalten Guss erfrischen – dass das Körper und Seele guttut, wussten schon die Römer. Sie kannten zwar den Begriff Wellness noch nicht, aber eine ausgeprägte Badekultur. In der Trierer Innenstadt kann man sie besichtigen. Oder genauer: das, was davon übrig geblieben ist. Die bekanntesten der drei Thermen haben allerdings nie einen Badenden gesehen.

Ein Badepalast, der nie fertig wurde

Von der Konstantin-Basilika aus gesehen am anderen Ende des Palastgartens liegen die **Kaiserthermen**. Sie sind wie die Basilika ein beeindruckendes Symbol römischer Baukunst. Vermutlich hatte sie noch vor dem Jahr 300 n. Chr. Kaiser Constantius I. in Auftrag gegeben, sein Sohn und Nachfolger Konstantin sollte sie vollenden. Doch sind sie nie als Bad genutzt worden. Als gerade mal der Rohbau fertig war, musste der Kaiser in einer politisch turbulenten Zeit Trier verlassen und sich ins damalige Byzantion begeben, später Konstantinopel, heute Istanbul. Vom Thermenprojekt blieb eine Bauruine.

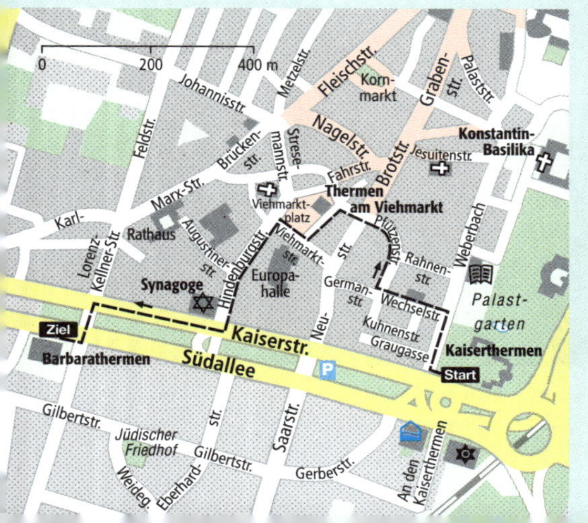

Ein Bau für viele Zwecke

Kaiser Valentinian I. erst machte Trier wieder zur Residenzstadt. Er und sein Sohn Gratian widmeten den Bau in der zweiten Hälfte des 4. Jh.

zur Kaserne um, 700 Soldaten lebten wohl darin. Später waren die Thermen Fluchtort für die Bevölkerung, sie dienten als Kloster, Burg und Stadtmauer. So überstand ihr Wahrzeichen, das imposante Warmwasserbad (Caldarium), die Zeiten, da es zur Exerzierhalle umfunktioniert und zuletzt in die mittelalterliche Eckbastion integriert worden war. Bis heute können die unterirdischen Katakomben besichtigt werden, die einst als Abwasserkanäle und Versorgungsschächte dienten. Vom Treppenturm aus kann man die Ausgrabung wunderbar überblicken.

Der für das Warmwasserbad der Kaiserthermen vorgesehene Gebäudeteil wurde im Mittelalter zur Eckbastion der Stadtmauer.

Römischer Badekultur auf den Grund gegangen

Die zweite Station auf unserer Thermen-Tour ist von den Kaiserthermen aus in etwa zehn Minuten zu Fuß erreichbar: die **Thermen am Viehmarkt**. Sie sind aus der Vergangenheit aufgetaucht, als Ende der 1980er-Jahre eine Tiefgarage auf dem Viehmarktplatz entstand. Es ist die erste Trierer Thermenanlage, gebaut etwa um 100. Sie hatten ein Warmbad und ein Kaltbad und dienten der Trierer Bevölkerung nicht nur als Ort, um sich zu reinigen – man konnte sich massieren und einölen lassen, es gab Dampfbäder und kosmetische Anwendungen. Darüber hinaus waren die Thermen aber auch ein Ort der Zusammenkünfte. Es wurde getratscht und man unterhielt sich mit Sport und Spiel, Festen und Feiern.

Hier badete das römische Trier in Luxus

Als letzte Station begeben wir uns zu den etwas außerhalb der Innenstadt gelegenen **Barbarathermen.** Vom Viehmarkt aus erreicht man sie nach einem weiteren zehnminütigen Spaziergang. Die Thermenanlage, deren Ruinen im Ausgrabungsgelände man von einer Aussichtsplattform sehen kann, zählte zu den größten öffentlichen Bädern des römischen Imperiums. Die Barbarathermen hatten verschieden temperierte Säle und Schwimmbecken, Ruhebänke und Saunen, gediegenes Marmordesign, Statuen und Mosaiken sowie ein ausgeklügeltes Heizsystem. Auf sie spielt Ausonius in der »Mosella« an, wenn er die »dampfenden Bäder« beschreibt.

Barbarathermen: April–Sept. 10–18, Okt., März 10–17, Nov.–Feb. 10–16 Uhr, Eintritt frei den, und das der Trierer Märtyrer, die um 300 von Kaiser Maximian auf dem Marsfeld angeblich hingerichtet wurden. Die »Trierer Märtyrertage« erinnern jedes Jahr um den 5. Oktober an diese – von Historikern bezweifelte – Bluttat, die einst die Mosel bis vor Neumagen blutrot gefärbt haben soll. Papst Pius XII. erhob St. Paulin im Jahr 1958 zur päpstlichen Basilika.

Thebäerstraße, T 0651 27 08 50, www.stpaulin.de, Mo, Mi–Sa 9–17, Di 11–17, So 10–17 Uhr

Am Moselufer

Über diese Brücke ...

... musst du fahren, wenn du in die Trierer Stadtteile auf der anderen Moselseite möchtest. Wie es sich für die älteste Stadt Deutschlands gehört, handelt es sich bei der **Römerbrücke** ⓱ um die älteste Brücke des Landes. Die Pfeiler der Brücke, die die dritte an dieser Stelle seit der Stadtgründung ist, stammen aus dem 2. Jh. Im Jahr 1931 wurde die Brücke verbreitert. Im Zweiten Weltkrieg blieb sie unzerstört. Seit 2021 wird der westliche Brückenkopf umgestaltet, ein neuer Haltepunkt Bahnhof Trier-West eingerichtet und der Verkehr anders geführt. Auch das Moselufer, das außer den Biergärten in Zurlauben (s. S. 31) und der Jugendherberge wenige Anziehungspunkte hat, soll in den kommenden Jahren aufgewertet werden. Das Schlagwort dazu heißt, wie an vielen Stellen in Deutschland, »Stadt am Fluss«.

Museen

Antike und mehr

⓲ Rheinisches Landesmuseum: Augusta Treverorum war eine der bedeutendsten Städte des Römischen Reiches. Von der Pracht der kaiserlichen Residenzstadt zeugen Baudenkmäler an fast jeder Straßenecke. Im Rheinischen Landesmuseum, einem der bedeutendsten archäologischen Museen in Deutschland, können Besucher tief eintauchen in das Leben der Menschen damals. Zur Sammlung gehört der bisher größte gefundene römische Münzschatz, den ein Hobby-Archäologe 1993 auf einem Gelände fand, auf dem gerade ein neues Parkdeck gebaut wurde. Wer schon in Neumagen 40 km flussabwärts den Nachbau des Weinschiffs gesehen hat, kann hier das Original bewundern. Und viele antike Kunstwerke, Mosaiken, Grabmonumente, und, und, und.

Weimarer Allee 1, www.landesmuseum-trier.de, Di–So 10–17 Uhr, 8 €

Nicht nur von außen schön

Stadtmuseum Simeonstift: Um dieses Museum zu finden, braucht niemand sein Smartphone oder ortskundige Menschen nach dem Weg zu fragen. Es ist nicht zu verfehlen: Direkt neben der Porta Nigra befindet es sich in dem romanischen Bau des ehemaligen **Klosters Simeonstift** ❷ (s. S. 18). Das Gebäude ist mindestens so interessant wie die Exponate, die hier die Geschichte der Stadt Trier und ihrer Bewohner erzählen: Möbel, Gemälde, Skulpturen, Kunsthandwerk, ein

NAMENSSTREIT

Dass Karl Marx ein großer Sohn der Stadt ist, will Trier nicht immer wahrhaben. Versuche, die Universität nach ihm zu benennen, scheitern regelmäßig. Sie wird vermutlich namenlos bleiben. Im Kalten Krieg, von 1953 bis 1991, trugen übrigens die Universitäten von Leipzig und Budapest Karl Marx im Namen.

Modell der Stadt. Im »Trierkino« können Besucher Filme und Filmchen über die Stadt anschauen. Und einen schönen Blick auf die berühmte Porta Nigra hat man auch.

Simeonstr. 60, www.museum-trier.de, Di–So 10–17 Uhr, 5,50 €

Für Marxisten aller Länder

⑲ Karl-Marx-Haus: Aus China kommen viele Marx-Fans nach Trier. In dem Haus, in dem der berühmte Philosoph und Ökonom am 5. Mai 1818 seinen ersten Schrei tat, hat die Friedrich-Ebert-Stiftung ein Museum eingerichtet. Die anlässlich seines 200. Geburtstags komplett neu konzipierte Dauerausstellung informiert über das nicht sehr glückliche, von vielen privaten Problemen und finanziellen Sorgen geprägte Leben Marx'. Und natürlich über sein bahnbrechendes Werk. Weder dessen Verbreitung noch die Ausnutzung seiner Ideen durch fragwürdige Ideologien hat Marx miterlebt. Er starb 1883 in London (s. auch Zugabe S. 41).

Brückenstr. 10, www.fes.de/museum-karl-marx-haus, tgl. 10–18 Uhr, 5 €, erm. 3,50 €, Familien 9 €

Die Geschichte der Frömmigkeit

⑳ Museum am Dom: Der Name »Museum am Dom« lässt sich deutlich einfacher merken als der alte: Bischöfliches Dom- und Diözesanmuseum. Der neue Name demonstriert auch die Offenheit des Hauses, das in einem ehemaligen königlich-preußischen Gefängnis untergebracht ist. Hier werden nicht nur christliche Kunst, religiöse Gegenstände und Werke von kirchengeschichtlicher Bedeutung gezeigt. Sonderausstellungen sollen regelmäßig die Auseinandersetzung mit zeitgenössischer Kunst anregen. Das Museum liegt nicht nur am Dom, sondern es beschäftigt sich auch mit der Hohen Domkirche St. Peter zu Trier, ihren spätantiken Vorgängerbauten und dem Domschatz.

Platz der Menschenwürde 1, www.museum-am-dom-trier.de, Di–Sa 9–17, So 13–17 Uhr, 5 €, erm. 3 €, Familien ab 6 €

Besondere Bücher

㉑ Schatzkammer der Stadtbibliothek: Das vor wenigen Jahren eröffnete Museum in Trier ist eines, das bibliophile Schätze der Öffentlichkeit präsentiert. Und zwar wirklich nicht Schätzchen, sondern richtige Kostbarkeiten von internationalem Rang. Dazu gehören z. B. Originalhandschriften von Goethe, Nikolaus von Kues oder Karl Marx, ein »Fischkalender« aus dem Jahr 1493, eine Gutenbergbibel und das Mainzer »Catholicon«.

Weberbach 25, T 0651 718 14 27, www.stadtbibliothek-weberbach.de/schatzkammer, Di–So 10–17 Uhr, 6 €, Schüler ab 18 Jahre/Stud./ab 65 Jahre 3 €, Familienkarte 8 €

Schlafen

Auf historischem Boden

1 Hotel Deutscher Hof: Das 3-Sterne-Hotel besitzt einen modernen Wellnessbereich mit Sauna, Dampfbad und Solarium. Übrigens entdeckten Archäologen des Rheinischen Landesmuseums bei zwei großen Ausgrabungen 2017 und 2018 unter der Tiefgarage südlich des Hotels römische Mauern und einen Abwasserkanal. Womöglich befand sich schon in der Antike an dieser Stelle eine Unterkunft für Besucher. Und vielleicht auch ein Bad. Das Hotel hat sich Nachhaltigkeit auf die Fahnen geschrieben: Energie kommt von eigenen Solaranlagen, der Apfelsaft fürs Frühstück von regionalen Streuobstwiesen.

Südallee 25, T 0651 977 80, www.hotel-deutscher-hof.de, 100 Zimmer, €€

Unschlagbar

2 Römerstadt-Jugendherberge: Würde im Zimmer noch ein Fernseher stehen und müsste man nicht sein (Stock-)

Bett selbst beziehen und den Frühstückstisch abräumen – es gäbe kaum noch einen Unterschied zu einem Hotelzimmer. Die Trierer Jugendherberge ist erst vor wenigen Jahren renoviert und vergrößert worden. Und die Lage ist sowieso einmalig: An der Mosel entlang kann man in die Innenstadt flanieren.

An der Jugendherberge 4, T 0651 14 66 20, www.diejugendherbergen.de/trier, ca. 370 Betten, €

Einen Rosengarten, versprochen

3 **Nells Park Hotel:** Aus dem Bett zum Sektfrühstück, von da in die Sauna und anschließend eine Runde durch den Rosengarten? Dieses Wohlfühlprogramm hat ein Aufenthalt in diesem traditionsreichen Haus zu bieten. Und falls man zufällig in Trier heiraten möchte, kann man hier gleich noch ein Feuerwerk steigen lassen.

Dasbachstr. 12, T 0651 144 40, www.nellsparkhotel.de, 77 Zimmer, €€–€€€

Im Herzen der Stadt

4 **ante porta – das Stadthotel:** Nein, nicht auf Loriots groteske Komödie »Pappa ante portas« um den Sparfurchs Heinrich Lohse spielt der Name dieses Hotels an, sondern auf seine zentrale Lage: Sein größter Vorzug ist, dass es nur etwa 400 m von der Porta Nigra entfernt liegt. Vermeintlich überflüssigen Schnickschnack wie einen Wellnessbereich gibt es hier nicht.

Paulinstr. 66, T 0651 43 68 50, www.hotel-anteporta.de, 37 Zimmer, €€

Essen

Eul doch!

1 **Schlemmereule:** Peter Schmalens Restaurant im Palais Walderdorff ist

Wenn es Abend wird in Trier und das Wetter schön ist, wird es Zeit für einen Schoppen Riesling mit Blick auf die Mosel in den ehemaligen Fischerhäusern am Zurlaubener Ufer.

eine der Top-Adressen für Gourmets in Trier – und dabei gar nicht mal so teuer. Für 23 € wird ein Mittagessen inklusive Suppe oder Salat und einem kleinen Glas Wein serviert. Auf der Speisekarte finden sich modern interpretierte Klassiker wie Rindertatar mit Trüffel-Mayonnaise oder Rehnüsschen mit Mehlklößchen und auf der Weinkarte 200 Positionen aus dem In- und Ausland.

Domfreihof 1b, T 0651 736 16, www.schlemmereule.com, Di–Sa 12–14.30, 18–21 Uhr, €€–€€€

Hunger nach Engagement

2 Astarix: Vor mehr als 40 Jahren wurde das Astarix als Vereinslokal des vom Asta gegründeten »Verein zur Förderung der Kommunikation zwischen Trierer Bürgern und Studenten« ins Leben gerufen und bis heute wird dort gerne über Politik diskutiert. Angeboten werden u. a. Toasts, Chili con Carne sowie viele vegetarische und vegane Gerichte.

Karl-Marx-Str. 11, T 0651 722 39, www.astarix-trier.de, Mo–Sa ab 11.30, So ab 13 Uhr, €€

Gut burgerlich

3 Burgeramt: Inzwischen hat der Burger-Trend ja wirklich so gut wie jede Kleinstadt erfasst. In Trier war das Burgeramt, ein Ableger des gleichnamigen Berliner Ladens, Vorreiter und erfreut sich auch nach dem ersten Hype noch sehr großer Beliebtheit. Mit einer kleinen Wartezeit ist daher immer zu rechnen. Die Belohnung: ein Chicken-Erdnuss-Burger, ein Gorgonzola-Burger oder ein Luxemburger. Für Vegetarier und Veganer gibt es eigene Kreationen.

Nagelstr. 18, T 0651 99 46 63 41, www.burgeramt-trier.de, Di–So 11.30–21 Uhr, €–€€

Für Suppenkasper

4 Zuppa: Lust auf einen spanischen Rindfleischeintopf mit Chorizo? Eine Hackfleisch-Käse-Lauchsuppe? Oder eine Kartoffelsuppe mit Pomodori und Oliven? Die Köchinnen Nicola Kellermann und Ute Klasen bringen in ihrer Suppenbar jeden Tag neue, traditionelle, exotische oder vegane Suppen auf den Tisch – und sind nicht nur damit erfolgreich, sondern auch mit Kochbüchern.

Sichelstr. 18, T 0651 206 47 13, www.zuppa-trier.de, Mo–Fr 11.30–15 Uhr, €

Tolle Knolle

5 Restaurant Kartoffel-Kiste: Die Knolle ist seit Hunderten von Jahren eine der wichtigsten Zutaten in der Moselregion. Die »Kiste« würdigt sie in all ihren Facetten und bringt sie als Bratkartoffeln, Pommes, Ofenkartoffel und Kartoffelsalat auf den Tisch. Und als Kartoffelschnaps, Kartoffelbrot und Kartoffelstroh … müssen Sie auch gerade an Forrest Gump und seine Shrimps denken?

Fahrstr. 13–14, T 0651 979 00 66, www.kistetrier.de, tgl. 11–23 Uhr, €€

Am Ufer

6 Zurlauben: Früher war Zurlauben am Moselufer neben der Kaiser-Wilhelm-Brücke ein Fischerdorf. Heute residieren in den alten Fischerhäusern Restaurants und Gaststätten mit Biergärten Richtung Moselufer. Pizza, kroatische Küche, Schnitzel oder Steak? Das Angebot ist vielfältig, und wir wollen gar nicht ein Lokal herausgreifen. Sehen Sie selbst, was Ihnen schmeckt. Und wo noch Platz ist.

Zurlaubener Ufer, €–€€

Die konnten kochen, die Römer

7 Zum Domstein: »De Re Coquinaria« heißt das historische Kochbuch, von dem zwei Abschriften aus dem 9. Jh. erhalten sind. Verfasst hat es neben vielen unbekannten Autoren Marcus Gavius Apicius. Überall an der Mosel wird nach diesen historischen Rezepten gekocht – und die auf dem Gelände einer ehemaligen prächtigen antiken Villa residierende Weinstube war der Vorreiter.

TOUR
Die himmlische Ruhe

Spaziergang auf dem Petrisberg

Infos

Start: Max-Planck-Straße

Anfahrt: Bus Nummer 4 oder 85 (alle 30 Min.) oder zu Fuß über den Weinlehrpfad im Stadtteil Olewig

Wenige Gehminuten oberhalb des Amphitheaters ist vom Trubel der Trierer Altstadt nichts mehr zu spüren. Bei einem Spaziergang über ein wunderschönes Gelände, das 2004 als Schauplatz für die Landesgartenschau diente, kann man tief durchatmen, hübsche Häuser bewundern und imposante Kunstwerke, kann herrliche Ausblicke genießen – oder einfach ein kühles Pils.

Arbeiten und leben

Durch den Abzug der französischen Armee aus Trier gab es im Jahr 2004 Gelegenheit, die Stadtentwicklung zu feiern. Denn die Landesgartenschau war weniger eine Blümchenschau als eine Präsentation des Wohnens, Arbeitens und Lebens in der Zukunft: nachhaltig, hochwertig und naturnah. Im Wissenschaftspark entstanden rund 180 Unternehmen aus Technologie und Forschung.

Die Kunst des Entspannens …

Lebendige Erinnerungen
Beginnen wir unseren Rundgang an der **Max-Planck-Straße,** wo hübsche bunte Reihenhäuser stehen und man am Wasser sitzen kann – wenn auch leider nur auf Stufen und nicht in einem Café oder Bistro. Von da aus führt ein schöner Spaziergang die **Jean-Paul-Sartre-Promenade** entlang. Ein Blick in die Gartenanlage mit den **Gärten der Partnerstädte** ist nicht nur etwas für Gartenfans. Sämtliche Partnerstädte Triers sind vertreten mit ihren Beiträgen zur Landesgartenschau 2004 und diese Gärten sind als Erinnerung erhalten geblieben. Ein Landschaftsgärtner aus dem chinesischen Xiamen schuf den **chinesischen Landschaftsgarten** samt Skulpturen aus ziegelartigem rotem Stein.

Ein Knicks, bitte
Überhaupt, Kunst: Die findet man links und rechts der Kastanienallee immer wieder. Informieren kann man sich auch – über Hochwasserschutz, Versiegelungen und das sogenannte Rückhaltebecken (Retentionsbecken). Fällt der Blick einmal nach unten auf den Boden, wird man in freundlicher Mundart daran erinnert, dass man sich bei der Gelegenheit doch auch einmal um seine Gesundheit kümmern könnte – der Radfahrer und der Jogger machen es vor. »Für de Poppes und de Strompelscher«, für das Gesäß und für die Beine, ist der »Hofknicks«: Schrittposition, Ferse des hinteren Beines anheben. Becken senkrecht absenken und wieder hoch. Viermal zehn bis zwölf Wiederholungen.

Herrliche Aussicht(en)
Ist das Fitnessprogramm erst einmal geschafft, geht der Spaziergang weiter zum **»Turm Luxemburg«**, eine begehbare Skulptur, die die Stadt Luxemburg den Trierern geschenkt hat. Von der obersten Empore des schon von Anfang an rostigen Monuments hat man eine sagenhafte Aussicht auf die Weinberge, auf den Beachvolleyball- und den Fußballplatz und auf den schönen Biergarten Vier Jahreszeiten. Und weiter geht der Spaziergang: durch schöne Landschaften und himmlische Ruhe. Vielleicht bis zum Aussichtspunkt (s. Lieblingsort S. 35).

Im Restaurant Vier Jahreszeiten zu Füßen des Turms kann man sich ein Mittagessen, ein Stück Kuchen oder ein Glas Wein gönnen, bevor man weiterspaziert.

SCHÄRENSPRUNG

Ein besonderes Spektakel wird am Fastnachtsdienstags in Trier-Biewer geboten: Hand in Hand springen die Narren durch die Straßen, tanzen und singen. Dieser Brauch hat einen alten, möglicherweise sogar keltischen Ursprung.

Hauptmarkt 5, T 0651 744 90, www.domstein.de, tgl. 9.30–0 Uhr, €€

Einkaufen

Markttage

1 Wochenmarkt Viehmarkt: Auf dem Hauptmarkt kann man jeden Tag Obst, Gemüse und Blumen kaufen. Auf dem zweimal wöchentlich stattfindenden Markt auf dem **Viehmarkt** gibt es zusätzlich Käse und Wurst, Brot und Backwaren, Honig und Eier. Eine schöne Gelegenheit, die Erzeugnisse von Bauern, Imkern, Käsereien und Metzgereien aus der Umgebung von Trier sowie aus dem Hunsrück und aus der Eifel kennenzulernen.

Ständiger Markt: Hauptmarkt, Mo–Sa April–Sept. 7–19, Okt.–März 8–19 Uhr; Wochenmarkt: Viehmarktplatz, Di/Fr April–Sept. 7–14, Okt.–März 8–14 Uhr

Poesie in Flaschen

2 Das Weinhaus: Sie möchten einen ganz bestimmten Wein von Mosel, Saar oder Ruwer mit nach Hause nehmen? Oder sind auf der Suche nach einer Empfehlung für einen guten Riesling oder Rotwein aus der Region? Dieser nette Laden, der mit Weingutspreisen wirbt, hat ein riesiges Sortiment – und die Mitarbeiter den Überblick. Ein Restaurant, in dem der Wein gleich getrunken werden kann, ist auch dabei.

Brückenstr. 7, T 0651 170 49 24, www.weinhaus-trier.de, tgl. ab 10 Uhr

Bewegen

Voll im Trend

1 Stand Up Paddling: Der Trendsport ist auch in Trier angekommen. Auf Höhe der Jugendherberge ist eine Station, an der man Boards und Paddel ausleihen und an Kursen teilnehmen kann. Und dann wird losgepaddelt Richtung Römerbrücke.

www.sup-trier.de

Interessante Kombi

2 Blocschokolade: Bei der Blocschokolade handelt es sich um eine Konditorei mit Schaubackstube – und eine Boulderhalle. Das liegt daran, dass die beiden Konditormeister Sara Weichel und Rudolf Pull in ihrer Freizeit leidenschaftlich gerne bouldern – aber so wenig Freizeit haben, dass sie sich die Boulderhalle in ihrer Konditorei eingerichtet haben. Wie praktisch, dass man als Besucher die Kalorien gleich wieder abtrainieren kann …

Ruwerer Str. 27, T 0651 15 04 22 49, www.blocschokolade.de, Fr–Mo 10–22, Di–Do 10–23 Uhr

Ausgehen

Immer was los

Tufa: Tufa ist die Abkürzung für Tuchfabrik – in einer solchen ehemaligen residiert seit den 1980er-Jahren ein Kulturzentrum. »Der Meister« Guildo Horn startete von hier aus einen Siegeszug in die Charts. Das Spektrum an Veranstaltungen ist sehr breit: Comedy und Kabarett, Musik und Open-Air-Kino, Literatur, Musical …

Wechselstr. 4–6, T 0651 718 24 12, www.tufa-trier.de

Lieblingsort

Alles da

Von oben herabschauen auf Trier – das kann man am besten und schönsten vom **Aussichtspunkt Petrisberg**. Von dem in den Weinbergen über dem Amphitheater gelegenen Ort sieht man auf alles, was diese Stadt aus- und so besonders macht: diese einzigartige Mischung aus Wäldern, Wiesen und Weinbergen, das Wasser der Mosel und die Innenstadt mit ihren alten, teils weltberühmten Gebäuden. Das Ziegeldach der Konstantin-Basilika ist gut zu erkennen, die Kaiserthermen, der Dom. Auch nicht schlecht: Der Aussichtspunkt hat eine Haltebucht, in der man sein Auto abstellen kann, um zu gucken und zu staunen.

Bis in die Puppen

2 **Lucky's Luke:** Der Club an der Römerbrücke ist eine Institution: Er existiert schon seit 1989. Andere Lokalitäten eröffneten und schlossen wieder – die »Luke« blieb einfach. Veranstaltet werden hier Partys und Konzerte mit Indie-, Alternative-, Britpop-, Metal- und Punk-Bands.

Luxemburger Str. 6, T 0651 834 53, www.luke.de

Traditionshaus

3 **Theater Trier:** Das renommierte städtische Dreisparten-Theater (Oper, Schauspiel, Ballett) mit festem Ensemble setzt trotz knapper Kassen kontinuierlich weiter auf Qualität. In den nächsten Jahren soll der marode Bau aus den 1960er-Jahren generalsaniert werden. Das Theater bekommt für diese Zeit eine Interimsspielstätte am Kulturzentrum Tufa (s. o.).

Am Augustinerhof 3, T 0651 718 34 64, www.theater-trier.de

Feiern

- **Altstadtfest:** Letztes Juniwochenende. Das Fest der Feste in Trier zwischen Porta Nigra und Viehmarkt, mit jeder Menge Musik, Essen und Wein – und der »Meister« Guildo Horn, der wahrscheinlich nach Karl Marx bekannteste Trierer, steht regelmäßig auf der Bühne.
- **Moselfest:** Im Juli. Traditionelles Heimatfest »en Zalawen« – am Zurlaubener Ufer.
- **Trierer Silvesterlauf:** Stadtlauf mit verschiedenen Strecken für Männer, Frauen, Jugendliche und Kinder, mit Konfetti und Sambarhythmen fast wie in São Paulo.

Infos

- **Tourist-Information:** An der Porta Nigra, T 0651 97 80 80, www.trier-info.de
- **Bahn:** Züge auf der Moselstrecke Richtung Koblenz, nach Luxemburg und Saarbrücken sowie bis Perl. Auf der Eifelstrecke über Gerolstein und Euskirchen nach Köln.
- **Stadtverkehr:** Ein gut ausgebautes Busnetz versorgt den Raum Trier mit seinen 19 Ortsteilen. Liniennetzplan und Infos unter www.vrt-info.de.
- **Mit dem Auto:** Das Verkehrsaufkommen in Trier kann schon mal nerven. Da viele Besucher aus dem Saarland, aus dem Hunsrück, von der Mosel oder aus Luxemburg mit dem Auto kommen, um z. B. samstags in der Stadt einzukaufen, können die Parkhäuser ein frustrierendes »Besetzt«-Zeichen anzeigen. Kostenlose Parkplätze in der Innenstadt sind praktisch Fehlanzeige. Wer etwas Zeit hat, kann das Auto außerhalb abstellen und mit dem Bus ins Zentrum fahren. Vom P&R-Platz Messepark nimmt man die Linie 3 (Richtung Tarforst, 20-Min.-Takt). Kostenlose Parkplätze gibt es auch am P&R-Platz Verteilerkreis/Riverside im Trierer Norden. Von hier verkehrt die Linie 1 (Richtung Euren) ins Zentrum.
- **Schiff:** Eine Alternative zum Auto, die auch noch Spaß macht, ist eine Schifffahrt auf Mosel oder Saar nach Trier. Informationen zum Fahrplan gibt es unter www.moselrundfahrten.de. Die Schiffsanlegestelle befindet sich am Zurlaubener Ufer.

Ausflüge in die Umgebung

Immer noch dörflich

Pfalzel (D 6) ist ein kleiner und sehr hübscher Stadtteil direkt am Moselufer. Von der Trierer Innenstadt aus kann man ihn am besten mit dem Schiff oder mit dem Fahrrad erreichen. Der Name Pfalzel steht für »kleine Pfalz« *(palatiolum)*

EIN RETTENDER IRRTUM

I

Wieso steht die Igeler Säule überhaupt noch nahezu unversehrt an Ort und Stelle? Das ist eine interessante Geschichte. Eine der Abbildungen deutete man als Darstellung der Hochzeit der später heiliggesprochenen Helena, der Kaiserinmutter und Stifterin des Doms. Dank dieses Irrtums entging die Säule der Zerstörungswut im christlichen Mittelalter ›heidnischen‹ Bildwerken gegenüber.

und bezeichnete ursprünglich eine palastartige Burganlage aus dem 4. Jh. Später stand dort ein Stift für adelige Frauen, das 1027 wegen »Zuchtlosigkeit« in ein Kanonikerstift umgewandelt wurde. Reste davon kann man hier heute besichtigen. Und das älteste bewohnte römische Steinhaus Deutschlands.

Imposantes in Igel

Eine der neun Trierer UNESCO-Welterbestätten befindet sich im nahegelegenen Ort Igel an der Mosel: die **Igeler Säule** (📍C 6). Sie steht etwas unscheinbar an der Trierer Straße – wenn man nicht aufpasst, ist man schon vorbeigefahren. Der immense Durchgangsverkehr auf der B 49 von und nach Luxemburg ist tatsächlich ein großes Problem für das Dörfchen. Bedeutend ist die aus rotem Sandstein erbaute Igeler Säule, weil sie eines von ganz wenigen oberirdischen Grabmalen aus der Antike ist, das heute noch an seinem Originalstandort steht. Sie ist 23 m hoch und mit vielen Reliefs geschmückt. Es handelt sich um das Grabmal einer treverischen Tuchhändlerfamilie aus dem 3. Jh. Eine Kopie der Säule steht im Innenhof des Rheinischen Landesmuseums Trier (s. S. 28). Die Kopie ist farbenfroh bemalt; anhand von auf dem Sandstein des Originals gefundenen Farbresten konnte man rekonstruieren, wie die Farben ursprünglich aussahen.

Die Reliefs an der Igeler Säule zeigen Szenen aus dem Tuchhändler-Alltag vor fast 2000 Jahren: Ware wird per Schiff angeliefert, geprüft und im Büro die Buchführung erledigt.

Überragt wird die Säule von der alten katholischen **Pfarrkirche** auf dem Hügel über Igel. Es lohnt sich, noch einen Moment im Dorf zu verweilen und zur Kirche hochzusteigen. Von dort hat man einen schönen Blick auf die Mosel und auf die benachbarten Orte Wasserliesch und Oberbillig. Eine Rast wert ist auch das **Grutenhäuschen,** ein römischer Grabtempel aus dem 3./4. Jh. in den Weinbergen westlich von Igel.

Nahe Erholung

Nur wenige Kilometer vom Stadtzentrum entfernt spürt man vom Trubel an der Porta Nigra nichts mehr: Das Nah-

TOUR
Von der Quelle bis zur Mündung

Der Ruwer-Hochwald-Radweg

Fast 100 Jahre lang, von 1909 bis 2007, stand auf Weinetiketten des heutigen Weinanbaugebiets Mosel die Bezeichnung Mosel – Saar – Ruwer. Von der Ruwer, einem Hunsrück-Nebenfluss der Mosel, kommt hervorragender Steillagenwein. Wer den Ruwer-Hochwald-Radweg radelt, kommt an Weinbergen vorbei, aber auch an Wiesen, an Mühlen und Burgen. Und radelt durch eine herrlich unberührte Landschaft.

Unter den Nebenflüssen der Mosel im Hunsrück ist die Ruwer der wasserreichste. Sie ist 46 km lang.

Wo einst Züge fuhren

Der 2009 eröffnete Ruwer-Hochwald-Radweg verläuft auf einer historischen Bahntrasse und ist durchgehend asphaltiert. Da er permanent ansteigt und insgesamt rund 400 m Höhenunterschied zu überwinden sind, ist es – vor allem für Familien mit Kindern, für die der Weg ansonsten gut geeignet ist – empfehlenswert, ihn der Ruwer von der Quelle bis zur Mündung folgend zu fahren. So geht es fast nur bergab.

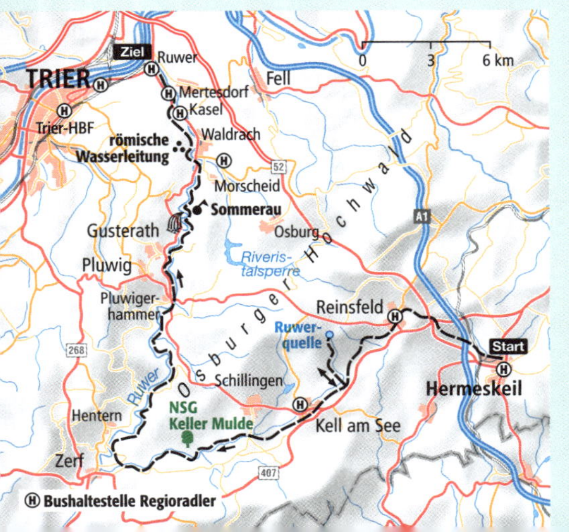

Lockende Loks

Am ehemaligen **Bahnhof von Hermeskeil** erinnert eine ausgestellte private Dampflok-Sammlung an die Bahn-Vergangenheit. Auf der ersten Etappe des Radwegs nach Kell am See (13,3 km) sieht man noch eine weitere alte Lok am Wegesrand stehen. Wer Lust hat, kann einen

Infos

Start:
Hermeskeil 📍 E 7

Länge:
48 km

An-/Abreise:
Regioradlerbuslinie 200 Trier–Hermeskeil, an Wochenenden Mai–Anfang Okt., Fahrplan: www.regioradler.de

Dampflok-Sammlung Hermeskeil:
Bahnhofstr. 20, T 06503 12 04, www.dampflokmuseum-hermeskeil.de, April–Juni/Sept. Sa/So 10–16, Juli/Aug. tgl. 10–16 Uhr, 5 €, bis 17 Jahre 2,50 €, Familienkarte 10 €
Burgruine Sommerau: ganzjährig, kostenlos

Hinweis: Fürs Picknick einkaufen kann man in Hermeskeil oder in Kell am See (Supermärkte).

kleinen Abstecher zur **Ruwerquelle** im Wald oberhalb von **Kell am See** unternehmen. Aus einem kleinen Bach wird im Lauf der nächsten 46 km ein Fluss, der dafür bekannt ist, besonders viel Wasser zu führen. Manchmal kann man auf der Ruwer sogar Kajak fahren.

Wo Mensch, Pflanze und Tier sich wohlfühlen

Im nächsten Streckenabschnitt ist der Fluss, dem die Radtour die Hälfte ihres Namens verdankt, zum ersten Mal zu sehen. Die Etappe ist 9,4 km lang und führt durch das Naturschutzgebiet **Keller Mulde** mit einer wunderschönen Wiesenlandschaft. Herrlich ruhig ist es hier. Es ist eine Landschaft, in der sich nicht nur Menschen wohlfühlen, sondern auch Flora und Fauna.

Eisvögel und Gebirgsstelzen

Nachdem der Weg bei **Hentern** einen Knick um 90 Grad Richtung Norden gemacht hat, ist das dritte Teilstück erreicht: 11,6 km von **Zerf** nach Pluwigerhammer. Wer sich etwas Zeit nimmt, vom Rad abzusteigen und Glück hat, sieht vielleicht einen Eisvogel, der hier heimisch ist. Oder hört das charakteristische »zitzitt« oder »zezeze« einer Gebirgsstelze. Auch bei der **Burgruine Sommerau** bietet sich eine Pause an – erstens, weil man hier schön Picknick machen kann, und zweitens, weil man sich die Besichtigung dieses Ortes nicht entgehen lassen sollte. Die Burgruine hat eine lange und wechselvolle Geschichte mit vielen verschiedenen Besitzern hinter sich. Sehenswert ist auch ein kleiner **Wasserfall,** der an die Begradigung des Flusses Ruwer im 13. Jh. erinnert.

Wasser, Wald und Weinbau

Und dann ist auch schon der letzte Streckenabschnitt erreicht. Von **Pluwigerhammer** nach Trier-Ruwer führt der Radweg 16 km lang durch eine Auenlandschaft, die vom Weinbau geprägt ist. Ein kleiner Abstecher in den Wald bietet sich von Waldrach aus an: Etwa 200 m vom Ortsausgang befindet sich auf einem Parkplatz die Nachbildung der **römischen Ruwer-Wasserleitung.** Sie versorgte in der Antike die Stadt Augusta Treverorum – heute Trier – mit Trinkwasser. Trier, genauer der Stadtteil **Ruwer,** ist auch das Ziel der Fahrradtour. Wer Lust hat, noch weiterzufahren, kann hier direkt auf den Moselradweg wechseln.

erholungsgebiet **Weißhauswald** lockt mit Wald, durch den man wandern und walken kann. Bei Kindern ist das Wildgehege mit Wollschweinen, Zwergeseln und Rehen beliebt. Das Gelände ist frei zugänglich, Futter kann man am Automaten kaufen. Einkehren kann man im beliebten Ausflugslokal Villa Weißhaus.

Auf einen Blick – oder zwei

Ein beliebtes Ausflugsziel ist auf der Eifelseite von Trier der Markusberg oberhalb der Stadt. An der knapp 41 m hohen **Mariensäule**, die fromme Bürger zu Ehren der Mutter Gottes errichtet haben, bietet sich ein großartiger Blick über die Stadt. Für 5 € kann man eine Beleuchtung der Säule für eine Nacht buchen.

www.dominformation.de

Im Ruwertal

D6

Wein und nicht nur das

Das Tal östlich von Trier löst sich kaum aus der historischen Verflechtung mit der alten Kaiserstadt. Weine von der Ruwer kann man zur ersten Einstimmung in der Weinstube Kesselstatt am Domfreihof in Trier testen. Trotz der hier auf Hunsrückschiefer geernteten Topqualitäten liegt das Ruwertal touristisch im Schatten der Mosel. Dank international anerkannter Weingüter wie dem Dominikaner-Weingut von Nell (Kasel), dem Karthäuserhof (Trier-Eitelsbach), Maximin Grünhaus, Karlmühle und Erben von Beulwitz (alle Mertesdorf, wo auch Karl Marx' Eltern einst einen Weinberg besaßen) hat man hier inzwischen in Sachen Selbstbewusstsein ganz schön nachgezogen. Nicht nur Weinfreunde, sondern auch Radfahrer und Wanderer entdecken immer mehr, was diese Region bietet.

Schlafen

Mitten im Weinberg

Hotel Weis: »Riesling Spa« hat das 4-Sterne-Hotel seinen Wellnessbereich mit Finnischer Sauna, Kneipp-Becken, Sanarium und Whirlwanne genannt. Und auch sonst dreht sich hier alles um den edlen Tropfen: Zu dem Hotel gehört nämlich das traditionsreiche Weingut Erben von Beulwitz, das Spitzenerzeugnisse hervorbringt. Man kann sie in der Vinothek und im hauseigenen Restaurant probieren.

Eitelsbacher Weg 4, Mertesdorf, 0651 956 10, www.hotel-weis.de, 48 Zimmer, €€

Bewegen

Ins Schwimmen kommen

Freibad Unteres Ruwertal: Sehr schönes Gelände in einer wunderbaren Weinbergslandschaft mit Sprungturm und Plansch-Attraktionen.

Hauptstr. 4a, Mertesdorf, T 0651 523 36, www.freibad-ruwertal.de, Mai–Mitte Sept.

Mit dem Radl da

Ruwertal-Radweg: Trier–Hermeskeil–Kell am See (s. Tour S. 38)

Feiern

- **Kirmes mit Tierschau:** letztes Augustwochenende, Besucheransturm im beschaulichen Kell am See, wo die Züchter der Region ihre Tiere vorstellen.

Infos

- **Tourist-Information Hochwald-Ferienland:** Rathausstr. 2, 54427 Kell am See, T 06589 10 44, www.hochwald-ferienland.de

Zugabe

Der erste Marxist

Karl Marx und Trier

Wie groß ist Karl Marx? Eine heiß diskutierte Frage. Seine Statue misst fast sechs Meter.

Da steht er also, überlebensgroß, auf einem Sockel, unantastbar: Karl Marx, der größte Sohn der Stadt Trier. Aus Anlass seines 200. Geburtstags 2018 schenkte die Volksrepublik China der Bevölkerung diese mit Sockel fast 6 m hohe Statue, die den Philosophen, Ökonomen und Denker würdigt. Weil der Bildhauer Wu Weishan ein staatsnaher Künstler ist und weil Diktatoren in kommunistischen Ländern viel Leid über Menschen gebracht haben, wurde die Annahme des Geschenks kontrovers diskutiert. Schlussendlich entschied der Stadtrat, die Marx-Statue aufzustellen: auf dem Simeonstiftplatz, ganz in der Nähe der Porta Nigra.

Die erste Adresse für Marx-Interessierte und Marx-Anhänger aus aller Welt ist das Haus in der Brückenstraße 10, wo er am 5. Mai 1818 seinen ersten Schrei tat. Es wird heute von der Friedrich-Ebert-Stiftung als Museum betrieben. Wenige Monate nach der Geburt des kleinen Karl zog die Familie um, in die Simeonstraße (das Haus existiert nicht mehr). Vater Marx war schon unter den Franzosen als Anwalt tätig gewesen. Um ab 1815 auch unter den Preußen weiter arbeiten zu können, konvertierte er vom Judentum zum Protestantismus, seine neun Kinder – darunter auch Karl – wurden getauft.

Die Annahme des Geschenks wurde kontrovers diskutiert.

In Trier verbrachte Karl Marx die ersten 17 Jahre seines Lebens. Nach dem Abitur verließ er seine Heimatstadt, um in Bonn Jura zu studieren; von da aus zog er nach Berlin. In Köln arbeitete er als Redakteur für die »Rheinische Zeitung«, das Presseorgan der Demokraten, das ab 1849 von den Preußen verboten wurde. Marx ging ins Exil nach London. Inwiefern sein bürgerliches Elternhaus, seine katholische Geburtsstadt und die soziale Lage der Weinbauern in seiner Heimat dazu beitrugen, dass der junge Marx revolutionäres Gedankengut entwickelte – das sind Fragen, mit denen sich Historiker immer wieder beschäftigt haben. ■

Südliche Weinmosel

Hin und her und her und hin —Wer im Dreiländereck den Fluss passiert, ist schnell in einem anderen Land. Nicht nur über die Nachbarn kann man hier viel erfahren, auch über unsere Urahnen, ihre Art zu leben und zu arbeiten.

Seite 46

Auf dem Jakobsweg

Pilgern erlebt eine Renaissance. Sie müssen nicht bis Santiago de Compostela durchhalten, auch auf der Teilstrecke des Jakobswegs von Trier durch den Saargau bis zum Dreiländereck bei Perl belohnen Sie Pilgerstempel an jeder Station und eine gute Dosis Selbsterfahrung.

Seite 48

Schengen

Nicht in einer Metropole, sondern in diesem kleinen Winzerdorf an der Mosel wurde europäische Geschichte geschrieben. Ein Museum informiert darüber.

Wo, wenn nicht hier schlägt das Herz von Europa!

Seite 51

Mosaik von Nennig

Der Ortsteil von Perl ist bekannt als Standort einer römischen Villa. Von ihr blieb zwar wenig mehr als der Mosaikfußboden. Doch der ist in hervorragendem Zustand und von beachtlichen Ausmaßen. Und er gibt Aufschluss über den liebsten Zeitvertreib der Römer.

Seite 55

Roscheider Hof

Wie haben die Menschen früher gelebt und gearbeitet? In diesem tollen Freilichtmuseum kann man tief in die Welt unserer Vorfahren eintauchen.

Seite 57

Saarburg ✪

Wunderschön ist das Ensemble aus Wasserfall, Altstadt und Leukbach, der mitten durch Saarburg fließt.

Seite 58

Baumwipfeltour

Die Große Saarschleife, das Wahrzeichen des Saarlands, lässt sich seit einigen Jahren aus einer etwas anderen Perspektive erkunden: von einem Baumwipfelpfad aus.

Seite 63

Mettlach

Fehlt Ihnen noch eine Zuckerdose zu Ihrem guten Geschirr? Im Shop von Villeroy & Boch könnten Sie fündig werden. Mehr über die spannende Geschichte des Unternehmens erfahren Sie hier auch.

Seite 65

Echternach

In der ältesten Stadt Luxemburgs spürt man das liebenswürdige luxemburgische Flair vor allem in der Haaler Gaass, einer pulsierenden Fußgängerzone. Das wildromantische Felsenreich des Mullerthals liegt gleich um die Ecke.

Ein Glas Riesling, bitte? Probieren Sie doch mal Elbling! Den gibt es nämlich nur in dieser Region.

Die Straße entlang der Mosel heißt in Luxemburg schlicht »Route du Vin« – Weinstraße.

erleben

Grenzenlos schön

E

Es ist keine Schande, in dieser Region den Überblick zu verlieren. Wer hier unterwegs ist, überquert immer wieder Grenzen. Die zwischen Rheinland-Pfalz und dem Saarland gleich hinter Trier. Nur mal kurz über eine Brücke, und schon ist man in Luxemburg. Einmal falsch abgebogen, und ein Schild verkündet zwischen zwölf goldenen Sternen auf blauem Grund: »Frankreich« – alles, ohne auch nur einmal einen Pass aus der Tasche gezogen oder einem Zollbeamten zugenickt zu haben. Diese unbegrenzte Grenzenlosigkeit, die heute selbstverständlich ist, wurde hier besiegelt. Dass genau hier das Herz Europas schlägt, nicht geografisch, sondern ideell, wird keiner bestreiten: In dem kleinen, unspektakulären Winzerdorf Schengen wurde 1985 das erste Schengener Abkommen feierlich unterzeichnet – auf einem Schiff auf der Mosel.

Die ›Südliche Weinmosel‹

Unbedingt etwas länger aufhalten sollte man sich im wunderschönen Städtchen Echternach. Abgesehen von der mustergültig romanischen Basilika trifft man auch hier auf die Spuren der Kelten und Römer. Das nahe Sauertal bietet Wanderern und Radlern viel wunderschöne Natur. Ansonsten kann man an der Obermosel, heute als ›Südliche Weinmosel‹ vermarktet, auf den Spuren des Weins reisen und z. B. Elbling trinken – diese uralte Rebsorte gibt es nirgendwo sonst!

O

ORIENTIERUNG

Infos: www.saar-obermosel.de, www.entente-moselle.lu
Verkehr: Züge verkehren auf der Obermosel-Strecke zwischen Trier und Perl und auf der Saarstrecke zwischen Saarbrücken und Trier; der Verkehrsverbund Trier (VRT, www.vrt-info.de) bedient den Landkreis Trier-Saarburg. Der öffentliche Nahverkehr in Luxemburg ist gut ausgebaut und seit 2020 gratis (www.cfl.lu, www.mobiliteit.lu).

Saar, Wein und Wasserfall

Auch an der rheinland-pfälzischen Saar, die bei Konz in die Mosel mündet, wachsen beste Weine. Heimliche Hauptstadt und Besuchermagnet: Saarburg mit dem berühmten Wasserfall mitten in der Stadt. Wer noch Platz im Schrank hat, kann sich in Mettlach mit Porzellan eindecken. Lust auf spektakuläre Natur? Dann wandern Sie zur Klause Kastel-Staadt.

Perl

📍B8

Man kann das durchaus kurios nennen: Perl ist die einzige Weinbaugemeinde des Saarlandes, gehört aber zum Anbaugebiet Mosel. Die Gemeinden an der Saar wiederum, die Weinbau betreiben, liegen alle in Rheinland-Pfalz. Saarländischer Wein wird also witzigerweise nur an der Mosel angebaut.

Die Bewohner der aus elf Ortsteilen bestehenden Gemeinde dürften im Alltag daran keinen Gedanken verschwenden. Besuchen doch viele ihrer Kinder das Deutsch-Luxemburgische Schengen-Lyzeum Perl, und überhaupt sind hier alle ständig grenzüberschreitend unterwegs zwischen Deutschland, Frankreich und dem Großherzogtum Luxemburg.

Lust, zu wandeln?

Durch das fast 400 Jahre alte Palais von **Nell** können Sie nicht schlendern – es befindet sich in Privatbesitz. Der fast 3000 m² große **Barockgarten** allerdings steht Besuchern das ganze Jahr über rund um die Uhr offen. Die aus alten Plänen übernommene strenge Geometrie des Gartens ist ein interessanter Gegensatz zu den prächtigen bunten Blumenbeeten.

Zuckerknupp 6, Oberperl, Eintritt frei

Gotteshäuser klein und groß

Am Rand des Gartens liegt die **Quirinuskapelle.** Sie gehörte ursprünglich zum Nellschen Besitz und stammt aus der Zeit um 1700. Die katholische Pfarrkirche **St. Gervasius und St. Protasius** hat noch einen romanischen Turm aus ihrer Ursprungszeit, dem 11.Jh. Die Uhr von 1750 funktioniert noch immer.

Saarländischer Sekt stammt wie auch der saarländische Wein von der Mosel ... na denn, Prost!

TOUR
Pilgern für Eilige

Auf dem Jakobsweg von Trier nach Perl

Infos

Start:
Trier D 6

Länge/Dauer:
52 km / 3-Tages-Tour

Jakobsmuscheln auf Steinquadern und Wegweisern geleiten von Trier durch den Saargau auf einer 52 km langen Teilstrecke nach Perl. Immer wieder überraschen herrliche Ausblicke auf die Mosel, Luxemburg und ins Saartal. Der Reiz der Tour besteht nicht nur darin, den Jakobsweg an sich zu erleben, sondern auch die Streuobstwiesen der Viezstraße, die ihn regelrecht umtänzeln, interessante Spuren jüngster Zeitgeschichte locken am Wegesrand – und die alte Römerstraße zum Mittelmeer.

Ziel der Pilgertour ist das angebliche Grab des Apostels Jakobus in Santiago de Compostela in Nordspanien. Der Legende zufolge soll im Jahr 814 ein leuchtender Stern einen Eremiten dorthin geführt haben. 844 erschien der Apostel in der Schlacht von Clavijo den christlichen Rittern hoch zu Ross und führte sie gegen die Mauren zum Sieg.

Die unglaubliche Renaissance des Pilgerns

Nicht nur, aber auch durch den riesigen Erfolg von Hape Kerkelings Tagebuch »Ich bin dann mal weg« hat es sich herumgesprochen, dass man auf dem Weg nach Santiago de Compostela nicht nur Gott, sondern auch sich selbst auf besondere Weise begegnen kann.

Seit 1987 die Jakobswege zur ersten europäischen Kulturstraße erklärt wurden, verbreitet sich die Idee der Wallfahrt ins nordspanische Santiago de Compostela immer mehr. Tausende, Abertausende machen sich seitdem auf den Weg.

Die Jakobsmuschel weist den Weg

In **Trier** strömen die Wallfahrer von Eifel, Hunsrück, Mosel und Mittelrhein zusammen und brechen von der Abtei **St. Matthias** in Trier mit dem einzigen Apostelgrab nördlich der Alpen nach Metz und Toul auf, um zu den Hauptrouten bei Vézelay oder Le Puy-en-Velay zu gelangen. Auf dem Moseluferweg geht es nach Konz, dann über die Saarbrücke nach **Tawern** und im Süden des Ortes durch einen Buchenwald hinauf zum Metzenberg, wo der rekonstruierte **gallorömische Tempelbe-**

zirk ein besonderes Augenmerk verdient. Schon römische Kaufleute pausierten bis ins 4. Jh. bei diesem dem Gott Merkur geweihten Heiligtum. Bei klarem Wetter gibt es den Blick auf die Kaiserstadt gratis dazu.

Kein Mangel an Herbergen

Auf dem Bergkamm geleitet die alte Römerstraße zu dem Ort **Kümmern.** Der Wechsel ins Tal des Mannebachs führt dagegen nach **Mannebach**. Die kurze Abweichung vom Weg lässt sich hier vollauf rechtfertigen, entstanden doch im Mittelalter entlang der Jakobswege überall Pilgerhospize und Herbergen, nicht nur neue Straßen und Kirchen.

Historische Infos inklusive

Beim Dorf **Fisch** reckt sich der romanische Westturm der katholischen Pfarrkirche **St. Jakobus** (Rehlinger Kirche) allein auf weiter Flur inmitten des Friedhofs empor. Nach Merzkirchen verläuft der Weg im offenen Land auf der alten Römerstraße. An der B 406, zwischen Sinz und der Kreuzung zur B 407, errichteten auf dem höchsten Punkt der Kammlinie zwischen den steil abfallenden Tälern von Obermosel und Saar deutsche und amerikanische Kriegsveteranen für Tausende von Soldaten beider Seiten ein **Friedensdenkmal.** Sie starben 1944/45 in der berüchtigten »Hölle am Orscholzriegel«.

Wie die Römer lebten

Ein massentouristisches Fenster zur Antike öffnete die saarländische Denkmalpflege bei Borg, als sie Ausgrabungen zum Anlass nahm, eine römische *villa rustica* zu rekonstruieren. Die **Villa Borg** macht römisches Leben in der Region anschaulich, wenn auch ein Hauch von Disneyland zu spüren ist.

Der Weg ist das Ziel

In **Perl** eingetrudelt, ist die südliche Weinmosel erreicht. Nach 52 km – doch müssen mindestens 100 km zu Fuß oder 220 km per Rad zur Anerkennung als Jakobspilger absolviert werden. Es ist noch ein weiter Weg bis Santiago de Compostela.

In der Umgebung D4

Bei den Römern

Das Römische Reich ist vor vielen Hundert Jahren untergegangen – aber die Kultur der Römer, ihre Baukunst, ihre Ess- und Trinkkultur, mit einem Wort: ihr Leben übt bis heute eine große Faszination auf viele Menschen aus. Bei einem Besuch in der **Römischen Villa Borg,** einem archäologischen Freilichtmuseum in Perl-Borg, kann man den Römern und ihrem Alltag näherkommen. Auf einem 7,5 Hektar großen Gelände fand der Lehrer und Hobby-Archäologe Johann Schneider um das Jahr 1900 erstmals Spuren des römischen Gutshofs. An Ort und Stelle steht heute die Rekonstruktion der Anlage, so wie sie im 2. oder 3. Jh. ausgesehen haben mag. In der Villa, dem Herrenhaus des römischen Guts, in den Gärten, im Museum, im römischen Bad, in der Taverne und im Torhaus lässt es sich erahnen, dass das Leben für betuchte Menschen in der Antike ein recht angenehmes gewesen sein muss. Zum sommerlichen Veranstaltuungsprogramm gehören Gladiatorenkämpfe, man kann auf römische Legionäre, Handwerker und Händler treffen.

GÄRTEN OHNE GRENZEN

Das Miteinander ist in der SaarLorLux-Region tief verwurzelt – auch im wörtlichen Sinn. Davon zeugt das Netzwerk »Gärten ohne Grenzen/ Jardins sans Limites«, dem sich rund 20 Gärten in Deutschland und Frankreich angeschlossen haben. Dazu zählen u. a. der Barockgarten im Park von Nell, der Botanische Garten Metz oder der Schlossgarten Dagstuhl (www.gaerten-ohne-grenzen.de).

Im Meeswald 1, T 06865 911 70, www.villa-borg.de, April–Okt. Di–So 10–18, Feb./März, Nov. Di–So 11–16 Uhr, 6 €, erm. 4 €, Familienkarte 12 €

Infos

- **Touristinformation:** Trierer Str. 32 (im Rathaus), 66706 Perl, T 06867 661 01, www.saarschleifenland.de
- **Verkehr:** Perl ist Endhaltepunkt für Züge auf der Obermosel-Strecke von Trier. Busse nach Nennig, Merzig

Schengen B8/9

Mit dem Namen Schengen verbinden wir nicht weniger als die Abschaffung von Kontroll- und Zollschranken an den Binnengrenzen der am Abkommen teilnehmenden EU-Staaten. Es war etwas Historisches, das hier 40 Jahre nach dem Ende des Zweiten Weltkriegs besiegelt wurde: ein Europa ohne Grenzen. Es soll immer wieder vorkommen, dass Besucher ein wenig, nun ja, enttäuscht sind, wenn sie diesen bedeutenden Ort besuchen. Hübsch ist es hier, gar keine Frage. Aber eigentlich ist Schengen ein winziges Dorf an der Mosel. Es täuscht auch gar niemand vor, dass es hier viel mehr zu holen geben könnte als ein paar Informationen zur Europäischen Einigung (und immer noch deutlich günstigeres Benzin als auf der anderen Moselseite).

Das Schiff, auf dem das historische Abkommen unterzeichnet wurde, kann leider nicht mehr besichtigt werden. Die MS »Princesse Marie-Astrid II«, auf der Vertreter von Deutschland, Frankreich und den Benelux-Staaten am 14. Juni 1985 das Abkommen von Schengen über den schrittweisen Abbau der Personenkontrollen an den Binnengrenzen unterzeichneten, schippert schon seit 1992 nicht mehr auf der Mosel herum.

Auch von außen ein Kleinod

Zum 25. Jahrestag der Unterzeichnung am 13. Juni 2010 öffnete das **Europäische Museum (Musée européen)** in einem interessanten Bau des Architekten François Valentiny seine Pforten. Eine nette kleine Ausstellung zeigt, was der freie Personenverkehr gerade in dieser Region für den Alltag der Menschen bedeutet, die z. B. zwischen Luxemburg und Deutschland oder umgekehrt pendeln.

Europäisches Museum/Musée européen: 6, Rue Robert Goebbels, www.visitschengen.lu, Ostern–Okt. tgl. 10–18, Nov.–Ostern tgl. 10–17 Uhr, Eintritt frei

Großes (Vor-)Bild

Die Politiker, die 1985 in Schengen die Grenzenlosigkeit in Europa besiegelt haben, waren nicht die ersten, die auf diese Idee kamen. Schon der berühmteste Gast des **Château de Schengen,** der französische Schriftsteller Victor Hugo, träumte 100 Jahre zuvor von der Freiheit und der Einigung Europas. Nachdem er den in Frankreich nach dem Aufstand der Pariser Kommune 1871 Verfolgten offen Unterstützung angeboten hatte, musste er selbst nach Luxemburg fliehen. In Schengen fertigte er eine Zeichnung des mittelalterlichen Schlosses an, die man heute auf Weinetiketten findet. Das Schloss ist in Privatbesitz und kann nicht besichtigt werden – wohl aber sein schöner **Kräutergarten.**

Essen

Ziemlich bekannt

L'inconnu: Als familienfreundliches Restaurant mit Spielplatz, in dem man zwar auch eine Pizza, aber ansonsten eben gerade nicht nur das Allerweltseinerlei bekommt, hat sich das L'inconnu einen Namen gemacht. Dass die Preise nicht ganz am unteren Ende der Skala sind, dürfte daran liegen, dass praktisch keine Konkurrenz vorhanden ist.

3, Route du Vin, T 00352 26 66 05 05, www.restaurantlinconnu.lu, Mi–So 11–14.30, 18–23 Uhr, €€–€€€

WAS MACHT GORBI HIER?

Kurios: Direkt neben dem Europadenkmal am Moselufer stehen zwei gestiftete Stücke Berliner Mauer. Eins von ihnen trägt das Konterfei Michail Gorbatschows. Das Porträt hat der Street-Art-Künstler Victor Landeta gemalt. Er selbst war erst acht Jahre alt, als die Mauer fiel.

Infos

- **Tourist-Info:** 6, rue Robert Goebbels, L-5444 Schengen, T 00352 26 66 80 10 21, www.visitschengen.lu
- **Verkehr:** Der nächste Bahnhof ist in Perl, Züge nach Trier; Busse auf Luxemburger Seite s. www.mobiliteit.lu; Schiffsanlegestelle in Schengen, www.entente-moselle.lu

Schwebsange B8

Trotz bester Weinlagen kann Schengen nicht mit dem rund 6 km nördlich gelegenen Schwebsange konkurrieren. Denn hier wird alljährlich am ersten Sonntag im September ein wahres Wunder zelebriert: Dann fließt aus dem Weinbrunnen tatsächlich genau dieser – und nicht Wasser wie sonst. Das Treiben verlagert sich danach in die sonst eher stillen Dorfgassen.

Mondorf-les Bains

A/B8

Grenzstadt zu Frankreich

Eine hübsche Kleinstadt mit Thermalbad, Kurhaus und Kurpark ist **Mondorf-les-Bains** zwischen Schengen und Remich. Bekannt ist der Ort für das einzige Spielcasino Luxemburgs, für immer wieder stattfindende Reitturniere – und dafür, dass die luxemburgisch-französische Grenze mitten durch ihn hindurchführt: **Mondorff** liegt in Frankreich, das viel größere Mondorf-les-Bains in Luxemburg. Die Grenze bildet das Flüsschen Gander. Das John-Grün-Monument erinnert an einen Luxemburger, der einmal als stärkster Mensch der Welt galt.

Remich

B8

Vor Lebensfreude strotzt der **Bacchusbrunnen** des Luxemburger Bildhauers Will Lofy an der südländisch wirkenden Esplanade in Remich. Im Sommer ist die auf dem Weinfass reitende opulente Figur kaum wahrzunehmen. Dann scheint der Ort schier überzuquellen vor Gästen, am Quai drängen sich die Ausflugsschiffe, während Surfer und Segler die Szenerie auf dem Wasser beherrschen. Im Winter dagegen flaniert man ganz gemütlich und in aller Ruhe durch die Gassen der Altstadt.

Essen

Am Schloss

An der Tourelle: Passend zur Lage im Dreiländereck kredenzt dieses seit 2006 von Jean-Marie Hemmen geführte Restaurant feine französisch inspirierte Küche, aber auch Klassiker aus dem eigenen Land: frittierten Fisch oder das Nationalgericht *Judd mit Gaardebounen* (gepökelter Schweinehals mit Saubohnen).

12, Wäistroos, Stadtbredimus, T 00352 23 69 85 11, www.tourelle.lu, Do–So 11.30–14, 18–21, Mo 11.30–14 Uhr, €€–€€€

Bewegen

Aktiv zu Wasser und zu Land

Outdoor Freizeit: Ein Kanu oder einen Kanadier mieten – und dann ab auf die Sauer von Dillingen nach Echternach. Landratte? Dann können Sie ein Mountainbike mieten und über Stock und Stein durch das Muellerthal radeln.

Rue de la Sûre 10, L-6350 Dillingen, T 00352 86 91 39, www.outdoorfreizeit.lu, April–Sept.

Infos

- **Centre visit Remich:** 1, route du Vin, L-5549 Remich, T 00352 27 07 54 16, www.visitremich.lu

E

ELBLINGROUTE UND WÄISTROOS

Elblingroute heißt der Teilabschnitt der Moselweinstraße auf deutscher Seite. Wäistroos oder Route du Vin sagen unsere Nachbarn auf der Luxemburger Seite dazu. Über vier Brücken müssen wir geh'n, um hüben wie drüben Landschaft, Dörfer, Städtchen und Menschen an der südlichen Weinmosel kennenzulernen. Für Ausflüge mit dem Rad empfiehlt sich vorzugsweise das deutsche Ufer, an dem es eine Route fernab der Hauptstraßen gibt.

Die außergewöhnlich gut erhaltenen Mosaiken der römischen Villa in Nennig zeigen Szenen aus der Arena wie einen Gladiatorenkampf. Und, wie man sieht: Schiedsrichter gab es schon damals.

• **Verkehr:** Busse nach Luxemburg-Stadt und Saarlouis, Schiffsanlegestelle

Nennig

B8

Auf dem Weg nach Nennig sollten Sie auf jeden Fall darauf achten, genug Geld im Portemonnaie zu haben, sowohl Münzen als auch Scheine. Die Münzen brauchen Sie, um einen kleinen Obolus zu errichten, der am Eingang zum Mosaik der römischen Villa erwartet wird. Mit den Scheinen können Sie einen Abstecher ins Casino in Schloss Berg machen. Das bringt Ihnen im besten Fall noch mehr Geld, was ja manchmal doch ein bisschen glücklich macht. Oder zumindest das, was man sich davon kaufen kann.

Guck mal nach unten

Nennig kann sich rühmen, eines der größten und am besten erhaltenen **römischen Fußboden-Mosaiken** nördlich der Alpen zu besitzen. Von der Portikusvilla samt Wandelhallen und Badeanlagen aus dem 2. und 3. Jh., deren Empfangshalle das rund 15,6 x 10,3 m große Mosaik ursprünglich schmückte, sind nur Grundmauern erhalten. Aber ihr 1852 entdeckter und 1874 wiederhergestellter, rund um ein Marmorbecken ausgelegter ›Steinteppich‹ bietet dem Auge ein wahres Schauspiel, nämlich Szenen aus dem Amphitheater: Gladiatoren kämpfen mit Speer und Schild, ein Löwenbändiger tritt auf und ein Tiger stürzt sich auf einen Esel, es wird auch musiziert, mit Orgel und Tuba. Die Bildfelder umgeben wunderschöne Ornamente.

Römerstr. 11, T 06866 13 29, April–Okt. tgl. 10–18, Feb./März, Nov. tgl. 11–16 Uhr, 3 €, Kinder, Schüler und Studierende frei

Feudales Weinschloss

Auf halbem Weg nach Palzem erhebt sich **Schloss Thorn** hoch über dem Tal auf felsigem Grund. Sein Name geht auf einen römischen Wachturm *(turris)* zurück. Das älteste Schlossweingut an der Mosel, seit dem Jahr 1534 in Familienbesitz, bewirtschaftet Baron Georg von Hobe-Gelting. Genuss verspricht eine Weinverkostung mit Sauvignon Gris, Elbling und anderen Sorten. Man kann im Schloss übrigens auch übernachten (€€).

Schloss Thorn, www.schloss-thorn.de, Vinaria: Geöffnet n. V. unter T 0152 54 10 85 50

Schlafen, Essen

Aus Liebe zum Detail

Landgasthaus Birkenhof: Dass Chefin Martina Koster ein kreativer Geist ist, merkt man beim Betreten dieses etwa 5 km von Nennig entfernt gelegenen sympathischen Hotels mit Restaurant (Mo 12–14, Mi–Sa 12–14, 18–22 Uhr) sofort. Die hübsche Einrichtung, die bunten Blumen, das moderne, aber gemütliche Ambiente – es ist ein Ort zum Wohlfühlen.

Saarbrücker Str. 9, Perl-Sinz, T 06866 202, www.birkenhof-sinz.de, €€

E

ELBLING

Riesling können Sie überall trinken. Aber probieren Sie doch mal Elbling – denn diese Rebsorte gibt es nur hier, an der südlichen Wein-Mosel. Diese uralte Rebsorte gedeiht hier so gut, weil sie den Muschelkalk als Untergrund liebt. Regionale Winzer bringen Tropfen von hervorragender Qualität hervor. Es gibt Elbling auch in der prickelnden Variante als Sekt.

Einkaufen, Essen

Pizzaautomat: Überall an der Mosel wurden in den vergangenen Jahren Automaten aufgestellt, die Einheimische und Gäste unabhängig von Öffnungszeiten mit Lebensmitteln versorgen. Das Hotel Zur Moselterrasse in Perl betreibt in der Region vier Automaten, an denen hausgemachte und frisch erwärmte Pizza gezogen werden kann.

An der B419, Parkplatz Verkehrsverein/ Bahnhof

Infos

- **Verkehrsverein Nennig:** Bübinger Str. 5, 66706 Perl-Nennig, T 06866 14 39, www.nennig.de
- **Verkehr:** Züge verkehren auf der Obermosel-Strecke zwischen Trier und Perl mit Halt am Bahnhof Nennig, Bus nach Saarlouis.1

Ehnen und Wormeldange

B7

Das malerische Ehnen

Das malerische **Ehnen** lockt mit mittelalterlichen Gassen rund um die einzige Luxemburger **Rundkirche**, die allerdings nicht mittelalterlich ist. Ein **Weinmuseum** im ehemaligen Wellensteinschen Anwesen am Moselufer, das die Arbeits- und Lebensgewohnheiten der Winzer präsentiert, wird seit Jahren umgebaut und soll 2025 als Weinerlebniszentrum wiedereröffnet werden.

Musée du Vin: 115, route du Vin, Ehnen

Berühmt für Sekt: Wormeldange

Wormeldange – zu Deutsch Wormeldingen – ist bei Kennern vor allem im Zusammenhang mit der hervorragenden Weinlage »Koeppchen« berühmt. Aus den Reben, die auf Muschelkalkböden wachsen, kreieren Winzer hier einen tollen Grand Premier Cru. Vom Koeppchen mit seiner kleinen Kapelle hat man einen schönen Blick. In Wormeldange sind auch die Spezialisten für den »Crémant de Luxembourg« am Werk, die Sekt-Spitzenklasse der luxemburgischen Mosel.

Infos

- **Bahn:** Nächster Bahnhof ist Wincheringen auf der deutschen Seite (Strecke Trier–Perl).
- **Bus:** Es gibt eine Buslinie Ehnen–Wormeldange.

Wincheringen B7

Das deutsche Wincheringen liegt nicht direkt an der Mosel. Aber man hat, wenn man die Spitzkehren zum Ort hinauffährt, wunderbare Blicke auf das Luxemburger Koeppchen und das Band der Mosel gen Norden. Wahrzeichen des Ortes ist das **Warsberghaus,** die Ruine einer Wasserburg mit markantem Wehrturm.

Einkaufen

Wochenmarkt: Dorfmitte, Do 10–12 Uhr

Infos

- **Bahn:** Halt an der Strecke Trier–Perl

Rochusberg und Hubertusberg, Leiterchen und Blümchen – hübsch und verspielt klingen die Namen der Weinlagen der Gemeinde Nittel. Hier werden Elbling und andere Weißweine angebaut.

Nittel

C7

Wer von Köllig oder Nittel aus durch die Weinberge hinauf zur spätgotisch-barocken **Rochuskapelle** inmitten des Friedhofs wandert, wird mit einem tollen Blick auf die Mosel und das Luxemburger Gutland belohnt. Nittel lebt von der Rebe und wird wegen seiner guten Lagen und seiner Produzenten von der Fachwelt als Mittelpunkt des Elbling-Weinbaus an der Obermosel gewürdigt. Kalk bestimmt das Leben hier. Für die Industrie wird im Nachbarort Wellen unter Tage Rohdolomit abgebaut.

Schlafen, Essen

Liebenswürdig

Culinarium: Die ehemalige Deutsche Weinkönigin Carina Curman (geb. Dostert) hat mit ihrem aus Österreich stammenden Mann Walter einen Ort des Genusses geschaffen. Bodenständige Küche trifft hier auf Gourmet-Ambitionen und die Tropfen aus dem eigenen Weingut. In diesem und im 300 m entfernten »Schlafgut« mit kleinem Wellness-Bereich gibt es Gästezimmer (€€).

Weinstr. 5, T 06584 914 50, www.culinarium-nittel.de, Mi–Sa ab 18, So ab 12 Uhr, €€–€€€

Z

ZUSAMMEN WENIGER ALLEIN

Auf 36 km ist die Mosel Grenzfluss zwischen der Bundesrepublik Deutschland und dem Großherzogtum Luxemburg. Man sollte nun meinen, dass die Grenze zwischen den beiden Staaten mitten im Wasser verläuft. Aber weit gefehlt: Ungewöhnlicherweise gehört der Fluss den Deutschen und den Luxemburgern gemeinsam. Oder im offiziellen Sprachgebrauch: Die Mosel ist ein Kondominium, ein gemeinschaftliches Hoheitsgebiet.

Infos

- **Verkehr:** Züge verkehren auf der Obermosel-Strecke zwischen Trier und Perl mit Halt am Bahnhof Nittel; Bus nach Saarburg, Grevenmacher, Luxemburg-Stadt.

Grevenmacher

C6

Man merkt es dem beschaulichen Ort heute nicht mehr an, aber wegen seiner strategischen Bedeutung als Weinbau- und Handelsmetropole der Luxemburger Mosel war Grevenmacher immer wieder in Grenz- und Kriegswirren verwickelt. Heute kann man durch die romantisch engen Gassen flanieren und die historische Architektur bewundern.

Schmetterling, du kleines Ding

Die soziale Einrichtung Yolande Cool Cooperative betreibt etwas außerhalb des Stadtzentrums den kleinen, aber hübschen **Jardin des Papillons.** Auf etwas mehr als 600 m² werden bei einer Temperatur von 28 °C und 70–80 % Luftfeuchtigkeit Schmetterlinge aus aller Welt und in allen nur erdenklichen Farben präsentiert. In diesem tropischen Klima fühlen sich nicht nur exotische Schmetterlinge wohl, sondern auch chinesische Zwergwachteln, Chamäleons, Schildkröten und Bienen unter einem Glaskasten.

56, Route de Trèves, T 00352 75 85 39, www.papillons.lu, April–Okt. tgl. 9–17 Uhr, ab 10 €, bis 12 Jahre ab 7 €

Ein schöner Ort

Ein ehemaliger Schlachthof wurde zum Kulturzentrum »**Kulturhuef**« mit Buchdruck- und Spielkartenmuseum (zu Ehren des Familienunternehmens Dieudonné, das ab 1754 in Grevenmacher Spielkarten herstellte), Wechselausstellungen, Konzertveranstaltungen, Kino und Bistro.

54, Route de Trèves, T 00352 267 46 41, www.kulturhuef.lu, Di–So14–18 Uhr

Infos

- **Tourist-Info:** 10, route du Vin, L-6794 Grevenmacher, T 00352 75 82 75, www.visitmaacher.lu
- **Verkehr:** Nächste Bahnhöfe sind Wellen und Temmels auf der deutschen Seite (Strecke Trier–Perl). Busse nach Luxemburg-Stadt, Schweich, Konz, Schiffsanlegestelle

Beim autofreien SaarPedal-Sonntag gehört das Saartal zwischen Merzig und Konz den Radlern und Skatern.

Konz C6

»Bei Trier.« Das sind so zwei Worte, die immer dazugesagt werden, wenn jemand einem Nichtortskundigen erklären möchte, wo Konz liegt. Die Stadt liegt so nah an Trier, dass Unwissende sie fast für einen Vorort halten könnten. Dabei hat sie allen Grund für eigenes Selbstbewusstsein. Das fast 20 000 Einwohner große Konz hat – im Gegensatz zum großen Nachbarn – nicht nur einen Fluss, sondern gleich zwei: Hier fließen die Mosel und die Saar zusammen.

Das Auf und Ab eines Klosters

Die Kirche von **Kloster Karthaus** dient heute als katholische Pfarrkirche und ist eine Station auf dem Jakobsweg von Trier über den Saargau. Das Anwesen hat eine wechselvolle Geschichte hinter sich: Das imposante, im 17. Jh. von den Kartäusern gegründete Kloster wurde 1804 auf Abbruch versteigert. Es folgten der Wiederaufbau, ein Brand, ein erneuter Wiederaufbau und mehrere Renovierungen. Die Klostergebäude sind heute Bürgerhaus und Kulturzentrum von Konz.

Brunostr. 23

Wie unsere Ahnen lebten

Ein Ausflug auf die Anhöhe über Konz lohnt sich wegen des seit den 1970er-Jahren zum **Volkskunde- und Freilichtmuseum** umgebauten Guts **Roscheider Hof**, das in regionaltypischen Gehöften Dauerausstellungen und Aktionen das Alltagsleben von anno dazumal veranschaulicht. In den vergangenen Jahren sind zahlreiche neue Attraktionen dazugekommen, z. B. die »Ladengasse 2«. Eine rustikale Hofschänke bietet Speis und Trank.

VIEZ

Die Spezialität dieser Region ist der Viez: Wein aus Äpfeln von Obstgärten und Streuobstwiesen. Die Touristikroute zwischen Konz und Merzig heißt Viezstraße, da in dieser Gegend der säurehaltige Apfelwein Viez hergestellt und den Besuchern serviert und verkauft wird.

Roscheiderhof 1 (ca. 3 km östlich von Konz-Zentrum), www.roscheiderhof.de, Museum Ostern–Okt. tgl. 10–18, Nov.–März Sa/So 10–17 Uhr, Freigelände ganzj. (Häuser nur Mitte März–Dez.), 10 €, 6–14 Jahre 3 €, Familienkarte 20 €

Ausflug zur Saarschleife

Von Konz an die Saarschleife sei die Nebenstraße abseits des Konzer Tals empfohlen. Sie neigt sich nach kurzem Höhenflug in Wiltingen zu Bahnlinie und Fluss hin. Ayl, Saarburg und Freudenburg sind Stationen auf der **Saar-Riesling-Straße**, von wo es bis zur Großen Saarschleife (s. S. 64) nur noch ein Katzensprung ist.

Schlafen

Mittendrin

Park Hotel: In der Konzer Innenstadt zwischen der Mosel und dem Bahnhof liegt dieses sympathische kleine Hotel und ist somit ein guter Ausgangspunkt für einen Ausflug nach Trier oder Luxemburg, eine Radtour, eine Wanderung oder eine Schifffahrt. Das Hotel hat einen Wellnessbereich mit Sauna, Infrarotkabine und Ruheraum.

Granastr. 26, T 06501 603 79 87, www.parkhotel-konz.de, 25 Zimmer/1 Fewo, €€

Stadt am Fluss: Wovon andere Städte träumen, das ist in Saarburg Realität. Die Gäste sitzen auf den Terrassen der Cafés und Restaurants und genießen den Blick auf den idyllischen Leukbach.

S

SAARWEIN

Kanzem, Wawern, Wiltingen, Ockfen, Irsch, Ayl, Serrig, Kastel – das sind Orte an der rheinland-pfälzischen Saar. Aus dieser Gegend kommt ein fein aromatischer, auf Schieferböden gewachsener Wein, der den hohen kirchlichen Herrschaften ebenso schmeckte wie den einfachen Mönchen. Heute ist er wegen seiner Leichtigkeit und seiner Spritzigkeit wieder in aller Munde. Die Ayler Kupp mag die berühmteste Weinlage sein. Aber sie ist nicht die einzige. Auch der Ockfener Bockstein lässt Weinliebhaber mit der Zunge schnalzen. Wiltingen, das an einem naturgeschützten Altarm der Saar liegt, begeistert mit Wein vom Gottesfuß und Scharzhofberg. Weingüter wie Van Volxem (Wiltingen), Herrenberg (Schoden) oder Schloss Saarstein sorgen für höchste Qualität. Mit Können und Kreativität erzielt eine neue Winzergeneration ein moderneres Image.

Essen

Zum Wohl, die Saar

Landhaus Euchariusberg: Das Hotel samt Restaurant und toller Terrasse mit einem herrlichen Ausblick liegt ein bisschen außerhalb im Stadtteil Obermennig am Fuß des Euchariusberges (etwa 5 km vom Zentrum Konz). Aber die Anreise lohnt sich:. In sehr freundlichem Ambiente isst man regionale Spezialitäten wie Eifeler Bauernsülze und trinkt dazu Saarwein aus eigenem Anbau.

Am Großschock 7, T 06501 133 62, www.euchariusberg.de, Di–Sa 16–24, So 10–24 Uhr, €€

Einkaufen

Wochenmarkt: Rathausplatz in Konz Sa 7–12 Uhr

Feiern

- **SaarPedal:** Mitte Mai, autofreier Erlebnistag zwischen Merzig und Konz

Infos

- **Tourist-Information:** Saarstr. 1, 54329 Konz, T 06501 601 80 40, www.saar-obermosel.de
- **Bahn:** Züge von Trier nach Saarbrücken und von Trier nach Perl mit Halt am Bahnhof Konz und Karthaus, Züge der Obermoselstrecke Trier–Thionville halten in Konz Mitte, Züge der Weststrecke Trier-Luxemburg am Haltepunkt Kreuz Konz.
- **Bus:** u. a. nach Trier
- **Autofähre:** in Oberbillig,
- **Schiff:** nach Saarburg und Trier

Saarburg

Venedig im Miniaturformat

Vergleiche hinken ja meistens, und dieser hier macht da keine Ausnahme. Aber ein bisschen was von einem Venedig im Miniaturformat hat es schon, das bezaubernde kleine Städtchen mit seiner vom Wasser geprägten Altstadt. Der im 12./13. Jh. in den Ort geleitete Leukbach stürzt sich als Wasserfall fast 20 m tief über Felskaskaden in die Unterstadt, und die Besucher der Restaurants und Cafés sitzen staunend daneben. Und im Gegensatz zu Venedig muss man dafür noch nicht einmal Eintritt bezahlen

TOUR

Meine Freunde, die Bäume …

Der Baumwipfelpfad Saarschleife

Infos

Cloef C 8

Baumwipfelpfad Cloef-Atrium: www.baumwipfelpfad-saarschleife.de, Mai–Sept. Fr–Mi 9.30–18, Do 9.30–21, Juni/Juli Fr–Mi 9.30–18, Do 9.30–22, April, Okt. 9.30–18, Nov.–März Do–Mo 9.30–16 Uhr, 12,50 €, 6–14 Jahre 10,50 €, Familienkarte 29 €

Schon wenige Monate nach seiner Eröffnung 2016 hat sich der Baumwipfelpfad Saarschleife zu einem der beliebtesten Ausflugsziele des ganzen Saarlandes entwickelt. Nicht nur, dass man von hier eine spektakuläre Sicht auf das Wahrzeichen der Region hat. Der Weg ist mindestens so wichtig wie das Ziel.

Das saarländische Wahrzeichen Nummer eins

Die Saarschleife im Mettlacher Ortsteil Orscholz ist schon immer ein wichtiger Anziehungspunkt für Touristen gewesen. Was sich deutlich verändert hat, ist die Aufenthaltsdauer: Früher haben die Busse oder Autos nur kurz am Aussichtsfelsen Cloef über der Saarschleife gehalten. Die Menschen sind ausgestiegen, haben den Ausblick bewundert und fotografiert, und es ging weiter. Heute verbringen sie eine Stunde mehr auf dem Baumwipfelpfad.

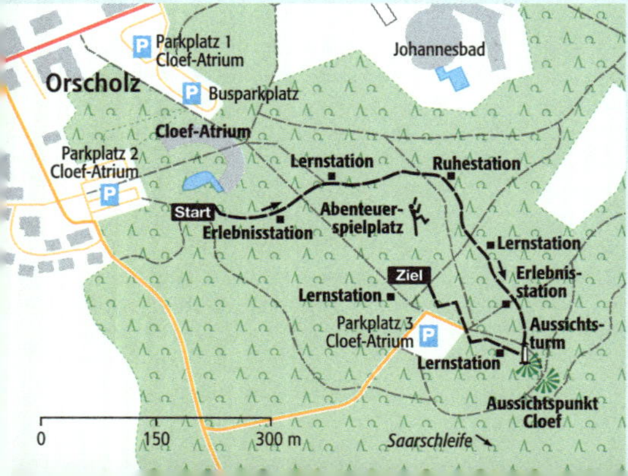

Der Weg und das Ziel

Genau 1250 m lang ist der Weg vom Start bis zum Ziel. Das Besondere an diesem Weg ist, dass man nicht den Kopf in den Nacken legen muss, um einen Blick in die Kronen der Bäume zu erhaschen. Man läuft fast zwischen ihnen hindurch. Das bietet völlig neue Perspektiven auf die Natur. Unterwegs kann man entweder in seinen Gedanken versinken oder, wenn man

klein ist, rutschen, auf einer Wackelbrücke herumhüpfen und auf dem Weg herumrennen. Die älteren Semester werden sich eher den Informationstafeln und Lernstationen widmen oder sich einfach mal auf einer Bank ausruhen.

Für alle geeignet
Beschwerlich ist der Weg überhaupt nicht. Die Betreibergesellschaft, ein bayerisches Unternehmen, das zuvor schon ähnliche Baumwipfelpfade in Deutschland und Tschechien errichtet hat, achtete bei der Konstruktion auf die Bedürfnisse von Menschen, die mit einem Kinderwagen oder im Rollstuhl unterwegs sind. Der Weg ist komplett barrierefrei. Auch wer im Rollstuhl sitzt, kann durch das Edelstahlnetz immer wieder einen Blick in den Mischwald werfen. Der Weg fügt sich – entgegen aller Vorbehalte, die es im Vorfeld gegen das Projekt gegeben hat – harmonisch in die Landschaft ein. Die Betreibergesellschaft, die das Gelände von der Gemeinde Mettlach gepachtet hat, versichert, dass für den Pfad nur 20 Bäume gefällt werden mussten, von denen einige ohnehin kaputt gewesen seien.

Sie sehen den Wald vor lauter Bäumen nicht – aber die Saar!

Die Pflanzen und Tiere, die im Wald leben, lernt man auf dem Erlebnispfad kennen – und die Bäume, zwischen denen man hindurchwandert, auch: majestätische Buchen, knorrige Eichen und schlanke Douglasien.

Am Ziel: Über allen Wipfeln ist … Aussicht!
Am Ende steht man auf einem 42 m hohen Aussichtsturm, der das Gelände der Saarschleife in seiner Architektur spiegelt. Von hier hat man einen traumhaft schönen Blick über diese besondere Flusslandschaft und weit in die Ferne. Weit unter den Besuchern befindet sich der bisherige Aussichtspunkt, an dem immer noch Autos und Busse halten. Dessen Besuch ist nämlich – im Unterschied zu dem des Baumwipfelpfades – kostenlos.

Mit einer Steigung von maximal 6 % handelt es sich um einen sehr gemütlichen Weg, und breit genug für Kinderwagen oder Rollstuhl ist er auch.

und findet sogar ganz in der Nähe einen Parkplatz.

Amüsant, die gute alte Zeit

Graf Siegfried von Luxemburg war es, der die Stadt Saarburg vor mehr als 1000 Jahren bauen ließ. Wer sich mit dieser Information nicht zufriedengeben, sondern noch tiefer in die Geschichte Saarburgs eintauchen möchte, dem sei ein Besuch im **Amüseum** am Wasserfall empfohlen. Das städtische Museum residiert in einer kurfürstlichen Mühle aus dem 17. Jh. Es präsentiert alte Handwerksberufe wie Schiffer oder Schuster und eine 100 Jahre alte Apotheke.

Am Markt 29, www.amueseum-saarburg.de, So–Fr 11–16 Uhr, 3 €, Jugendliche/Stud. 1,50 €, 6–14 Jahre 0,70 €, Familienkarte 6,50 €

Glocken-Geschichte

Saarburger Glocken sind einst ein Exportschlager gewesen. In der Stadt wurden mehr als 230 Jahre lang Glocken gegossen und in die ganze Welt verkauft. Im Jahr 2002 war Schluss. In der Produktionsstätte der **Glockengießerei Mabilon** ist heute ein Museum untergebracht, das von der Industrie- und Wirtschaftsgeschichte Saarburgs erzählt.

Staden 130, www.museum-glockengiesserei-mabilon.de, Mo–Fr 9–17, Sa/So 11–17 Uhr, 7 €, Schüler/Stud. 3,50 €, Familienkarte 15 €, Führung April–Okt. Di und jeden ersten Fr 14 Uhr

Im Wald

Einen Besuch im **Greifvogelpark** sollte man unbedingt auf die Zeiten der Flugvorführung abstimmen. Jeden Tag in der Sommersaison um 11 und um 15 Uhr kann man dabei ganz nah (wenn man möchte wirklich hautnah) mit den Greifvögeln des Parks vom Weißkopfseeadler bis zum Uhu in Kontakt treten und viele Informationen bekommen. Auf dem kleinen Spaziergang zur Flugshow kann man Schweine, Waschbären, Schafe, Hasen und noch mehr Vögel anschauen. Und hinterher können die Kinder auf dem Spielplatz toben und alle zusammen im Restaurant einkehren.

Am Engelbach 1, T 06581 99 60 94, www.greifvogelpark-saarburg.de, März–Nov. tgl. 10–18 Uhr, 8,50 €, 4–15 Jahre 6 €, Familienkarte ab 22,50 €

Schlafen, Essen

Das erste Haus am Platz

Hotel und Restaurant Saarburger Hof: Rund um den Wasserfall hat sich viel Gastronomie angesiedelt. Eines der traditionsreichsten Häuser ist der Saarburger Hof, der sich seit 1906 im Besitz der Familie Diewald befindet und inzwischen in der vierten Generation betrieben wird.

Graf-Siegfried-Str. 37, 06581 928 00, www.saarburger-hof.de, 11 Zimmer, €€–€€€

Zentral

Zunftstube: Näher dran geht nicht! In der Zunftstube übernachtet man direkt am Wasserfall und kann morgens beim Blick aus dem Fenster auf die schlafende Stadt ein einzigartiges Panorama genießen. Im Restaurant und auf der Terrasse servieren Joachim Russo und seine Mannschaft Fisch- und Fleischgerichte, die sich vom üblichen Einerlei wohltuend abheben.

Am Markt 11, 06581 918 70, www.restaurant-zunftstube.de, 8 Zimmer, €€–€€€

Essen

Strudelig

Petit Café: Überkommt Sie gerade akut die Lust auf Apfelstrudel? Dann sind Sie im Petit Café an der richtigen Adresse.

Lieblingsort

Im Märchenwald

Von außen ist dieser Ort völlig unscheinbar. Aber hat man das Eintrittsgeld entrichtet und sich auf die andere Seite der Mauer begeben, eröffnet sich eine faszinierende, geradezu märchenhafte Welt. Hoch über dem Saartal liegt auf der Spitze eines Sandsteinfelsens die **Klause von Kastel-Staadt** (📍 C 7). Es ist ein zauberhafter Ort mitten im Wald, an dem man einfach umherstreifen und immer wieder neue Ausblicke auf den weit unten liegenden Fluss genießen kann. Entstanden ist der Kern der Klausenkapelle um das Jahr 1600. Er diente Eremiten als Wohnung und später als zeitweilige Ruhestätte für König Johann von Böhmen, besser bekannt als Johann der Blinde (König-Johann-Straße, Kastel-Staadt, April–Juni/Sept./Okt. Mi–So 10–16, Juli/Aug. Mi–So 10–17 Uhr, 4 €, erm. 3 €, 6–16 Jahre 2 €).

Den gibt es zwar auch anderswo, aber dieser hier ist sagenumwoben – nicht allein wegen seines Geschmacks, sondern auch (und vielleicht vor allem) wegen seiner wundervollen Dekoration.

Am Markt 24, 06581 62 23, tgl. 10–19 Uhr, €€

Renommiertes Rumpsteak

Waldrestaurant Spießbratenhalle: Klar kann man den ganzen Tag vom Frühstück bis zum Absacker am Wasserfall verbringen – satt wird man bestimmt. Aber wie wäre es mit einem kleinen Ausflug ins Grüne? Am idyllischen Schillinger See befindet sich dieses tolle Ausflugslokal, das vor allem mit seinen fantastischen Steaks punktet – und natürlich mit Spießbraten.

Freizeitanlage Schillinger See, 06589 618, www.spießbratenhalle.com, Di–So ab 12 Uhr, €€

Bewegen

Da kommt die Bahn

Saartalbahn: Neu in der Stadt? Keine Lust zu laufen? Erst mal einen Überblick verschaffen? Dann ist eine Fahrt mit der rot-weißen Saartalbahn angesagt. 30 Minuten lang fährt sie durch die historische Altstadt und die Weinberge hinunter zur Saar.

am Wasserfall Pferdemarkt/Ecke Buttermarkt, Mai–Okt. tgl. 11–16 Uhr (bei gutem Wetter länger, bei schlechtem Wetter kürzer) alle 45 Minuten, 7 €, 4–12 Jahre 5 €

Schau mal, da unten

Sesselbahn: Wer die Stadt Saarburg und das schöne Saartal erst einmal aus der Vogelperspektive kennenlernen möchte, dem sei eine Fahrt mit der Sesselbahn empfohlen. Rund 700 m legt man in einem der 50 Doppelsessel zurück. An der Bergstation angekommen, hat man die Qual der Wahl unter mehreren schönen Möglichkeiten: eine Fahrt mit der benachbarten Sommerrodelbahn, eine Wanderung oder ein Spaziergang zum Greifvogelpark. Man kann auch einfach im Restaurant oben einkehren, den Blick genießen und wieder hinunter fahren.

Erdenbach 43 (Talstation), T 06581 99 52 81, www.saarburger-sesselbahn.de, April–Mitte Juli, Sept./Okt. Di–So 10–17.45, Mitte Juli–Aug. tgl. 10–17.45 Uhr, Hin- und Rückfahrt 7 €, 4–14 Jahre 4,50 €

Eine echte Gaudi

Sommerrodelbahn: Die rasante, knapp 800 m lange Fahrt ist zwar recht kurz, kostet aber (wenn man eine Zehnerkarte für die Familie kauft) nur 2,50 € – und deswegen kann man ja einfach noch mal fahren. Und noch mal, um die Geschwindigkeit zu genießen und den herrlichen Ausblick. Kinder unter 8 Jahren dürfen nicht alleine fahren.

In den Urlaub 9, T 06581 99 66 70, www.sommerrodelbahn-saarburg.de, Woche vor Ostern–Juni, Sept./Okt. Di–So 11–18, Juli/Aug. tgl. 11–18 Uhr, 3 €, Zehnerkarte 25 €

Infos

- **Saar-Obermosel-Touristik:** Graf-Siegfried-Str. 32, 54439 Saarburg, T 06581 99 59 80, www.saar-obermosel.de
- **Bahn:** Züge der Saarstrecke Saarbrücken–Trier mit Halt in Saarburg, Regionalexpress nach Koblenz.
- **Bus:** nach Wincheringen, Schengen, Tawern, Schoden, Greimerath.
- **Schiffsanlegestelle**

Serrig

C7

»Tor zum Saarwein« lässt sich Serrig gerne nennen. Hier bewegt man sich schon oder noch im Dunstkreis der Weinseligen von Mosel, Saar und Ruwer, während jenseits davon Acker und Wiese überwiegen. Von hier aus lässt sich manche Sehenswürdigkeit erkunden, z. B. die **größte Flussstaustufe** bei Flusskilometer 18,3 der Saar.

Einkaufen

Hand-Werk

Hofgut Serrig: Unter der Regie der Lebenshilfe ist ein Ort entstanden, der rund 160 geistig und mehrfach behinderten Menschen Arbeitsmöglichkeiten bietet. Sie arbeiten in der Korbflechterei, der Weberei, der Schreinerei, es werden eigene Tiere gehalten, Obst und Gemüse angebaut. Die Produkte von der Salatgurke über den Apfelsaft bis zur Fleischwurst können im eigenen Hofgut-Laden gekauft werden sowie auf Märkten in Trier (Viehmarkt), Wincheringen und Konz.

Domänensiedlung, T 06581 91 45 30, www.hofgut-serrig.de, Mi 12–17, Do 10–17, Fr 10–18, Sa 10–13 Uhr

Mettlach

C8

Bei allen anderen Städten und Gemeinden ist »Einkaufen« (wenn überhaupt) eine Kategorie, in der ein paar schöne Geschäfte aufgeführt sind. In Mettlach ist das anders. Hier ist Einkaufen die Hauptbeschäftigung der Besucher.

Für Elefanten verboten

Sie suchen einen Porzellanladen? Dann sind Sie hier richtig! Der Name des Ortes und der Name des größten und die Stadt bis heute am meisten prägenden Unternehmens **Villeroy & Boch** werden für

Die große Saarschleife im Visier – wer könnte sie verfehlen, ob zu Fuß bei einer Wanderung, vom Parkplatz aus oder vielleicht auch aus einer ganz anderen Perspektive.

J

JUGENDFREUND

Wendelin von Boch-Galhau, der von 1998 bis 2007 in achter Generation Vorstandsvorsitzender der Villeroy & Boch AG war, gehört zu den interessantesten Unternehmerpersönlichkeiten unseres Landes. Als Jugendlicher teilte er im Internat ein Zimmer mit dem späteren RAF-Terroristen Andreas Baader – ahnungslos, welchen schlimmen Weg dieser später gehen würde.

gewöhnlich in einem Atemzug genannt. Nicht nur für die Shops, auch für das Erlebniszentrum im Firmensitz sollte man sich ein paar Stunden Zeit nehmen.

Keramik im Wandel der Zeit

Mettlach und **Villeroy & Boch** – beides hängt untrennbar miteinander zusammen. Jean-François Boch kaufte die ehemalige Benediktinerabtei 1809. Seit 1842 ist hier die Hauptverwaltung des Keramik-Konzerns untergebracht. Es ist ein Ort der Kunst mit einem gusseisernen Schinkel-Brunnen, über den König Johann der Blinde mit heruntergelassenem Visier wacht, der Skulptur »Erdgeist« von André Heller und der »Weltkarte des Lebens« von Stefan Szczesny. Beide Werke waren zuerst Teil des »Living Planet« der Expo 2000 in Hannover. Und die Alte Abtei ist auch ein Ort des Erinnerns. Das **Erlebniszentrum mit Keramikmuseum** macht 275 Jahre (!) Firmengeschichte lebendig. Eine Attraktion ist auch das Museumscafé im Stil des Dresdner Milchladens, den die Firma 1892 gestaltet hatte. Bei Redaktionsschluss war das Erlebniszentrum geschlossen. Es soll nach einem kompletten Umbau neu eröffnet werden.

Saaruferstr. 1–3, T 06864 81 10 20, www.villeroyboch-group.com

Große Saarschleife

Wer nur kurz Zeit hat und praktisch im Vorbeifahren einen Blick auf das Wahrzeichen des Saarlandes beim Mettlacher Stadtteil Orscholz werfen möchte, dem sei der traditionelle Aussichtspunkt »**Cloef**« empfohlen. Alle, die hier gerne ein Stündchen oder mehr verbringen würden, finden mit dem **Baumwipfelpfad** eine reizvolle, allerdings auch kostenpflichtige Alternative (s. Tour S. 58).

Wer dagegen ganz viel Zeit hat, kann sich der Saarschleife und der überaus abwechslungsreichen Landschaft um sie herum auch auf einer Wanderung nähern: Hier führt der **Saar-Hunsrück-Steig** vorbei, ein 410 km langer Weg von Perl nach Boppard.

Einkaufen

Petite Fleur oder New Wave?

Villeroy & Boch Outlet Center: Ja, und noch einmal Villeroy & Boch. Denn natürlich kann man das edle Geschirr in Mettlach nicht nur anschauen, sondern auch selbst kaufen. Einzelne Porzellanteller oder Kaffeetassen aus mitunter jahrzehntealten Serien ebenso wie Einzelteile aus der »Fundgrube«. Weil Weihnachten ja immer so überraschend kommt, hat die »Weihnachtswelt« praktischerweise das ganze Jahr über geöffnet.

Freiherr-vom-Stein-Str. 4-6, T 06864 20 31, www.villeroy-boch.com, Mo–Fr 9.30–19, Sa 9.30–18, So (außer an manchen Feiertagen) 14–18 Uhr

In der Umgebung

Unter Wölfen

Der heute von Tatjana Schneider geführte und von der Stadt Merzig betriebene **Wolfspark Werner Freund** rund 9 km

von Mettlach entfernt bei Merzig ist ein besonderer Ort. Einer, an dem die Wölfe so natürlich wie möglich gehalten werden und an dem Besuchern deutlich gemacht wird, dass Wölfe keine Bestien sind, sondern sehr intelligente und soziale Tiere. Benannt ist der Park nach seinem 2014 verstorbenen Gründer und langjährigen Leiter, Werner Freund.
Waldstr. 204, Merzig, T 0171 749 69 99, www.wolfspark-wernerfreund.de, tgl. 9–17 Uhr, Eintritt frei

Infos

- **Tourist-Information:** Freiherr-vom-Stein-Str. 22, 66693 Mettlach, T 06865 911 50, www.tourist-info.mettlach.de
- **Verkehr:** Züge nach Trier, Saarbrücken, Homburg, Kaiserslautern, Mannheim; Busse nach Merzig, Schengen, Perl; Schiffsanlegestelle

Echternach

B5

Zwei Schritte vor, einen zurück. Das Prinzip der Echternacher Springprozession wird heute gerne als Symbol für alles verwendet, was lange dauert, mühsam ist oder nicht in die Gänge kommt. Der kleinen Stadt, der ältesten des Großherzogtums Luxemburg, beschert dieses Spektakel an jedem Dienstag nach Pfingsten viel Aufmerksamkeit. Dann kommen Tausende Besucher in die Stadt – und sehen, dass sie auch ohne Springprozession sehr hübsch ist und eine ausgesprochen nette Fußgängerzone mit viel Gastronomie und Geschäften zu bieten hat.

Spuren eines Heiligen

Ein Name, der Ihnen in Echternach immer wieder begegnen wird, ist Willibrord. Es handelt sich dabei um einen angelsächsischen Missionar, Erzbischof und Heiligen, der 658–739 lebte und in der ganzen Region Klöster gründete. Die Benediktinerabtei Echternach, zu der die Trierer Äbtissin Irmina von Oeren ihren Grundbesitz beisteuerte, wurde zu Willibrords liebstem Ort. Daneben steht die **St.-Willibrord-Basilika,** in der sich in einem Marmorschrein das Grab des Heiligen befindet. Sie ist das Ziel der Echternacher Springprozession (s. KastenS. 69).

Bei der Plünderung durch französische Revolutionstruppen wurden die Gebeine des Heiligen gerettet, die barocken Abteigebäude mit der Kirche 1797 versteigert. Am zweiten Weihnachtsfeiertag 1944 sprengten deutsche Truppen auf dem Rückzug nach der Ardennenoffensive die im 19. Jh. komplett erneuerte Kirche in die Luft. Welch ein Frevel! Aber schon wenige Jahre nach dem Zweiten Weltkrieg wur-

S

DAS TAL DER SAUER

Immer wieder schmeichelt das idyllische Tal dem Auge. Es bietet überraschende Ausblicke auf das Gewässer mit seinen Wehren, ruhigen Partien und solchen, wo das Wasser rasch fließt. Kleine Dörfer, Uferidyllen und malerische Flussschleifen – hinter jeder Kurve wartet eine neue Überraschung. Attraktiv ist eine Landpartie von Wasserbillig bis Echternach für Radler – auf der Luxemburger Seite begleitet den Fluss durchgehend ein Radweg (s. Tour S. 66).

TOUR
Alles am Fluss

Radtour im Sauertal von Wasserbillig nach Echternach

Infos

Start: Wasserbillig C 6
Länge: 26 km Wasserbillig– Echternach, Abstecher Bollendorf 7 km
Internet: www.eifel.info/a-sauer-radweg
Radlerbus: Regiolinie 441 (April–Okt., Reservierung unter www.regioradler.de)

Klar, das hier ist ein Mosel-Reiseführer. Aber es gibt auch andere schöne Flüsse und sogar noch einen weiteren deutsch-luxemburgischen Grenzfluss – die Sauer oder, wie unsere Nachbarn im Westen zu sagen pflegen: la Sûre. Es handelt sich um den größten linken Nebenfluss der Mosel – und an ihm entlang lässt sich eine sehr schöne Radtour durch den Deutsch-Luxemburgischen Naturpark unternehmen, mit dem überaus reizvollen Städtchen Echternach als lockendem Ziel. Aber auch ein Abstecher weiter saueraufwärts zu dem Schloss Weilerbach und dem Ort Bollendorf mit seiner Burg und der netten Sauer-Promenade ist leicht an einem Tag zu schaffen und zudem eine schöne Ergänzung.

Hopp on, hopp off

Los geht es in **Wasserbillig,** an dem am tiefsten gelegenen Punkt Luxemburgs (134 m). Das obligatorische Tanken können wir uns sparen. Aber in einem großen, auch bei deutschen Besuchern sehr beliebten Supermarkt besteht Gelegenheit, sich noch mit Wasser und Proviant zu versorgen. Aber nicht übertrieben viel: Diese Radtour ist ohne größere Mühen zu bewältigen, denn es bleibt relativ eben. Schon auf den ersten Kilometern können wir uns davon überzeugen, dass beiderseits des Flusses Wein angebaut wird. Dank mehrerer

Brücken haben wir die Wahl, ob wir auf der deutschen oder auf der luxemburgischen Seite fahren möchten. Fluss-Hopping sozusagen.

Über Feuchtgebiete
Zwischen Metzdorf und Wintersdorf hat man sich etwas einfallen lassen, um ein wertvolles Feuchtgebiet zu schützen: Hier verläuft der Radweg ein kurzes Stück auf Stützen. Vor allem Bahnfreunde wird interessieren, dass der Weg bei Mesenich auf die Trasse der früheren Nims-Sauertalbahn trifft. Weiter geht es durch den 1914 erbauten, 336 m langen **Ralinger Tunnel.** Keine Sorge vor plötzlicher Dunkelheit: Er ist natürlich beleuchtet.

Mit der Fähre von Deutschland nach Wasserbillig in Luxemburg übersetzen, und dann geht's los.

Sommerfrische früher und heute
Und dann sind wir auch schon fast in Echternach angekommen. Vorher aber bietet sich noch ein kleiner Abstecher rund 7 km weiter Richtung Bollendorf auf der deutschen Seite. Dabei kommt man an dem hübschen Rokokoschloss **Schloss Weilerbach** vorbei. Es liegt fast direkt am Fluss und ist von einem schönen Park umgeben (von Frühling bis Herbst mit Café). Der letzte Abt von Echternach ließ es sich Ende des 18. Jh. bauen, nicht nur als Sommerresidenz, sondern auch um die Eisenhütte zu verwalten, die die Abtei auf dem Gelände betrieb.

Dann ist der Ort **Bollendorf** erreicht. Die im Jahr 1619 errichtete Burg Bollendorf diente der Abtei Echternach lange als Sommerresidenz. Und im Prinzip ist sie das heute noch, nur nicht mehr für Äbte oder Grafen, sondern für Urlauber: Die **Burg Bollendorf** ist inzwischen ein Hotel mit Restaurant. Nach dem Erklimmen des Burgbergs kann man im Innenhof der Burg im Café eine Pause einlegen, bevor es zurückgeht zum eigentlichen Ziel **Echternach.** Dort angekommen, können wir das Rad abstellen und zu Fuß durch die Altstadt spazieren.

Die 1869 gegründete ›Prinz-Heinrich-Bahn‹ fuhr von Echternach nach Wasserbillig – heute verläuft hier der Bahntrassenweg auf luxemburgischer Seite.

de die Kirche wiederaufgebaut – nah am romanischen Original.

Alte Altstadt

Nach so viel Kultur wird es Zeit für einen zwanglosen Bummel durch die Stadt. In die Altstadt gelangt man über den **Marktplatz.** An lauen Abenden sitzen Gäste und Einheimische gerne draußen und beobachten das Treiben. Mit Speis und Trank – z. B. einem Diekirch-Bier oder einem Glas Elbling – locken Brasserien mit so hübschen Namen wie »Beim Wohli« oder »Beim Laange Veit«. Gestärkt genug? Dann geht es weiter in die Fußgängerzone, die **Halergaas.**

Spaziergang im Park

An der Sauer (Sûre) liegt der hübsche **Stadtpark** (Parc municipal). Früher lustwandelten hier die Äbte. Der **Rokokopavillon** aus dem Jahr 1761 ist wunderbar erhalten und zeigt im Obergeschoss eine Ausstellung zur ländlichen Architektur.

Museen

Der Lauf der Geschichte

Abteimuseum: Möchten Sie gerne mehr über das Leben und Wirken des hl. Willibrordus erfahren? Dann sei Ihnen ein Besuch im Abteimuseum im Kellergewölbe des Ehrenhofs der ehemaligen Abtei empfohlen. Erzählt wird auch die Geschichte der Klosterschreibstube. Vom 8. bis zum 11. Jh. genoss die Echternacher Schreibschule einen herausragenden Ruf als Zentrum der Handschriften- und Buchmalerei. Da die Klosterschätze nach 1794 in alle Winde verstreut waren, sind die Codices als Faksimile ausgestellt – wie das Goldene Evangelienbuch von Echternach.

Durch die mittelalterlichen Spitzbögen des Denzelt oder ›Dingstuhls‹ blickt man auf den Marktplatz von Echternach mit seinen Cafés. Früher wurde in der offenen Halle Gericht gehalten.

11, Parvis de la Basilique, T 00352 72 74 72, www.museedelabbaye.lu, Palmsonntag–Allerheiligen tgl. 10–12, 14–17 Uhr, im Juli/Aug. keine Mittagspause, 3 €, über 60 Jahre 1,50 €

So war das also?

Römische Villa: Wie haben sie denn nun wirklich gelebt, diese Treverer? Dieser Frage nimmt sich ein kleines Informationszentrum in der römischen Villa Echternach mithilfe von lebensgroßen Modellen und Figuren an. Bei Ausgrabungsarbeiten in den 1970er-Jahren sind die Überreste eines einst prachtvollen Palastes entdeckt worden: mit Säulengängen, Innenhöfen, einer Thermenanlage und Fußbodenheizung. Hier stand eine der größten römischen Villen nördlich der Alpen. Die römischen Gärten laden zum Spaziergang ein.

47 Rue des Romains, T 00352 479 33 02 14, www.mnaha.lu/de/romische-villa-echternach, Mitte April–Sept. Di–So 10–12, 13–17 Uhr, Eintritt frei

G

GEHUPFT WIE GESPRUNGEN

Bei der weltberühmten **Echternacher Springprozession** handelt es sich um einen uralten Brauch. Wahrscheinlich geht er auf eine christianisierte heidnische Feier zurück. Seit vermutlich mehr als 1000 Jahren läuft das Spektakel im Wesentlichen so ab: Pilger springen und tanzen zu Polkaklängen – und zwar nicht zwei Schritte vor und einen zurück, wie es das Klischee besagt. Sondern zur Seite, und zwar immer im Takt. Im Jahr 2010 erklärte die UNESCO das immer am Dienstagmorgen nach Pfingsten stattfindende Spektakel zum immateriellen Kulturerbe der Menschheit.

Essen

Auf den zweiten Blick

Brasserie Beim Dokter: Zugegeben, auf den ersten Blick wirkt dieses Lokal von außen eher unscheinbar und von innen auch. Aber dann wird man von einer sehr herzlichen und freundlichen Atmosphäre und richtig guter Hausmannskost empfangen – auch zu vergleichsweise später Stunde noch.

25, Rue des Merciers, T 00352 72 83 23, Mo–Fr ab 11.30, Sa ab 14 Uhr, €–€€

Bewegen

Für jeden was

Echternacher See: Paddel- oder Tretboot fahren? Fischen, Segeln, Minigolf spielen? Oder erst mal auf den Spielplatz? Der 30 ha große Echternacher See südwestlich der Altstadt hat sich zu einem beliebten Freizeitgelände entwickelt.

Hoch hinaus

Kletterhalle: In der Jugendherberge gibt es eine Halle zum Klettern und Bouldern, die nicht nur Übernachtungsgästen und Mitgliedern offensteht. Hier werden auch regelmäßig Schnupperkurse angeboten.

100, rue Grégoire Schouppe, T 00352 262 76 64 00

Ausgehen

Haus der Kultur

Trifolion: Gegenüber dem ebenso schlichten wie schönen Kloster aus dem 7. Jh. steht ein moderner Gebäudekomplex und fügt sich überraschend gut in das mittelalterliche Stadtbild ein. Das Trifolion ist ein Kultur- und Kongresszentrum und gehört mit rund 200 Veranstaltungen im Jahr zu den größten Häusern in Luxemburg. Ein Höhepunkt im jährlichen Veranstaltungskalender ist das Open-Air-Festival Echterlive, das bekannte Namen in die Stadt holt.

2, Porte St. Willibrord, T 00352 267 23 90, www.trifolion.lu

Feiern

- **Springprozession:** am Dienstag nach Pfingsten, s. Kasten S. 69
- **Echterlive:** drei Tage im Juli. Seit 2019 findet das Open-Air-Festival statt, das Livekonzerte mit Kunst und Genuss verbindet. Bei der Premiere spielten u. a. die Sängerin Joss Stone und der Jazzpianist Joachim Kühn.

Infos

- **Tourist-Information:** 9–10, Parvis de la Basilique, L-6486 Echternach, T 00352 72 02 30, www.echternach-tourist.lu
- **Verkehr:** Busse nach Luxemburg-Stadt, Bitburg, Irrel, Ernzen, Körperich, Wasserbillig

In der Umgebung

Des Wanderers Lust

Echternach ist das Zentrum der Region **Mullerthal,** die auch als »Kleine Luxemburger Schweiz« bezeichnet wird. Warum? Weil es hier tatsächlich ein bisschen so aussieht wie in der Schweiz. Die in Jahrtausenden durch Erosion entstandenen skurril geformten Sandsteinfelsen entdeckt man am besten bei einer Wanderung. Durch Wälder, über Wiesen und an Wasserfällen vorbei, führt der 112 km lange ›Mullerthal Trail‹. Er setzt sich aus drei Routen zusammen, von denen zwei durch die Stadt Echternach führen. Der Einstieg ist von verschiedenen Orten aus möglich, und die Routen können miteinander kombiniert oder verkürzt werden. Dazu kommen vier Extra-Touren, die zwischen 9 und 31 km lang sind.

www.mullerthal-trail.lu

Jurassic Park in der Eifel

Die Augen aller kleinen und großen Dino-Fans werden schier übergehen beim Rundgang durch den Erlebnispark **Dinosaurierpark Teufelsschlucht** in der Südeifel. Mehr als 160 lebensechte Nachbildungen von Dinosauriern stehen hier: der Stegosaurus, der Diplodocus, der Eifelosaurus – und natürlich der Tyrannosaurus Rex. Wer Lust auf »Jurassic Park«-Feeling hat, kann auch übernachten, in einem transparenten Sleep Cube (150 €/Nacht).

8 km nördlich von Echternach, Ferschweilerstr. 50, Ernzen, T 06525 933 93 44, www.dinopark-teufelsschlucht.de, Mitte März–Okt. tgl. 10–18 Uhr, 14,50 €, 4–12 Jahre 11,50 €

Felsenlandschaft Teufelsschlucht

Wenn man vom Parkplatz aus am Dinosaurierpark vorbeiläuft und noch ein kleines Stück weitergeht, kommt man in eine einzigartige Naturlandschaft: die **Teufelsschlucht.** Mit ihren bizarren Formationen ist sie sehr beeindruckend und – wichtig zu wissen an heißen Sommertagen – hier ist es immer etwas kühler. Entstanden ist diese Schlucht vor rund 10 000 Jahren am Ende der letzten Eiszeit nach einer Serie von Felsstürzen. Man kann sie auf drei Rundwegen unterschiedlicher Länge erkunden: Der Kleine Rundweg ist knapp 2 km lang und sicher auch von Kindern zu bewältigen, der Große Rundweg hat 3,5 km Länge und die »Teuflische Acht« 5,8 km – dieser Weg führt auch an den Irreler Wasserfällen vorbei.

Ferschweiler Str. 30, Ernzen, www.teufelsschlucht.de. Die Teufelsschlucht ist jederzeit frei zugänglich. Nur in der Saison geöffnet ist das Naturparkzentrum mit Tourist-Information und Imkerhaus, März–Okt. tgl. 11–18 Uhr

Zugabe
Feiern ohne Grenzen

Weinhappening Nittel/Machtum

Seit 2006 feiern die Nitteler und ihre Nachbarn im luxemburgischen Machtum ein gemeinsames Fest: das deutsch-luxemburgische Weinhappening im August. Alle Programmpunkte vom Musikfestival bis zur Kinderbelustigung haben die internationalen Organisatoren im Vorfeld miteinander abgestimmt. Bei einer »Konschtausstellung« kann man regionale Künstler kennenlernen, beim »Wäinschmaachen« 40 Machtumer Weine probieren und in Nittel über den Markt schlendern. Und damit die Besucher wirklich grenzenlos feiern und Spaß haben können, gibt es sogar einen eigenen Schiffspendelverkehr über die Mosel. ■

Schweich bis Veldenz

Spuren der Antike — die Römer müssen sich in diesem schönen Abschnitt der Mittelmosel unheimlich wohl gefühlt haben. Spuren ihres Lebens und Sterbens findet man hier überall. Und was nicht mehr da ist, wurde rekonstruiert.

Eintauchen

Seite 75

Schweich

Das pulsierende Städtchen liegt ganz nah bei Trier. In der Molitorsmühle werden Kindheitserinnerungen wach.

Seite 78

Radtour Salmtal

Folgen Sie dem Flüsschen Salm südlich von Wittlich auf seinen Windungen bis Klüsserath an der Mosel.

Seite 81

Römische Villa Longuich

In Longuich wurde eine römische Villa mit einer Badeanlage entdeckt, ausgegraben und rekonstruiert. Sehenswert!

Römische Weinstraße: 19 Orte von Schweich bis Trittenheim

Seite 81

Bergwerk Fell

Das frühere Schieferbergwerk Barbara-Hoffnung lockt mit einer Stollentour und einem modernen Besucherzentrum, wo die harte Arbeit der Bergleute früher anschaulich wird.

Seite 82

An der Schleuse Detzem

Mit 9 m hat die Staustufe Detzem die höchste Fallhöhe der 28 Mosel-Staustufen und seit 1964 eine beeindruckende Schleusenanlage zu bieten. Das Heben und Senken der durchfahrenden Schiffe ist ein interessantes Schauspiel.

Seite 84

Stefan-Andres-Wanderweg

Auf dieser Wanderung der Poesie nähert man sich dem aus der Region stammenden Schriftsteller und seinem Werk.

Seite 87

Neumagen-Dhron ✪

Das Grab eines römischen Weinhändlers ist der ganze Stolz des Ortes. Mit einem fast 18 m langen Nachbau kann man auf der Mosel herumschippern.

Seite 93

Wintrich

In Wintrich strebt man gen Himmel, nicht nur alle fünf Jahre mit den Passionsspielen. Sie wurden im Jahr 1902 das erste Mal aufgeführt und ziehen heute noch viele Besucher an. In der Sternwarte kommen Hobby-Astronomen dem Himmel näher.

Seite 95

Veldenz

Das ehemalige gräfliche Schloss ist 1680 zerstört worden. Die Besitzerfamilie erhält es für die Nachwelt und öffnet es in der Saison für Führungen.

Genug Platz für die ganze Familie: die Josefsbank über Leiwen.

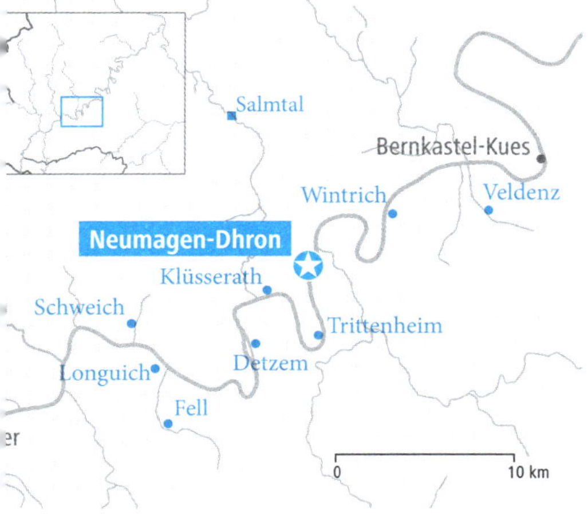

Wer in dieser Region unterwegs ist, fährt zum Teil auf alten Versorgungsstraßen, die schon die Römer angelegt haben – und zwar praktischerweise parallel zum Fluss.

erleben

Auf römischen Straßen

M

Man kann es doch nicht anders als faszinierend nennen. Da wird unser ganzes Leben vom Digitalen bestimmt: Am Morgen ersetzt das Handyklingeln das altmodische Rappeln des Weckers, den ganzen Tag starren wir auf Computer, Tablet und Smartphone, und am Abend machen wir den Fernseher aus und gehen ins Bett, um vielleicht noch ein paar Zeilen im E-Book zu lesen. Okay, zumindest bei den meisten von uns ist das doch so. Und doch gibt es Lebensbereiche, die allem Fortschritt zum Trotz immer noch genauso funktionieren wie vor Hunderten und Tausenden von Jahren. Z. B. der Weinbau. Seit die Römer im 1. Jh. n. Chr. genau hier die ersten Reben angebaut haben, wird an der Mosel aus Trauben Wein gemacht. Klar, heute kann man Drohnen über den Weinberg fliegen lassen, die Preisliste per Newsletter an die Stammkunden schicken und die Kellerbestände mit einer App verwalten. Aber an den Grundprinzipien der Produktion hat sich bis heute nichts geändert.

Zeugnisse römischer Wohnkultur

In der Gegend, die heute als »Römische Weinstraße« vermarktet wird, kann man allerorten die Antike erleben. Dank der Arbeit vieler Archäologen, die Vergangenes zutage gefördert und rekonstruiert haben, kann man die Überbleibsel römischer Bauwerke besuchen, wie die *villa rustica* in Mehring oder die *villa urbana* in Longuich. Wie wichtig schon den Römern die Wasserversorgung war, erfährt man in Pölich, wo eine Tunnelwasserleitung (Qanat) römischen Ursprungs freigelegt wurde. In Detzem steht die Nachbildung eines römischen Meilensteins. Dank Asterix sind uns die Römer heute vor allem als ›Spinner‹ in Erinnerung. Wer offenen Auges durch die Gegend fährt, radelt oder wandert, wird immer wieder sehen, wie viel mehr sie waren: kühne Baumeister, Visionäre – und Genießer. Machen Sie es wie die Römer und genehmigen sich einen guten Schluck – natürlich aus dem Römerglas!

ORIENTIERUNG **O**

Infos: www.roemische-weinstrasse.de

Verkehr: Züge verkehren auf der Moselstrecke Trier–Wittlich–Koblenz. Der Verkehrsverbund Trier (VRT) bedient mit Bussen die Landkreise Trier-Saarburg und Bernkastel-Wittlich, Fahrpläne und Streckennetz unter www.vrt-info.de

Schweich und Umgebung

D5

Schweich gehört mit fast 8000 Einwohnern, Tendenz steigend, zu den größeren Orten in der Region. Aber Schweich hat ein Problem: Wer nicht aufpasst, ist ganz schnell durchgefahren und unterliegt dem Irrtum, dass das Städtchen außer einer Hauptstraße mit ein paar Geschäften und Lokalen nicht wirklich was zu bieten hat. Denn die interessantesten Ecken liegen etwas abseits der Route, die man ganz automatisch nimmt, wenn man aus Trier kommt und moselabwärts fahren möchte. Wie so oft nicht nur auf Reisen, sondern generell im Leben lohnt es sich auch hier, sich mal links und rechts des ausgetretenen Pfades zu orientieren.

Ein Turm als Eisbrecher

Ob man nun aus dem Hunsrück kommt, aus Trier oder von der Autobahn: Das Erste, was in Schweich ins Auge fällt, sind der kleine Yachthafen und der alte **Fährturm,** das Wahrzeichen der Stadt. Erbauen ließ ihn Ende des 18. Jh. Kurfürst Clemens Wenzeslaus. Der fünfeckige Grundriss hat seinen Sinn: An der moselaufwärts herausragenden Spitze brach sich der Wind, dadurch fror der Fluss an dieser Stelle nicht so schnell zu. Durch ein Seil war der Turm früher mit einem Turm auf der anderen Seite verbunden – für die Fähre. Weder dieser andere Turm noch die Fähre existieren noch. Am Yachthafen kann man Tretboote, Kajaks und Motorboote ausleihen.

Um das Ortszentrum zu erkunden, machen Sie sich am besten auf den Weg zur Tourist-Information in der Brückenstraße 46.

Schweich begrüßt seine Gäste mit einem hübschen kleinen Yachthafen, dessen Wahrzeichen der alte Fährturm ist.

S

STEFAN ANDRES

Der berühmteste Sohn von Schweich wurde 1906 zwar nicht hier, sondern ein paar Kilometer entfernt in Trittenheim geboren, doch Stefan Andres verbrachte seine Kindheit und Jugend in Schweich. Seine Familie zog dorthin, als er vier Jahre alt war. Anfang der 1930er-Jahre begann Stefan Andres Bücher zu veröffentlichen, lebte in der Zeit des Dritten Reichs in Italien und wurde in der Nachkriegszeit zu einem der populärsten deutschen Schriftsteller. Alle drei Jahre vergibt die Stadt Schweich den Stefan-Andres-Preis, zuletzt 2017 an Gila Lustiger.

Ein Brunnen, der erzählt

Im Zentrum von Schweich illustriert seit 1978, sieben Jahre nach Stefan Andres' Tod in Rom, ein **Brunnen** dessen autobiografischen Roman »Der Knabe im Brunnen«, der von seiner Kindheit in der Region erzählt (s. auch Tour S. 84).

Stefan-Andres-Str./Ecke Bernhard-Becker-Str.

Berühmter Sohn der Stadt

Die Stefan-Andres-Gesellschaft, die im **Kulturzentrum Niederprümer Hof** ihren Sitz hat, erinnert in einer Dauerausstellung an Leben und Werk des Autors. Der Name des verwinkelten Komplexes, der auf den Ruinen einer Römervilla steht, geht auf das Benediktinerinnenkloster Niederprüm in der Eifel zurück. Es unterhielt hier im 13. Jh. ein Hofgut.

Hofgartenstr. 26, www.stefan-andres-gesellschaft.de, Di 14–16 Uhr

Licht und Schatten

Ganz in der Nähe des Niederprümer Hofs befindet sich ein weiterer historischer Ort, der heute für kulturelle Zwecke genutzt wird: die **ehemalige Synagoge.** Sie hat eine bewegte und bewegende Geschichte hinter sich: Bau im 17. Jh., Neubau im 19. Jh., Zerstörung in der Reichspogromnacht 1938. Im Zweiten Weltkrieg diente die Synagoge als Kriegsgefangenenlager und in der Nachkriegszeit als Warenlager. 1984 kaufte die Stadt Schweich die ehemalige Synagoge, ließ sie renovieren und nutzt sie seitdem für Kulturveranstaltungen und Tagungen.

Richtstr. 40 (hinter dem Haus Richtstr. 42), Mo 10–12, Mi 14–16 Uhr

In der Umgebung

Klipp klapp, klipp klapp ...

Es war einmal ein kleines Weizenkorn. Wie viele von ihnen man braucht, um ein Kilo Mehl zu bekommen und welchen Weg diese Weizenkörner alle zusammen zurücklegen – das kann man sich bei einem Besuch in der **Molitorsmühle** erzählen lassen. Seit 1972 nicht mehr in Betrieb, ist die alte Wassermühle am Föhrenbach heute ein Museum, das die Geschichte des Müllerhandwerks im 19. und 20. Jh. erzählt. Höhepunkte im Jahreskalender sind der Deutsche Mühlentag an Pfingsten und das Mühlenhoffest eine Woche später.

Am Föhrenbach (ca. 2,5 km nordöstlich), T 06502 13 36, www.molitorsmuehle.de, Ostern–Okt. So 14–18 Uhr, 4 €, Schüler/Stud. 2 €, Grundschüler/Kinder ab 5 Jahre 1,40 €, Familienkarte 8 €

Himmlische Ruhe

Nordwestlich von Schweich am Rand des Meulenwaldes befindet sich der **Schweicher Heilbrunnen:** eine Trinkwasserquelle samt Kapelle und Kneippbecken in einem kleinen Park. 14 Kreuzwegstationen führen zu der Quelle hin.

Schlafen, Essen

Aber hallo

Mittlers Restaurant: Mitten an der langen, durch Schweich führenden Brückenstraße liegt, von außen etwas unscheinbar, das Restaurant von Familie Mittler. Serviert wird eine deutsch-französische und regionale Küche. So gibt es eben nicht nur Himmel & Erde (Blutwurst mit Kartoffelpüree und Apfelspalten), sondern auch Wolfsbarsch oder gebratene Süßkartoffelgnocchi.

Brückenstr. 1, T 06502 99 51 90, www.mittlers-restaurant.de, Di–So 11–22 Uhr (warme Küche 12–14, 17–20 Uhr), €€

Bewegen

Badespaß

Erlebnisbad: Direkt hinter dem großen Edeka-Supermarkt unweit der Moselbrücke liegt das Erlebnisbad Schweich mit großer Liegewiese, Spiellandschaft und mehreren Rutschen.

Mitte Mai–Mitte Sept. Mo–Fr 7–19, Sa/So 8–19 Uhr

Feiern

- **Fest der Römischen Weinstraße:** Anf. Mai. Zum Auftakt der Saison präsentieren sich alle zur Weinstraße gehörenden Orte.
- **Heimat-, Wein- und Erntedankfest:** 2. Septemberwochenende, mit Kirmes, Musik, Weinverkostung und großem Festzug

Infos

- **Tourist-Information Römische Weinstraße:** Brückenstr. 46, 54338 Schweich, T 06502 933 80, www.roemische-weinstrasse.de
- **Verkehr:** Züge nach Trier/Saarbrücken/Luxemburg und Wittlich/Cochem/Koblenz, der Bahnhof Schweich liegt 3 km nördlich vom Stadtzentrum; Busse nach Trier und Leiwen; Anlegestelle für Linienschiffe

Kenn

D5

Das Tor zur Weinstraße

Auf einer Terrasse des fruchtbaren Schwemmlandes der Trierer Talweitung bettet sich das Dorf **Kenn** in von Lehm und Ton geprägte Weinberge. Die Trierer Abtei St. Maximin bestimmte schon um das Jahr 700 das politische Geschehen, um 1200 ließ sie den **Maximiner Hof** errichten. Der Bau, von dessen ursprünglicher Architektur kaum noch etwas übrig ist, beherbergt heute unter anderem ein Weingut.

Sehenswert ist in Kenn auch der **Römerkeller.** Die von den Römern im 2. Jh. erbaute 23 m lange Anlage wurde teilweise restauriert und kann von außen besichtigt werden.

Römerkeller: Im Ecken 11

R

RÖMISCHE WEINSTRASSE

19 Orte zwischen Schweich und Trittenheim vermarkten sich gemeinsam unter dem Namen Römische Weinstraße. Der Name verweist darauf, dass es die Römer waren, die in dieser Region schon in der heute »Antike« genannten Zeit mit dem Weinbau begannen. Die Römische Weinstraße folgt zum Teil den alten römischen Versorgungsstraßen, die parallel zum Fluss gebaut wurden.

TOUR
An der Salm entlang zur Mosel

Auf dem Radweg Wittlicher Senke und dem Salm-Radweg nach Klüsserath

Infos

Start: Wittlich E 4

Länge: ca. 30 km

Anfahrt: Bahn bis Wittlich-Wengerohr, Mai–Okt. Bus 300 Maare-Mosel-Regio-Radler bis ZOB

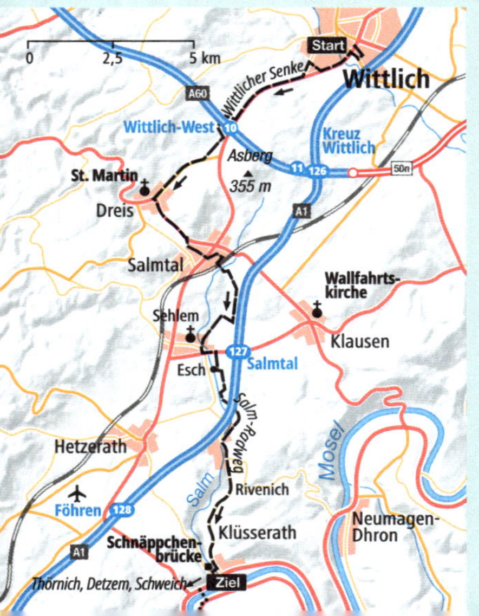

Nördlich von Trier und links der Mosel erstreckt sich die Wittlicher Senke: eine leicht hügelige Landschaft, die von Wäldern umgeben ist. Mitten hindurch führt der etwa 30 km lange familienfreundliche Radweg Wittlicher Senke von Wittlich nach Schweich.

Start in Wittlich – Tabak und Wein

Der Radweg Wittlicher Senke verbindet den Maare-Mosel-Radweg mit dem Mosel-Radweg. Wir starten in **Wittlich**, der mit knapp 20 000 Einwohnern größten Stadt in der dünn besiedelten Region zwischen Trier und Koblenz. Von hier aus geht die Fahrt an Wiesen und Feldern vorbei Richtung Dreis. In der Wittlicher Senke herrscht ein ähnlich mildes Klima wie wenige Kilometer südlich an der Mosel. Während dort allerdings der Weinbau alles dominiert, wird in dieser Gegend Tabak angebaut. In **Dreis** lohnt sich ein kurzer Blick auf die Barockkirche St. Martin, bevor die Fahrt fortgesetzt wird.

Einer der größten Mosel-Nebenflüsse

Von Dreis nach Esch ist der Radweg Wittlicher Senke identisch mit dem Salm-Radweg. Die Salm ist mit 63,4 km Länge einer der größten Nebenflüsse der Mosel und verdankt ihren Namen mutmaßlich den Lachsen, die hier früher reichlich gefangen werden konnten. Schon der römische Dichter Ausonius hat den durch die Südeifel freundlich

dahinplätschernden Fluss in der »Mosella« erwähnt. Die Salm ist Namensgeber für den Ort **Salmtal,** die nächste Station auf unserem Radweg. Hier kann man einen Blick auf die historische Salmmühle aus dem Jahr 1838 und schön renovierte Bauernhäuser werfen. Wer auf die Suche nach Spuren ländlicher Kultur gehen möchte, wird im Salmtal mit seinen hübschen Dörfern, Mühlen und Kirchen überall fündig. Der nächste Ort auf der Tour, **Sehlem,** schmeichelt dem Blick mit einem hübschen Ensemble aus klassizistischer Pfarrkirche, Pfarrhaus und Alter Schule.

Unterwegs auf dem Mosel-Radweg

Für alle Generationen

Ab Esch verlassen wir den Radweg Wittlicher Senke, der nach Schweich führt, und folgen dem Salm-Radweg. **Esch** hat etwas zu bieten, das vor allem Kinder fasziniert: einen wasserspeienden Frosch im Dorfbrunnen. Wenn sie ihn lange genug beobachtet haben, können die Erwachsenen noch einen Blick auf die Burgkapelle mit ihrem gotischen Chor werfen. Die Fahrt geht nun nah an der A1 entlang nach **Rivenich.** An dieser Stelle ist nun die einzige kleine Steigung zu bewältigen. Dass wir nun nicht mehr weit weg von der Mosel sind, kann man daran erkennen, dass das Ortsschild die Radler im »Weinort Rivenich« willkommen heißt.

Zurück zur Mosel

Die Fahrt geht weiter durch die Salmauen. Über die **›Schnäppchenbrücke‹** wird im Mühlental die Salm überquert. Dann sind wir auch schon an der Mosel angekommen, genauer: in **Klüsserath.** Und auf dem **Mosel-Radweg.** Auf ihm geht es weitere 11 km durch die kleinen Orte Thörnich, Detzem und Longuich weiter nach **Schweich.** Hier stellen wir die Räder ab, gehen etwas essen und denken an eine wunderschöne Radtour durch eine herrliche Landschaft.

Den Namen Schnäppchenbrücke bekam die ursprünglich aus Bundeswehrbeständen stammende Stahlbrücke, da sie von der Gemeinde zu einem günstigen Preis angekauft werden konnte.

Riol

E5

Heute ist **Riol** ein beschauliches Dorf etwas abseits vom Schuss. Wesentlich lauter ging es hier um das Jahr 70 n. Chr. zu (s. S. 81). Im größten Gemetzel seit der Besetzung des Trevererlandes durch die Römer erlitten die Kelten auf der Anhöhe über Rigodulum – der keltische Name bedeutet ›Königsburg‹ – eine schwere Niederlage.

Bewegen

Für jeden etwas

Triolago: Der künstlich aufgestaute See bietet am Ufer einen Campingplatz und allerhand Freizeitmöglichkeiten. Man kann hier ›Mosel-Bob‹ auf der Sommerrodelbahn fahren, Tretboote ausleihen, Wasserski lernen, Fußballgolf spielen oder einfach am Badestrand liegen.

Moselstr. 13, T 06502 71 19, www.triolago.eu

Infos

- **Im Internet:** www.riol.de

Longuich und Umgebung

E5

Longuich hat eine strategisch sehr interessante Lage zwischen der Trierer Talweitung und dem Moselcanyon, wo sich das Tal verengt und von hohen Bergen flankiert wird. Der Ort liegt

Trauben lesen im Steilhang ist für die Winzerfamilien an der Mosel und ihre Helfer harte körperliche Arbeit – und die kleine Pause absolut verdient.

R

DIE SIEGEN, DIE RÖMER

Es ist eine unscheinbare, idyllische Wiese am Rand eines hübschen kleinen Wäldchens oberhalb des 1200-Einwohner-Ortes Riol. Nichts deutet darauf hin, dass sich hier einmal Historisches von herausragender Bedeutung abgespielt hat. Und dass dieser Ort ein Schlachtfeld war. Es geschah im Jahr 70 n. Chr. Die Treverer witterten Morgenluft angesichts der chaotischen Verhältnisse im Römischen Reich – Stichwort: Vier-Kaiser-Jahr 68/69. Sie hatten die Stadt Augusta Treverorum besetzt, heute Trier. Kaiser Vespasian mochte das nicht akzeptieren. In der Schlacht bei Rigodulum, dem heutigen Riol, griffen seine Truppen die Treverer an, die nur eine Zeitlang Widerstand leisten konnten. Ihre Niederlage machte den Weg frei für den endgültigen Siegeszug der Römer an der Mosel – nachzulesen beim Zeitgenossen Tacitus. Den endgültigen Beweis dafür haben Archäologen geliefert, als sie auf Spurensuche in den Rioler Wiesen gingen. Tatsächlich fanden sich im saftigen Gras über Riol Bronzekleinteile, Münzen und Lanzenspitzen.

am Schnittpunkt von Römerstraßen. Besucher heute schätzen einerseits die Nähe zur Kultur- und Einkaufsstadt Trier und andererseits die Natur mit Weinbergen und Wiesen. Der Doppelort **Longuich-Kirsch,** wie es korrekt heißen muss, hat auch selbst einiges zu bieten.

Antike römische Wohnkultur

Es ist noch gar nicht so lange her, 1987 war es, da wurden in den Weinbergen die Reste des Badetraktes einer wahrscheinlich sehr luxuriösen *villa urbana* gefunden. An der Stelle existierte bereits früher eine *villa rustica*. Teile der **römischen Villa** wurden ausgegraben, konserviert und rekonstruiert. Heute kann man den Teil eines früheren Seitentraktes mit Badeanlage besichtigen und über die großzügige Architektur der Römer staunen.

Schlafen

Schöner schlafen

Longen-Schloeder: Sabine und Markus Longen haben auf ihrem Weingut etwas Fantastisches geschaffen: Sie vermieten keine Standard-Zimmer mit Fernseher, sondern 20 wunderschöne Winzerhäuschen aus Schiefer und Eichenholz in Streuobstwiesen am Weingut – und ohne Fernseher. Aus der Winzerküche kommen pikante Spezialitäten.

Kirchenweg 9, Longuich, T 06502 83 45, www.longen-schloeder.de, €€–€€€

Infos

- **Im Internet:** www.longuich.de

Fell

E6

Unterirdisch

Es gibt es auch eine Tradition des Schieferbergbaus an der Mosel, und ganz in der Nähe von Longuich kann man sie besichtigen: Vom Ort aus fährt man den Hunsrück hinauf nach Fell und auf schmaler Straße ins Noßerntal hinein. Dort liegt das **Besucherbergwerk Barbara-Hoffnung**, ein typisches Bergwerk

Lieblingsort

Technik, die begeistert

Eine der schönsten Beschäftigungen an der Mosel ist es, Schiffe zu gucken. Und damit die auf dem Fluss auch fahren können, gibt es Staustufen – 28 insgesamt. Mit 9 m hat Detzem seit der Moselkanalisierung die höchste Staustufe auf deutschem Boden. Mit Blick auf den idyllischen Winzerort **Detzem** (📍 E5, s. S. 83) und die Weinhänge auf beiden Seiten des Flusses kann man hier eine Pause von einer Radtour oder einer Wanderung einlegen und das nach einem ganz einfachen Prinzip funktionierende Heben und Senken großer und kleiner Schiffe in der 165 m langen und 12 m breiten **Schleuse** anschauen. Zu beobachten, wie sich die Kammer langsam mit Wasser füllt, hat etwas Entschleunigendes. Für Besucher wurde extra ein Rastplatz gebaut und mit Informationstafeln versehen.

der Wende vom 19. zum 20. Jh. In einem modernen Besucherzentrum kann man sich umsehen, bevor es für etwa eine Stunde zu einer Führung unter Tage geht. Pullover nicht vergessen – dort unten sind es konstant nur 12 bis 13 °C.

Auf den Schiefergruben 3, Fell, T 06502 98 85 88, www.bergwerk-fell.de, April–Okt. Di–So 10–18 Uhr, 10 €, 6–17 Jahre 7 €

Mehring und Pölich

E5

Eine Römervilla im Neubaugebiet

Am **Mehringer Berg** (419 m) auf der Eifelseite reifen die Trauben für feine Weine. Der Ort **Mehring** selbst hat schon viele Katastrophen erlebt, und von seinem alten Charakter ist deswegen heute nicht mehr viel zu spüren. Da war zuerst ein Großbrand 1840, dann schwere Luftangriffe im Zweiten Weltkrieg und schließlich die Moselkanalisierung in den 1960er-Jahren, die der Anlass für den Abriss ganzer Häuserzeilen war. Umso mehr überrascht der Anblick einer restaurierten *villa rustica* aus dem 2. Jh. Bei den Bauarbeiten für ein neues Wohngebiet in den 1980er-Jahren wurde sie entdeckt und steht heute mitten im Ort.

Villa rustica: ganzjährig frei zugänglich, Führungen für Gruppen ab 10 Pers. n. V. unter T 06502 14 13 oder E-Mail an mehring@roemische-weinstrasse.de

»Alles fließt« bei den Römern

Der Name **Pölich** wird zurückgeführt auf »pulchra villa« – hübsches Landhaus, wie jeder Lateinschüler weiß. Die Römer haben sich hier angesiedelt und gleich noch für eine Wasserleitung gesorgt. Der Tunnel aus dem Jahr 206 n. Chr. kann heute oberhalb der Kirche besichtigt werden. Die Römer hatten diese Art Wasserleitung, genannt Qanat, aus dem Orient übernommen. Ansonsten gibt sich der winzige Ort verträumt – und hübsche Häuser stehen hier heute noch.

Thörnich und Köwerich

E5

Thörnich und **Köwerich** haben nicht nur die Lage an der Mosel und die antiken Wurzeln gemeinsam, sondern auch eine einstige Verbindung nach Bonn. Im Fall von **Thörnich** besteht die Verbindung darin, dass Bundeskanzler Konrad Adenauer zu Verhandlungen mit der damaligen Sowjetunion in Moskau gerne einige Flaschen »Thörnicher Ritsch« mitnahm. Und aus **Köwerich** stammt – womit schon am Ortseingang groß geworben wird – Ludwig van Beethovens Mutter Maria Magdalena Keverich. Bis in die 1950er-Jahre hinein wurde ein staatliches Weingut von direkten Nachkommen der Familie bewirtschaftet. Nun setzt das Weingut Geschwister Köwerich die Tradition fort: Das Konterfei des genialen Komponisten prangt auf Etiketten von Sekt- und Weinflaschen.

Detzem

E5

Ein Paradies für Radler, die auf sicheren Uferpfaden die wunderschöne Landschaft erkunden möchten – das ist **Detzem**. *Ad decimum lapidum*, am zehnten Meilenstein von Trier aus gerechnet, entstand der Ort in römi-

TOUR
Eine Wanderung der Poesie

Auf dem Stefan-Andres-Wanderweg über die Zummethöhe bis Trittenheim

Infos

Start: Mehring E 5

Länge: ca. 12 km, Tagestour

Stefan wer? Anders? Nein, Andres. In der Zeit nach dem Zweiten Weltkrieg gehörte der aus dem Trittenheimer Ortsteil Dhrönchen stammende und in Schweich aufgewachsene Schriftsteller zu den meistgelesenen Autoren. Schon 1933 hatte er Romane veröffentlicht, Nazi-Deutschland allerdings bald verlassen. Er lebte mit seiner jüdischen Frau im italienischen Exil in Positano und nach dem Krieg in Unkel bei Bonn.

Eine Landschaft, die inspiriert

In Stefan Andres' Werk spielt seine Heimat, die Moselregion, immer wieder eine Rolle. Und so zeigt diese Tour, die auf einem Teilstück des Stefan-Andres-Wanderwegs von Mehring zur Zummethöhe und nach Trittenheim zum Stefan-Andres-Denkmal führt, wie die Landschaft ihn prägte und inspirierte.

Wer Lust hat, mehr zu erfahren, findet ein umfangreiches Werk aus Romanen, Novellen, Dramen, Gedichten und Briefwechseln, darunter »Das Weinpilgerbuch« (1951) und »Der Knabe im Brunnen« (1953).

Als Pilger des Weins unterwegs

»Dieser beschauliche Fluß bewahrt zu beiden Seiten seiner Ufer über und unter der Erde zahllose ausgegrabene und noch im Schlaf der Vergangenheit liegende Denkmäler an jenes Volk, das Europa zusammen mit den Griechen den Wein übermittelt hat«, schreibt Stefan Andres in seinem Weinpilgerbuch und legt die römischen Wurzeln des Mosellandes offen. Diese Zeilen passen gut zum Beginn der Wanderung, die von den Resten einer römischen *villa rustica* mitten in einem Neubaugebiet von Mehring auf die Hunsrückhöhen führt.

Aussichtsreich

Nach dem Start in **Mehring** vorbei an der **Römervilla** zum Sportplatz, links die K 85 hinauf (Zeichen MV), rechts zum **Schützenhaus**, durch den Kammerwald (Zeichen grünes Buch) hindurch, trifft man am **Aussichtspunkt mit Felsenkreuz** auf den Rioler Klettersteig. Unterhalb der Autobahn geht es weiter. »Die schiffbar gewordene Mosel mit ihrem breiten beständigen Wasserspiegel ist nun viel schöner und, dies vor allem: dem Weinbau förderlicher geworden«, schreibt Andres nach der Kanalisierung.

»Dat is de Mosel!«

»Nun kamen wir auf die Höhe, wo der Weg aus dem kleinen Tal der Dhron in das große Moseltal hinüberläuft. Ich fühlte, wie mein Blick, der drunten am Bach immer gegen den Berg anstieß, in die Ferne fliegen konnte, weiter und noch weiter. ›Dat is de Mosel‹, sagte Vater, und sein langer Finger wies in die Tiefe vor uns.« Die **Zummethöhe** bietet eine traumhafte Aussicht auf den Fluss und eine Möglichkeit zur Einkehr: Auf dem Gelände eines abgerissenen Hotels wurde der lauschige **Moselliebe-Weingarten** erbaut (Mai–Okt. Sa/So, Fei).

Ein Denkmal gesetzt

In **Trittenheim** endet die Reise zu den Ursprüngen des Dichters. Der Ort errichtete Stefan Andres zum 100. Geburtstag 2006 am Dorfplatz ein **Denkmal** mit einem Hauptmotiv: Ein Knabe beugt sich über den Brunnen, sein Spiegelbild hält er für ein vom Wassermann gefangenes Kind. Es stammt aus Andres' autobiografischem Roman »Der Knabe im Brunnen«.

scher Zeit und hieß deswegen zunächst Decem. Die Nachbildung eines solchen **Meilensteins** steht heute in der Ortsmitte.

Bekannt ist Detzem auch für seine **Staustufe**, die mit 9 m die höchste an der Mosel ist. Hier kann man beobachten, wie große Schiffe in der 170 m langen und 12 m breiten Schleuse gehoben und gesenkt werden.

Klüsserath

E5

Beseelt und passioniert

In dem hübschen Straßendorf **Klüsserath** scheinen die Bewohner vom christlichen Glauben außerordentlich beseelt zu sein. Denn hier finden zwei Großereignisse statt, alle 15 Jahre (das nächste Mal 2035) sogar gleichzeitig: die Passionsspiele (alle fünf Jahre, an den beiden Sonntagen vor Ostern) und die Krippenausstellung (alle drei Jahre, in der Adventszeit).

Die **Klüsserather Bruderschaft** hat schon so manchem den Kopf verdreht. Der Name der berühmten Weinlage geht auf den Besitz einer Klosterbruderschaft im 17. Jh. zurück.

Infos

- **Tourist-Information:** Kirchstr. 3, 54340 Klüsserath, T 06507 30 99, www.weinortkluesserath.de
- **Verkehr:** Busse nach Neumagen-Dhron und Trier (über Schweich), Anlegestelle für Linienschiffe

Glänzende Aussichten bietet eine Wanderung in den Weinbergen von Leiwen hoch über der Mosel – zum Beispiel die auf ein schönes Picknick im Sonnenschein.

Trittenheim und Leiwen

E5

Warum Trittenheim und Leiwen in einem Atemzug nennen? Es ist nur der Fluss, der die beiden Dörfer trennt, oder anders formuliert: Über den Fluss hinweg schauen sie einander freundlich an. Beide Orte nennen hervorragende Weinlagen ihr eigen, die »Trittenheimer Apotheke« ist weit über die Region hinaus ein Begriff. Nicht nur den Geist des Weines, sondern auch zwei große Geister hat Trittenheim hervorgebracht: den Abt und Gelehrten Johannes Trithemius (1462–1516) und den Dichter Stefan Andres (1906–1970).

Verlockende Aussichten

Wer überhaupt gar keine Zeit haben sollte, sich hier ein wenig umzuschauen und nur eine einzige Sache unternehmen kann, dem sei ein Ausflug auf die **Zummethöhe** empfohlen. Nicht, weil man nur hier ein Glas Wein bekommen würde. Nein, wegen der – ja, da ist der Superlativ durchaus angebracht – gigantischen, fast magischen Aussicht auf den Fluss und diese Schleife, die von den vielen berühmten eine der berühmtesten ist. Wer mehr Zeit mitgebracht hat, der kann an diesen Aussichtspunkt natürlich auch wandern (s. Tour S. 85). Und erlebt oben das Gefühl, wie ein Vogel abzuheben, um ins weithin einsehbare Tal zu schweben.

Schlafen, Einkaufen

Genuss für alle Sinne

Gästehaus Clüsserath-Weiler: Eine Top-Adresse ist dieses Weingut, das für seinen Riesling aus besten Lagen von Trittenheim und Mehring berühmt ist. Das alte Patrizierhaus an der Moselpromenade ist zum modern-liebevollen Gästehaus umgebaut worden. Regelmäßig finden im Weingut kulinarische Events statt – unter anderem mit dem Spitzenkoch Harald Wohlfahrt.

Brückenstr. 9, Trittenheim, T 06507 50 11, www.cluesserath-weiler-gaestehaus.de, 7 Zimmer, €€

DIE VILLA – DAS RÖMISCHE HAUS

Villa meint bei den Römern ein mehr oder weniger bescheidenes Landhaus. Eine *villa urbana* ist ein luxuriöseres Herrenhaus, Großvilla mit Top-Ausstattung wie sonst nur in Städten (Mosaiken, Marmor, Malereien). *Villa rustica* heißt das Hauptgebäude eines kleinbäuerlichen Guts, das aus Stein, meist mit vorgesetztem Portikus gebaut ist.

Infos

- **Tourist-Information Trittenheim:** Moselweinstr. 55, 54349 Trittenheim, T 06507 22 27, www.trittenheim.de
- **Tourist-Information Leiwen:** Römerstr. 1, T 06507 31 00, 54340 Leiwen, www.leiwen.de
- **Verkehr:** Busse nach Neumagen-Dhron und Trier (über Schweich), Anlegestelle für Linienschiffe in Leiwen

Neumagen-Dhron

E5

Beim Namen Neumagen denkt wahrscheinlich jeder sofort: »Ah ja, der

Ort mit den Weinschiff.« Stimmt's? Und tatsächlich ist es das touristische Highlight in dem Ort. Und zwar nicht nur zum Anschauen, man kann auch damit fahren. Denn nach dem Vorbild des berühmten steinernen Grabmals entstand ein fahrtüchtiger Nachbau. Die Grabskulptur für einen römischen Weinhändler gibt das Schiff samt Weinfässern und Besatzung so detailgenau wieder, dass es nachgebaut werden konnte – aus Holz inklusive Segel und Rudern. Das Original des Fundes ist im Rheinischen Landesmuseum in Trier (s. S. 28) zu besichtigen, eine Kopie davon ist aber auch in Neumagen zu sehen (s. Tour S. 90).

Das beschauliche Dorf, das korrekt Neumagen-Dhron heißt, hat aber noch viel mehr antike Geschichte zu bieten. Es ist in der Gegenwart ein ziemlich gemütlicher Flecken.

Eine kühne Idee

Sie starten Ihren Aufenthalt in Neumagen am besten nicht direkt beim Weinschiff selbst, sondern im **Infopavillon**. Dort wird ein Film gezeigt, der erläutert, wie es zu diesem im deutschen Sprachraum größten Nachbau eines schwimmfähigen Römerschiffs gekommen ist und wie er realisiert werden konnte. Die Idee war im Vorfeld der Konstantin-Ausstellung 2007 in Trier gereift: das weltberühmte Grabmal eines römischen Weinhändlers, das 1878 bei Ausgrabungen in Neumagen gefunden worden war, nachzubauen. Möglich wurde es durch den großen Einsatz von Ehrenamtlichen und durch viele, viele Arbeitsstunden von Auszubildenden aus dem Bezirk der Handwerkskammer Trier. Das etwa 18 m lange und 4,20 m breite Schiff ist heute eine Touristenattraktion – nicht nur zum Anschauen, sondern auch zum Mitfahren.

Infopavillon in der Pelzersgasse 5–7, T 06507 65 55

Jüdische Geschichte

Seit dem späten Mittelalter gab es in Neumagen eine jüdische Gemeinde mit jüdischer Elementarschule und Synagoge – an beide Einrichtungen erinnern heute leider nur noch zwei Tafeln in der Bogengasse. 101 Menschen jüdischen Glaubens lebten Mitte des 19. Jh. in Neumagen. Diese Gemeinde haben die Nationalsozialisten komplett zerstört und 1941/42 die letzten beiden Familien deportiert. An diese Grausamkeit, aber auch an die Zeiten, in denen Juden und Christen friedlich zusammenlebten, erinnert der Arbeitskreis »Jüdisches Leben in Neumagen«, u. a. mit Führungen zu den Plätzen des jüdischen Lebens.

Essen

Feste Größe

Zum Anker: In Neumagen liegt nicht nur das Weinschiff vor Anker – unweit davon befindet sich auch dieses traditionelle, solide Hotel-Restaurant, in dem man einerseits die klassische Heimatküche bekommt, in dem sich Inhaber Udo Thull andererseits immer wieder neue Aktionen einfallen lässt: vom ›Haxendonnerstag‹ bis zur Aktion ›Gambas satt‹ am Dienstagabend.

Moselstr. 14, T 06507 63 97, www.hotelzumanker.de, Mitte März–Mitte Dez. Mo–Fr 17–21, Sa/So 12–21 Uhr, €€

Bewegen

Leinen los

Stella Noviomagi: Der Nachbau eines Römerschiffs ist in der Sommersaison regelmäßig auf der Mosel unterwegs. Es bietet Platz für bis zu 40 Personen und kann für 500 € voll gechartert werden. Einzelpersonen können an eineinhalbstündigen Kulturfahrten teilnehmen, bei denen Gästeführer Fragen beantworten

Lieblingsort

Platz da

»Rück mal ein bisschen«, »Passe ich da auch noch drauf?« oder »Kein Problem, ich kann auch stehen« – Sätze dieser Art können Sie aus dem Repertoire streichen, wenn Sie bei der **Josefsbank** unterhalb der Kapelle in den Weinbergen von **Leiwen** (E 5) angekommen sind. Das ist endlich mal eine Bank von ordentlicher Dimension: so groß, dass ein ganzer Kegelclub Platz darauf findet. Gewidmet ist die Holzbank dem Vater aller Zimmerleute, dem Heiligen Josef. Und der passt hoffentlich auch auf, dass keiner abstürzt. Ein bisschen Schwindelfreiheit muss man nämlich schon mitbringen.

TOUR

Ganz Ohr – Weinschiffe und wilde Bären

Lauschtour auf dem Archäologischen Rundweg Neumagen-Dhron

Infos

Start:
Tourist-Information
Neumagen-Dhron
E 5

Länge/Dauer:
800 m,
ca. 45 Min.

Internet
www.lauschtour.de

Haben Sie gewusst, dass in der Antike an der Mosel Bären lebten? Und dass die Römer auch schon mit Schädlingen im Weinbau zu kämpfen hatten? Sie erfahren es auf dem Archäologischen Rundweg Neumagen-Dhron. Und wenn gerade keine Führung angeboten wird, können Sie einfach eine Audiotour unternehmen und sich von einer sympathischen Männerstimme auf dem Archäologischen Rundweg Neumagen-Dhron begleiten lassen.

Römische Eichhörnchen

Die Tour startet an der **Tourist-Information** gegenüber der Kirche. Aus Angst vor den Germanen, erzählt der junge Mann, hat Kaiser Konstantin im 4. Jh. die Moselfestung ausgebaut. Ein Relief macht deutlich, wie die Römer genau ihren Wein anbauten, dass auch sie schon Reben an Holzpfähle gebunden haben. Und dass sie sich mit Eichhörnchen und Starenschwärmen plagen mussten, die sich an den Trauben gütlich taten.

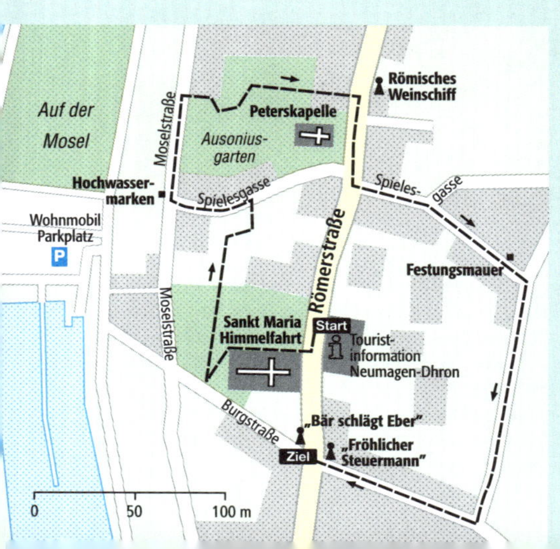

In einem kleinen **Park** hinter der Kirche erfahren wir die Ausmaße des Neumagener Römerkastells: dass es sich um einen ovalen Festungsring von 112 x 131 m handelte. Auf drei Reliefs sehen wir Alltagsszenen: Eine spielt in der Schule, auf einer wird ein leckerer Braten auf den Tisch gebracht, und auf dem dritten bedient ein Mundschenk die römischen Herren, die im Liegen zu essen pflegten.

›Lauschtour‹ heißt die praktische und intuitiv funktionierende App. Man kann sie kostenlos auf dem Smartphone installieren und die Tour herunterladen. Einzelne Stationen können übersprungen oder noch einmal gehört werden, die Dateien lassen sich jederzeit stoppen und fortsetzen.

Antikes Schönheitsideal: rote Haare …
Nach einem kurzen Blick auf die **Hochwassermarken** mit dem Höhepunkt (oder Tiefpunkt) an Weihnachten 1993 geht es zum **Ausoniusgarten** an der Römerstraße, der dem Dichter der »Mosella« gewidmet ist. Weitere Reliefs berichten davon, dass Steuern in Form von Naturalien wie Obst, Gemüse oder Getreide entrichtet wurden, und von einer Herrin, die sich frisieren ließ. In der Lauschtour erzählt Gästeführer Joachim Fischer, dass es bei römischen Damen äußerst hip war, sich die Haare rot färben zu lassen.

Nächste Station ist die ein wenig außerhalb des Mauerrings gelegene **Peterskapelle**, die im 14. Jh. erbaut wurde. Und dann: das **Weinschiff**. Der Mann im Smartphone erzählt von dem reichen Weinhändler, dessen Grabdenkmal ein Schiff mit zwei Steuermännern, sechs Ruderern und vier großen Weinfässern zeigt. Als das Grabmonument Ende des 19. Jh. auftauchte, war es eine archäologische Sensation – und es gilt als Beweis dafür, dass die Römer ihren Wein über weite Strecken mit dem Schiff transportierten. Wenn der Nachbau nicht gerade auf der Mosel unterwegs ist, kann man ihn im Hafen bewundern.

Aus Moselkiesel gebaut
Weiter geht es vorbei an der Stelle, an der sich früher eins der beiden Festungstore befand, zu einem Originalteil der **Festung:** der Rest eines der Festungstürme aus dem 4. Jh. Die aus weißem Moselkiesel, Sandstein und Schiefer erbaute Mauer ist größtenteils erhalten. Die Tour endet mit einer weiteren Nachbildung einer **Skulptur: »Bär schlägt Eber«**. Es habe in der Römerzeit tatsächlich Bären an der Mosel gegeben, informiert die Stimme. Wir beenden den Rundgang am **»Fröhlichen Steuermann«**, der in einem Vorgarten zufrieden das Gluckern aus einem Weinfass belauscht, und mit dem Hinweis, selbst eine Weinprobe zu machen oder eine Straußwirtschaft aufzusuchen. Gar keine schlechte Idee!

(Sa 15.30, So 10 Uhr, Erw. 20 €, Kinder 6–14 Jahre 10 €). In den Sommerferien fährt das Schiff mittwochs um 14 Uhr zur römischen Kelteranlage in Piesport und zurück – anders als in der Antike – ausschließlich motorisiert, gerudert wird bei dieser Tour nicht.

Termine unter www.neumagen-dhron.de, Plätze sollten unbedingt rechtzeitig reserviert werden.

Feiern

- **Weinschiff-Fest:** Juli. Rund um den Weinschiffhafen
- **Wein-Höfefest:** Sept.

Infos

- **Touristinformation:** Römerstr. 137, 54347 Neumagen-Dhron, T 06507 65 55, www.neumagen-dhron.de
- **Verkehr:** Busse nach Trier, Wittlich, Mülheim, Bernkastel-Kues, Anlegestelle für Linienschiffe

Piesport

E5

Ein natürliches Amphitheater

Die Piesporter sind selbstbewusste Zeitgenossen. Sie nehmen für sich in Anspruch, dass ihrem Örtchen diese, in der »Mosella« des Dichters Ausonius verewigten Zeilen gewidmet sind: »Dort wo Felsen und sonniger Grat in gewundenem Bogen / weinstockbesetzt sich erhebt, ein natürlich entstandnes Theater.« Und tatsächlich: Es könnte sein, dass Ausonius das Aha-Erlebnis beschrieb, als er von einer Reise über den Hunsrück die terrassenförmig geschichteten Weinberge am Moselbogen erblickte. Bei Piesport gibt es ein fast senkrecht aufsteigendes Felsmassiv, die »Moselloreley«.

Wallfahrtsort mit Dorfladen

Mehr als 100 000 Pilger machen jedes Jahr Station in **Klausen,** einem Wallfahrtsort mit wunderschöner Kapelle. Seit im 15. Jh. der Marienverehrer Eberhard hier eine Figur der »Schmerzhaften Mutter Gottes« aufstellte, kommen Menschen aus aller Welt in den kleinen Ort, um Kraft zu tanken, spirituelle Erfahrungen zu machen und die schön ausgestattete spätgotische Kirche zu besichtigen. Ihre irdischen Bedürfnisse können sie im Dorfladen von Klausen befriedigen (s. S. 262).

Feiern

- **Tage der offenen Weinkeller:** Christi Himmelfahrt
- **Moselloreleyfest:** 1. Juliwochenende, mit großem Musikfeuerwerk
- **Weinhöfefest:** im August
- **Römisches Kelterfest:** Im Oktober. Folklore und römische Spezialitäten

Infos

- **Tourist-Information Piesport/Minheim:** Heinrich-Schmitt-Platz 1, 54498

ÄLTESTER WEINORT

Beim Hineinfahren nach Neumagen-Dhron fällt das stolze Schild »Ältester Weinort Deutschlands« ins Auge. Den Titel beansprucht der Ort selbstbewusst für sich, weil hier das römische Weinschiff gefunden wurde – und bisher hat noch kein anderes Dorf widersprochen, zumindest nicht lautstark.

Die katholische Pfarrkirche St. Michael in Piesport ist ein bedeutendes Beispiel für ländlichen Rokokostil. Der Bau mit markantem Turmportal wurde 1776/77 errichtet. Hier der Eingangsbereich in besonderem Licht.

Piesport, T 06507 20 27, www.piesport.de

- **Tourist-Information Kesten:** Moselstr. 2, 54518 Kesten, T 06535 94 93 34, www.kesten-mosel.de
- **Verkehr:** Busse nach Trier, Wittlich, Mülheim, Bernkastel-Kues, Anlegestelle für Linienschiffe

Wintrich

F5

»Vom Herrgott verwöhnt« heißt der Werbeslogan von Wintrich. Es ist was dran an der selbstbewussten Behauptung, dass es hier besonders schön ist. Schließlich bleibt der Ort dank der Umgehungsstraße vom Durchgangsverkehr verschont, sodass man hier meistens ungestört durch die romantischen Gassen schlendern kann. Alle fünf Jahre (wieder 2029) ehrt die Bevölkerung den Herrgott mit Passionsspielen – und dann wird es hier doch ganz schön trubelig.

Sternengucker

Überhaupt strebt man in Wintrich nach Höherem: Von der Sternwarte aus kann man faszinierende Himmelsbeobachtungen unternehmen. Der Astronomische Freundeskreis Wittlich betreibt seit 1991 eine kleine **Volkssternwarte** oberhalb von Wintrich. Nach einem kleinen Anstieg können sich Sternengucker ihrer Faszination für das, was sich vor allem in klaren Sommernächten am Himmel abspielt, hingeben. Der Eintritt und die Benutzung von Teleskopen sind kostenlos. Allerdings muss vorher ein Termin vereinbart werden.

Christoph Walker, T 06574 900 36 66, walkerchr@aol.com

Feiern

- **Passionsspiele:** alle fünf Jahre zwischen März und Mai, www.passionsspiele-wintrich.de

Infos

- **Tourist-Info:** Bergstr. 3, 54487 Wintrich, T 06534 86 28, www.wintrich-mosel.de
- **Verkehr:** Busse nach Bernkastel-Kues und Neumagen-Dhron, Anlegestelle für Linienschiffe

Brauneberg

F4

Simultan glauben

Nicht nur der Wein, sondern auch die Religion hat Brauneberg sehr geprägt. Das ist noch heute an einem Bauwerk zu sehen, das seinesgleichen sucht in der ganzen Moselregion: **St. Remigius** ist eine Simultankirche, d. h. Katholiken und Protestanten nutzen die barocke Kirche gemeinsam. Errichtet wurde sie 1776/77 nach Plänen des kurfürstlichen Baumeisters Franz Wilhelm Rabaliatti.

Z

WER WIRD DENN GLEICH IN DIE LUFT GEHEN …

Der Wein aus der Mülheimer Weinlage Sonnenlay heißt auch ›Zeppelin-Wein‹. Er wurde den Fluggästen auf Zeppelin-Fahrten im vergangenen Jahrhundert serviert, als Fliegen noch eine exklusive Angelegenheit war …

Nach dem Zweiten Weltkrieg wurde eine Mauer eingezogen, und seit 1957 können gleichzeitig Gottesdienste der Katholiken und Protestanten stattfinden. Den Katholiken gehört das Kirchenschiff, den Protestanten der Chor. Beide Konfessionen zusammen besitzen den im Moseltal ebenfalls einzigartigen schiefen Zwiebelturm – ein unerschütterliches Wahrzeichen Braunebergs.

In die Literatur eingegangen

Der Brauneberger Weinbau mit den Spitzenlagen »Brauneberger Juffer« und »Brauneberger Juffer-Sonnenuhr« besitzt auf der ganzen Welt ein hohes Renommee – und das nicht erst seit unserer Zeit. Für Theodor Fontane war ein Brauneberger schlechthin der Inbegriff des Moselweins, er erwähnt die Lage in seinem Roman »Frau Jenny Treibel« und in der Erzählung »Schach von Wuthenow«.

Schlafen

Das rockt

Ferienresidenz Brauneberger Hof: In einem historischen Fachwerkhaus mitten in den Weinbergen liegt das Hotel, das nach der Pandemie neue Besitzer bekommen hat. Die man allerdings als Gast eher selten zu Gesicht bekommen wird: Beim Betrieb des Hotels setzen sie auf ein ausgeklügeltes digitales Selbstbedienungskonzept – an einem Automaten kann man sich sogar spontan einbuchen, wenn noch ein Zimmer frei ist. Frühstücken können Gäste in der benachbarten Bäckerei.

Moselweinstr. 136, T 06534 14 00, www.braunebergerhof.de, 22 Zimmer, €€

Einkaufen

Was meinst du, Schatz?

Die Vitrine: Glasvasen, Bilderrahmen, Etageren, Kuchenplatten, Wanduhren,

Schmuck, Kissen und Kerzenleuchter – alle diese Dinge, von denen die meisten von uns zu Hause schon mehr als genug besitzen und die doch manchmal unbedingt gekauft werden müssen, bietet dieses wunderschöne, zum Weingut Kriebs gehörende Geschäft an. Und noch viel, viel mehr. Und Wein natürlich auch.

Dusemonderstr. 1, T 06534 948 79 34, Di–Fr 10–13, 14–19, Sa 10–16, Ostern–Okt. auch So 13–17 Uhr

Feiern

- **Weinfest:** Mitte Juli. Livemusik und Krönung der Weinkönigin
- **Straßenfest in der Nussbaumallee:** Ende Sept. Feiern unter 300 Jahre alten Bäumen

Infos

- **Tourist-Information:** Moselweinstr. 101, 54472 Brauneberg, T 06534 93 33 33, www.brauneberg.de
- **Verkehr:** Busse nach Bernkastel-Kues, Neumagen-Dhron, Wintrich, Anlegestelle für Linienschiffe

Mülheim an der Mosel F4

Rundum Reben-Reich

Als wäre es nicht schon der Vorzüge genug, dass es in Mülheim an der Mosel besonders schön ist, hervorragender Wein produziert wird – zu allem Überfluss ist es dort meistens auch noch sonnig und warm. Denn Mülheim liegt im Mündungsbereich zweier Bäche und ist geschützt vor heftigen Winden. Da der schmale Berg rundum mit Reben bepflanzt ist, könnte stimmen, was behauptet wird: dass er der einzige komplett mit Wein bebaute Berg Europas ist!

Wellness und Wandern

Viele Besucher kommen, um sich und ihrem Körper etwas Gutes zu tun. Das kann entweder ein Wellnessaufenthalt mit Fünf-Gänge-Menü sein oder eine Fastenkur. Mehrere Wellnesshotels mit Kosmetikbereichen haben sich hier angesiedelt. Aber man kann hier auch wunderbar wandern. Ein mit 10 km nicht allzu langer, aber sehr schöner Rundwanderweg ist der **Panoramaweg,** der durch den Ort, durch Wälder, Wiesen und Weinberge führt.

Infos

- **Tourist-Information:** Hauptstr. 60, 54486 Mülheim an der Mosel, T 06534 94 87 34, www.muelheimmosel.de
- **Verkehr:** Busse nach Bernkastel-Kues, Neumagen-Dhron, Veldenz, Anlegestelle für Linienschiffe

Veldenz F5

Wo auf der Eifelseite die Lieser in die Mosel mündet, tut dies auf der Hunsrücker Seite der Veldenzer Bach. Die geografische Konstellation und die Reste einer Römerstraße lassen auf eine frühe Besiedlung schließen. Durch ein sanftes Tal begibt man sich so zu den Ursprüngen des Veldenzer Grafengeschlechts und in die römische Geschichte der Region (s. auch Tour S. 96).

Für Geschichtsinteressierte

Villa Romana heißt heute ein von der Gemeinde als Kultur- und Veranstaltungshaus genutztes Gebäude. Rö-

TOUR
Einblicke und Ausblicke

Unterwegs auf dem Graf-Georg-Johannes-Weg

Infos

Start:
Veldenz F 5

Länge/Dauer:
14 km

Infos im Internet:
www.bernkastel.de/aktivurlaub

Lust auf einen Seitensprung? ›Seitensprünge‹ haben die Planer des Moselsteigs die Wege links und rechts der Hauptrouten genannt. Einer dieser Seitensprünge ist der Graf-Georg-Johannes-Weg. Die Tour bietet Einblicke in die Familiengeschichte des Grafen, nach dem der Weg benannt ist, und Ausblicke auf das Schloss Veldenz.

Alter Adel

Die Grafen von Veldenz herrschten von 1088 bis 1256 in dieser Gegend, anschließend ging ihre Macht auf die Grafen von Pfalz-Zweibrücken über. Schloss Veldenz, bei dem es sich heute eher um eine Burgruine handelt, war ihre Stammburg. Es ist ein interessantes Adelsgeschlecht, das auch mit den Wittelsbachern verbunden war. Graf Georg Johannes ist der berühmteste Spross. Er heiratete 1562 eine Tochter des schwedischen Königs Gustav I. Georg Johannes war Pfalzgraf und bayerischer Herzog.

Man kann diese Tour auch gehen, ohne sich für die historischen Zusammenhänge zu interessieren – weil sie wunderschön ist und durch herrlichen Wald führt, an zwei Bächen entlang und weil sie immer wieder Ausblicke auf das Schloss Veldenz bietet. Die Burg befindet sich heute in Privatbesitz und ist nur selten zugänglich.

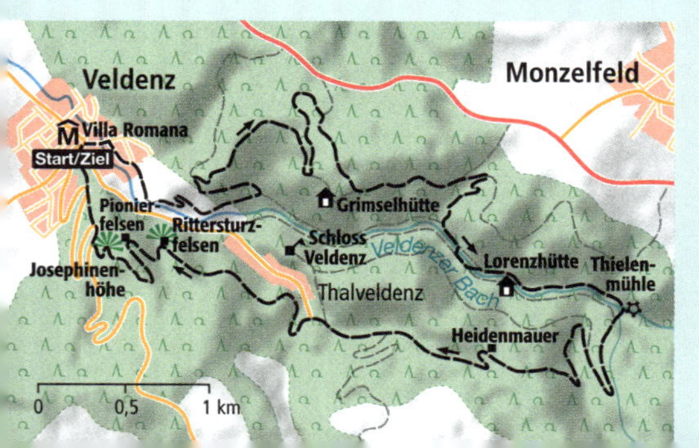

Über diese Brücke musst du geh'n

Los geht es im Ort Veldenz, in der Nähe der **Villa romana**, die heute als Museum dient und selbst einen Besuch wert ist. Aber wir möchten ja heute lieber die Natur genießen und machen uns deswegen auf den

Weg und erreichen schon bald den Wald. Die erste von mehreren Überquerungen des Baches steht an. Ein kleiner Anstieg ist zu bewältigen. Die Belohnung dafür ist eine wunderbare Aussicht von einem Felsen auf die Orte Thalveldenz und Veldenz.

Uralte Zeugnisse

Als wir den Bach dreimal überquert haben und mitten im Wald in herrlich unberührter Natur angekommen sind, erwartet uns die hochinteressante **»Heidenmauer«**. Der 90 m lange keltische Steinwall stammt aus der Zeit um 400 v. Chr. und ist damit ein Zeugnis einer frühen Besiedlung in dieser Zeit.

Seitensprung? Sicher ist sicher: Hand in Hand, Schritt für Schritt

Lage, Lage, Lage

Zum **Burg-Schloss,** das wir bisher nur von Weitem gesehen haben, wandern wir nun hinauf. Seine Lage ist einzigartig: mitten im Wald, auf einem Bergsporn, der nach drei Seiten steil abfällt. Die alten bzw. restaurierten Mauern können in der Regel nur von außen besichtigt werden – aber auch das ist schon eindrucksvoll genug.

Der Teufel war auch schon da

Die nächste Station ist der **»Rittersturz«**. Von diesem Felsen, der eine tolle Aussicht bietet, soll sich der Teufel einst mit einem Ritter hinuntergestürzt haben. Spätestens jetzt wird es Zeit für eine Rast. Dafür bietet sich die **Josephinenhöhe** an, der Veldenzer Hausberg. Dort gibt es nicht nur einen Aussichtspunkt, der einen wunderschönen Panoramablick ermöglicht, sondern auch die Aussicht auf einen schönen Tropfen Wein. »Die Welt bleibt nicht stehen, wenn Du mal eine Pause machst« steht auf einem Schild, das dazu einlädt, sich gegen einen kleinen Obolus aus einer Flasche Weißwein zu bedienen – Gläser sind vorhanden. Benannt ist der Berg nach der Kaiserin Josephine Beauharnais, der ersten Frau Napoleons, um daran zu erinnern, dass die Grafschaft früher zu Frankreich gehörte. Mit diesem Wissen im Wanderrucksack machen wir uns nun gemütlich zurück auf den Weg nach Veldenz.

misch-antik ist es zwar nicht, aber es steht auf dem Gelände eines römischen Guts. In den 1990er-Jahren stieß man bei der Sanierung des ehemaligen katholischen Pfarrhauses auf Spuren einer römischen Villa aus dem 2. bis 4. Jh. Sie war das Hauptgebäude eines römischen Bauernhofs. Solche Höfe versorgten die nahegelegene Stadt Trier und die Legionäre mit Nahrungsmitteln. Im Keller der Villa Romana können die Reste einer römischen Badeanlage besichtigt werden. Ein kleines Museum präsentiert eine Wachssiegel- und Münzsammlung und wechselnde Kunstausstellungen.

Hauptstr. 25, T 06534 181 56, Mo–Fr 9–12 Uhr, Eintritt frei

Für Ritter und Burgfräulein

Auf einem steilen Felsen östlich des Ortes befindet sich das prächtige **Schloss Veldenz**. Die Familie Haufs-Brusberg, in deren Privatbesitz sich die Burgruine befindet, bemüht sich redlich, das ehemalige gräfliche Schloss, das 1680 von französischen Truppen zerstört wurde, für die Nachwelt zu erhalten. Jugendgruppen, Schulklassen, Pfadfinder oder Musikvereine können es in der Saison mieten. Im Burgsaal und im Rittersaal finden regelmäßig mittelalterliche und zeitgenössische Events statt.

Schloss, T 0651 406 36, www.schlossveldenz.com, Führungen April–Okt. Mi 14 Uhr

Bewegen

Mieträder

Mietradservice: In der Villa Romana können Fahrräder für Damen, Herren und Kinder ausgeliehen werden sowie nach Reservierung mind. 3 Tage im Voraus auch E-Bikes oder Zubehör.

Villa Romana, Hauptstr. 25, T 06534 181 56

Feiern

- **Wein- und Heimatfest:** Ende Juli. Mit Internationaler Sternfahrt für Oldtimer und Umzug mit Oldtimer-Korso

Infos

- **Touristinformation in der Villa Romana:** Hauptstr. 25, 54472 Veldenz, T 06534 12 03, www.veldenz-mosel.de
- **Verkehr:** Busse nach Neumagen-Dhron

G

GRAFSCHAFT VELDENZ

In der Region hat man die Grafen von Veldenz als Werbeträger entdeckt. Brauneberg, Mülheim, Veldenz und Wintrich berufen sich auf den alten Adel. Die nachrömische Geschichte der späteren Grafschaft beginnt mit der Schenkung des fränkischen Merowingerkönigs Childebert im Jahr 588 an das Hochstift Verdun. Die Stammburg der Veldenzer Grafen wird erstmals 1156 in einer Urkunde Friedrich Barbarossas als Besitz des Hochstifts erwähnt. Trotzdem rissen die von den Lothringern eingesetzten Vögte es sich unter den Nagel. Sie stiegen zu Grafen von Veldenz auf, starben 1444 in männlicher Linie aus und wurden von der Pfalz-Zweibrücker Verwandtschaft beerbt. Im 16. Jh. gehörten die Ländereien zum »Kleinen Reich des Jerrihans« des Grafen Georg Johannes von Pfalz-Veldenz, der durch Heirat mit dem schwedischen Königshaus liiert war. Im 17. Jh. beanspruchte König Ludwig XIV. das Terrain – der Anfang vom Ende der Burgenherrlichkeit über dem Tal des Veldenzer Baches (s. Tour S. 96).

Zugabe
»Du bist!«

Johann Peter Petri, der Schwarze Peter

Auf die Karten, fertig, los!

Fast jedes Kind kennt das Kartenspiel – wer am Ende mit der Karte des Schwarzen Peters in der Hand übrig bleibt, der hat verloren. Da fließen schon mal Kindertränen. Doch in der ursprünglichen Variante ging es ums Geld: Der Verlierer hatte die nächste Runde zu zahlen. Diese Wirtshausvariante wird seit dem 19. Jh. gespielt. Und sie hat ihren Namen vermutlich von einem Räuber und Kumpel des legendären Schinderhannes: Johann Peter Petri.

Johann Peter Petri wurde 1752 in der heutigen Schulstraße im Moselort Burgen geboren und führte zunächst ein solides Leben. Er arbeitete als Holzfäller und Köhler. Er hatte eine Ehefrau und neun Kinder, von denen zwei sehr jung starben. Doch dann brachten die Irrungen und Wirrungen der Französischen Revolution Unruhe ins Land. Als 1792 die Franzosen einmarschierten, wurde Petris Hütte niedergebrannt. Obdachlos geworden zog die Familie ziellos durch Südwestdeutschland. Nicht nur Petri selbst, auch seine Frau und seine Kinder kümmerten sich um den Lebensunterhalt – und zwar nicht nur durch ehrliche Arbeit. Sie verübten Einbrüche, Diebstähle und Überfälle.

Im Gefängnis soll er das Kartenspiel erfunden haben.

Und dann geschah ein Mord. Gemeinsam mit dem Schinderhannes soll Petri den Viehhändler Simon Seligmann ermordet haben. Das Motiv? Vermutlich Beseitigung eines Zeugen. Denn Seligmann soll den ›Schwarzen Peter‹ drei Jahre zuvor beim Ehebruch erwischt haben.

Immer wieder kam der ›Schwarze Peter‹ ins Gefängnis. Hier soll er das berühmte Kartenspiel erfunden haben, und hier ist er irgendwann nach 1812 gestorben. Auf die Spuren seines Leben und seines kriminellen Treibens führt ein Wanderweg durch die Grafschaft Veldenz, der ›Kulturweg Grafen, Gold und Schwarzer Peter‹. Packen Sie für die Wanderung ein paar Spielkarten ein – für eine Pause. Aber passen Sie auf, dass Ihnen keiner den Schwarzen Peter zuschiebt! ■

Bernkastel-Kues bis Wolf

Kein Geheimtipp — Die Suche nach klassischer Mittelmosel-Romantik lockt viele, manchmal zu viele Menschen. Aber es gibt auch Oasen der Ruhe.

Eintauchen

Seite 103

Bernkastel-Kues

Bernkastel mit seiner pittoresken Altstadt ist aus gutem Grund ein unwiderstehlicher Touristenmagnet. Das etwas im Schatten liegende Kues auf der Eifelseite punktet dafür bei Weinfreunden und an Geschichte Interessierten.

Seite 110

Auf Cusanus' Spuren

Nikolaus von Kues, besser bekannt als Cusanus, ist einer der größten Denker und Humanisten des Mittelalters. Bei einem Rundgang durch Kues kann man mehr über sein Leben und sein Werk erfahren.

Halten Sie die Kamera bereit – Bernkastel ist fotogen!

Seite 109

Bonbon Willi

Willi Maas gehört zu den ganz wenigen Zuckerbäckern in Deutschland, die Bonbons noch so produzieren wie vor 100 Jahren. Ihm in Bernkastel bei der Arbeit zuzusehen, sorgt nicht nur bei Kindern für leuchtende Augen.

Seite 114

Schloss Lieser

Viele Jahre lang wurde das wunderschöne Schloss Lieser zum Luxushotel umgebaut. Es hat sich gelohnt, denn es ist ein Prachtstück geworden. Bei einer der gelegentlich stattfindenden Ausstellungen können Sie einen Blick hineinwerfen.

Seite 116

Zeltingen-Rachtig

Der schmucke Winzerort ist beschaulich und sehr gepflegt. Und hat sogar eine eigene Operette.

Seite 117

Kloster Machern

Mit Eiscafé, Restaurant, Biergarten und Shops ist Kloster Machern ziemlich trubelig. Eine ruhige, nostalgische Stunde kann man im Spielzeugmuseum verbringen.

Seite 118

Zu Wasser und zu Land

Radfahren auf dem Moselradweg? Mit dem Schiff fahren? Warum nicht beides? Bei einer kombinierten Tour von Trittenheim nach Traben-Trarbach und zurück lässt sich die Mosel aus unterschiedlichen Perspektiven entdecken.

Seite 123

Auf den blanken …

Ob der Kröver Nacktarsch seinen Namen bekommen hat, weil zwei Jungs die Finger nicht vom Wein lassen konnten? Und so den Zorn des Kellermeisters auf sich zogen? Wir werden es nie erfahren. Wie auch immer: Prost!

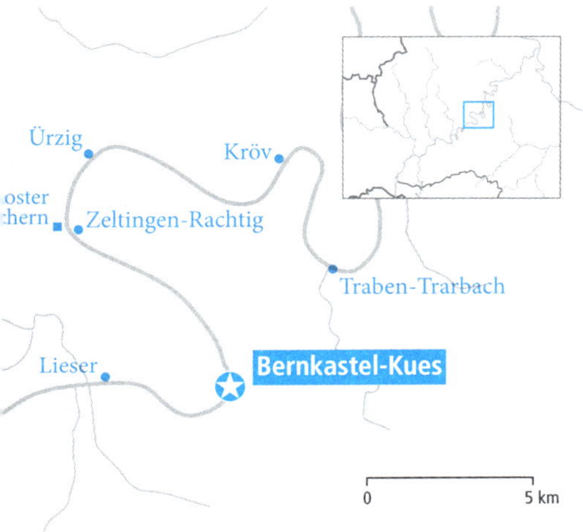

Ein Autonarr hat seine Oldtimer-Sammlung öffentlich gemacht im Zylinderhaus in Bernkastel-Kues.

Bernkastel ist der touristische Teil der Doppelstadt. Wer eine Pause vom Trubel braucht, läuft einfach über die Brücke ins ruhigere Kues.

erleben

Wo das Herz schlägt

G

Gerade mal knapp 20 km liegen zwischen Bernkastel-Kues und dem Traben-Trarbacher Vorort Wolf – aber es ist keine, zumindest keine große Übertreibung festzustellen, dass auf diesem kurzen Abschnitt das Herz der Mosellandschaft schlägt – und das Herz des Moseltourismus: Auf diesen wenigen Kilometern findet man alles, was einen Urlaub an diesem geheimnisvollen Fluss ausmacht – Wein und Burgen, mittelalterliches Fachwerk und fast kitschige Romantik.

Idyllische Natur und technischer Fortschritt

Die Mosel mäandert hier gemächlich durch das Tal, durch eine anmutige, liebliche Naturlandschaft, in der bis vor ein paar Jahren nichts das Auge gestört hat. Das kann man heute leider nicht mehr guten Gewissens behaupten. Mitten in die weltberühmte Kulisse hinein ist eine gigantische Brücke gebaut worden, ein richtiges Betonmonster: die Brücke, die das Herzstück des Hochmoselübergangs ist. Menschen und Waren sollen schneller von A nach B und B nach A transportiert werden, die Straßen des Moseltals sollen entlastet und der Tourismus gestärkt werden. Ob all das gelingen wird? Es ist erst einmal noch zu beweisen.

O

ORIENTIERUNG

Internet: www.bernkastel.de (Ferienland Bernkastel-Kues).
Verkehr: Züge auf der Moselstrecke Trier–Koblenz mit Halt in Ürzig; der Verkehrsverbund Trier (VRT) bedient die Landkreise Trier-Saarburg und Bernkastel-Wittlich. Infos und Fahrpläne: www.vrt-info.de.

Tolle Burgen und teure Weine

Ganz kühne Befürworter gehen sogar so weit, dass sie die Brücke als touristische Attraktion anpreisen. Aber mit den klassischen Sehenswürdigkeiten wird sie es wohl doch nicht aufnehmen können. Mit der Burg Landshut und der Altstadt mit wunderschönen Fachwerkhäusern in Bernkastel. Mit den Graacher Schanzen. Mit den steilen Hängen, die Weinlagen beherbergen, die zu den renommiertesten der Welt gehören und ihre Erzeugnisse zu den teuersten: Bernkasteler Doctor, Wehlener Sonnenuhr, Graacher Himmelreich. Und mit Wanderwegen, die immer wieder herrliche Ausblicke auf all diese Kostbarkeiten ermöglichen.

Bernkastel-Kues

Kaum machen die ersten Sonnenstrahlen im Frühling Hoffnung, dass die kalte Jahreszeit, in der an der Mosel fast alles wie ausgestorben ist, zu Ende gehen könnte, kaum bringen an den Weinreben die Knospen wieder das erste Grün hervor, erwacht das Leben in Bernkastel-Kues. Dann bevölkern wieder viele Besucher erwartungsfroh die engen Gassen und schönen Plätze dieses kleinen Doppelortes.

Fachwerk und Gründerzeit

Es lockt sie vor allem die **Bernkasteler Seite** mit ihrer traumhaft schönen Altstadt, in der sich ein kostbares Fachwerkhaus an das nächste reiht. Der **Stadtteil Kues** zeigt am linken, dem Eifeler Moselufer eher zurückhaltend seine Qualitäten: gediegene Gründerzeitvillen mit Bruchsteinmauern. Der Ort profitiert von seinem berühmten Sohn Nikolaus von Kues, der mehr als 550 Jahre nach seinem Tod noch immer in den mildtätigen Werken des einst von ihm begründeten Cusanusstifts weiterlebt. Seit dem 1. April 1905 sind die bis dahin eigenständigen Gemeinden vereint. Die getrennte Entwicklung über Jahrhunderte hinweg ist im Stadtwappen noch symbolisiert: Der Bär steht für Bernkastel und der Krebs für den Kardinal aus Kues, der mit bürgerlichem Namen Nikolaus Cryfftz (Krebs) hieß.

Wenn sich bei Bernkastel-Kues die Abendsonne in der Mosel spiegelt, kann man schon mal sprachlos werden vor Überwältigung. Und vor Glück.

Bernkastel-Kues

Ansehen

1 Burg Landshut
2 Bernkasteler Doctor
3 Ehemaliges Finanzamt
4 Rathaus
5 Stöcks Apotheke
6 Spitzhäuschen
7 St.-Michaels-Brunnen
8 Karlsbader Brunnen
9 Bärenbrunnen
10 Skywalk
11 Zylinderhaus
12 Mini-Friseur-Museum
13 Heimatmuseum Graacher Tor

Schlafen

1 Märchenhotel
2 Moselhotel Sonnenuhr
3 Burgblick Hotel
4 Hotel-Restaurant Doctor Weinstube

Essen

1 Café Thiesen
2 Leckerbissen Restaurant Graacher Tor

Einkaufen

1 Bonbon Willi
2 Bernkast'ler Fenster
3 Rieslinghaus
4 Das Schokolädchen

Bewegen

1 Panoramabahn
2 Burg-Landshut-Express

Ausgehen

1 Moselkino

Südländischer Charme

Bernkastel-Kues ist nicht nur im Frühling schön. Wenn bei hochsommerlichen Temperaturen die Weinberge über den Schieferdächern flimmern, wird der südländische Charme dieser Fluss- und Stadtlandschaft offenbar, und in der Vorweihnachtszeit erfreut ein riesiger Adventskalender die Menschen. Statt eines Türchens öffnet sich dann jeden Tag ein richtiges Fenster.

DER DOCTOR HILFT!

Fragt jemand, wie der Bernkasteler Doctor zu seinem Namen kam, wird gerne die Geschichte vom fiebernden Trierer Erzbischof Boemund II. (1354–1362) erzählt, den ein Fässchen mit köstlichem Wein aus Bernkastel auf Burg Landshut flugs wieder habe gesund werden lassen. Dem ›wahren Doctor‹ habe der Kurfürst daraufhin das Recht verliehen, sich Bernkasteler Doctor zu nennen. Schön wär's.

Bernkastel

Lass' uns mal hochgehen …

Die beste Möglichkeit, sich einen Überblick über die Stadt zu verschaffen, ist ein Besuch der **Burg Landshut** 1. Nachdem sie mehrere Jahre lang mit viel Aufwand umgebaut wurde, kann sie nun barrierefrei besucht werden. Oben wartet neben der fantastischen Aussicht und einem netten Restaurant auch viel Lokalgeschichte auf den Besucher. Was Forscher aus Trier bei einer Routineuntersuchung im Juni 2012 herausfanden, kam einer Sensation gleich: das erste römische Kastell an der Mosel. Es befand sich im 4. Jh. auf dem Gelände der heutigen Burgruine Landshut. Bestimmt genossen die Römer hier so manchen Schlummertrunk aus besten Weinlagen.

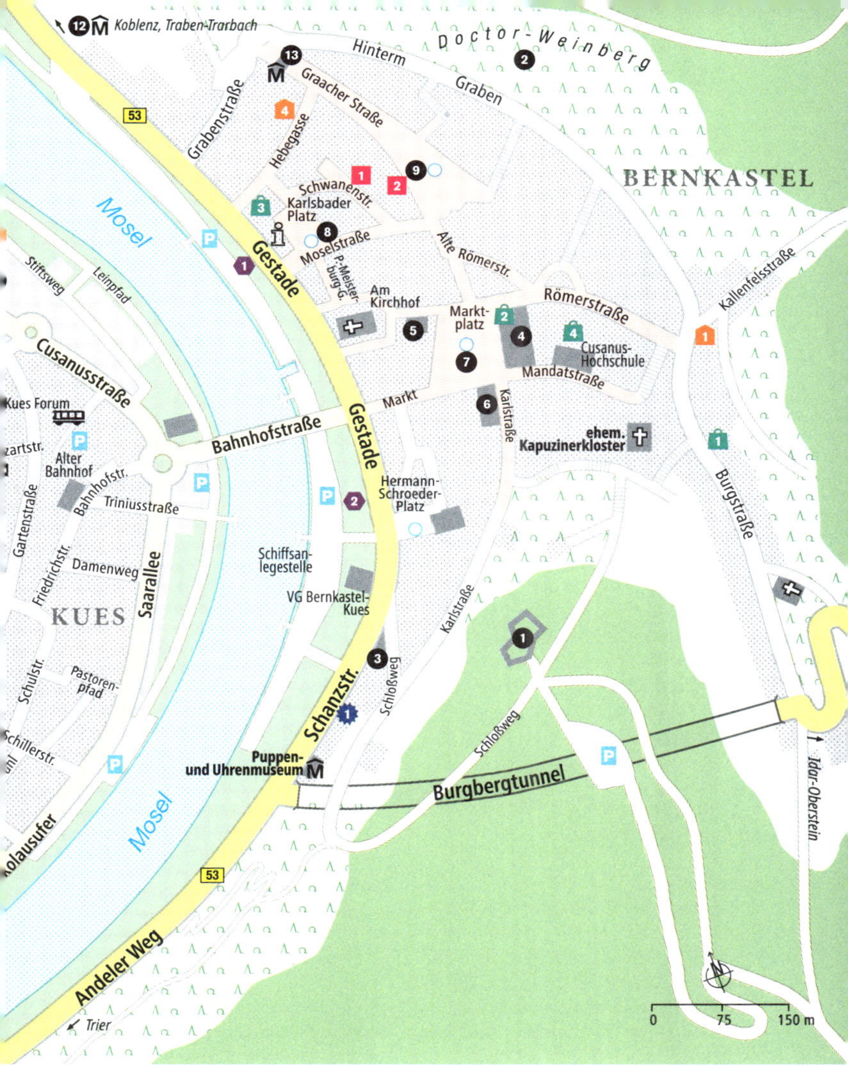

Seit dem Mittelalter hatten die Trierer Erzbischöfe hier das Sagen. Der Dreißigjährige Krieg und die Annexionen des Sonnenkönigs Ludwig XIV. machten der Burg zu schaffen. 1689 ließ dieser Burg und Stadtmauer schleifen, um die Steine für den Bau der Festung Mont Royal über Traben zu verwenden (s. S. 134). Was ihr aber schließlich den Garaus machte, waren weder die Politik noch das Militär, sondern im Jahr 1692 ein schwerer Brand. Danach wurde die Burg nicht wieder aufgebaut und blieb eine Ruine.

Restaurant: www.burglandshut.com, Fr–So 11–21 Uhr

Berühmtheit am Hang

Auf der anderen Seite über Bernkastel befindet sich etwas, wofür poetisch veranlagte Menschen das wunderschöne Wort »Rebenmeer« ersonnen haben: Weinberge über Weinberge. Sie gehören zur vielleicht berühmtesten Weinlage der Welt und sicher einer der teuersten Europas. Die Rede ist natürlich vom **Bernkasteler Doctor** ❷. Den Weinberg teilen sich mehrere Weingüter, u. a. Deinhard (Koblenz) und Wwe. Dr. H. Thanisch (Bernkastel).

Kleine Stadt, groß(artig)e Bauten

Bernkastel ist zwar klein. Aber ein Rundgang durch die Altstadt kann schon etwas dauern. Es gibt so viele imposante Gebäude, an denen man kurz stehenbleiben kann, um Geschichten aus der Geschichte erfahren. Seit 1291 besaß der befestigte Ort zu Füßen der Burg Stadtrechte und trug den Namen Berrincastel (von lateinisch ›Princastellum‹) – den Stadtrechten standen aber auch ›Bürger-Pflichten‹ gegenüber. So mussten die Bürger der Stadt Abgaben entrichten oder die Stadt bei einem Angriff verteidigen.

Winzerprotest

Das **ehemalige Finanzamt** ❸ (Ecke Schanzstraße/Schlossweg) machte am 25. Februar 1926 Schlagzeilen, als mehr als 5000 Winzer aus dem gesamten Moselgebiet einen spontanen Protestmarsch unternahmen. Inflation, Hunger und Armut machten das Leben ohnehin schwer, und als eine Weinsteuer von 20 % auch noch den Moselwein nahezu unverkäuflich machte, hatten die Winzer die Nase voll. Steine flogen, Demonstranten drangen ins verhasste Finanzamt ein, jagten die Beamten davon und warfen Akten, Bücher und ganze Regale auf die Straße. Die festgenommenen Bürger wurden am Ende begnadigt und die Weinsteuer abgeschafft.

Bürgerlicher Pranger

Vor dem früher als Gericht genutzten **Rathaus** ❹ erfuhren Übeltäter für kleinere Vergehen früher am Pranger ›bürgerliche Züchtigung‹. Das heißt, sie wurden mit Ketten und Handschellen an den öffentlichen Schandpfahl gefesselt. Der reiche Schmuck der Spätrenaissancefassade (17. Jh.) stammt von dem Bildhauer Hans Ruprecht Hoffmann (oder einem seiner Trierer Schüler). Auffällig sind das Kurtrierische Kreuz und das Wappen des Erzbischofs Lothar von Metternich (1599–1623) – Hoffmann hatte damit wohl seinen Gönner gewürdigt. Der auf einer Basaltsäule ruhende Erker ist mit einer Steinfigur des Salvator mundi geschmückt, des Welterlösers mit der Weltkugel.

Alle Jahre wieder ...

Ein prachtvolles Bürgerhaus ist **Stöcks Apotheke** ❺ (heute Adler-Apotheke). Das vornehme Patrizierhaus, das eine Seite des Marktplatzes dominiert, stammt von 1660. Alljährlich im Advent verwandelt sich das Haus in einen riesigen Adventskalender; an jedem Abend wird dann ein anderes Fenster zu einem Türchen, aus dem ein Lied gesungen, ein Gedicht rezitiert oder eine Geschichte gelesen wird. Bernkastel-Kues hat damit den größten Adventskalender der Moselregion (1.–23. Dezember 17.30, 24. Dezember 11 Uhr).

Balanceakt in Fachwerk

Kein anderes Motiv kann es allerdings mit der Anmut des 1416 erbauten **Spitzhäuschens** ❻ aufnehmen. Der spitze Giebel des Obergeschosses scheint auf dem kaum 2 m breiten Unterbau zu schweben – einfach atemberaubend. Keiner hat je gezählt, wie oft der schmale Fachwerkbau fotografiert worden ist – aber wahrscheinlich handelt es sich um das beliebteste Motiv der Bernkasteler Besucher.

Klein und fein: Dank seines mittelalterlichen Marktplatzes und der hübsch herausgeputzten Fachwerkbauten gehört Bernkastel-Kues zu den schönsten Städten Deutschlands.

Von Brunnen zu Brunnen

Eine andere Möglichkeit, etwas über die Stadt und ihre Geschichte zu lernen, ist ein Rundgang von Brunnen zu Brunnen. Ein guter Startpunkt dafür ist der mittelalterliche **Marktplatz** mit dem **St.-Michaels-Brunnen** ❼. Der Schutzpatron von Bernkastel-Kues thront auf einer Kugel, die wiederum auf einer Sandsteinsäule ruht. Nächste Station ist der **Karlsbader Platz,** wo ein Geschenk der tschechischen Partnerstadt bewundert werden kann: der vom Künstler Jan Kotek geschaffene **Karlsbader Brunnen** ❽. Zu guter Letzt gehen wir noch zum **Bärenbrunnen** ❾ an der Graacher Straße. 1968 schuf ihn der Wittlicher Bildhauer Hanns Scherl zu Ehren des Bernkasteler Wappentiers.

WEIN UND DEMOKRATIE

Im Doctorkeller der Thanischs versteckte sich 1848 der Demokrat Peter Joseph Coblenz aus Bernkastel, gerade mal 40 Jahre alt, nach dem Marsch auf die Paulskirche bei Lieser (s. S. 114) vor seinen Häschern. Bei seiner Rückkehr wurde er eingekerkert, 1854 starb er an den Folgen der Haft.

Kues

Kostbarkeiten aller Art

Die weithin sichtbare, schöne Anlage des **Cusanusstifts** direkt über dem Moselufer geht aus einer Stiftung des großen mittelalterlichen Gelehrten Nikolaus von Kues hervor (s. Tour S. 110). Hier befinden sich das Altenstift St. Nikolaus-Hospital mit berühmtem Kreuzgang, Kapelle und kostbarer Bibliothek sowie das **Mosel-Weinmuseum** samt Vinothek.

Cusanusstr. 2, T 06531 22 60, www.cusanus.de, Kapelle So–Fr 9–18, Sa 9–15 Uhr, Eintritt frei, Führungen April–Okt. Di 10.30, Fr 15 Uhr, 10 €

Beste Aussichten

Eine neue Attraktion im Stadtteil Kues, genauer gesagt: auf der Anhöhe Kueser Plateau, ist der **Skywalk** ⑩. Er wurde 2023 gebaut, als der in den 1970er-Jahren angelegte Kurpark mit viel Aufwand umgestaltet wurde. Von der Plattform, die rund um die Uhr betreten werden kann, hat man eine fantastische Aussicht auf die Stadt Bernkastel-Kues und das Moseltal.

Museen

Freie Fahrt für die Nostalgie

⑪ **Zylinderhaus:** Die Firma von Bernd Benninghoven mit Sitz in Wittlich ist einer der größten Arbeitgeber in der Moselregion. Dem Unternehmer und seiner Sammelleidenschaft hat Bernkastel-Kues seit 2017 dieses Museum für Oldtimer und Technik zu verdanken. In dem eigens erbauten Zylinderhaus, das den Charme eines alten Fabrikgebäudes oder Getreidespeichers hat, stehen rund 125 Fahrzeuge aus der deutschen Automobilgeschichte. Eine Ladenzeile mit Dorfapotheke, Spielzeuggeschäft und Tante-Emma-Laden lädt zusätzlich zu einer Zeitreise ein (s. auch Zugabe S. 126).

Adolf-Kolping-Str. 2, Bernkastel-Kues, T 06531 973 77 76, www.zylinderhaus.com, Ostern–Okt. Di–Sa 10–18, So 10–17, Jan.–Ostern Do–So 10–17 Uhr, 15 €, 6–16 Jahre 8 €, mit Restaurant

Eine haarige Angelegenheit

⑫ **Mini-Friseur-Museum:** Im Stadtteil Wehlen befindet sich ein Friseursalon, der im Jahr 2024 sein 100. Jubiläum feiern konnte. Die vierte Generation der Betreiberfamilie in Person von Anja Commes-Kieren und Heike Urban führt das Geschäft. In diesen 100 Jahren hat sich vieles angesammelt, das es wert ist, präsentiert zu werden: Wickel, Haarschneidemaschinen, Onduliereisen, Trockenhauben und vieles mehr. Um dieses absolut einzigartige Museum kümmert sich die Seniorchefin Martha Commes.

Hauptstr. 104, T 06531 62 61, www.friseur-krueger.com, geöffnet n. V.

Guck mal, wie hübsch

⑬ **Heimatmuseum Graacher Tor:** Mindestens so interessant wie das, was im Inneren des Museums gezeigt wird, ist das Gebäude, in dem dieses hübsche kleine Museum untergebracht ist: Es befindet sich im Graacher Tor, seines Zeichens das einzige erhaltene von einst acht Bernkasteler Stadttoren. Das Museum wird mit viel Leidenschaft von einem Verein betrieben. Zu sehen sind unter anderem Gegenstände aus dem ehemaligen Kapuzinerkloster, die Revolutionsfahne der Bernkasteler Bürgerwehr von 1848 und alte Ansichten der Stadt. Auch das Leben einer Kaufmanns- und Schifferfamilie wird dargestellt.

Graacher Str. 16, Fr 18–20, Sa/So 15–17 Uhr, 2 €, Kinder 1 €

Schlafen

Dornröschen trifft Aschenputtel

1 **Märchenhotel:** Schlafen wie Prinzessin auf der Erbse? Von der Dachterrasse das Haar herablassen wie Rapunzel? Rosenrote Romantik genießen? In diesem wunderschönen Hotel ist jedes Themenzimmer einer anderen Märchenfigur gewidmet. Auch im Restaurant »anno

1640« werden die traditionellen Sagen und Mythen bewahrt (und ein zauberhaftes Märchenmenü kredenzt). Mit Spa- und Wellnessbereich.

Kallenfelsstr. 25–27, T 06531 965 50, www.maerchenhotel.com, 15 Zimmer, €€

Mach es wie die …

2 Moselhotel Sonnenuhr: Im Stadtteil Wehlen, wo die weltberühmte Weinlage »Wehlener Sonnenuhr« liegt, laden Katja und Stefan Krebs in ihr sympathisches kleines Garni-Hotel ein. Im Mini-Spa stehen eine finnische Außensauna und ein Whirlpool mit Blick auf die Weinberge und die Mosel zur Verfügung. Wer es aktiver mag, findet ein Laufband und Indoor-Bike vor.

Uferallee 3, T 06531 917 32 66, www.moselhotel-sonnenuhr.de, 14 Zimmer, €€

Schlafen, Essen

Stylish

3 Burgblick Hotel: Auf der nichttrubeligen Uferseite der Stadt, nämlich im etwas beschaulicheren Kues, liegt dieses sehr moderne, von einem sehr stilbewussten Team geführte 3-Sterne-Hotel. Es punkt außer mit der schönen Aussicht auf die Burg Landshut auch mit dem Restaurant Ochs im ehemaligen Schlachthaus einer Metzgerei, das Landhausküche mit mediterranen Einflüssen verbindet.

Goethestr. 29, T 06531 972 27 70, www.burgblickhotel.de, 22 Zimmer, 3 Fewo, €€

Mit der Zeit gegangen

4 Hotel Restaurant Doctor Weinstube: Mögen die Betreiber auch zwischendurch mal wechseln, seinen Namen hat dieser Ort der gepflegten Gastlichkeit seit 1903. Im rustikalen Ambiente kann man hier Tafelspitz oder Forelle Müllerin essen. Zum Restaurant gehören ein schöner Innenhof und ein uriger Keller. Das Hotel hat 28 Zimmer und einen kleinen, aber feinen Saunabereich (DZ ab 95 €).

Hebegasse 5, T 06531 966 50, www.doctor-weinstube-bernkastel.de, April–Okt. Mo–Sa 17.30–23, So 12–14, 18–22, Nov.–März tgl. 17.30–23 Uhr, €€

Essen

Gut und bürgerlich

1 Café Thiesen: Gutes Essen, große Portionen, günstige Preise und freundlicher Service – das sind ja schon vier Wünsche auf einmal! Und dieses nette Lokal erfüllt sie tatsächlich alle. Da sich das im Lauf der Jahre nicht nur bei den Einheimischen, sondern auch weit über die Region hinaus herumgesprochen hat, sollten Sie unbedingt vorher reservieren, um nicht enttäuscht wieder von dannen ziehen zu müssen. Und bitte wundern Sie sich nicht, wenn sich am Telefon ein Immobilienbüro meldet – das hat schon seine Richtigkeit.

Schwanenstr. 9, T 06531 73 41, tgl. 11–21.30 Uhr, €€

Reifeprüfung

2 Leckerbissen Restaurant Graacher Tor: Für ein Abendessen in diesem besonderen Restaurant sollte man sich etwas Zeit nehmen. Michael Mast nimmt sie sich auch, um besondere Menüs zu kredenzen. Und er lässt sie auch seinen Zutaten: Der Ziegenhartkäse beispielsweise darf acht Monate lang reifen, bevor er verarbeitet und gegessen wird.

Graacher Str. 3, T 06531 46 59, www.graacher-tor.de, Mo/Di, Fr 17.30–20.30, Sa/So 12–14, 17.30–20.30 Uhr, Menüs mittags €€, abends €€€

Einkaufen

Wie früher

1 Bonbon Willi: Kirsch-Schoko-Bonbons, Rotwein-Ingwer-Chili-Bonbons,

TOUR
Die Heimat eines großen Geistes

Auf dem Cusanus-Themenweg in Bernkastel-Kues

Infos

Start:
Nikolausufer am Ortsende von Kues Richtung Lieser F 4

Länge/Dauer:
2,5 km, 1 Std.

»In jedem Wunsch schlummert die Enttäuschung seiner Erfüllung.« Ist es denn zu fassen, dass solch ein großer Satz vor 600 Jahren geäußert worden ist, in einer Zeit, die wir heute gerne mit dem Attribut »finster« versehen, im Mittelalter also?

Nikolaus von Kues, lateinisiert Cusanus, der Urheber, ist ein großer Geist gewesen. Ein visionärer Mann, ein Humanist, ein Intellektueller, wenn man damals das Wort schon gekannt hätte. Er war zu Hause in ganz Europa. Er studierte an der gerade gegründeten Universität Heidelberg und in Padua, arbeitete in Köln und Paris und war – nachdem er in der Heimat viele geistliche Ämter ausgeübt hatte – Gesandter in Konstantinopel (heute Istanbul) und war Kardinal und Bischof von Brixen in Südtirol.

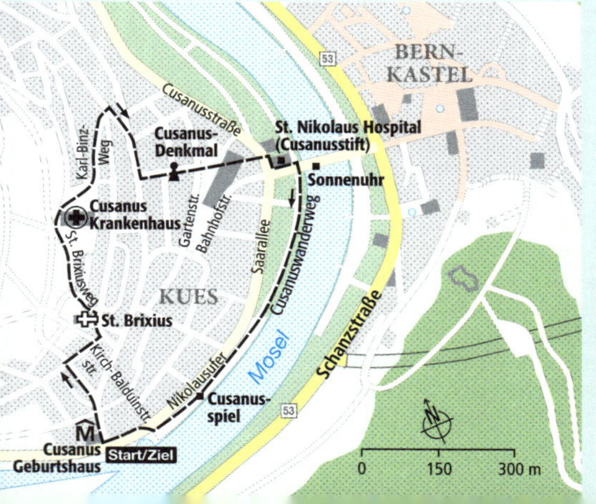

Aber geboren wurde Nikolaus in dem Moselörtchen Kues, nach dem er sich selbst als junger Mann benannt hat. Hier wird ihm heute noch ein ehrendes Andenken bewahrt. Wer den Cusanus-Themenweg geht, ist auf seinen Spuren unterwegs.

Wo der Philosoph das Licht der Welt erblickte

Die Tour beginnt, wo im Jahr 1401 das Leben des Nikolaus Cryfftz begann: am

Das Geburtshaus des Nikolaus von Kues

Nikolausufer am Ortsausgang von Kues Richtung Lieser. Das **Cusanus-Geburtshaus** beherbergt heute ein mit viel privatem Engagement betriebenes Museum. Ein Film, eine Ausstellung und viel Literatur ermöglichen einen guten Einstieg in das Leben des »großen Denkers an der Schwelle des Mittelalters zur Neuzeit« – so die Ausstellung im Museum.

Oft gewürdigt
Cryfftz bedeutet »Krebs«, und deswegen weist uns ein kleiner roter Krebs den weiteren Weg. Er führt durch »Alt Kues« mit seinen engen Straßen und Fachwerkhäusern zur nächsten Station: der **Kirche St. Brixius,** in der Nikolaus von Kues getauft wurde. Auf dem St. Brixiusweg geht es nun zum **Cusanus-Krankenhaus** – eine von vielen Institutionen, die nach dem großen Sohn der Stadt benannt worden sind. Andere sind die Cusanus-Hochschule oder das Nikolaus-von-Kues-Gymnasium. Der **Kreisel** in Bernkastel ist nach dem berühmtesten Einwohner von Kues benannt.

Geburtshaus:
Nikolausufer 49, T 06531 28 31, www.nikolaus-von-kues.de, Ostern–Okt. Di–So 12–18 Uhr, 10 €

Wein und Literatur
Nach einem weiteren kleinen Spaziergang erreichen wir das »Zentrum« von Kues mit Bahnhof, Busparkplatz und Geschäften. Am Moselufer befindet sich das **St. Nikolaus-Hospital** (Cusanusstift). Gebaut wurde das Hospital mit dem Geld, das Nikolaus und seine Schwester von ihrem Vater geerbt hatten. Zudem gründeten sie eine Stiftung, deren Zweck es war, 33 alten Männern (über fünfzig!) einen geruhsamen Lebensabend zu ermöglichen. Im Prinzip tut das Heim heute noch genau das Gleiche – mit dem kleinen Unterschied, dass inzwischen auch Frauen aufgenommen werden. Berühmt ist die Bibliothek mit ihrer wertvollen Handschriftensammlung. Sie kann bei Führungen besichtigt werden. Am Ende der Tour sind wir an der Moselbrücke angelangt, die Kues mit Bernkastel verbindet. An ihrem Geländer erinnert eine **Sonnenuhr** mit einem Bildnis des Cusanus noch einmal an den großen Geist.

Cusanusstift/ Bibliothek:
Cusanusstr. 2, T 06531 22 60, www.cusanus.de, Kapelle So–Fr 9–18, Sa 9–15 Uhr, Eintritt frei, Führungen April–Okt. Di 10.30, Fr 15 Uhr, 7 €

Regenbogenkugeln, Waldmeisterchen und Lutscher: All das macht Willi Maas in seinem zuckersüßen Laden selbst, einer von ganz wenigen in Deutschland, die noch die historische Bonbonherstellung betreiben. Seine Kreationen kann man nicht nur kaufen, man kann auch zuschauen, wie sie produziert werden – glänzende Augen garantiert, bei Kindern und bei Erwachsenen.

Burgstr. 8. T 06531 97 31 41, www.bonbon-willi.de, tgl. 11–18 Uhr, im Winter eingeschränkt

Gemeinsam statt einsam

2 **Bernkast'ler Fenster:** Im Jahr 2004 hatten ein paar Bernkasteler Einzelhändler vom Modeladen bis zur Gärtnerei eine fantastische Idee: Sie taten sich zusammen, um ihre Produkte in »Deutschlands kleinstem Erlebniskaufhaus«, wie es an der Eingangstür steht, gemeinsam zu vermarkten. Damit haben sie einen Leerstand im historischen Kern der Stadt beseitigt und zudem neue Kunden gewonnen.

Markt 36, T 06531 97 39 79, https://bernkastler-fenster.jimdofree.com, April–Dez. Mo–Sa 11–18, Jan.–März Mo–Sa 12–17 Uhr

Vielleicht den halbtrockenen?

3 **Rieslinghaus:** Das zentral gelegene Geschäft, das früher unter dem Namen »Weinhaus Porn« eine Institution war, versammelt die Erzeugnisse der Winzerelite neben denen des aufstrebenden Nachwuchses. Den Wein kann man hier nicht nur kaufen, sondern in der angegliederten Vinothek auch gleich trinken.

Hebegasse 11, T 06531 62 58, www.rieslinghaus-bernkastel.de, flexible Öffnungszeiten, in der Regel Mai–Sept. tgl. 13–18 Uhr, im Winter eingeschränkt

MARITIME MOSEL

Ein Leuchtturm? An der Mosel? Ein einziger steht hier tatsächlich, und zwar in Andel, einem Stadtteil von Bernkastel-Kues. Seit 2004 wacht der rot-weiß geringelte Leuchtturm, eine (verkleinerte) Kopie des berühmten Leuchtturms Roter Sand in der Deutschen Bucht bei Wangerooge, in einem Vorgarten und weist den Schiffen den Weg, inoffiziell natürlich. Leuchtzeichen gibt auch das Original nicht mehr.

Süße Versuchung

4 **Das Schokolädchen:** Wein können Sie überall kaufen. In Adelheid Wagners süßem Geschäft mitten in der Altstadt dreht sich alles um eine andere Versuchung: edle Schokolade, Trüffel und Pralinés in allen erdenklichen Variationen – und auch mit Alkohol.

Römerstr. 51, 06531 973 50 15, www.schokolädchenbernkastel.de, April–Okt. Mo–Do 11–17, Sa 10.30–17.30, Nov.–März Mi 12–16, Sa 11–16 Uhr

Bewegen

Die kleine Tour

1 **Panoramabahn:** Ein knallgelbes Gefährt, das aussieht wie ein Bähnchen, nimmt Sie mit auf eine 45-minütige Tour durch die Stadtteile Bernkastel und Kues und klappert alle Sehenswürdigkeiten ab: das Weinmuseum und das St. Nikolaus-Hospital, die Pfarrkirche St. Michael, den Doctorbrunnen, den Marktplatz ...

gegenüber der Tourist-Information am Moselparkplatz, Mai–Okt. Mo–Fr 10, 11, 12, 14, 15, Sa/So und in den Ferien auch 16 Uhr, 12 €, 4–14 Jahre 6,50 €, Familienkarte 26 €

Die große Tour

2 **Burg-Landshut-Express:** Er ist nicht zu übersehen in der Stadt: der sonnengelbe Oldtimer-Bus, der in der Sommersaison ständig Gäste durch die Weinberge auf die Burg Landshut kutschiert. Hier ist der Weg das Ziel: Im

GROSSE GAUDI

Die Ruder-Langstreckenregatta Grüner Moselpokal hat ihren Ursprung im 1. Dauerrudern auf der Mosel im Jahr 1883. Und sie findet heute noch statt: am letzten Samstag im September zwischen Kues und Graach. Veranstaltet wird sie vom Bernkasteler Ruderverein und der Rudergesellschaft Zeltingen.

offenen Bus geht es auf abenteuerlichen Pfaden hinauf zur Burg. Bis zur weniger spektakulären Rückfahrt durch den Burgbergtunnel kann man dort einen Kaffee trinken und den Blick ins Tal genießen.

Am Gestade, April–Okt. tgl. 11–17 Uhr (Abfahrt zur vollen Stunde), Rundfahrt 7 €, Kinder 3,50 €

Ausgehen

Traditionshaus

1 **Moselkino:** Das kommunale Kino zeigt aktuelle Filme ebenso wie Klassiker und veranstaltet Matineen. Relativ einmalig dürfte die »Oma/Opa-Enkelkarte« sein: Für 12 € können beide zusammen ins Kino gehen.

Schanzstr. 12, T 06531 25 97, www.mosel-kino.de

Feiern

- **Weinfest der Mittelmosel:** Ende Aug./Anf. Sept. Die Weinkönigin Mosella empfängt 70 Hoheiten, Festumzug, Livemusik, Vergnügungspark und Kunsthandwerkermarkt (s. auch S. 293).
- **Mosel Musikfestival:** Juli–Okt. und in der Weihnachtszeit, Spielstätten überall an der Mosel, Schwerpunkt Kammermusik.
- **Grüner Moselpokal:** am letzten Sa im Sept. zwischen Kues und Graach. Informationen: www.regatta-gruener-moselpokal.de.
- **Fackelschwimmen:** im Dez. Seit über 40 Jahren zieht dieses Spektakel viele Besucher in seinen Bann: Mehr als 100 Fackelschwimmer der »Sporttaucher Octopus« und anderer Vereine steigen mit brennenden Fackeln in die Mosel und erzeugen beim Schwimmen ein fantastisches Lichtermeer.
- **Weihnachtsmarkt:** Advent, Bernkasteler Altstadt und auf dem historischen Marktplatz.

Infos

- **Mosel-Gäste-Zentrum:** Gestade 6, 54470 Bernkastel-Kues, T 06531 50 01 90, www.bernkastel.de
- **Verkehr:** Busse nach Traben-Trarbach, Neumagen-Dhron, Trier, Daun, Wittlich, Morbach; Schiffsanlegestelle

Wehlen

F4

Die **Wehlener Sonnenuhr** ist eine der bekanntesten und edelsten Weinlagen an der Mosel – und ihr Symbol ist schon von Weitem im Weinberg zu sehen. Zum Beispiel von der 1949 erbauten Hängebrücke. Mit ihr hat Wehlen übrigens ein echtes Alleinstellungsmerkmal: Es ist die einzige Konstruktion dieser Art an der Mosel.

Lieser

F4

Dornröschen wachgeküsst

Am markantesten Gebäude des kleinen Ortes kommt man automatisch vorbei,

Anfang September feiert Bernkastel-Kues mit vielen Tausend Gästen das Weinfest der Mittelmosel. Höhepunkte sind der große Winzerumzug und die Krönung der Weinkönigin »Mosella«.

wenn man durch Lieser fährt: **Schloss Lieser,** ein wunderschönes, im Stil des Historismus erbautes gründerzeitliches Schloss. Viele Jahre lang hat es ein niederländischer Investor zum Luxushotel umgebaut. Wer sich dort eine Übernachtung oder ein Abendessen nicht leisten kann, kann hier auch einfach einen Kaffee trinken oder einen Wellnesstag verbringen.

Politische Pilgerreise

Die **Paulskirche** in den Weinbergen oberhalb von Lieser war im Revolutionsjahr 1848 ein politisches Wallfahrtsziel. Demokratisch gesinnte Bewohner der Moselregion strömten zu Zehntausenden zu Kundgebungen bei der Kirche. Die gleichnamige Frankfurter Paulskirche war schließlich weit weg – und warum in die Ferne schweifen, wenn es vor Ort auch eine Paulskirche gibt? Vor einigen Jahren wurde der Innenraum saniert und das Glockentürmchen instand gesetzt. Heute pilgern besonders Wanderer hierher, um die Aussicht zu genießen und einen Schluck Wein zu trinken – ja, tatsächlich stehen im Vorraum der Kirche Getränke. Auch Gottesdienste werden hier gefeiert.

Einkaufen

Nicht zu verwechseln

Weingut Schloss Lieser: Direkt neben dem Luxushotel befindet sich das von diesem völlig unabhängige Weingut Schloss Lieser, das ebenso einen Besuch wert ist. Winzer Thomas Haag wird für seine Rieslinge regelmäßig mit Auszeichnungen bedacht.

Am Markt 1–5, T 06531 64 31, www.weingut-schloss-lieser.de

Bewegen

Mensch und Tier

Abayomi: Der Name bedeutet »freundliches Zusammentreffen« in einer in Nigeria gesprochenen Sprache. Spazierengehen mit dem Hund oder auf einem Pferd reiten kann ja jeder. In Lieser wandert man mit Alpakas! Drei Frauen bieten mit ihrem Unternehmen Abayomi Menschen mit und ohne Handicap Wanderungen rund um Lieser an, die von den kleinen Verwandten der Lamas begleitet werden.
www.abayomi-lieser.de

Feiern

- **Rund um den Lieser Marktplatz:** 2. Septemberwochenende. Größtes Straßenfest an der Mittelmosel, mit Brillant-Höhenfeuerwerk

Infos

- **Touristinformation:** Am Markt 38, 54470 Lieser, T 06531 87 46, www.lieser-mosel.de
- **Verkehr:** Busse nach Neumagen-Dhron, Bernkastel-Kues; Schiffsanlegestelle

Graach

F4

Am besten zu Fuß oder mit dem Rad erkunden Sie die lauschigen Winkel, die Graach auszeichnen. Pilgern Sie durch stille Gassen, wo Häuser mit krummen Mauern und unvermutete Abzweigungen warten und entdecken Sie den Zauber dieses Weinortes. Ein bemerkenswertes Gebäude ist die katholische Kirche **St. Simon und Juda**. Sie wurde im Jahr 1121 zum ersten Mal erwähnt; der heutige Bau ist um das Jahr 1600 errichtet worden. Es handelt sich um eine Nachbildung der Hospitalkirche in Kues, die 150 Jahre älter ist.

Weinhöfe mit Innenleben

Zwei gut erhaltene Weinhöfe, die Trierer Klöster in Graach unterhielten, sind einen Blick wert: der 975 erstmals erwähnte mächtige **Josephshof** (heute ein DRK-Sozialwerk) und der **Mattheiser Hof** aus dem Jahr 1723. In ihm ist heute das **Heimatmuseum** untergebracht, das von der Graacher Geschichte, von Weinbau und Landwirtschaft und vom Leben im Ort erzählt.

Heimatmuseum: nach Absprache unter T 06531 25 69 oder E-Mail an info@graach.de

Gut verschanzt und gewandert

Berühmt ist Graach für seine **Schanzen:** die Reste einer Verteidigungsanlage, die Ende des 18. Jh. entstand. Hier verschanzten sich preußische und österreichische Truppen gegen die Armeen der französischen Revolution. Die Schanzen liegen hoch über dem Ort auf der höchsten Stelle des Plateaus einer langen Moselschleife. Ein Schuss ist hier nie gefallen. Heute führt der **Graacher Schanzenweg** zu den freigelegten Überresten der Anlage. Ausgehend vom Parkplatz »An der Traver Ruh« oberhalb der Graacher Schäferei geht es vorbei an der Schutzhütte mit dem **Aussichtspunkt Maria Zill,** von dem man einen atemberaubenden Blick ins Moseltal genießt. Auch eine Tour mit dem Mountainbike auf terrassierten Wirtschaftswegen macht Spaß: Hier tun sich immer wieder Ausblicke auf den Fluss und die Eifelberge gegenüber auf. Der nächste Fahrradverleih ist in Zeltingen-Rachtig.

Schlafen, Essen, Einkaufen

Liebevoll

Weingut Philipps-Eckstein: Hoch über der Mosel, in dem auch als ›Balkon von Graach‹ bezeichneten Ortsteil Schäferei, liegt dieses renommierte Weingut, in dem man nach eigenen Angaben »verliebt in den Riesling« ist. In der Winzerwirtschaft gibt es Herzhaftes aus der Winzerküche. Und rundum kann man schöne Wanderungen unternehmen.

Panoramastr. 11, T 06531 65 42, www.weingut-philipps-eckstein.de, €€

Infos

- **Verkehr:** Busse nach Bernkastel-Kues, Ürzig. Das Auto sollten Sie unten am Ufer stehen lassen.

Zeltingen-Rachtig

F4

Ein musikalischer Ort

Vor allem wegen eines Ereignisses, an dem alle zwei Jahre (immer in den ungeraden Jahren) sehr viele Bewohner mitwirken, ist Zeltingen-Rachtig weit über die Grenzen der Region hinaus bekannt: Die Rede ist von der Operette »Zeltinger Himmelreich«, benannt nach der bekanntesten Weinlage des Ortes.

Umstrittenes Bauwerk

Zeltingen-Rachtig ist einer der Orte, die von der Hochmoselbrücke am meisten betroffen sind. Die 160 m hohe **Autobahnbrücke** verläuft direkt über den Reben der Zeltinger Weinberge. Die Befürworter der Brücke erhoffen sich eine bessere Anbindung der Moselregion; ihre Gegner befürchten katastrophale Auswirkungen auf die Landschaft, den Weinbau und das Mikroklima.

Sehenswert für Technik-Fans

Zeltingen-Rachtig besitzt eine große **Staustufe mit Wasserkraftwerk** und zwei Schleusenkammern. Wer zur rechten Zeit vorbeikommt, kann zuschauen, wie ein Frachtschiff abgefertigt wird – ein spannendes Erlebnis, nicht nur für Kinder!

Alles unter einem Dach

Gegenüber von Zeltingen-Rachtig liegt an der Mosel das ehemalige **Zisterzienserinnenkloster Machern** aus dem 13. Jh. Es beherbergt ein Spielzeug-, Puppen- und Ikonenmuseum (s. Lieblingsort S. 117), ein Weinbistro, die Klosterbrauerei und ein rustikales Brauhaus.

www.klostermachern.de, Brauhaus: T 06532 951 50, www.brauhaus-kloster-machern.de, tgl. ab 11 Uhr; Klosterbrauerei: T 06532 95 49 94, www.klosterbrauerei-machern.de; Weinbistro: T 06532 953 99 90, www.weinbistro-klostermachern.de, April–Okt. tgl. 10–18 Uhr; Museum: T 06532 95 16 40, April–Okt. Di–So 10.30–17.30 Uhr, 4 €, Familien 10 €; gilt für alle: außerhalb der Saison nur eingeschränkt geöffnet

Schlafen, Essen

Das erste Haus am Platz

Zeltinger Hof: Frisch, regional, saisonal und modern zu kochen – das behaupten ja viele Köche von sich. Also eigentlich alle. Markus Reis und sein Team bemühen sich tatsächlich, die regionale Küche zeitgemäß zu interpretieren. Die Kreationen nennt er Mosel-Tapas, Zeltinger Flaschenkost, Mosel-Fassdaubenschmaus oder Zeltinger-Schieferterrasse. Übernachten kann man im Stammhaus und verschiedenen Gästehäusern.

Kurfürstenstr. 76, T 06532 938 20, www.zeltinger-hof.de, €€

Lieblingsort

Die stehengebliebene Zeit

»2847«, sagt die freundliche Frau an der Kasse und schickt nach einem Minimoment noch hinterher: »einhalb«. 2847,5 Exponate lagern in diesem wunderhübschen kleinen **Spielzeug-, Puppen- und Ikonenmuseum,** das eine Oase der Ruhe ist auf dem trubeligen Gelände von **Kloster Machern** (F 4) mit Biergarten, Brauhaus, Eiscafé, Shops und Spielplatz. Hier lässt es sich eintauchen in die Welt unserer Eltern, Großeltern und Urgroßeltern. In 30 Jahren ist eine einzigartige Sammlung von Spielzeug aus dem 19. und 20. Jh. zusammengetragen worden: Eisenbahnen, Autos, Kaufläden, mit sehr viel Liebe zum Detail eingerichtete Puppenhäuser, kleine Nähmaschinen, Puppengeschirr mit Max und Moritz darauf. Seit rund 20 Jahren gibt es das Museum mit der unheimlich freundlichen Frau, die kurz vor dem Ende der Öffnungszeit sagt, man möge bitte so lange bleiben, wie man möchte. Was das halbe Exponat ist? Ein winziges Püppchen im Zinnstubenwagen.

TOUR
Die Mosel aus allen Perspektiven

Kombinierte Fahrrad- und Schiffstour auf der Mittelmosel

Fahren wir mit dem Schiff oder mit dem Rad? Beides! Die Mittelmosel-Tour von rund 50 km beginnt in Trittenheim, verläuft an beiden Ufern, rechts teilweise auf der Trasse des stillgelegten »Saufbähnchens«, und endet in Traben-Trarbach. Die Rückfahrt erfolgt mit dem Linienschiff.

Ein Highlight nach dem anderen

Die Tour durch eine der schönsten Landschaften der Mosel streift Highlights wie das ehemalige Römerkastell Neumagen sowie die Römerkeltern in Piesport, gegenüber Brauneberg und Erden. Beeindruckend sind die Sonnenuhren in den Weinbergen bei Neumagen, Brauneberg, Wehlen, Zeltingen und Ürzig. Zum Sightseeing laden Bernkastel-Kues und Traben-Trarbach ein.

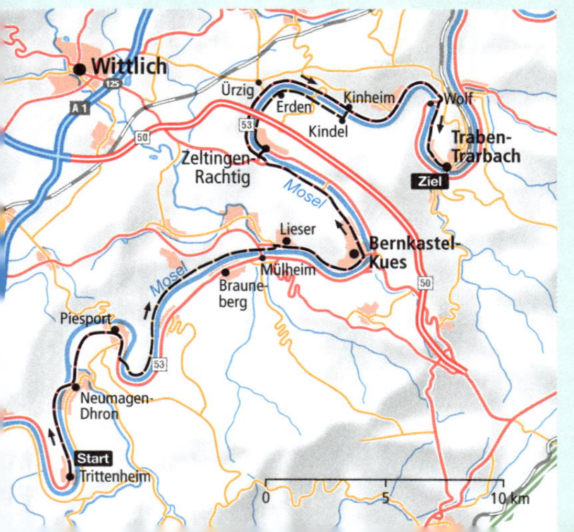

Immer an der Mosel entlang

Die Radtour kann man mit dem Fahrrad oder dem E-Bike – entsprechendes Training vorausgesetzt – an einem Tag schaffen. Wer es gerne gemütlicher angeht, teilt die Tour auf zwei Tage auf. Sollte man sich für diese Variante entscheiden, bietet es sich an, am ersten Tag von Trittenheim bis nach Zeltingen zu fahren. Diese Etappe ist etwa 35 km lang

Infos

Start:
Trittenheim E 5

Länge/Dauer:
rund 50 km, ein bis zwei Tage

Übernachten:
Überall an der Mosel findet man Quartiere mit dem Zertifikat »Bett & Bike« des ADFC. Eine Suche ist auf www.bettund bike.de möglich.

Fahrplan: Informationen über die Abfahrtszeiten von Linienschiffen findet man unter www.mo selrundfahrten.de.

und führt immer an der Mosel entlang. Schon kurz hinter Trittenheim empfiehlt sich eine erste Pause, und zwar in **Neumagen-Dhron:** Dort ist am Moselufer der Nachbau eines Römerweinschiffs zu bewundern; außerdem bietet sich ein Abstecher auf den archäologischen Lehrpfad an (s. Tour S. 90). Und wenn man schon mal in Neumagen ist, kann man auch noch schnell einen Abstecher nach **Piesport** machen. Sehenswert ist dort die römische Kelteranlage.

Rast in schönem Ambiente

Wenn Sie morgens losgefahren sind, sind Sie um die Mittagszeit in **Bernkastel-Kues** angekommen – ideal, um Rast zu machen, z. B. am wunderschönen Marktplatz mit prächtigen historischen Gebäuden. Und nach dem Essen lohnt sich noch ein kleiner Ausflug nach Kues, um sich im Mosel-Weinmuseum über Oechsle und Terroir zu informieren. Von hier aus sind es nur noch 8 km nach **Zeltingen-Rachtig**.

Die letzte Etappe

Am nächsten Morgen – oder wenn Sie noch Lust und Energie haben, auch sofort – geht es von hier aus weiter. Bis zum Ziel Traben-Trarbach sind es noch rund 16 km. Zunächst stehen Sie aber vor der Entscheidung, ob Sie links der Mosel oder rechts der Mosel nach Kinheim fahren: entweder linksseitig über **Ürzig** und die Römerkelter Erden oder rechtsseitig über Kinheim nach Kindel auf der anderen Seite der Mosel. In **Kinheim-Kindel** können Sie nun entweder eine kleine Pause einlegen und einen Kaffee trinken oder direkt durchfahren. Es sind von hier aus noch 4,5 km zum Traben-Trarbacher Stadtteil **Wolf** und weitere 4 km nach **Traben-Trarbach.** Sie sollten unbedingt ein bis zwei Tage einplanen, um die Stadt zu besichtigen, deren Fülle an Jugendstilbauten in Deutschland einzigartig ist. Von den Strapazen der Radtour können Sie sich auch in der Moseltherme erholen, der einzigen Therme an der Mosel.

Per Schiff zurück

Erholsam wird dann auch die Rückreise nach Trittenheim. Dafür nehmen Sie das Linienschiff – und lassen ganz gemächlich die Landschaft an sich vorbeiziehen, durch die Sie vorher aktiv geradelt sind.

Durchs Museum bummeln, auf dem Spielplatz toben, Wein und im Kloster gebrautes Bier verkosten, ein Eis genießen, zu Abend essen oder heiraten: All das kann man im Kloster Machern.

Bewegen

Fahrradverleih

Fahrräder Wildmann: Der Radladen bietet Tourenräder, Crossbikes, Mountainbikes und Pedelecs zum Verleih an. Ein besonderer Service ist die Beförderung von Personen, Fahrrädern – auch den eigenen – und Gepäck (Preise auf Anfrage).

Uferallee 55, T 06532 95 43 67, www.fahrraeder-wildmann.de, April–Okt. Mo–Sa 9–12/16–18, So 9.30–12/16–18 Uhr

Feiern

- **Tage der offenen Weinkeller:** Pfingsten, in Zeltingen
- **Weinstraßenfest:** Ende Aug., in Rachtig

Infos

- **Tourist-Information:** Uferallee 10, 54492 Zeltingen-Rachtig, T 06532 24 04, www.zeltingen-rachtig.de
- **Verkehr:** Busse nach Neumagen-Dhron, Traben-Trarbach, Bernkastel-Kues, Daun; Schiffsanlegestelle

Erden

F4

Gerade mal rund 400 Menschen leben in Erden, einem der kleinsten Orte an der Mosel. Berühmt ist die Weinlage Erdener Treppchen, die es sogar zum offiziellen Senatswein der Hansestadt Bremen gebracht hat.

Wie die Römer Wein kelterten

Das touristische Highlight dieses beschaulichen Ortes ist die **Römerkelter auf der gegenüberliegenden Moselseite.** Sie gilt als die besterhaltene Anlage nördlich der Alpen. Von April bis Oktober werden samstags um 17 Uhr Führungen durch die historische Anlage angeboten. Der Eintritt ist frei, eine Anmeldung allerdings ist beim Verkehrsbüro erbeten.

Klettern und Kunst am Treppchen

Im Leben gibt es nichts umsonst. Wanderer auf dem **Klettersteig Erdener Treppchen** müssen sich die Highlights am Steilhang mühsam erarbeiten, denn es geht über Leitern und an Felsvorsprüngen entlang. Dafür gibt es außer der grandiosen Aussicht auf die Mosel mediterrane Flora wie Mauerpfeffer und Goldlack und vielleicht die Begegnung mit einem Turmfalken. Der Kletterwanderweg Erdener Treppchen-Prälat führt durch die berühmte Weinlage gleichen Namens.

Eine der drei Routen des Kletterwanderwegs, die von der Kelteranlage aus starten, wurde nach und nach zu einem **Skulpturenwanderweg** umgestaltet. Hintergrund: Der Förderverein Römerkelter stellt den offiziellen Bremer Senatswein für die Stadt Bremen und den Bremer Ratskeller her. Daran arbeiten Menschen mit Handicap mit. Sie fertigen auch Skulpturen für den Wanderweg. Verwendet werden dabei die unterschiedlichsten Materialien, wie Holz, Weinreben, Metall, Keramik und Glas. Auch eine Wildbienenwiese mit Insektenhotels ist Teil des Weges.

Feiern

- **Wein- und Brunnenfest:** Wochenende nach Christi Himmelfahrt. Mit Musik und Tanz.
- **Winzer-, Wein- und Straßenfest:** Anf. Okt. Weine von Erdener Winzern und moseltypische Gerichte.

Infos

- **Verkehrsbüro:** Hauptstr. 72, 54492 Erden, T 06532 25 49, www.erden.de
- **Verkehr:** Busse nach Traben-Trarbach, Bernkastel-Kues, Neumagen-Dhron, Zeltingen-Rachtig

Ürzig

F4

Beschaulich ist es hier – und die schönen Stunden zählt (dem Sprichwort gemäß) die **Ürziger Sonnenuhr.** Die Uhr an den Überresten eines alten Wachtturms in einem Steilhang am Ortsausgang ist eine der ältesten Sonnenuhren an der Mosel. »Ürziger Sonnenuhr« hieß früher auch eine Weinlage.

Schön und nützlich zugleich

Heute ist der »Ürziger Würzgarten« die bekannteste Lage. Sie war der Ausgangspunkt für einen gleichnamigen mediterranen Kräutergarten, den **Ürziger Gewürzgarten:** Dieser Duft! Diese Farbenpracht! Dieser Blick! Ein Rundgang durch den Naturgarten etwas oberhalb von Ürzig ist ein Fest für die Sinne. Auf kleinen Terrassen wachsen Kräuter von Rosmarin bis Minze und Salbei bis Thymian. Eine Wildkräuter- und Blumenwiese ist Heimat für Insekten und Kleintiere.

Frei zugänglich, regelmäßig Führungen (Informationen im Verkehrsbüro)

Filmreif ...

Die Weinlagen haben wohl auch ihren Teil dazu beigetragen, dass sich Mitglieder von Adelsgeschlechtern und Mönche von Eifelklöstern in Ürzig sehr wohlfühlten.

Markante Gebäude im Ort erinnern heute daran: z. B. der **Mönchhof** am Ortsrand. Bekannt im ganzen Land wurde die Fassade als Kulisse der Fernsehserie »Moselbrück« in den 1980er-Jahren. Auch in der **Würzgartenstraße** gibt es Gründerzeithäuser aus Bruchstein und in leuchtenden Farben, mit reizvollen Erkern, Holzbalkonen, Loggien und Veranden.

… und manchmal laut

Wenn beim großen »Harley & Wein«-Fest Mitte August Biker aus der Nähe und der Ferne angebrummt kommen und das Moselufer zur Feiermeile wird, dann ist es in Ürzig richtig laut. Den Rest des Jahres verbringt der beschauliche kleine Ort dann wieder in himmlischer Ruhe.

Schlafen, Essen, Einkaufen

Von Herzen

Weingut Erbes-Henn: Es ist ein traditionsreiches Familienweingut, das Peter und Annina Erbes übernommen haben – nach vielen Jahren an anderen Orten. In ihrem Haus kann man nicht nur bei einer Weinprobe ihre Erzeugnisse kennenlernen und übernachten. Man kann auch eine Escape-Weinwanderung machen und im Weinbistro Crêpes und Galettes essen.
Moselufer 23, T 06532 22 85, www.weingut-erbes-henn.de, €€

Feiern

- **Harley & Wein:** drei Tage Mitte Aug. Mit Panoramafahrt, Krönung der Weinkönigin alle zwei Jahre, Harley-Prämierung, www.rhein-mosel-chapter.de

Infos

- **Verkehrsbüro:** Rathausplatz, 54539 Ürzig, T 06532 26 20, www.uerzig.de
- **Verkehr:** Busse nach Bernkastel-Kues, Wittlich

Kinheim F4

Mit zahlreichen unterschiedlichen Verkehrsmitteln kann man Kinheim erreichen: Das Wohnmobil stellt man auf dem eigenen Platz am Moselufer ab, für das Paddel-, Ruder- oder Motorboot gibt es einen kostenfreien Bootsanlegesteg, und auch ein schöner Fahrradweg Richtung Kröv oder Traben-Trarbach führt an Kinheim vorbei. Wer hier Station macht (oder gleich Urlaub), kann schöne Wanderungen durch Weinberge und Wälder unternehmen.

Ein gallorömischer Winzergott

Im Ort ist die Nachbildung der antiken Statue des keltischen Gottes Sucellus, der Schutzgott der Moselwinzer und Küfer, zu bewundern. Das Original befindet sich im Landesmuseum Trier. Gefunden wurde das Sandsteinrelief 1976, als eine römische Villa ausgegraben wurde, von der heute nur spärliche Reste zu sehen sind. Die **Sucellus-Figur** ist deshalb bemerkenswert, da sie beweist, wie lange es hier schon Weinbau gibt, ebenso wie die zahlreichen Funde von römischen Keltern.

Schlafen, Essen

Charmanter Ort

Gästehaus Echternacher Hof: Silvia Zeimet und Thomas Franzen haben viele Jahre lang als Musiker gearbeitet und waren als Duo Candy unterwegs. Als das Haus in Kinheim, in dessen Mauern einst Napoleon übernachtet haben soll, zum Verkauf stand, entschlossen sie sich sesshaft zu werden. Zum Bed & Breakfast gehört das Café Bonaparte mit Biergarten.

Echternacher Str. 2, T 06532 293 41 31, www.echternacherhof-kinheim.de, fünf Zimmer, €€

Feiern

- **Frühlingsfest:** Pfingsten. Mit internationalem Oldtimertreffen
- **Tag der offenen Weinkeller:** Fronleichnam
- **Weinsommer-Höfefest:** Mitte Aug. In den Winzerhöfen

Infos

- **Tourist-Information:** Harelbekeplatz 1, 54538 Kinheim, T 06532 34 44, www.kinheim.de
- **Verkehr:** Busse nach Neumagen-Dhron, Traben-Trarbach

Kröv

F4

Wetten, dass Sie beim Namen »Kröv« sofort »Nacktarsch« gedacht haben? Stimmt doch, oder? Tatsächlich ist dieser vielleicht berühmteste Name einer Weinlage an der Mosel sehr präsent. Wer in den Ort fährt, wird sofort darauf aufmerksam gemacht. Aber das quirlige kleine Kröv hat noch viel mehr Attraktionen zu bieten als einen blanken Popo, der gerade versohlt wird.

Viel los in Kröv

Beim »Heimatfieber« genannten Internationalen Trachtentreffen wird auf einer schwimmenden Bühne auf der Mosel getanzt. Beim Mitternachtslauf an Pfingsten säumen 5000 Kerzen und viele, viele Schaulustige die Straßen. Alle

Seinen Liebreiz entfaltet Kröv zu jeder Jahreszeit. Im Frühling erwacht der trubelige kleine Ort im Herzen der Mittelmosel zu neuem Leben. Im Hintergrund ist Wolf zu sehen.

Mitläufer erhalten eine Flasche Wein (natürlich vom Nacktarsch), und die Sieger werden in diesem aufgewogen.

Traditionshaus

Eines der schönsten Fachwerkhäuser in der Region ist das 1658 als Rathaus für das »Kröver Reich« gebaute **Dreigiebelhaus** an der Ecke von Moselweinstraße und Karolingerstraße. Sehenswert ist es vor allem wegen der aufwendigen Schnitzereien an der Fassade. Das Haus ist seit 350 Jahren im Besitz einer Winzerfamilie. Zum Weingut gehören eine Straußwirtschaft, Gästezimmer und Ferienwohnungen.

Karolingerstr. 1

Baumeisterlich

Ein weiteres bemerkenswertes Gebäude ist der **Echternacher Hof**. Die barocke dreiflügelige Anlage war einst ein Zehnt- und Wirtschaftshof der Reichsabtei Echternach. In seiner heutigen Form stammt er aus dem Jahr 1764. Der Echternacher Hof ist heute ein Hotel.

Moselweinstraße 24

Die letzte Ehre

Zu den adeligen Familien, die sich im Mittelalter an der Mosel niederließen, gehörte das Geschlecht Kesselstatt. Bekannt ist es durch das Palais Kesselstatt in Trier (heute ein Restaurant) und das Weingut Reichsgraf von Kesselstatt im Ruwertal. Anstelle der alten Kirche St. Remigius ließen die Grafen 1726–1729 die **Grabkapelle Kesselstatt** errichten. 2013 vermachte der Graf von Kesselstatt sie der Gemeinde Kröv.

Der Name der Weinlage ›Kröver Nacktarsch‹ beflügelte schon immer die Fantasie – und eine populäre Legende.

Essen

Keine Hexerei

Hexenscheune: Man kann Briefmarken sammeln, Bierkrüge und Oldtimer. Oder

NACKTE WAHRHEIT – ODER BLOSSE LEGENDE ...?

Mitten in der Moselweinstraße, der Hauptstraße von Kröv, steht die überlebensgroße Figur eines Mannes, der einem Jungen den blanken Hintern versohlt. Das Motiv findet sich überall im Ort auf unzähligen Weinflaschen und verweist auf den Namen der hiesigen Weinlage: ›Nacktarsch‹. Woher dieser derbe Name kommt? Darüber kursieren verschiedene Theorien. Eine populäre, aber wahrscheinlich falsche besagt, dass ein Kröver Kellermeister zwei Buben den nackten Popo verhauen haben soll, als er sie beim Süffeln aus einem Weinfass erwischte. Eine andere verweist auf Götz von Berlichingen, eine dritte etwas humorloser darauf, es könne eine Ableitung des lateinischen Begriffs »Nectarius« (felsige Höhe) sein.

eben Hexen. In vielen Jahren ist in der Familie Trossen/Jungbluth/Schnabel eine Hexensammlung mit zurzeit 150 Exponaten entstanden. Sie geben der sympathischen Weinstube ihren Namen. Bis 2014 war sie eine Straußwirtschaft und hat diesen Charakter bis heute beibehalten.

Robert-Schuman-Str. 80, T 06541 58 31, www.hexenscheune.de, April–Okt. Mi–So ab 17 Uhr, €€

Feiern

- **Mitternachtslauf:** Pfingstsamstag. Breitensportspektakel, letzter Lauf kurz vor Mitternacht
- **Heimatfieber:** 1. Juliwochenende, mit Umzug, Tanzgruppen, Bühne auf dem Wasser

Infos

- **Tourist-Information:** Moselweinstr. 35, 54536 Kröv, T 06541 94 86, www.kroev.de
- **Verkehr:** Busse nach Traben-Trarbach, Neumagen-Dhron, Bernkastel-Kues; Schiffsanlegestelle

Wolf

F4

Wolf ist eigentlich ein Stadtteil von Traben-Trarbach, hat sich aber seinen dörflichen Charakter bewahren können, vor allem da sein Zentrum von Durchgangsverkehr verschont wird. Herausragend ist die Fachwerkarchitektur wie am **Spitzhäuschen.** Ein Kuriosum gibt es auch: Das im 15. Jh. von einer Bruderschaft gegründete **Kirchengut Wolf** ist das mutmaßlich einzige Weingut mit einem Keller direkt unter einer Kirche.

Schlafen, Essen

Auf Zeitreise

Restaurant Moselperle: Bei einem Abendessen kann man eine Reise durch die Geschichte der Mosel unternehmen: Zur Vorspeise gibt es einen an die Römer erinnernden Salat Mosella mit Steinofenbaguette, als Hauptgericht Wolwa Tresdafläääsch (Wolfer Tresterfleisch) wie einst bei Oma und zum Dessert einen modernen Baileys-Becher.

Baldesgraben 2, T 06541 98 30, www.moselperle.de, 6 Zimmer, €€

Einkaufen

Die Geschichte des Weins

Weingut Louis Klein: Markus und Ulrike Boor bauen Riesling und einige andere (weiße und rote) Weine auf biologische Weise an. Bei einem Besuch kann man sich über deren Spitzenqualität informieren – und über die besondere Geschichte des Weinguts.

Enkircher Str. 20, T 06541 62 46, www.klein-wein.de

Feiern

- **Tage der offenen Weinkeller:** Mai. Besichtigung von Weinkellern und Verkostung von Wein
- **Höfe-Hopping bei den Wolfer Winzern:** Sept. Musik und Wein in den Gütern des Ortes

Infos

- **Touristinfo:** Maiweg 4, 56841 Traben-Trarbach-Wolf, T 06541 866 92 90, www.traben-trarbach-wolf.de
- **Verkehr:** Busse nach Bernkastel-Kues, Neumagen-Dhron

Zugabe

Bitte einsteigen!

Sammelleidenschaft im Zylinderhaus in Bernkastel-Kues

Sammeln kann man ja eigentlich alles. Briefmarken und Bierdeckel. Schuhe und Porzellantassen. Oder Oldtimer. Gut, für letzteres Hobby braucht man etwas Geld. Und Platz. Der Unternehmer Bernd Benninghoven hat beides – und der Stadt Bernkastel-Kues mit dem Zylinderhaus ein Glanzlicht geschenkt.

Schon beim Betreten des Gebäudes am Rand von Kues unterhalb von Weinbergen wird klar: Der Besucher wird einige Überraschungen erleben. Die erste: Die große, mehrstöckige Halle, die auf den ersten Blick wie ein nicht mehr benötigtes Firmengebäude aus der Gründerzeit wirkt, ist funkelnagelneu. Die zweite: Es geht nicht nur um alte Autos, PS, Hubraum und Höchstgeschwindigkeit. Es geht um ein Lebensgefühl. Und um uns: Anhand der Geschichte des Automobils lässt sich deutsche Geschichte erzählen, von der Vorkriegszeit über die Kriegsjahre und das Wirtschaftswunder bis zur Wiedervereinigung und Globalisierung. Denn Automobilgeschichte ist Zeitgeschichte.

Aber der Reihe nach. Im Erdgeschoss empfängt den Besucher neben den ersten Automobilen auch eine Ladenzeile, in der Geschäfte der 1950er- und 1960er-Jahre nachgebildet worden sind. Eine Apotheke, ein Tante-Emma-Laden und ein Spielzeuggeschäft. Besonders hier verweilen die Besucher sehr lange, erzählt Museumsleiter Oliver Peitz. Immer wieder fällt der Satz »Das hatte ich auch«, z. B. angesichts von Matchbox-Autos, klein wie eine Streichholzschachtel.

Aber natürlich geht es hier nicht in der Hauptsache um Fahrzeuge im Miniaturformat. Es geht um Oldtimer in Originalgröße. 125 von ihnen sind ausgestellt, dazu 70 Zweiräder. Über viele Jahre hat sie der Sammler, der selbst als Person ungern im Vordergrund stehen möchte, von Privatpersonen zusammengekauft. Einen DKW z. B. aus dem Kriegsjahr 1941. Die Abkürzung steht für »Dampf-Kraft-Wagen«. Der DKW ist eine von vielen heute verschwundenen deutschen Automobilmarken.

Messerschmitt, Heinkel – den Namen sämtlicher Konstrukteure der deutschen Fahrzeugindustrie kann man beim Rundgang begegnen. Man lernt, wie Firmen entstanden und verschwanden, durch Fusionen, Verkäufe, Konkurse. Wie viele Marken einst existierten, in der Bundesrepublik und in der DDR. Anhand von Autos wird die Zweiteilung Deutschlands in Ost und West thematisiert, und

»Das war toll, als man auf dem Schrottplatz herumstreifen und nach einem fehlenden Teil suchen konnte ….«

es werden Lebensgeschichten erzählt, in denen Autos eine zentrale Rolle spielen. Wie die von Walter Röhrl, dem einzigen deutschen Rallye-Weltmeister.

Auch dem Thema »Arbeiten im Weinberg« ist ein kleiner Bereich gewidmet, in dem ein Traktor im Mittelpunkt steht. Nebenan ist ein kleiner, frei begehbarer Schrottplatz nachgebildet, bei dessen Anblick Oliver Prietz mindestens so nostalgische Gefühle überkommen wie bei dem eines Horch-8-Zylinders aus dem Jahr 1937. »Ach ja«, sagt er, »das war toll, als man auf dem Schrottplatz herumstreifen und nach einem fehlenden Teil suchen konnte. Das ist heute überhaupt nicht mehr möglich.«

Automobilgeschichte, ganz klar, ist Zeitgeschichte. Die BMW Isetta ist zwar nur ein Auto – aber sie erzählt gleichzeitig davon, wie es sich anfühlte, nach dem Krieg über die Alpen in Richtung Adria zu brettern. Gepäck durfte man aber kaum dabeihaben – höchstens eine Zahnbürste.

Die wertvollen, auf Hochglanz gewienerten Oldtimer darf man natürlich nur anschauen. Aber ein bisschen interaktiv ist die Ausstellung doch. Besucher können eine Tanzorgel aus den 1920er-Jahren in Gang setzen, die in Caféhäusern die Instrumente ersetzte, und sich mit den swingenden Klängen in die Vergangenheit versetzen lassen. Und am Ende darf man sich in ein Auto sogar hineinsetzen.

Schon kurz nach der Eröffnung hatte es sich herumgesprochen, dass das Zylinderhaus ein ganz besonderes Technikmuseum ist. Vor allem natürlich unter Automobilfreunden, einer nach Peitz' Worten »kleinen, aber feinen« Szene. Bis aus Frankfurt und Köln kommen sie, um sich zum Austausch zu treffen. Und freuen sich dabei vor allem an zwei Dingen: einen Treffpunkt gefunden zu haben, dessen Betreiber kein kommerzielles Interesse haben. Und nach ihrer Versammlung zu einer Ausfahrt entlang der wunderschönen Mosel aufbrechen zu können. ■

Der VW Käfer ist ein Symbol für das Wirtschaftswunder nach dem Zweiten Weltkrieg. Im Zylinderhaus kann man in diese Zeit eintauchen.

Traben-Trarbach bis Zell

Hinter jeder Schleife eine neue Welt — Die Mittelmosel ist reich an malerischen Mäandern. Von oben kann man sie bewundern. Und unten viel Kultur- und Architekturgeschichte erleben.

Seite 131

Kellergewölbe in Traben-Trarbach

Unter Traben-Trarbach spannt sich ein beeindruckendes System aus alten Weinkellern. In der Adventszeit findet hier der Wein-Nachts-Markt statt – und niemand friert beim vorweihnachtlichen Glühweintrinken.

Seite 135

Mittelmosel-Museum

Ein Heimatmuseum? Klingt etwas verstaubt, oder? In Traben-Trarbach ist das ein bisschen anders. Lassen Sie sich einfach überraschen, wie anschaulich hier vom Alltag erzählt wird.

Gar nicht mini, sondern großartig: Minigolf

Seite 131, 136

Belle Epoque in Traben-Trarbach ✪

In Traben-Trarbach hat der Jugendstil so viele seiner wunderschönen Spuren hinterlassen wie kaum irgendwo außerhalb von Berlin. Auf einem Streifzug durch die Stadt kann man sie entdecken.

Seite 140

Moseltherme

Die einzige Therme an der Mosel liegt in Bad Wildstein und lockt mit warmem Wasser, das hier aus dem Schiefergestein austritt – angenehm temperiert mit 32 °C!

Seite 141

Marienburg

Sind erst einmal die steilen Treppen erklommen, hat man hoch über Pünderich einen super Blick auf die Moselschleife.

Seite 144

Weincafé Korkenzieher in Briedel

Eine echte Entdeckung: superfreundlicher Service, Ambiente zum Wohlfühlen und eine Küche, die Lust am Experimentieren hat.

Seite 147

Auf leisen Pfoten durch Zell

Zählen Sie mal, wie oft Ihnen beim Stadtspaziergang in Zell die Schwarze Katz begegnet. Ziemlich oft, wetten? Nicht nur auf Weinetiketten und Speisekarten. Nehmen Sie die Katzen-Tour durch die Stadt.

Seite 148

Der Runde Turm

Von Weitem sichtbar ist das Zeller Wahrzeichen. Wer sich erst einmal einen Überblick verschaffen will, sollte eine kleine Wanderung auf sich nehmen.

Trügerische Idylle: Die Mosel führt immer wieder heftiges Hochwasser.

»Dumm säin die, die die, die die Mundart huhhalle, fia dumm halle.« Das ist Zeller Platt für: »Dumm sind die, die die, die die Mundart hochhalten, für dumm halten.« Alles klar?

Wunderbare Perspektiven

Ob man sich nun vom trubeligen Zell her nähert oder vom pittoresken Bernkastel-Kues: Ein wenig verschlafen wirkt Traben-Trarbach schon, auf den ersten Blick zumindest. Doch, auf den zweiten auch. Man muss sich ein bisschen Zeit nehmen, um sie zu entdecken, die sprichwörtlichen schönen Ecken.

Jugend und Stil

Dass es eine Zeit gab, in der hier mehr los war – davon zeugen die Jugendstilbauten überall in der Stadt. Versetzen Sie sich nur mal zurück in die Belle Epoque. Nach Bordeaux war Traben-Trarbach um die Wende zum 20. Jh. die zweitgrößte Stadt des Weinhandels in Europa – dank der guten Beziehungen zu Preußen wurden die heimischen Tropfen ins europäische Ausland und nach Übersee exportiert und die Stadt wurde reich. Der Wohlstand führte in der Gründerzeit zu einem Bauboom, dessen Spuren sich heute noch überall im Stadtbild bewundern lassen.

Leben am Fluss

Wer von Traben-Trarbach aus flussabwärts weiterfährt, passiert eine ganze Reihe hübscher kleiner Orte, darunter Enkirch und Reil, Pünderich und Briedel. Die Weinberge werden allmählich steiler und steiler. Schöne Ausflüge in die Eifel kann man von hier aus unternehmen, beispielsweise in das nette Kurstädtchen Bad Bertrich oder zum Kloster Springiersbach. Über Haarnadelkurven sind die südlichen Täler der Eifel ganz schnell erreicht.

ORIENTIERUNG

O

Internet: www.traben-trarbach.de, www.zellerland.de
Verkehr: Stichbahn von der Moselstrecke Trier–Koblenz ab Bullay nach Traben. Die Busse des Verkehrsverbunds Trier (VRT) verkehren in den Landkreisen Bernkastel-Wittlich und Cochem-Zell, Infos unter www.vrt-info.de. Schiff nach Traben-Trarbach und Zell.

Stadt und Land

Wenn Ihnen die Dörfer an den vielen Moselschleifen zwischen Traben-Trarbach und Zell recht ausgestorben vorkommen sollten – genießen Sie die Ruhe. Denn mit Zell erreichen Sie bald eine quirlige kleine Stadt, die ganz im Hier und Jetzt lebt.

Traben-Trarbach

★ F/G4

Traben-Trarbach ist eine Stadt für Romantiker. Für Menschen, die gerne flanieren und sich von Architektur, die hier eher den Begriff Baukunst verdient hätte, beglücken lassen. Sie finden wahre Perlen des Jugendstils, darunter das Wahrzeichen der Stadt, das Brückentor (s. Tour S. 136). Manches Highlight liegt auch ganz verborgen – weit hinter dem Zentrum oder tief unter der Erde.

Unterirdisch

Dass Traben-Trarbach vor über 100 Jahren einer der bedeutendsten Standorte für den weltweiten Wein-, vor allem Rieslinghandel war, haben Sie schon gehört. Aber wie sollte das eigentlich gehen in dieser nicht gerade großen Stadt? Ganz einfach: indem man große Flächen des Stadtkerns unterkellert hat – inklusive der heutigen Bundesstraße. Über 100 m lange **Gewölbe** ❶ dienten als Weinkeller. Heute kann man diese unterirdische Welt in anderthalbstündigen Führungen kennenlernen. Oder beim Mosel-Wein-Nachts-Markt Glühwein trinken, ohne dabei zu frieren wie ein Schneider.

Führungen: Ostern–Juli Fr, Mo 17, Aug.–Okt. Mo, Do/Fr 17, Nov.–Ostern 2. und letzter Fr 17 Uhr, 12 € inkl. ein Glas Wein, Tickets bei der Tourist-Information

Oberirdisch

Bis 1904 waren Traben und Trarbach zwei voneinander unabhängige Orte. Erst seit etwas mehr als 100 Jahren sind sie zur bekannten Doppelstadt vereint. Bis dahin haben sie sich unterschiedlich

Da ist Musik drin: Traben-Trarbach feiert im Juli ein rauschendes Fest, das Moselwein-Festival.

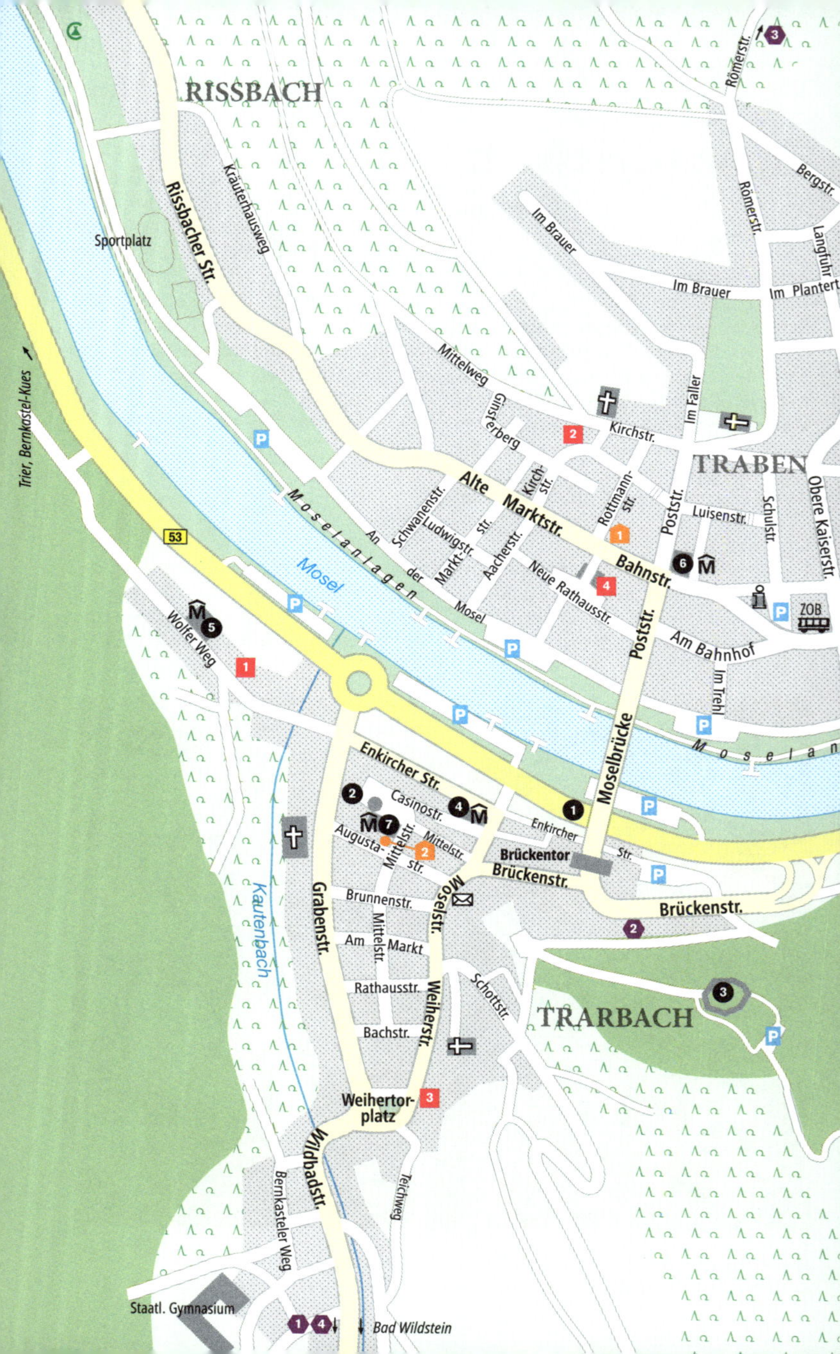

RISSBACH
TRABEN
TRARBACH
Mosel
Rissbacher Str.
Kräuterhausweg
Sportplatz
Trier, Bernkastel-Kues
53
Moselanlagen
An der Mosel
Mittelweg
Ginsterberg
Im Brauer
Im Faller
Kirchstr.
Alte Marktstr.
Bahnstr.
Schwanenstr.
Ludwigstr.
Markt-str.
Kirch-str.
Aacherstr.
Rottmann-str.
Poststr.
Luisenstr.
Schulstr.
Obere Kaiserstr.
Römerstr.
Bergstr.
Langfuhr
Im Plantert
Neue Rathausstr.
Am Bahnhof
Im Trehl
ZOB
Wolfer Weg
Moselbrücke
Enkircher Str.
Casinostr.
Augusta-str.
Mittelstr.
Brückentor
Brückenstr.
Moselstr.
Brunnenstr.
Am Markt
Rathausstr.
Bachstr.
Weiherstr.
Grabenstr.
Schottstr.
Kautenbach
Weihertor-platz
Wildbadstr.
Teichweg
Bernkasteler Weg
Staatl. Gymnasium
Bad Wildstein

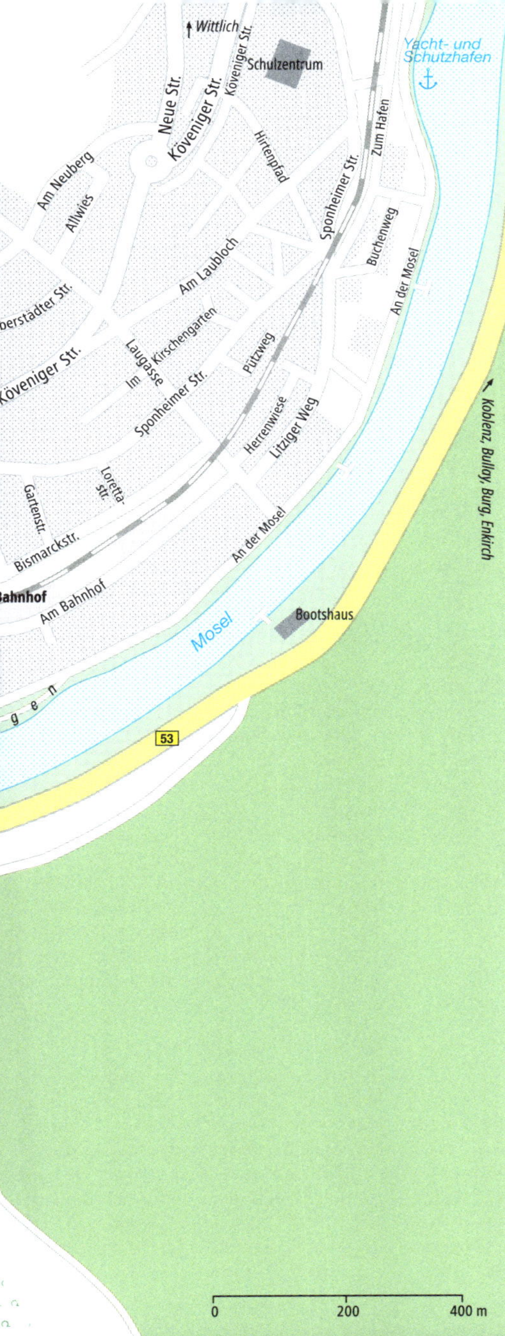

Traben-Trarbach

Ansehen

1. Gewölbe
2. Stadtturm
3. Ruine Grevenburg
4. Mittelmosel-Museum
5. Buddha-Museum
6. Schuh Styling Museum
7. Haus der Ikonen

Schlafen

1. Hotel Trabener Hof
2. Hotel Augusta

Essen

1. Die Graifen
2. Kaffeehaus Alte Ratsschänke
3. Historische Stadt-Mühle
4. Alte Zunftscheune

Bewegen

1. Moseltherme
2. Zweirad Wagner
3. Rundflüge
4. Minigolfplatz Bad Wildstein

entwickelt – im Guten wie im Schlechten. Die beiden Orte rechts und links der Mosel haben im 19. Jh. viel wertvolle mittelalterliche Bausubstanz verloren. Trarbach erwischte 1857 ein verheerender Stadtbrand, bei dem viel Fachwerk in Flammen aufging. In Traben schlugen 1879 die Flammen hoch. Beide Orte haben die Chance ergriffen, sich optisch völlig neu zu erfinden – in einem ganz speziellen ›Mosel-Jugendstil‹ (s. Tour S. 136). Ein wertvolles Relikt der mittelalterlichen Stadtbefestigung ist der historische **Stadtturm** ❷. Er dient heute als Aussichtsturm, von dessen Plattform sich ein herrlicher Blick bietet (tgl. 10–20 Uhr, Eintritt frei). Am Turm befindet sich ein Glockenspiel mit 28 Glocken, das jeden Tag gespielt wird (12, 15, 16, 17, 18 Uhr).

Überirdisch

Weit oben über dem Moseltal erhebt sich die **Ruine Grevenburg** ❸. Es ist ein bizarrer Anblick, wie die Fassaden und ehemaligen Kasernenbögen mitten in der Landschaft stehen. Die einstige Macht des Sponheimer Grafengeschlechts, dem ersten von 13 verschiedenen Besitzern, lässt sich nur noch erahnen. In der Burgschenke kann man bei einem Glas Wein und einem leckeren Essen die grandiose Aussicht genießen.

Schlossberg, T 01522 101 22 68, Do–Mo 12–18 Uhr

In der Umgebung

Königlich-französische Festung

Nicht weniger als 12 000 Mann und 3000 Pferde hatten Platz in einer riesigen Festungsanlage, die kein Geringerer als der ›Sonnenkönig‹ Ludwig XIV. im Jahr 1687 von seinem Baumeister Vauban auf einem halbinselartigen Plateau hoch über Traben errichten ließ. Allerdings ist die **Festung Mont Royal** nur elf Jahre nach dem Bau von den Franzosen selbst wieder gesprengt worden. Reste der gigantischen Anlage kann man heute noch sehen: Brunnen, Kasematten und Magazinkeller. Die Tourist-Information Traben-Trarbach veranstaltet während der Saison regelmäßig Führungen durch die Anlage, die ansonsten frei zugänglich ist.

Vor langer Zeit

Starkenburg ist der Name einer Gemeinde zwischen Traben-Trarbach und Enkirch, 250 m über der Mosel. Starkenburg ist auch der Name einer ehemaligen Burg, deren Reste den heutigen Ort an einer Stelle begrenzen. Sie war seit dem Jahr 1125 Sitz der Grafen von Sponheim, einem aus Kärnten stammenden Geschlecht. Die Sponheimer gaben die Starkenburg noch im Mittelalter auf und die Burg verfiel; sie wurde von der Grevenburg als neuem Sitz des Herrschergeschlechts abgelöst. Bekannt ist sie aber vor allem als der Schauplatz einer spektakulären Entführung. Von dem Platz, an dem einst die Burg stand, hat man eine sehr schöne Aussicht ins Tal hinunter. Es ist auch der Ausblick, den der frustrierte Luxemburger Kurfürst Balduin in jenem Sommer 1328 auf die Mosel hatte (s. S. 261). Heute kann man die Geschichte bei Kaffee und Kuchen im Ausflugslokal »Schöne Aussicht« nachempfinden – gut, man kann es zumindest versuchen.

Steinerne Zeugen

In Starkenburg, an einem Gebüsch auf Höhe der Landstraße 142, liegen die **Kampsteine** und bewachen seit langer, langer Zeit eine keltische Grabstätte. Es handelt sich um einen schwarzen liegenden Schieferstein und einen weißen stehenden Quarzstein. Glaubt man der Legende, haben die beiden einst gegeneinander gekämpft …

Museen

Stürmische Zeiten

❹ **Mittelmosel-Museum:** Dieses Museum ist in einem besonderen Gebäude untergebracht: der Barockvilla Böcking, einem großbürgerlichen Patrizierhaus aus dem 18. Jh. Auf zwei Etagen sind die Schlaf- und Speisezimmer der Familie originalgetreu eingerichtet – ein einmaliger Einblick. In 20 Räumen gibt das Haus einen Überblick über die turbulente Stadtgeschichte und zeigt zudem sehr alltagsnah und anschaulich, wie die Menschen in dieser Region früher lebten und arbeiteten. Einem besonderen Gast ist ein eigener Raum gewidmet: Im November 1792 fand hier ein Dichter namens Johann Wolfgang von Goethe bei der Familie nach einer stürmischen Überfahrt Unterschlupf.

Casinostr. 2, April–Okt. Di–Fr 10–17, Sa/So 12–16 Uhr, 3 €

Bitte lächeln

❺ **Buddha-Museum:** Ganz im buddhistischen Sinn und damit sich der Eintrittspreis lohnt, sollten Sie sich für einen Besuch dieses Museums Zeit nehmen. Denn die milde lächelnde, beleibte Figur mit den nur spaltbreit geöffneten Augen gibt es hier gleich in 2000-facher Ausfertigung zu entdecken. Die Figuren sind zwischen vier Millimeter und fünf Meter groß, repräsentieren die drei Hauptrichtungen des Buddhismus und kommen aus zahlreichen asiatischen Ländern von China bis Kambodscha und Thailand bis Myanmar. Zu verdanken ist dieses einzigartige Museum in einem Jugendstilbau am Moselufer der Sammelleidenschaft des in Traben-Trarbach lebenden Unternehmers Wolfgang Preuß (1947–2018), der das rund 2 km entfernte Ayurveda-Parkschlösschen baute, ein Fünf-Sterne-Hotel (www.ayurveda-seeschloesschen.de).

Historischer Charme: die Ruine Grevenburg hoch über Traben-Trarbach

Bruno-Möhring-Platz 1, www.buddha-museum.de, April–Okt. Di–So 10–18 Uhr, 15 €, 6–14 Jahre 7,50 €

Hohe Kunst

❻ **Schuh Styling Museum:** Der jüngste Neuzugang unter den Museen in Traben-Trarbach ist das Schuh Styling Museum. Als nach eigenen Angaben einziges Haus auf der Welt informiert es über das Kunsthandwerk des Schuhputzens, das vor Jahrhunderten in Paris seinen Anfang nahm. Besucher können nicht nur über Exponate aus drei Jahrhunderten staunen, sondern sich auch selbst bei einer Tasse Kaffee oder Tee die Schuhe pflegen lassen.

Bahnstr. 37, T 0177 461 14 98, April–Okt. Di–Sa 11–17 Uhr, im Winter eingeschränkt

Lebendige Tradition

❼ **Haus der Ikonen:** Dieses kleine, aber mit viel Enthusiasmus betriebene

TOUR
Belle Epoque an der Mosel – Jugendstil in Traben-Trarbach

Architektur-Stadtrundgang

Infos

Start:
Alter Bahnhof

Länge/Dauer:
3 km, 2 Std.

Führung:
Ostern–Ende Okt. am ersten Sonntag im Monat, 11 Uhr, Treffpunkt: Tourist-Information Traben-Trarbach

Sie gilt als die Jugendstil-Adresse an der Mosel schlechthin: die Stadt Traben-Trarbach. Der Berliner Stararchitekt Bruno Möhring (1863–1929) hat sich in der Stadt, die zu seiner Zeit ein Ort des florierenden Weinhandels war, mit mehreren Bauwerken verewigt, die heute als Perlen dieser Epoche angesehen werden können.

Auf Möhrings Spuren

Beginnen wir den Rundgang am **Alten Bahnhof**. Heute ist in dem Bauwerk Möhrings die Tourist-Information Traben-Trarbach untergebracht. Warum kam Möhring so gut an in der Stadt Traben-Trarbach? Weil er bei aller verspielten Exotik des Jugendstils Baustoff und Bauweise stets harmonisch in die Umgebung einpasste, regionaltypisches Fachwerk und Bruchsteinmau-

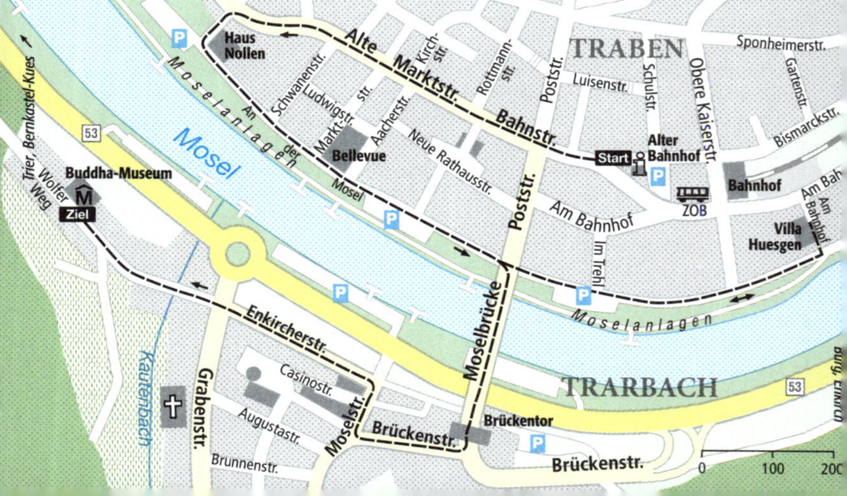

erwerk verwendete. An das Moselufer in Traben setzte der Berliner Architekt das kubisch verschachtelte **Haus Nollen** (An der Mosel 7). Da es sich in Privatbesitz befindet, kann es leider nur von außen besichtigt werden.

Das Brückentor in Traben-Trarbach ist Jugendstilbau mit historischen Details.

Romantisch

Dass Möhring auch Humor hatte, kann man am Beispiel des Romantik-Jugendstilhotels **Bellevue** (An der Mosel 11) erkennen. Das Hotel am Trabener Ufer fällt vor allem dank des schlanken Eckturms in Form einer überdimensionalen Sektflasche auf. Der Eingang wurde 1903 als Weinlaube gestaltet, im Empfangssaal kleben noch einige handbemalte Stofftapeten, im Speisesaal beeindrucken ornamentierte Fenster und farbenfrohe Kaminkacheln. Das besondere Charakteristikum der 1904 erbauten, indisch inspirierte **Villa Huesgen** (Am Bahnhof 50) ist ein steiler, moselwellenartig konstruierter Giebel mit reichem Ornamentfries. Die Villa ist in Privatbesitz und kann nur von außen betrachtet werden.

Das Meisterwerk

Am Eingang zur Brücke, die die beiden links und rechts der Mosel residierenden Stadtteile Traben und Trarbach miteinander verbindet, hat Bruno Möhring 1898/99 sein erstes Gebäude geschaffen: das **Brückentor.** Mit einem die Straße überspannenden Torbogen, mit markanter Spitzpforte und Nebenturm wirkt das Brückentor elegant und leicht. Man kann es heute als Bruno Möhrings Meisterwerk bezeichnen. Im Gegensatz zur Brücke, die deutsche Truppen noch kurz vor dem Ende des Zweiten Weltkriegs gesprengt hatten, blieb das Brückentor immer unversehrt, wurde in der ersten Hälfte des 20. Jh. aber immer wieder umgebaut.

Auch das Gebäude, in dem heute das **Buddha-Museum** (s. S. 135) untergebracht ist, an dem nach ihm benannten Platz hat Bruno Möhring errichtet – damals noch als Großkellerei Julius Kayser & Co.

Museum möchte die Erinnerung an den russischen Ikonenmaler Alexej Saweljew lebendig halten, der lange in Traben-Trarbach lebte und hier ab 1983 das »Lebendige Ikonenzentrum« aufbaute. Er starb im Jahr 1996. Ein Freundeskreis zeigt seine Ikonen, erklärt, was sie bedeuten und welche Rolle sie in der christlichen Kultur spielen. Außerdem veranstaltet der Freundeskreis Ikonen-Malkurse für Anfänger und Fortgeschrittene. Einfach mal ausprobieren!

Mittelstr. 8, www.haus-der-ikonen.de, April–Okt. Fr–So 12–16 Uhr, 3 €, 7–18 Jahre 1,50 €, Familienkarte 7,50 €

Schlafen

Guten Morgen

1 **Hotel Trabener Hof:** In diesem zentral in der Trabener Altstadt gegenüber vom Rathaus gelegenen Hotel achtet man darauf, dass der Tag morgens gelungen beginnt: mit einem hervorragenden Frühstücksbüfett, das kaum einen Wunsch offen lässt.

Bahnstr. 25, T 06541 700 80, www.trabener-hof.de, 32 Zimmer, €€

Wie Gott in Trarbach

2 **Hotel Augusta:** Mitten in der Stadt liegt dieses früher als »Chez Mathieu« und noch früher als Pension Altstadt Café bekannte charmante kleine Hotel, das mit liebevollen Details aufwartet. Zum Beispiel einem leckeren Frühstück, das nicht wie sonst ungefähr überall als Büfett serviert wird, sondern am Platz.

Mittelstr. 12, T 06541 81 06 25, www.augusta-traben-trarbach.de, €€

Essen

Mit Fantasie

1 **Die Graifen:** »Weine – Leben – Essen« lautet das Motto dieses ganz besonderen Restaurants im Jugendstil-Weingut Dr. Melsheimer am Moselufer. Ohne zu viel Getue darum zu machen, werden immer wieder neue originelle Gerichte serviert. Oder haben Sie vorher schon einmal Supreme vom Schwarzfederhuhn mit Auberginen-Dattel-Hummus oder eine Kokosschnitte auf Erdnuss-Knusperboden mit Haselnuss-Karamell und Bananen-Passionsfruchteis gegessen?

Wolfer Weg 11, T 06541 81 10 75, www.graifen.de, Di–Fr 15–23, Sa 12.30–22 Uhr, €€–€€€

Tipp, nicht geheim

2 **Kaffeehaus Alte Ratsschänke:** In einem wunderschönen Fachwerkhaus aus dem Jahr 1674, das der große Brand im Jahr 1879 als eines von wenigen verschont hat residiert seit 2019 die »neue« Alte Ratsschänke. Auf antikem Geschirr servieren die Schweizer Elisabeth Känzig Schlup und Werner Schlup Kuchen, Eis, Suppen und kleine Gerichte, darunter viele Spezialitäten aus der Heimat. Von Oktober bis März gibt es am Wochenende echtes Schweizer Käsenfondue. Ein Tipp: Gehen Sie unbedingt auf die Toilette!

Kirchstr. 19, T 01511 111 25 98, www.kaffeehaus-alte-ratsschaenke.de, April–Sept. Do/Fr 12–18, Sa/So 9–18, Okt.–März Do/Fr 12–18, Sa/So 9–18, Fr/Sa ab 18.30 Uhr, Käsefondue, €€

Nach Müllerin Art

3 **Historische Stadt-Mühle:** Wie der Name sagt, ist das Restaurant in einer historischen Mühle untergebracht. Das 1680 erbaute Haus ist schon allein wegen seiner prächtigen Architektur sehenswert. Die Speisekarte setzt auf Bewährtes: gesottene Ochsenbrust mit Meerrettich-Soße, gebratene Blutwurst nach Mosel-Art oder für den kleinen Hunger Bauernbrot mit Griebenschmalz-Töpfchen.

Weihertorplatz 1, T 06541 818 87 77, www.stadt-mühle.de, tgl. 12–23.30 Uhr, €€

Lieblingsort

Ein Spitzen-Sport

Wer hat's erfunden? Die Schweizer! Aber schon ein Jahr später, nämlich 1955, kam der neue und bis heute sehr beliebte Sport Minigolf nach Deutschland – und zwar zuerst nach Traben-Trarbach. Der hiesige Arzt Walter Spier hatte das Spiel in der Schweiz gesehen und nach Deutschland importiert. Der **Minigolfplatz** 4 im Ortsteil Bad Wildstein gegenüber der Moseltherme war nicht nur der erste in Deutschland, er ist auch bis heute einer der schönsten. Die parkähnliche Anlage mit ihren alten Bäumen und vielen Blumen ist liebevoll gepflegt. Wildbadstr. 219, T 06541 69 47, www.mgctratra.de, April–Okt. Mo–Fr ab 12.30, Sa/So ab 11 Uhr (je nach Wetter).

Wie früher

4 **Alte Zunftscheune:** Es wäre zwar übertrieben zu behaupten, dass das Essen hier nur Nebensache ist. Denn natürlich geht es in erster Linie darum, einen deftigen »Trabener Grillnacken« mit Bratkartoffeln oder ein Weinhändler-Pfännchen zu genießen und ein Glas Wein dazu. Aber hier gibt es eben noch viel mehr: zu gucken und zu staunen. Das Restaurant samt Empore und Gewölbe ist ungeheuer liebevoll mit historischen Exponaten von Tonkrügen bis Porzellanpuppen ausgestattet.

Neue Rathausstr. 15, T 06541 97 37, www.zunftscheune.de, Do–So ab 17 Uhr

Bewegen

Für verregnete Tage

1 **Moseltherme:** Traben-Trarbach hat die einzige Therme an der Mosel. Gespeist wird sie aus der Thermalquelle im Kautenbachtal. Bei angenehmen 32 °C lässt es sich entspannt planschen. Mit Whirlpool, Sportbecken, Kleinkinderbereich, Außenbecken, Saunalandschaft und Cafeteria.

Wildsteiner Weg, T 06541 830 30, www.moseltherme.de

Für aktive Tage

2 **Zweirad Wagner:** Vermietung von City- und Tourenrädern (15 €/Tag), E-Bikes (30 €) und Kinder- oder Hundeanhängern (20 €). Um eine Buchung vorab per E-Mail wird gebeten.

Brückenstr. 42, T 06541 16 49, www.zweirad-wagner.de, April–Okt. Mo/Di, Do/Fr 9–12, 14–17, Mi, Sa 9–12 Uhr, Nov.–März eingeschränkte Öffnungszeiten

Aus der Vogelperspektive

3 **Rundflüge:** Ist Ihnen manchmal danach, in Luft zu gehen? Am Flugplatz Mont Royal bietet der Deutsch-Amerikanische Segelflugclub Rundflüge über die Mosel an – schon ab 50 € für 6 bis 10 min.

T 06541 10 05, www.moselflugplatz.de

Einlochen

4 **Minigolfplatz:** s. S. 139

Feiern

- **Tage der offenen Weinkeller:** Himmelfahrtswochenende
- **Moselwein-Festival:** 2. Juliwochenende. Mit Feuerwerk am Moselufer
- **Jakobstag mit Krönung der Stadtkönigin:** letztes Juliwochenende.
- **Mosel-Wein-Nachts-Markt:** Adventswochenenden und Weihnachten bis Anfang Jan. In der Traben-Trarbacher Unterwelt

Infos

- **Tourist-Information:** Am Bahnhof 5, 56841 Traben-Trarbach, T 06541 839 80, www.traben-trarbach.de
- **Verkehr:** Busse nach Bernkastel-K., Bullay, Neumagen-Dhron; Schiffsanlegestelle

Enkirch

G4

Viele Wege führen nach Enkirch und an Enkirch vorbei – der Moselsteig und der Moselhöhenweg, der Mosel-Camino, der Loretta-Weg, der Mosel-Nahe-Wanderweg, der Steillagen-Wanderweg, der Sponheimer Weg …

Fachwerk-Schatzkammer

Früher war Enkirch als Hauptort der Hinteren Grafschaft Sponheim zeitweise sogar bedeutender als sein großer Nachbar Traben-Trarbach. Der Ort wird auch ›Schatzkammer rheinischen Fachwerkbaus‹ genannt, wegen der vielen und sehenswerten Gebäude im

TOUR
Rund um die Marienburg

Wanderung mit überraschenden Aussichten

Infos

Start:
Parkplatz an der Straße Auf Tannerd, Alf G 3
(s. S. 155)

Länge/Dauer:
ca. 10 km, 2–3 Std.

Zwei Dinge sind charakteristisch für die Mosel: der Weinbau in der Flusslandschaft und die engen Schleifen, die der Fluss immer wieder dreht. Die engste von ihnen und eine der charakteristischsten ist der **Zeller Hamm,** eine fast 14 km lange Schleife, an der die Stadt Zell sowie die Dörfer Alf, Bullay, Briedel und Pünderich liegen. Diese Wanderung führt an der Schleife entlang und bietet fantastische Aussichten auf den Fluss.

Nach dem Start am Parkplatz geht es über Waldwege und an Weinbergen entlang Richtung Marienburg. Aber der Höhepunkt (im wahrsten Wortsinn) kommt etwa 700 m von der Marienburg entfernt: der **Prinzenkopf**, ein 22 m hoher Stahlturm, der 2009 anstelle eines hölzernen Turmes errichtet wurde. Wer die Treppen genommen hat, wird mit einer wirklich einmaligen Panoramaaussicht belohnt. Da man über der engen Flussschleife steht, kann man die Mosel sogar von zwei Seiten sehen. Der Name Prinzenkopf geht übrigens auf einen echten Prinzen zurück: Prinz Friedrich-Wilhelm von Preußen war bei einer Wanderung 1818 schwer beeindruckt von der Aussicht.

Nun also weiter zur **Marienburg.** Von der alten Burg, die dem Bistum Trier bis Ende 2023 als Jugendbildungsstätte diente, hat man eine gigantische Aussicht auf die Mosel und das Pündericher Eisenbahnviadukt. Die Wanderung geht noch ein Stück weiter zur **Dreifaltigkeitskapelle** auf dem **Reiler Hals.** Dass von hier die Aussicht wieder großartig ist, muss man nicht extra erwähnen, oder? Zurück zum Ausgangspunkt geht es durch den **Sternenwald,** vorbei an fast 200 Jahre alten Eichen.

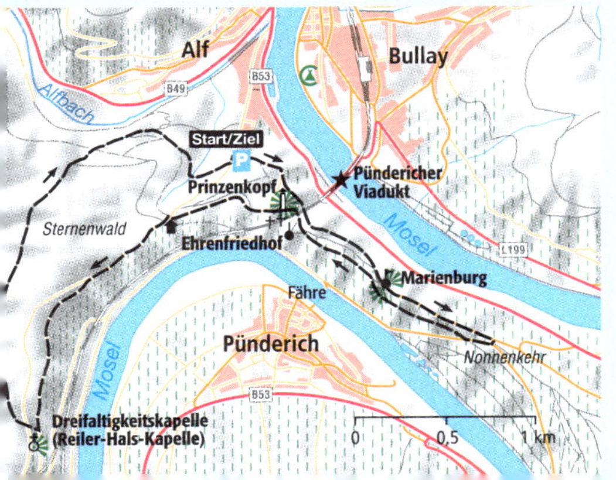

Fachwerkstil. Knapp 60 von ihnen stehen unter Denkmalschutz. Das älteste ist **»der alte Pitter«** aus dem Jahr 1523 (Am Wochenmarkt 9), eines der schönsten das **»Krieger'sche Haus«** aus dem Jahr 1675 (Weingasse 16). Ein anderes Fachwerkhaus beherbergt das **Enkircher Heimatstuben-Museum**. Es zeigt unter anderem eine Sammlung mittelalterlicher Bestrafungsgeräte (Weingasse 20, T 06541 92 65, www.enkirch.de, in der Saison Fr/Sa 17–19 Uhr, Eintritt frei). Im Keller kann man sich in der Ratsweinstube ein Gläschen auf den Schrecken genehmigen.

Wasser zu Strom

Es war das Jahr 1959, als die drei Anrainerstaaten Deutschland, Luxemburg und Frankreich beschlossen, die Mosel zur Großschifffahrtsstraße auszubauen. Die feierliche Eröffnung dieser Großschifffahrtsstraße fand im Mai 1964 statt. Zur Kanalisierung auf einer Länge von 270 km entstanden Staustufen. Bei Moselkilometer 103,01 befindet sich die **Staustufe Enkirch**, die gleichzeitig als Stromkraftwerk ausgebaut wurde. Betrieben wird es von einer Tochtergesellschaft des Energiekonzerns RWE.

Feiern

- **Weinfest im Herbst:** Mitte Sept. Drei Tage lang auf dem Brunnenplatz, mit Livemusik und Weinwanderung

Infos

- **Tourist-Information:** Brunnenplatz 2, 56850 Enkirch, T 06541 92 65, www.enkirch.de
- **Busse:** nach Zeltingen
- **Personenfähre:** von Enkirch nach Kövenig, Ostern–Okt., die Mitnahme von Fahrrädern ist möglich.

Reil

G3

Im Jahr 2008 konnten die Bewohner von Reil das 1000-jährige Bestehen ihres Dorfes feiern. Es war in einer am 18. Mai 1008 datierten Urkunde zum ersten Mal erwähnt worden. In dieser langen Zeit hat sich so einiges ereignet. Die Legende besagt, dass sich im 13. Jh. ein gewisser Gerhard von Rile von Reil aus auf den Weg gemacht haben soll, um als Baumeister des Kölner Doms berühmt zu werden. Dem steht allerdings die Theorie entgegen, dass jener Gerhard aus Riehl stammte, einem heutigen Kölner Stadtteil. Zwischen dem 17. und dem 19. Jh. entstand die den Ortskern heute prägende Architektur aus Fach- und Bruchsteinmauerwerk.

Heißer Reifen

Auf einer Moselhöhe oberhalb von Reil betreibt der MSC »Heißer Stein« eine **Motocrossstrecke,** die zu den schönsten und anspruchsvollsten weit und breit gehört. Auf der 1658 m langen Piste werden regelmäßig Rennen ausgetragen. Bei dem Namen stand natürlich die Weinlage »Reiler vom heißen Stein« Pate.

Schlafen

Am Wasser

Wohnmobilstellplatz: Auf einer ruhigen Wiese ist Platz für rund 70 Wohnmobile. Geöffnet ist der Platz jedes Jahr in der Woche vor Ostern bis Anfang November. Eine Reservierung ist nicht möglich.
Hutgasse 16, www.reil-mosel.de, 12 €/Tag inkl. Entsorgung, Stromanschluss 5 €/Tag

Feiern

- **Motocrossrennen:** Juni. Legendäre Motocrossrennen auf der 1658 m langen Piste oberhalb von Reil, Termine unter www.msc-reil.de

Infos

- **Verkehrsbüro:** Hutgasse 16, 56861 Reil/Mosel, T 06542 210 36, www.reil-mosel.de
- **Verkehr:** Züge nach Traben-Trarbach, Bullay; Busse nach Zeltingen-Rachtig

Pünderich G3

Ein ungeheuer idyllischer Ort

Vielleicht ist es die optimale Mischung aus Natur und Kultur, die Pünderich so reizvoll macht. Von Verkehrslärm kann fast keine Rede sein. Die B 53 verläuft südlich über dem Ort am Hang. Sehenswert ist das eindrucksvolle Fachwerk-Ensemble des **Alten Rathauses** aus dem 16. Jh. mit dem charakteristischen runden Treppenturm. Das **Alte Fährhaus** von 1621 wurde liebevoll instandgesetzt. Sehenswert ist auch die katholische **Pfarrkirche Maria Himmelfahrt** von 1766, die mit Rokokoaltären und einer kostbaren Stumm-Orgel aus dem frühen 19. Jh. aufwarten kann.

Alles genauestens geregelt

»Gesetzkrämer« werden die Pündericher von ihren Nachbarn genannt, weil sie angeblich im Streitfall immer den richtigen Paragrafen parat haben. Tatsächlich taucht der Name des Ortes im Zusammenhang mit einem Gesetzbuch von 1618 auf – ein geschriebenes Dorfrecht, wie es nur wenige aus so früher Zeit gibt. Die 48 Paragrafen haben vor allem Verschwender im Visier: Hohe Strafen standen darauf, Holz im Wald liegen zu lassen oder sein Haus nicht zu reparieren.

Über dem Ort

Der Pündericher Höhe-Punkt im wahrsten Sinne des Wortes ist die **Marienburg**. Steile Treppen führen hier hinauf. Das alte Augustinerinnenkloster, das auf einem Bergrücken lange dem Verfall preisgegeben war, diente zuletzt dem Bistum Trier als Jugendbildungsstätte. Wählt man beim Aufstieg statt der Treppen die zweite Abzweigung links, kommt man zu einem Pavillon mit herrlichem Rundblick und einer einzigartigen Sicht auf das Eisenbahnviadukt mit seinen 97 Bögen. Und falls ganz oben die Entscheidung für den direkten Weg zum Prinzenkopf fällt: Von dem dort errichteten Aussichtsturm ist das Panorama noch großartiger.

Schlafen, Essen

Mit Herz

Weingut Alfred Dahm: Zu diesem sehr familiären Weingut gehört eine Straußwirtschaft, die an Pfingsten und von Juli bis Oktober geöffnet ist und in der man sehr hübsch auf Holzbänken sitzen und das Treiben beobachten kann.

IN DER VIRTUELLEN WELT

Auf der Internetseite der Gemeindeverwaltung Pünderich darf jeder Bürger Nachrichten von öffentlichem Interesse verkünden. »Hochbett zu verkaufen« z. B. oder den Termin für den nächsten Spiele- und Handarbeitsabend. Wie es sich für echte ›Gesetzkrämer‹ gehört, geht das natürlich nicht ohne Regeln: »Wenn Sie etwas nicht ernst meinen oder eine lustige Bemerkung machen möchten, ergänzen Sie diese Stelle in Ihrer Nachricht einfach mit einem Smiley.«

Bahnhofstr. 4, T 06542 28 05, www.alfred-dahm.de, 3 Fewo, €€

Infos

- **Touristinfo:** Raiffeisenstr. 3, 56862 Pünderich, T 06542 90 00 21, www.puenderich.de
- **Verkehr:** Busse nach Zell, Traben-Trarbach, Bullay; Autofähre »Marienburg« von Pünderich zum linken Moselufer

Briedel

G3

Um nach Briedel zu kommen, gibt es statt der Uferstraße auch eine reizvolle Alternative auf der Anhöhe durch die Weinberge. Das »Briedeler Herzchen« als Logo macht dem Reisenden die Orientierung leicht. Mit der Toplage wirbt der hübsche, 745 erstmals erwähnte von Reben umrankte Ort. Und er wartet auf mit einer stattlichen Palette an Fachwerkhäusern, die sich im alten Ortskern präsentieren.

Herrliche Aussichten

Die **Briedeler Schweiz** ist ein 3 km langer Steilhang zwischen Briedel und Zell am rechten Moselufer, der vorwiegend von Laubwald bedeckt ist. Der Moselsteig-Seitensprung Briedeler Schweiz führt auf 10,5 km durch diese Gegend. Wer die Route wandert und die mitunter doch etwas steileren Hänge erklimmt, wird mit wirklich spektakulären Aussichten belohnt.

Die erste auf der Tour, die am Balduinsplatz in Briedel startet, bietet sich an der »**Hindenburglay**«. Von dort gibt es einen wirklich tollen Blick ins Moseltal und in den Zeller Hamm. »**Schöne Aussicht**« heißt etwas unoriginell die zweite Etappe und »**Wilhelmshöhe**« nach einer Ruhepause auf einer Bank die dritte und letzte. Bei guter Sicht ist es möglich, 100 km weit in die Eifel zu sehen – bis zum Nürburgring.

Essen

Auffällig freundlich

Korkenzieher: Das nette Café und Restaurant, in dem man superfreundlich bedient wird, ist aus Briedel nicht mehr wegzudenken. Vor einigen Jahren hat es unter neuer Führung wiedereröffnet, was auch der Qualität des Essens sehr gutgetan hat. Serviert werden neben regionalen Klassikern auch saisonal-experimentelle Gerichte wie eine Zucchini-Limettenschaumsuppe mit Sepia-Räucherfischravioli.

Hauptstr. 86, T 06542 181 40 14, www.korkenzieher-briedel.de, April–Okt. So–Di, Do ab 17, Fr ab 14, Sa ab 12 Uhr, €€

Infos

- **Tourist-Info:** Moselstr. 25, 56867 Briedel, T 06542 40 13, www.briedel.de
- **Verkehr:** Busse nach Pünderich, Traben-Trarbach, Bullay, Zell; Autofähre Briedel zur anderen Moselseite

Ausflüge in die Eifel

F3

Das Karmelitenkloster Springiersbach und das Kurstädtchen Bad Bertrich lassen sich von verschiedenen Punkten der Mosel aus ansteuern. Wer Zeit hat, die traumhaft schöne Vulkaneifel zu erkunden, dem sei eine Weiterfahrt bis zu den Maaren empfohlen: einzigartige, durch Vulkanausbrüche entstandene Mulden

Bad Bertrich in der Eifel ist ein klassischer Kurort mit hübschem Park samt Hotels, Therme und dem Angebot, diverse Beschwerden behandeln zu lassen.

in der Landschaft, von denen einige mit Wasser gefüllt sind.

Auszeit vom Alltag

Eher sanft geht es von Reil oder Alf durch das Tal des Alfbaches in die Höhe nach Springiersbach. Das fast tausend Jahre alte **Karmelitenkloster Springiersbach** ist ein Ort der Stille und Entschleunigung. Wer sich eine Auszeit vom Alltag nehmen möchte, kann im Exerzitienhaus ein Einzelzimmer mit Vollpension für 72 € buchen. Gespräche mit einem der Karmeliten, Teilnahme am Gebet mit der Klostergemeinschaft oder einfach nur ausruhen oder wandern gehen – alles ist möglich. Das Kloster veranstaltet auch Kurse zu spirituellen Themen, Tanz oder Yoga. Und schließlich ist es auch ein lohnenswertes Ausflugsziel: wegen der schönen Lage mitten in der idyllischen Eifellandschaft und wegen der Klosterkirche mit ihrer reichen barocken Ausstattung.

Karmelitenstr. 2, Bengel, T 06532 939 50, www.karmeliten.de/exerzitienhaus

Einmal Abtauchen

Durch das Ueßbachtal kommt man von Reil oder Alf nach **Bad Bertrich.** Hier sprudelt die einzige Glaubersalztherme in Deutschland mit 32 ° C. Das nach dem Arzt Johann Rudolf Glauber benannte Mineralsalz gilt innerlich genossen als ideales Heilmittel für Verdauungsbeschwerden, und ein Eintauchen ins salzige warme Wasser tut den Gliedern gut. Heute lockt die großzügige Vulkaneifeltherme mit einer Saunalandschaft. Gekurt haben an diesem Ort schon die Römer. Sie unterhielten im 4. Jh. im engen Tal des Ueßbaches eine Thermenanlage.

C

CLARA VIEBIG

Clara Viebig (1860–1952) ist heute ein wenig in Vergessenheit geraten. Zwischen der Jahrhundertwende und den 1930er-Jahren war das anders: Da war sie eine der populärsten Schriftstellerinnen Deutschlands. Die gebürtige Triererin, die häufiger in Bad Bertrich zur Kur weilte, hat der Eifel und der Mosel in vielen Werken ein Denkmal gesetzt. Zu ihren bekanntesten Romanen gehören »Das Weiberdorf« und »Die Wacht am Rhein«. In dem Roman »Die goldenen Berge« schildert sie die Not der Moselwinzer in den 1920er-Jahren. Die Clara-Viebig-Gesellschaft in Bad Bertrich hält mit einer Dauerausstellung in einem Pavillon und Veranstaltungen die Erinnerung an die Autorin wach (Kurfürstenstr. 21, www.clara-viebig.de).

Dem Vulkanismus auf der Spur

Bei der **Elfenmühle** am östlichen Ortsausgang von Bad Bertrich klapperte früher das Mühlrad, heute ist hier eine Ausflugsgaststätte. Folgt man dem Pfad von der Elfenmühle den Elbesbach aufwärts, so kommen einem im Dämmerlicht des Waldes gleich auch Elfen in den Sinn angesichts der wunderschönen Wasserfälle, die hier zu Tal rauschen. Und es kommt noch besser: Der Pfad führt durch eine Grotte, die staunen lässt. Im Ueßbachtal findet sich der südöstlichste Ausläufer der Eifel-Vulkankette. Der Lavastrom, der sich ins Ueßbachtal wälzte, ist so rasch erkaltet, dass sich Spannungsrisse bildeten und typische Verwitterungsformen im Basalt entstanden. Sie sehen fast so aus wie aufeinandergestapelte Käselaibe, weshalb die Elfengrotte auch Käsegrotte heißt.

Bewegen

Salzig baden

Vulkaneifeltherme: Dank seiner Mineralstoffe und seiner natürlichen Wärme ist das Thermalwasser einzigartig. Man kann innen und außen darin baden oder in der Sauna schwitzen mit Blick auf die Steilwände des engen Tals. Clara-Viebig-Str. 3–7, T 02674 91 30 70, www.vulkaneifeltherme.de

Infos

- **GesundLand Tourist-Information Bad Bertrich:** Kurfürstenstr. 32, 56864 Bad Bertrich, T 02674 93 22 22, www.bad-bertrich.de
- **Verkehr:** Bus über Alf nach Bullay

Zell

G3

Es ist nicht weit hergeholt, Zell als Mittelpunkt der Mosel zu bezeichnen. Von hier aus braucht man nach Trier und Koblenz mit dem Auto jeweils eine gute Stunde. Man ist schnell in Cochem und schnell in Traben-Trarbach, kommt rasch in die Hunsrückstadt Simmern und zum Flughafen Hahn und genauso rasch in die Eifel und ihr schönes Städtchen Bad Bertrich.

Aber Zell ist nicht nur ein guter Ausgangspunkt, um schnell von hier zu verschwinden. Auch in dem quirligen Kleinstädtchen selbst gibt es einiges zu entdecken, und man kann einkehren und einkaufen.

TOUR
Wappentier mit Schnurrhaaren

Spaziergänge auf den Spuren der Schwarzen Katz in und um Zell

Start: Marktstraße, Zell G 3

Noch was: Die örtliche Theatergruppe heißt »Kätz«, der größte Veranstaltungsort »Zeller Schwarze-Katz-Halle« und jedes Jahr in den Weinbergen steigt das »Zeller Schwarze-Katz-Festival«.

Niemand hat wohl je die Speisekarten und Weinetiketten gezählt, auf denen süße Abbildungen der »Zeller Schwarze Katz« zu finden sind. Und auch in der kleinen Stadt ist das possierliche Tierchen sehr präsent.

Schon seit über 150 Jahren wird diese Geschichte erzählt: Drei Weinhändler aus Aachen sollen im Jahr 1863 einen Winzer in Zell besucht haben. Nach einer Weinprobe blieb die Wahl zwischen drei Fässern – und das Trio konnte sich einfach nicht entscheiden. Was macht man in so einem Fall? Man überlässt die Wahl der schwarzen Hauskatze der Familie. Als das Tier sich fauchend auf eines der Fässer setzte, war die Sache geritzt. Und der neue Name der Zeller Großlage auch. Miau!

Heute begegnet man dem Tierchen auf Spaziergängen in und um Zell immer wieder. Biegt man von der Uferpromenade in die Marktstraße, sitzt ein buckelndes Vieh auf dem **Schwarze-Katz-Brunnen.** Die Bürger Zells haben ihn 1936 ihrem heimlichen Wappentier gestiftet. An der ehemaligen **Ratsschänke** (heute Wein- und Sektgut Day) reißt ein seltsam schnurrhaar- und ohrloses Wesen den Rachen auf. Es ist das Opfer eines Zerstörungsaktes von Neidern, die dem Winzer Bohn nicht gönnten, dass er 1929 einen Prozess zur Führung des Lagennamens »Zeller Schwarze Katz« gewann – sie selbst besaßen keine Rebstöcke in den begünstigten Weinbergen. Auch in jüngerer Zeit erinnert man gerne an das Katzentier: Eine **Schwarze-Katz-Skulptur** ziert den Verkehrskreisel am Eingang von Zell. Geschaffen hat sie der Maler und Karikaturist Michael Apitz aus Eltville im Rheingau.

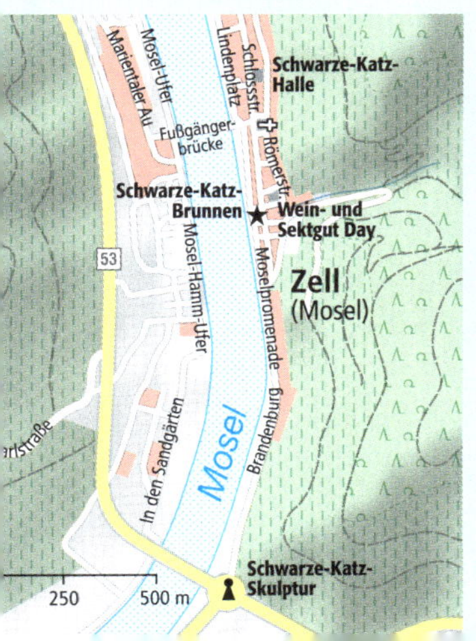

Das Wahrzeichen der Stadt

Ein schöner Ausgangspunkt für einen zugegebenermaßen nicht ganz gemütlichen Spaziergang – mitunter ist der Weg etwas steil – durch Zell ist der **Runde Turm.** So lernt man einerseits gleich das Wahrzeichen des Städtchens kennen und hat andererseits einen wunderbaren Blick auf dieses. Der Runde Turm ist eines von zwei Türmchen, die von der 1229 errichteten Stadtbefestigung übrig geblieben sind. Er heißt auch Pulverturm, weil er früher als Lager für Schießpulver diente. Schießscharten sind heute noch zu sehen.

In der Altstadt

In der Altstadt finden sich nur wenige mittelalterliche Reste. Zwei furchtbare Stadtbrände in der Mitte des 19. Jh. haben das historische Ortsbild bis auf wenige Gebäude vernichtet. Zu diesen gehört in der Balduinstraße 37 das spätgotische **Haus Caspary.** Von dort kommt man zum neugotischen **Rathaus,** 1881 erbaut, in dem heute das sehr sehenswerte Wein- und Heimatmuseum untergebracht ist. Es erzählt von der Kultur- und Wirtschaftsgeschichte Zells, unter anderem von der Tabakverarbeitung, von der jüdischen Tradition und natürlich vom Weinbau. Mit 400 Hektar Rebfläche bei nur 4000 Einwohnern ist Zell eine der größten Weinbaugemeinden der Mosel.

Heimatmuseum im Rathaus: Balduinstr. 44, T 06542 969 60, April–Okt. Mi, Fr/Sa 14–17 Uhr

Erinnerung an jüdisches Leben

Wer die jüdische Tradition Zells erkunden möchte, dem sei ein Spaziergang zur ehemaligen Synagoge empfohlen. Ein im Jahr 2000 gegründeter Freundeskreis hat es sich zur Aufgabe gemacht, das Gebäude zu unterhalten

Der Runde Turm oder Pulverturm ist das Wahrzeichen von Zell. Wer ihn auf einer Wanderung besucht, sieht die alten Schießscharten – und das hübsche Städtchen zu seinen Füßen.

und die Erinnerung an die einst große jüdische Gemeinde Zells lebendig zu halten. Der Verein veranstaltet regelmäßig Ausstellungen und Konzerte. Die Synagoge ist Teil eines Komplexes, in dem sich auch das kurfürstliche Schloss befand – was der Grund dafür war, dass in der Reichspogromnacht auf den 9. November 1938 zwar vieles gestohlen und zerstört, die Synagoge aber nicht in Brand gesetzt wurde. In dem Schlosskomplex befinden sich heute ein Hotel und die Synagoge.
Jakobstr. 13, Mai–Okt. Sa 15–17 Uhr, Führungen auch n. V. unter T 06542 213 04

Schlafen

Zentral

Hotel Ratskeller: Mitten in der Fußgängerzone, nur wenige Meter von der Mosel(-promenade) und der Schiffsanlegestelle entfernt, liegt dieses nette Hotel.
Baldiunstr. 36, T 06542 986 20, www.hotel-ratskeller-zell.de, 14 Zimmer, €€

Zwischen rustikal und modern

Wein- und Sektgut Day: Ein spritziger Riesling, ein kräftiger Dornfelder oder ein samtiger Spätburgunder? In welchem Zimmer möchten Sie denn übernachten? Oder vielleicht in der Ferienwohnung Chardonnay? Zum Abendessen in der hauseigenen Weinstube können Sie dann noch einen Müller-Thurgau oder Weißburgunder probieren.
Marktstr. 6, T 06542 45 81, www.weingut-day.de, 3 Zimmer und Fewo, €€

Stammhaus

Zum Grünen Kranz: Mitten in der Fußgängerzone befindet sich dieses aus zwei Häusern bestehende familiäre Hotel mit eigenem Weingut, das – abgesehen von der sehr zentralen Lage – vor allem mit zwei Dingen punktet: mit dem außergewöhnlich guten Restaurant, das auch die Bedürfnisse von Veganern und Vegetariern im Blick hat, und mit dem schönen Wellnessbereich im fünften Stock, dessen Highlight der tolle Blick auf den Fluss ist.
Balduinstr. 13, T 06542 986 10, www.zumgruenenkranz.de, €€

Z

EINEN ZELLER, BITTE

Das Städtchen Zell hatte einige Jahre lang eine eigene Regionalwährung: den Zeller. Man konnte die von Künstlern gestalteten »Banknoten« kaufen und damit bei allen teilnehmenden Geschäften und Dienstleistern bezahlen. Ein Zeller hatte den Wert von einem Euro.

Essen

Schnitzel, Schnitzel oder …?

Alte Winzerstube: Obwohl sich in Zell-City ein Lokal an das andere reiht, ist es an lauen Sommertagen mitunter unmöglich, spontan einen Tisch zu bekommen. Das gilt auch für die sehr beliebte Alte Winzerstube: Leider kann man keinen Tisch reservieren – um in den Genuss eines Elsässer Schnitzels oder eines Winzersteaks zu kommen, braucht man also schon etwas Glück. Im Sommer kann man schön auf der Terrasse sitzen. Die hat zwar keinen Moselblick, aber einen auf die vorbeiziehenden Menschen(massen).
Balduinstr. 6, T 0176 64 43 01 02, www.alte-winzerstube-zell.de, flexible Öffnungszeiten, €€

Profi am Werk

Zum Eichamt: Schnitzel mit Pommes und Salat? Bratwurst mit Bratkartoffeln? Das können Sie überall essen. Hier zaubert Peter Munzel in der Küche Außergewöhnliches, wie Sülze von der Maispoularde mit Nektarinencurry z. B. oder Lachs-Carpaccio mit Gin Tonic mariniert. Rote-Bete-Weinbergpfirsich-Risotto oder, oder, oder …

Rohrgasse 2, T 06542 224 75, www.zumeichamt.de, März–Dez. Fr–Di 18–21, Jan./Feb. Fr–So 18–21 Uhr, €€–€€€

Einfach zurücklehnen

Winzerhof Turmblick Kaimt: Gegenüber der trubeligen Zeller Altstadt liegt dieses wunderhübsch eingerichtete Lokal mit seiner traumhaft schönen Terrasse. Wer hier sitzt – nicht nur auf dem Stuhl, sondern auch im Strandkorb –, hat nicht nur einen wunderschönen Blick auf den Runden Turm (Pulverturm), das Wahrzeichen der Stadt. Eltern kleiner Kinder können hier ganz entspannt ihr Glas Wein austrinken: Für den Nachwuchs ist eine Spielecke eingerichtet, die ihresgleichen sucht.

Mosel-Hamm-Ufer 5, T 06542 42 26, www.lehmen.de, Ostern–Okt. Di–So ab 17, Nov.–Ostern Do–So ab 17 Uhr, €€

Unter Freunden

Café Friends: Maarten Snippe und Birgit Carmen Fischer betreiben das winzige Café Friends als Mischung aus Weinstube und Irish Pub – und vor allem: als Ort zum Wohlfühlen. Die beiden halten, was der Name ihres Lokals verspricht: Jeder Gast wird wie ein Freund behandelt, ob er nun ein Stück Kuchen bestellt, ein Glas Wein oder aber ein opulentes Abendessen.

Zehntgasse 2, T 06542 969 72 45, Mi–Mo ab 12 Uhr, €€

Einkaufen

Wurstwaren

Metzgerei Georg: Für ihre Wurst und ihre Würstchen ist die Metzgerei in der Zeller Fußgängerzone schon oft mit Gold- und Silbermedaillen bei nationalen und internationalen Qualitätswettbewerben ausgezeichnet worden.

Balduinstr. 27, T 06542 42 02, Mo–Fr 8–18, Sa 7–13 Uhr

Bewegen

Sportlich, sportlich

Campingpark: Verleih von Kanus (max. 3 Personen) und Kajaks (max. 2 Personen), Wasserski und Motorbooten.

Campingpark Zell, Am Moselufer, T 06542 96 12 16, www.campingpark-zell.de

Feiern

- **Weinfest Zeller Schwarze Katz:** letztes Juniwochenende
- **Mittelmosel Triathlon:** Mitte Juli in und um Zell. In der Olympischen Distanz schwimmen die Teilnehmer 1,5 km in der Mosel, fahren 40 km mit dem Fahrrad und laufen 10 km am Moselufer entlang. Es wird auch eine Sprintdistanz (0,75 km schwimmen, 20 km Rad fahren, 5 km laufen) angeboten. Veranstalter ist der TSV Bullay/Alf. Infos unter www.mittelmosel-triathlon.de
- **Lange Tafel:** Juli, Schlemmermeile in der Balduinstraße
- **Keltisches Weingelage:** Ende Aug., Zell-Kaimt
- **Adventszauber:** um den 1. Adventssonntag

Infos

- **Zeller Land Tourismus GmbH:** Balduinstr. 44, 56856 Zell, T 06542 962 20, www.zellerland.de
- **Verkehr:** Busse nach Traben-Trarbach, Bullay, Pünderich, zum Flughafen Hahn; Schiffsanlegestelle

Zugabe
Land unter

Moselhochwasser

Ruhig und friedlich plätschert die Mosel vor sich hin – normalerweise. Aber wer schon länger in dieser Flusslandschaft lebt, weiß, dass sie zu einem reißenden Strom mit einer zerstörerischen Kraft werden kann. Und wer das Hochwasser des Jahres 1993 miterlebt hat, wird es wohl sein Leben lang nicht vergessen. Rheinland-Pfalz, das Saarland, Hessen, Bayern und Baden-Württemberg waren von dieser Katastrophe kurz vor dem Weihnachtsfest 1993 betroffen, und Zell gehörte zu den Orten, die es am schlimmsten erwischte. Der Pegel an der Mittelmosel maß das Vierfache des Normalstandes. Es entstanden Schäden von mehreren Millionen D-Mark. ■

Alf bis Bruttig-Fankel

Höhe-Punkte — Auf wenigen Kilometern sind hier so viele von der Natur und vom Menschen geschaffene Attraktionen versammelt, dass es für eine ganze Woche reicht. Mindestens.

Seite 155

Burg Arras

In der ehemaligen kaiserlichen Burganlage können Sie übernachten. Neben dem Burghotel gibt es ein Restaurant und ein Museum.

Seite 158

Kloster Stuben

Die romantische Ruine ist ein Ort der Ruhe – außer es läuft gerade ein klassisches Konzert des Mosel Musikfestivals.

Seite 158

Mosel-Strand

Baden in der Mosel? Wenn, dann hier: Gegenüber der Klosterruine Stuben versteckt sich ein kleiner Naturstrand.

Hier ist Burgen-Land, eine spannender als die andere.

Seite 159

Der Calmont

Europas steilster Weinberg ist wahrlich beeindruckend – und ein Ziel für Kletterer, Gleitschirmflieger und Wanderer. Zu seinen Füßen liegen die hübschen Orte Neef und Bremm.

Seite 160

Kulturweg Mesenicher Steinreichskäpp

Weil in ihrem Dorf immer so viele Steine herumlagen, werden die Mesenicher ›Steinreichskäpp‹ genannt. Der Spitzname steht Pate für einen unterhaltsamen und lehrreichen Spazierweg ins Reich der Steine.

Seite 162

Ediger-Eller ✪

Zweifellos ist Ediger-Eller einer der schönsten und reizvollsten Orte an der Mosel – und es geschieht einiges, um diese Reize bekannt zu machen.

Seite 163

Senheim

Senheim ist ein Ort der Kunst. Der Bildhauer Christoph Anders hat in und um Senheim einen wunderschönen Skulpturenpark geschaffen.

Seite 164

Moselkrampen

›Krampen‹ heißen die hübschen Schleifen, die die Mosel in der Calmont-Region dreht. Bei einer Wandertour zwischen Ellenz-Poltersdorf, Ernst und Bruttig-Fankel bis nach Beilstein kann man viele Blicke auf sie erhaschen.

Seite 167

Beilstein 

Die größte Attraktion in Beilstein ist Beilstein selbst. Das Ensemble aus Fachwerkhäusern, verwinkelten Gassen und der Klostertreppe ist so hübsch, dass man weinen könnte.

Wie groß und imposant Burg Metternich einst war, man ahnt es nicht. Der Blick auf Beilstein aber ist gigantisch!

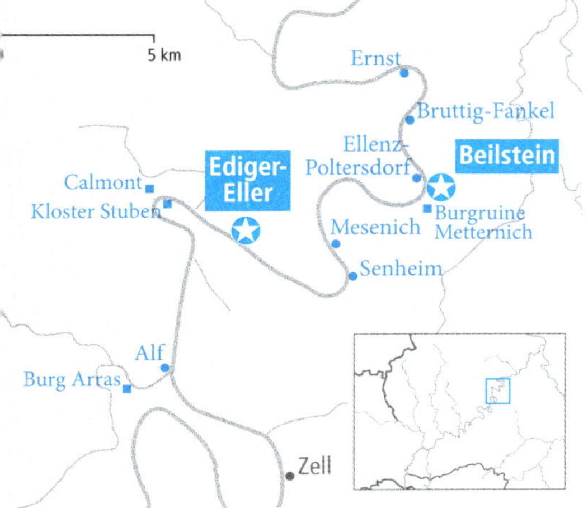

Moselkrampen – woher stammt eigentlich der Name? Krampen kennt man sonst nur aus dem Baumarkt. Ganz einfach: Die Moselschleife ist hier wie eine Krampe geformt.

& erleben

Einfach steil

G

Gestatten, die Untermosel. Klingt nicht so richtig sexy, oder? Streng irgendwie und auch etwas bürokratisch. Sagt heute fast kein Mensch mehr. Stattdessen hat sich der freundlichere und auch marketingmäßig viel wohlklingendere Begriff Terrassenmosel etabliert. Zu verdanken ist er dem Winzer Reinhard Löwenstein aus Winningen, einem kreativen Kopf und innovativen Geist. Terrassenmosel, weil hier von Menschenhand vor Jahrhunderten in mühevoller Arbeit Terrassenhänge für den Weinbau geschaffen wurden, die auf der ganzen Welt ihresgleichen suchen. In diesem Teil des Moseltals, das ab Zell immer enger wird, sind die Hänge unglaublich steil, und die Winzer müssen Schwerstarbeit verrichten.

Europas steilster Weinberg

Zwischen Ediger- Eller und Bremm befindet sich der Calmont, der den Superlativ »steilster Weinberg Europas« für sich in Anspruch nehmen darf. Das fast mediterrane Mikroklima, das hier herrscht, mögen nicht nur die Rieslingreben. Es ermöglicht auch, dass hier seltene Tiere und Pflanzen ein Zuhause haben: Schmetterlinge wie der Apollofalter und der Schwalbenschwanz und Reptilien wie Nattern und Eidechsen. Wer hier vorbeikommt, kommt ins Staunen. Die herrliche Natur lässt sich wunderbar erwandern. Je nach körperlicher Verfassung, Motivation und Entschlossenheit reicht das Spektrum vom gemütlichen Spaziergang bis zur ausgewachsenen Klettertour. Der Schoppen hinterher ist so oder so absolut verdient!

O

ORIENTIERUNG

Internet: www.calmont-region.de
Verkehr: Züge verkehren auf der Moselstrecke zwischen Bullay und Ediger-Eller, allerdings nur auf der Eifelseite; der Verkehrsverbund Rhein-Mosel (VRM) bedient den Landkreis Cochem-Zell.

Klein und fein

Zu sich nehmen kann man das Glas Riesling – und dazu ein ausgedehntes Abendessen – in kleinen Orten, von denen einer schöner als der andere ist. Ediger-Eller z. B., ein wunderschönes Dorf mit hervorragend erhaltener Fachwerkarchitektur. Oder Beilstein, der vielleicht romantischste Ort an der Mosel mit seinen kleinen Gassen, steilen Treppen und lauschigen Winkeln, der schon Kulisse für viele Heimatfilme war. Oder, oder, oder …

Alf

G3

Das beschauliche kleine Alf hat zwar weniger als 1000 Einwohner, aber dafür eine sehr gute Infrastruktur – dank des großen Nachbarn Bullay auf der anderen Moselseite. Die beiden verbindet eine Brücke.

Vor allem aber zeichnet sich Alf – was jeder feststellen wird, der den Ort nicht nur im Vorbeifahren sieht – durch nette verwinkelte Gassen aus. Alfs Wahrzeichen ist der **Glockenturm** aus dem 18. Jh., der einst Teil einer inzwischen abgerissenen Pfarrkirche war. Über allem thront die mächtige Burg Arras.

Von Alf kann man aufbrechen zu einer Wanderung rund um die Marienburg (s. S. 141).

Einzigartige Höhenburg

Die **Burg Arras** beherbergt nicht nur ein Restaurant, sondern auch ein Burghotel. Wegen der gehobenen Preisklasse ist eine Übernachtung hier zwar eher etwas für besondere Anlässe. Aber dafür hat man die Gewissheit, in einer altehrwürdigen Burganlage zu nächtigen. Um das Jahr 1100 errichtet, hatte sie in ihrer langen und wechselvollen Geschichte viele Eigentümer: Pfalzgrafen und Erzbischöfe/Kurfürsten von Trier, französische Revolutionstruppen, einen Industriellen, einen Kunsthändler, einen Rechtsanwalt. Die derzeitigen Besitzer, die Familie Keuthen, erwarben die Burg in den 1970er- und 1980er-Jahren und richteten das Hotel und Restaurant ein. Ein Museum zeigt unter anderem eine einzigartige Sammlung von Grafiken des Mosellaufs, Rüstungen und Waffen. Ein Gedenkzimmer erinnert an das ehema-

Eine steile Straße bringt Restaurant- und Hotelgäste auf die Burg Arras, eine Höhenburg aus dem 12. Jh. mit einer einmaligen Aussicht.

lige Staatsoberhaupt Heinrich Lübke, der bei Familie Keuthen nicht der Herr Bundespräsident war, sondern Onkel Heinrich – sie waren nämlich miteinander verwandt. Gastgeschenke aus aller Welt lassen seine Amtszeit von 1959 bis 1969 lebendig werden.

Burgweg 1, T 06542 222 75, www.arras.de, Hotel/Restaurant im Jan. und Feb. geschlossen, €€€

Infos

- **Touristinformation:** Am Ferdinand-Remy-Platz 7, 56859 Alf, T 06542 24 19, www.alf-mosel.de
- **Verkehr:** Busse nach Bullay, Cochem
- **Personenfähre:** Alf–Bullay (in der Saison), s. unten

Bullay

G3

Vor allem für Eisenbahnfreunde ist der Ort an der Moselschleife Zeller Hamm attraktiv, und zwar aus gleich zwei Gründen: Da ist die zweistöckige kombinierte **Eisenbahn- und Straßenbrücke,** 1879 als technisches Meisterwerk gepriesen und bis heute die einzige ihrer Art. Und da ist der 2003 fertiggestellte **Umweltbahnhof:** barrierefrei und mit Sonnenkollektoren auf dem Dach, ausgezeichnet vom Bund Deutscher Architekten.

Eisenbahngeschichte

Bullay ist Ausgangspunkt für den **eisenbahnhistorischen Kulturweg »Kanonenbahn«**. Der etwa 23 km lange Themen-Wanderweg folgt drei alten Bahnlinien: der Kanonenbahn zwischen Bullay und Reilerhalstunnel (5,5 km), der Zweigbahn bis zum kleinen Viadukt in Reil (2,2 km) und den Resten des sogenannten »Saufbähnchens« von der Reiler Brücke über Pünderich, Briedel und Zell bis nach Bullay (15,5 km). Bei der Wanderung sieht man Brücken, Tunnel und Viadukte und bekommt Informationen über die Geschichte dieser drei Bahnlinien. So erfährt man z. B., was hinter dem Namen »Kanonenbahn« steckt: Es ist die volkstümliche Bezeichnung für eine aus militärstrategischen Überlegungen ab 1872 entstandene Bahnstrecke zwischen Berlin und Metz, die an der Mosel entlangführte.

Infos

- **Touristinformation:** Reisebüro Ulfratours, Lindenplatz 2, 56859 Bullay, T 06542 211 41, www.bullay.de
- **Bahn:** Stichstrecke der Moselweinbahn von Bullay nach Traben (13 km); sie fährt über das Pündericher Hangviadukt sowie die Doppelstockbrücke bei Bullay.
- **Personenfähre:** Alf–Bullay März Mo/Di, Do/Fr 8–17, So 10–17, April Mo/Di, Do/Fr 8–17, So 9–17, Mai–Okt. Mo–Do 8–18, Fr/Sa 8–19, So 10–19 Uhr, Fahrradmitnahme erlaubt
- **Busse:** u. a. nach Zell, Traben-Trarbach und Cochem

Neef

G3

Wenn Sie heute durch die Weinberge spazieren oder zum Petersberg wandern, vielleicht mit geschlossenen Augen den warmen Sonnenschein genießen oder am Abend einen hervorragenden Riesling vom Frauenberg oder Rosenberg (klingt das nicht hübsch?), dann denken Sie daran: Sie setzen eine Tradition fort und befinden sich, historisch gesehen, in vornehmer Gesellschaft. Schon Frankenkönig Dagobert I., König Ludwig der

Allen modernen Möglichkeiten und technischen Errungenschaften zum Trotz: Die Lese im Weinberg wie hier bei Bullay ist an der Mosel zum größten Teil immer noch Handarbeit. Die steilen Hänge schränken den Einsatz von Maschinen stark ein.

Deutsche oder Kurfürst Balduin fühlten sich in Neef sehr wohl. Sie sollten übrigens die Augen rechtzeitig wieder öffnen, um die wunderschönen Fachwerkhäuser und das idyllische Flusstal sehen zu können.

Schlafen, Essen

Ein bisschen anders

Landhaus Hübner: In ihrem 2009 gekauften und dann umgebauten alten Haus und auf der hübschen Terrasse mit Blick auf die Mosel servieren Olaf und Viola Hübner ihren Gästen liebevoll zubereitete regionale Spezialitäten und Weine aus Neef, Bremm und Bullay. Außerdem vermieten sie auch einige Gästezimmer und eine Ferienwohnung. Moseluferstr. 14, T 06542 96 25 22, www.landhaus-huebner.de, €€

Feiern

- **Wein- und Heimatfest:** 3. Augustwochenende
- **Straßenweinfest:** 4. Septemberwochenende

Infos

- **Tourist-Information:** Moseluferstr. 23, 56858 Neef, T 06542 181 40 55, www.neefmosel.de
- **Bahn:** Züge nach Trier und über Cochem nach Koblenz
- **Busse:** nach Bullay, Cochem, Koblenz

Kloster Stuben

G3

Direkt gegenüber des imposanten Felsmassivs des Calmont liegt die romantische **Ruine Kloster Stuben.** Wenn nicht gerade ein Open-Air-Konzert des Mosel Musikfestivals stattfindet, herrscht hier eine himmlische Ruhe. Im Jahr 1137 wurde das Augustinerinnenkloster, von dem heute nur noch die Außenmauern der Klosterkirche stehen, gegründet. Auf Wunsch seiner Tochter Gisela soll der Adlige Egelolf sein Burghaus an Abt Richard I. von Springiersbach gestiftet haben. Er errichtete dort ein Kloster, in dem Gisela und andere Jungfrauen und Witwen nach den Regeln des hl. Augustinus leben konnten. Vom 13. bis zum 18. Jh. wurde hier ein byzantinisches Kreuzreliquiar (Staurothek) aufbewahrt, das viele Pilger anzog. Heute besitzt es das Diözesanmuseum Limburg an der Lahn. Das Stift wurde 1788 in ein freies Damenstift umgewandelt, 1802 aufgehoben und 1880 »auf Abbruch« versteigert.

Schöner Moselstrand

Direkt an der Klosterruine Stuben gibt es einen versteckten kleinen **Naturstrand,** an dem man die Beine ins Wasser hängen lassen und schwimmen kann. Man erreicht den Strand von Neef mit dem Fahrrad oder dem Auto.

St. Aldegund

G3

Im Lauf der Jahrhunderte hat der romantische kleine Ort schon viele Namenswechsel hinter sich. Zur Zeit Karls des Großen (747–814) hieß er so wie heute: St. Aldegund. Später wurde das Dorf, wie der Heimat- und Verkehrsverein auf seiner Webseite informiert, Sente Aldegunt, Sant Aldegunde, Sant Dalgan, St. Deilgundt, S. Aldiunt, Dalgond und Aldegund – wobei der Namenswechsel etwa einmal pro Jahrhundert einen Hinweis darauf gibt, dass sich die politischen Verhältnisse immer wieder geändert haben. So ließen die Franzosen das »Sankt« vor Aldegund fast ganz weg und nannten den Ort Dalgond; die Preußen führten nach 1815 das »Sankt« auch nicht wieder ein. Erst nach dem Zweiten Weltkrieg bekam Sankt Aldegund auf Antrag der Gemeinde wieder seinen vollen Namen. Es wird davon ausgegangen, dass der Name mit der Heiligen St. Aldegundis zu tun hat, deren Verwandte Adela das Stift Pfalzel bei Trier gründete.

Letzte Ruhe für Kunstfreunde

Über dem Dorf liegt die sehenswerte spätromanische **Alte Kirche.** Das Kunstmäzen-Ehepaar Peter und Irene Ludwig war von ihr so begeistert, dass es sie in den 1960er-Jahren sanieren ließ, ihr zwei Kunstwerke schenkte – und der Gemeinde das Versprechen abnahm, sich hier begraben lassen zu dürfen. Die 1996 und 2010 verstorbenen Eheleute ruhen nun in einer Gruft unter der Kirche.

Infos

- **Im Internet:** http://st-aldegund.de
- **Verkehr:** Der nächste Bahnhof ist in Neef; Busse nach Cochem, Bullay.

Bremm

G3

Das steil zum Fluss sich neigende Bremm ist wie all die Winzerorte rund um den Petersberg eine Siedlung aus der Zeit

Vom Bremmer Calmont hat man einen wunderbaren Blick auf die Moselschleife – und der ist eine angemessene Entschädigung für die Strapazen, die es bedeutet, hier hinauf zu gelangen.

vor der ersten Jahrtausendwende. Kurz nach der letzten Jahrtausendwende wurde Bremm 2002 mit der Auszeichnung »Schönstes Dorf in Rheinland-Pfalz« geadelt. Das war ein wertvolles Kompliment für die gelungene Sanierung der gepflasterten Gässchen und beschaulichen Winkel, Bruchsteinhäuser, Erker und Figuren. Ein Beispiel für schön erhaltenes Fachwerk ist das **Storchenhaus** von 1686 am Moselufer.

Steil, steiler, am steilsten

Bremm, die Nachbardörfer Ediger-Eller und Neef und die Landschaft um sie herum werden geprägt durch den **Calmont**. Es handelt sich dabei um einen bis zu 380 m hohen Höhenzug. Noch beeindruckender ist aber eine andere Zahl: eine Hangneigung von mehr als 65 Grad. Damit zählen die Weinlagen Bremmer Calmont und Ellerer Calmont zu den steilsten Lagen der Welt.

Viel steigen führt zur Aussicht

Im Jahr 2002 legte der Deutsche Alpenverein den **Calmont-Klettersteig** an. Er führt vom Unterstand »Galgenlay« durch

DORFMUSIKANTEN

Wortwitz haben sie, das muss man ihnen schon lassen: Die musikalische Abteilung des VfL Bremm sind die Bremmer Stadtmusikanten. Und zwar nicht nur vier, sondern 40. Ordentlich Stimmung macht das Blasorchester auch: bei Weinfesten, im Karneval und zu allen möglichen anderen Gelegenheiten.

TOUR
Auf den Spuren der Steinreichskäpp

Spaziergang auf dem Kulturweg Mesenicher Steinreichskäpp

Infos

Start:
Mesenich  G 3,
Naherholungsplatz

Länge/Dauer:
2,5 km/1 Std.

Viele Bewohner der Moselorte haben von den Menschen in den Nachbardörfern Spitznamen bekommen. Ganz schön deftige mitunter, aber natürlich immer liebevoll gemeint. So gibt es die »Beilsteiner Aschlächer«, die Briedeler »Peedchestrampeler« (wegen ihrer großen Füße, mit denen sie Pfade treten können) und die Cochemer »Schmandelecker« wegen der unappetitlichen Angewohnheit Cochemer Frauen, bei der Auswahl von Milch bei Bauersfrauen aus der Eifel die Qualität mit ihrem Finger oder ihrer Haarnadel zu prüfen.

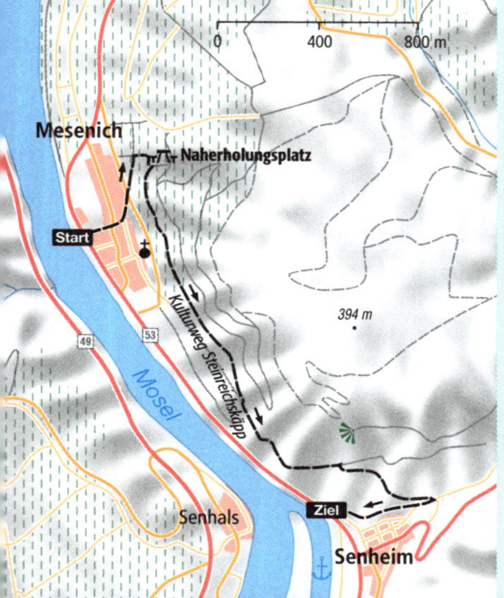

Humorvoller Spitzname

Harmlos ist der Spitzname für die Bewohner von Mesenich, einem kleinen Ort neben Senheim. Sie werden »Steinreichskäpp« genannt. Denn die Mesenicher Weinberge waren besonders ›steinreich‹, und damit die Hänge bewirtschaftet werden konnten, mussten die Steine aufgesammelt und zusammengetragen werden. So ergaben sich viele Steinhaufen– und die Menschen, die ein solches ›Steinreich‹ aufhäuften, hießen ›Käpp‹ (wörtlich ›Köpfe‹).

Kulturwege

Die Mesenicher griffen den alten Namen auf, und mit Kreativität, Humor und Selbstironie entstand der Kulturweg Steinreichskäpp. Im »Mosel WeinKulturLand« – ein Marketingbe-

griff, der einem in der Region immer wieder begegnet – entstanden in den vergangenen Jahren viele Themenwege, die Naturerlebnisse und Informationen miteinander verbinden. Der Weg, den man auch gut mit kleinen Kindern oder einem Kinderwagen gehen kann, beginnt am etwas oberhalb des steinreichen Dorfes Mesenich gelegenen **Naherholungsplatz,** auf dem auch gerne Grill- und Weinfeste gefeiert werden. Der einfache Weg führt in Richtung Senheim. Man kann den Spaziergang natürlich auch in umgekehrter Richtung machen. Und ganz nebenbei hat man die ganze Zeit eine wunderbare Aussicht auf den Ort und auf den Fluss.

Wein und Weisheiten sind hier in Stein gemeißelt.

Steine, Steine, Steine

Auf diesem ungewöhnlichen Weg durch die Weinberge geht es immer wieder um das Thema Stein. Sehr unterhaltsam werden hier die Geologie, die Physik und die Kulturgeschichte dargestellt. Es gibt unterschiedliche Objekte zu entdecken, z. B. ein **Steinbarometer.** Es zeigt an, dass es schneit, wenn der Stein weiß ist, dass es regnet, wenn der Stein nass ist, und dass es sonnig ist, wenn der Stein Schatten wirft. Verblüffend einfach! Mithilfe einer **Steinwaage** kann man das eigene Gewicht in Steinen aufwiegen. Der Künstler Turgut Gül hat die **Köpfe von Mesenicher Persönlichkeiten** in Stein gemeißelt. Der »Mesenicher Steinreichskopf« schlechthin ist ganze 2,50 m hoch und besteht aus mit einem Drahtgeflecht in Form gebrachten Bruchsteinen.

Weisheiten am Wegesrand

Und auf natürlich aus Stein bestehenden Tafeln sind Weisheiten dokumentiert: »Wenn du noch einen Kumpel hast / und der hat gute Weine / so sorge, dass er dich nicht hasst / sonst trinkt er sie alleine.« Oder, noch schöner: »Stört mal ein Steinchen in der Galle / hilft ein Rezept in jedem Falle / so dann und wann ein Tröpfchen Wein / denn steter Tropfen höhlt den Stein.«

den steilen Weinberg in die Höhe. Gesichert ist der Weg mit Stahlseilen, Leitern, Trittbügeln und Stiften. Um den Aufstieg (und Abstieg) zu wagen, reicht es allerdings nicht, die üblichen Tipps zu befolgen, wie Mineralwasser im Rucksack und einen Hut auf dem Kopf. Darüber hinaus sollte man das Klettern gewöhnt sein, ordentliche Schuhe tragen und schwindelfrei sein. Wer es etwas beschaulicher angehen möchte, kann auch eine ›normale‹ Wanderung ohne Kletterpassagen unternehmen. So führt z. B. die **Moselsteig-Etappe Nummer 16** (11 km) von Neef nach Ediger-Eller – die wegen der serpentinenartigen Aufstiege allerdings auch nicht ohne ist. Welchen Weg auch immer man wählt: Belohnt wird man durch eine wirklich fantastische Aussicht auf die Klosterruine Stuben am gegenüberliegenden Hang.

Infos

- **Tourist-Information:** Calmontstr. 48, 56814 Bremm, T 0175 324 91 14, www.bremm-mosel.de
- **Verkehr:** Busse nach Cochem und Bullay

Ediger-Eller 

Ein Besuch in Ediger-Eller, vor allem im pittoresken **Ediger,** sollte bei einer Reise entlang der Terrassenmosel auf jeden Fall fest eingeplant werden. In dem Doppeldorf bemüht man sich seit Jahrzehnten mit großem Erfolg darum, die historische Substanz zu erhalten und für Gäste attraktiv zu sein. Ein Bemühen, das belohnt wird: Ediger-Eller errang vor einigen Jahren im Bundeswettbewerb »Unser Dorf hat Zukunft« eine Goldmedaille. Die Calmont-Region, zu der auch Neef und Bremm gehören, wurde mit einem zweiten Platz im Europäischen Dorferneuerungswettbewerb ausgezeichnet.

Wehrhaftes Mittelalter …

Dass der Ort nicht nur in der Gegenwart attraktiv ist, sondern es auch in der Vergangenheit war, zeigt sich heute noch an vielen Stellen. Während anderswo noch kleine Abschnitte von der ehemaligen Stadtmauer stehen, ist in **Ediger** von der einstigen **Ringmauer** noch viel erhalten. Sechs von zwölf Türmen der früheren Befestigungsanlage stehen noch. Sehenswert ist auch der **Lehmener Turm** südöstlich außerhalb des Ortes, wo einst der Ritter von Lehmen einen Gutshof hatte (Lehmerhof). Den 16 m hohen Turm umgab im 13. Jh. eine Siedlung mit Kapelle.

… und faszinierende Antike

Nur einige Schritte vom Lehmer Turm entfernt stößt man am Hang auf zwei **Gräber aus der Römerzeit.** Die Wand-

T

TUNNELBLICK

Zwischen Cochem und Ediger-,Eller liegt einer der wichtigsten Eisenbahntunnel Deutschlands, der bis 1988 sogar der längste durch ein natürliches Hindernis war: der von 1874 bis 1877 erbaute und 4,2 km lange **Kaiser-Wilhelm-Tunnel.** Er wurde 2014 grundsaniert und hat eine zweite Röhre bekommen, den sogenannten Neuen Kaiser-Wilhelm-Tunnel. Dank des Tunnels ist die Strecke von Ediger-Eller nach Cochem mit dem Zug nicht 30, sondern nur etwa 5 km lang. Den jeweils anderen Ort erreichen Reisende in rund zehn Minuten.

bemalung im Innern der rekonstruierten zweistöckigen Anlage ist ziemlich einzigartig. Zu erreichen sind sie für Wanderer auf den Moselsteig oder über die Straße K 22.

Kirchen und Kapellen

Weithin sichtbar und eines der Wahrzeichen von Ediger-Eller ist **die Kirche St. Martin** aus dem 12. Jh. Sie hat einen über 50 m hohen Glockenturm und einen hübsch verzierten achteckigen Helm. In **Eller,** dem etwas im Schatten stehenden Teil des Doppelortes, steht die katholische **Kirche St. Hilarius,** zu deren Inventar eine Stumm-Orgel von 1828, ein romanischer Weihwasserkessel und zwei Gemälde des Trierer Hofmalers Heinrich Foelix (1732–1803) gehören. Gegenüber liegt die romanische **Rochuskapelle** mit ihrem gotischen Chor und einem herrlichen Fresko.

Kreuzweg hoch in die Weinberge

Die Kapelle **Maria Einsiedeln** in Ediger aus dem 17. Jh. ist die nördlichste Nachbildung der Muttergottes von Einsiedeln aus der Schweiz. Die **Kreuzkapelle** ist vor allem wegen des Steinreliefs »Christus in der Kelter« berühmt. Die zerquetschten Trauben und der austretende Rebensaft stehen symbolisch für das Leiden und das Blut Christi.

Essen

Born to be Wild

Rathaus-Stübchen: Veganer sind nicht unbedingt die wichtigste Zielgruppe von Georg »Schorse« Theisen und seiner Familie. Der Chefkoch im Familienbetrieb jagt gerne Wild im heimischen Wald und macht anschließend Schinken und Braten daraus.
Moselweinstr. 15, Ediger, T 02675 91 12 07, www.ferien.weingut-theisen.de, Do–Di 12–21 Uhr

Feiern

- **Pfingstweintage:** Pfingsten. Weinproben in Winzerhöfen und Winzerkellern
- **Wein- und Heimatfest des Ediger Osterlämmchens:** 2. Augustwochenende, mit **»Edschara Stohlgang«,** einem musikalischen Umzug am Montag in Ediger
- **Straßenweinfest Ediger:** 2. Septemberwochenende
- **Straßenweinfest Wein & Mehr:** 1. Oktoberwochenende. In Ellerer Weinkellern

Infos

- **Touristinformation:** Pelzerstr. 1, 56814 Ediger-Eller, T 02675 13 44, www.ediger-eller.de
- **Verkehr:** Ediger-Eller liegt an der Moselstrecke von Trier nach Koblenz (nur RB-Züge halten).
- **Busse:** nach Cochem, Koblenz, Bullay, Bremm; Schiffsanlegestelle

Senheim-Senhals

G3

Im Gegensatz zu anderen Orten an der Mosel kann Senheim (anders als Senhals auf der anderen Seite des Flusses) nicht mit außerordentlich vielen mittelalterlichen Bauwerken aufwarten. Denn das alte Senheim ging um die Mitte des 19. Jh. bei einem Großbrand in Flammen auf.

Mehr oder weniger verschont wurden nur die katholische Pfarrkiche **St. Katharina** mit ihrem romanischen Westturm und das **Burghaus,** ein Wohnturm von 1220. Allerdings kann man als Besucher von Senheim einiges an zeitgenössischer Kultur erleben.

TOUR
Vier Dörfer, ein Weg

Wandern auf dem Erlebnisweg Moselkrampen

Infos

Start:
nach Wahl, G 2/3

Länge/Dauer:
15 km

Ellenz-Poltersdorf und Ernst, Bruttig-Fankel und Beilstein – ein Ort an diesen markanten, mit dem hübschen Namen »Krampen« bedachten Moselschleifen ist reizvoller als der andere. Nicht nur das berühmte Beilstein, das vielen als romantischster Moselort schlechthin gilt und in vielen Filmen verewigt worden ist, auch die anderen drei Orte haben ihren Reiz. Und die Wege dazwischen sind auch sehr schön: Durch Wingerte und Wälder, über Wiesen und kleine Dörfer verläuft dieser Erlebnisweg, der die vier Orte miteinander verbindet und der mittels Informationstafeln über die Geschichte und Kultur dieser vom Steillagenweinbau dominierten Region informiert.

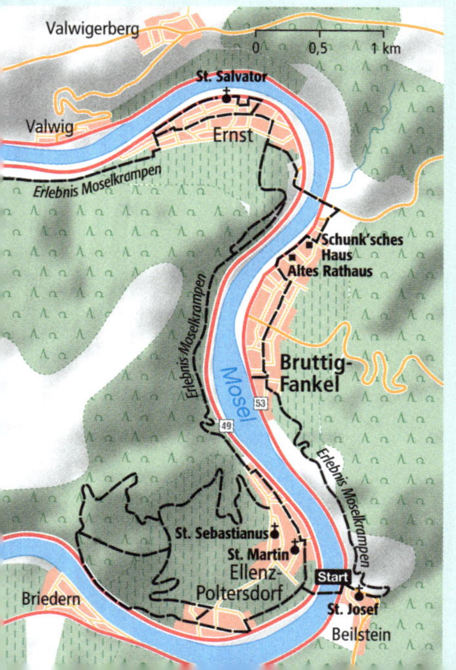

Was da kreucht und fleucht

Thementafeln stellen die wärmeliebende Flora und Fauna vor. Tiere, die hier auf dem Boden herumkriechen und in der Luft umherfliegen, wie die (harmlose) Schlingnatter oder der scheurige Schneckenfalter. Grafiken und Texte informieren über eine hier heimische, streng geschützte Orchidee, das schwertblättrige Waldvögelein, aber auch über den Felsenahorn oder den Weinbergpfirsich (s. auch S. 288).

Den Wanderweg haben die vier Gemeinden und ihre Heimat-, Verkehrs- und Verschönerungsvereine gemeinsam realisiert.

Startpunkt nach Wahl

Der Wanderer hat die Qual der Wahl: In jedem der vier Orte kann die Tour begonnen werden, und da es sich praktisch um einen Rundweg handelt, führt der 15 km lange Weg auch wieder an den Ausgangspunkt zurück. Laufen kann man auf beiden Seiten der Mosel. Zwischen Bruttig und Ernst führt eine Brücke über den Fluss, in Beilstein kann man die Fähre nach Ellenz-Poltersdorf nehmen.

Beilstein mit der Karmeliterkirche St. Josef, darüber die Burgruine Metternich

Durch die Weinberge und durch den Wald

Beginnen Sie doch einfach mal in **Beilstein.** An der katholischen Pfarrkirche St. Josef mit ihrer »Schwarzen Madonna« vorbei, geht es in die Weinberge oberhalb des lieblichen Ortes. Ein Waldweg führt ins nächste Dorf, **Bruttig-Fankel.** Beide Ortsteile haben reizvolles Fachwerk zu bieten: Das kleinere Fankel besitzt in der Brunnenstraße das vermutlich älteste zusammenhängende Fachwerkensemble an der Mosel. Bruttig kann mit dem Schunkschen Haus und dem alten Rathaus aus dem 17. Jh. auftrumpfen.

Zu Fuß und mit der Fähre

Von Bruttig-Fankel führt eine Brücke über den Fluss. Die nächste Station ist **Ernst** auf der anderen Seite der Mosel. Hier fällt sofort das Wahrzeichen des Ortes ins Auge, die katholische Pfarrkirche St. Salvator. Von hier aus geht es nun ein Stück die Mosel aufwärts nach **Ellenz-Poltersdorf.** Hier sind ebenfalls zwei Sakralbauten zu bewundern: die neugotische katholische Pfarrkirche St. Martin und die Sebastianus-Kapelle aus dem Jahr 1624. Durch die Weinberge oberhalb von Ellenz-Poltersdorf wandert man nun zur Drahtseilfähre, um wieder nach Beilstein überzusetzen. Sie ist von Ostern bis Ende Oktober tgl. von 9–12 und 13–18 Uhr in Betrieb.

INTERESSANTE IMMOBILIE

Wie die Reste eines verwunschenen Schlosses aus einem Märchen stehen sie da, die Mauern eines Gebäudes, in dem im 19. Jh. englisches Bier gebraut wurde und das später als Lagerraum und Gaststätte diente. Was man von außen nicht sieht: Die Ruine hat sehr gut erhaltene, bis zu sieben Meter hohe Keller. Diese interessante Immobilie befindet sich an der B49 zwischen Senhals und Poltersdorf, gegenüber von Mesenich. In vielen, vielen Jahren des Leerstands hat die Natur hier langsam wieder die Herrschaft übernommen. Das Schicksal des Gebäudes ist ungewiss, aber nicht hoffnungslos: Der Bürgermeister von Mesenich, Peter Haase, hat die **alte Brauerei** 2018 zum Schnäppchenpreis von einem Euro erworben und möchte sie gemeinsam mit einem Förderverein für die Nachwelt erhalten – in welcher Form auch immer ....

Ein Ort der Kunst ...

Das Burghaus aus dem 13. Jh. ist seit über 20 Jahren das Domizil des Bildhauers und Zeichners Christoph Anders. Der gebürtige Schlesier kam Anfang der 1950er-Jahre als Jugendlicher nach Senheim und wirkte an unzähligen Kunstprojekten mit. Eines davon ist ein **Skulpturenpark,** der sich vom Moselvorgelände bis in die Weinberge erstreckt. Außer Anders haben auch viele andere Künstler nicht nur von der Mosel aus unterschiedlichen Materialien Werke geschaffen, die sich manchmal ganz harmonisch in die Landschaft einfügen und manchmal den Betrachter total irritieren.

An der Mosel und über dem Ort in den Weinbergen, 7,5 km Länge

... und der Literatur ...

Der **Literatenweg** grenzt an den Skulpturenpark an und präsentiert ebenfalls Kunstwerke – allerdings solche poetischer Natur. Auf einer Länge von etwa 600 m laden 14 Holzstelen dazu ein, stehenzubleiben, durchzuatmen, innezuhalten und die Gedanken schweifen zu lassen. Immer wieder neue Gedichte werden hier ausgestellt.

... und des Weins

Mit ganz irdischen Gegenständen beschäftigt sich ein besonderes Museum in Senheim: Das **Wein-Museum** des Weinguts Schlagkamp-Desoye beherbert eine der größten Sammlungen von Winzer-, Küfer- und Weinbehandlungsgeräten der Welt. Dieter Schlagkamp, der Vater des heutigen Geschäftsführers, hat in mehr als 40 Jahren über 10 000 Exponate zusammengetragen. Die Besucher werden über Sprachboxen (Deutsch, Niederländisch oder Englisch) zu den einzelnen Stationen informiert. Im Kellerbereich erfährt man das Wichtigste über die Weinherstellung.

Zeller Str. 11, T 02673 43 81, www.schlagkamp-wein.de, April–Okt. Mo–Sa 9–17 Uhr, 5 € (inkl. 1 Glas Wein), 12–18 Jahre 2 €

Essen

Eine echte ›Sauerei‹

Schinkenkeller: Im Schinkenkeller, einem ungeheuer urigen Restaurant mit Gewölbe und Biergarten, dreht sich alles um die Wutz – so heißt in der Moselregion das Schwein. Auf dem Teller und im angeschlossenen Laden gibt es Deftiges von der Schweinshaxe bis zur Currywurst und vom Hackbraten bis zum Schnitzel. Vegetarier haben die Wahl zwischen einem vegetarischen Flammkuchen und einem bunten Gemüseteller.

Brunnenstr. 9, T 02673 42 70, www.schinkenkeller.de, Ostern–Okt. Di–So ab 11, Nov./Dez. Fr/Sa ab 17 Uhr, €€

Feiern

- **Pfingstweinfest:** Pfingsten. Drei Tage Wein, Musik und Tanz um den Weinbrunnen
- **Weinfest:** Anfang Juli. Festumzug, Musik, Tanz und Schleppertreffen, großes Festzelt
- **Dorfstraßenfest:** 3. Septemberwochenende. Musik in Kellern, Straßen und Gassen

Infos

- **Heimat- und Verkehrsverein:** T 02673 96 28 20, www.senheim.de
- **Verkehr:** Busse nach Cochem, Bullay, Bremm; Schiffsanlegestelle

Beilstein

»Dornröschen der Mosel« wird Beilstein gerne genannt. Die schlafende Schöne ist allerdings längst aufgewacht, und ihr romantischer Liebreiz hat sich inzwischen herumgesprochen bis in die hintersten Winkel der Welt. Der historische Ortskern Beilsteins steht komplett unter Denkmalschutz – was ein bisschen zu dem Eindruck beitragen mag, die Zeit sei hier in den vergangenen Jahrzehnten zwar nicht stehengeblieben, aber doch sehr langsam vergangen. Natürlich gibt es hier in den Hotels auch moderne Errungenschaften wie Boxspringbetten, LED-Flachbildfernseher, Telefon und WLAN. Die meisten der etwa 140 Einwohner leben vom Tourismus. Fast jeder betreibt ein Restaurant, ein Hotel oder vermietet zumindest ein paar Gästezimmer. Jedes Jahr um Ostern, wenn die Saison beginnt, wird aus einem verschlafenen Nest ein trubeliger Ort, in dem sich die Besucher durch die engen Gassen schieben und staunen.

Draußen und drinnen

Die Hauptattraktion in Beilstein ist Beilstein selbst. Der Ort wirkt wie eine Kulisse, in der man jederzeit einen romantischen Liebesfilm drehen könnte. Die verwinkelten Gassen, die toll erhaltenen Fachwerkhäuser, die Lage am Hang – all das ist einfach hübsch. Und in (oder vor) gefühlt jedem zweiten Haus kann man eine Rast einlegen, ein Glas Wein oder ein Stück Kuchen bestellen und den Charme des Winzerdorfs auf sich wirken lassen. Viel mehr zu machen oder anzuschauen gibt es in dem Dorf ehrlich gesagt auch gar nicht. Halt, doch: Im **Zehnthauskeller** am historischen Marktplatz hat die Familie Lipmann, die mehrere Hotels in Beilstein betreibt, ein kleines Weinmuseum eingerichtet, in dem Exponate aus über 200 Jahren Weinbaugeschichte ausgestellt sind.
www.zehnthauskeller.de

Hoch hinauf …

Ein bisschen Puste muss man schon mitbringen für die 108 Stufen der Beilsteiner Klostertreppe. Das Ziel, wenn man sie erfolgreich bewältigt hat, ist die **Karmeliterkirche St. Josef,** eine zwischen 1691 und 1738 errichtete Barockkirche. Berühmt ist sie für ihre »Schwarze Madonna« und für ihre Balthasar-König-Orgel. Wer keine Lust auf die Stufen hat, kann auch durch den Ort zum Beilsteiner Wahrzeichen wandern.

… und noch höher

Wer schon einmal so weit gekommen ist, kann auch ein paar weitere Kräfte bündeln und noch einen weiteren (kleinen) Aufstieg bewältigen: zur **Burgruine**

Viel hübsches Fachwerk auf engstem Raum – das ist Beilstein.

Metternich. Oben gibt es einen traumhaft schönen Ausblick über das Moseltal und die Möglichkeit, die Anlage zu besichtigen. Ihren Namen hat die Burgruine von ihren Besitzern, den Herren von Metternich, bevor die im 13. bis 15. Jh. errichtete Burg 1689 von den Franzosen zerstört wurde. Heute befindet sich die schöne Höhenburg in Privatbesitz. Gegen ein kleines Eintrittsgeld kann man sie besichtigen. Und ein Lokal gibt es oben auch, die Fürst Metternich Stube.

April–Okt. tgl. 10–18 Uhr, 3 €, Rentner/Stud. 2,50 €, ab 7 Jahre 1 €

Schlafen

Familiär statt fürstlich

Haus Burg Metternich: Anders als der Name vermuten lassen könnte, liegt dieses gemütliche Hotel nicht hoch über dem Ort, sondern direkt an der Mosel. Familiär kann man es ohne Übertreibung nennen – denn das Haus befindet sich schon seit fünf Generationen in Familienbesitz. Man schläft hier vielleicht nicht wie Fürst Metternich, aber dafür ist es einfach behaglich und auch nicht übertrieben teuer.

Moselstr. 2, T 0170 790 08 08, www.hotel-burg-metternich.eu, 7 Zimmer, €€

Welches hätten S' denn gern?

Hotel Lipmann: Im Besitz dieser Familie befinden sich mit dem Alten Zollhaus und dem Hotel Am Klosterberg zwei Traditionshäuser Beilsteins. Das Alte Zollhaus ist direkt am Fluss und bietet viele Zimmer mit Moselblick. Wer es beschaulicher mag, reserviert im Hotel Am Klosterberg über dem Ort, wo Sonnenliegen auf dem Südbalkon bereitstehen.

Auf dem Teich 8, T 02673 18 50, www.hotel-lipmann.de, 4 und 10 Zimmer, €€–€€€

Essen

Wein doch

Zehnthauskeller: Der Zehnthauskeller hat seinen Namen, weil er 1574 als Metternich'sches Zehnthaus erbaut worden ist. Heute gibt es dort kleinere und größere Weinbegleiter wie pikant mariniertes Bauernbrot oder Wildschweinsalami aus heimischer Jagd – und eine umfangreiche Weinkarte.

Fürst-Metternich-Str. 6–7, T 02673 90 09 07, www.zehnthauskeller.de, Mai–Okt. Di–So 12–22 Uhr, €€

Mittendrin

Gasthof Gute Quelle: Auch im Urlaub an der Mosel kann es einem passieren, dass man von der Lust auf eine Scheibe Pfälzer Saumagen gepackt wird. Dafür ist die Gute Quelle ebenso Quelle wie für andere Klassiker vom Rumpsteak bis zur Forelle »Müllerin Art«.

B

BEILSTEIN IM FILM

In einer Zeit, in der das Genre »Heimatfilm« ein sehr populäres war, ist Beilstein Schauplatz zahlreicher derartiger Produktionen gewesen, und immer wieder ist dabei die Klostertreppe ins rechte Licht gerückt worden. In den 1930er-Jahren wurden hier »Wenn wir alle Engel wären« mit Heinz Rühmann und »Das Verlegenheitskind« mit Ida Wüst gedreht. In den 1950er-Jahren war Beilstein die Kulisse für die Zuckmayer-Verfilmungen »Der fröhliche Weinberg« mit Gustav Knuth und »Der Schinderhannes« mit Curd Jürgens und 1960 für den Schwank »Der wahre Jakob« mit Willy Millowitsch.

Marktplatz 34, T 02673 14 37, www.hotel-gute-quelle.de, April–Okt. Mo/Di 17–20, Do–So 12–14.30, 17–20 Uhr, €€

Es klappert die Mühle

Klapperburg: In vielen, vielen Jahren haben die freundliche Besitzerin Elke Götz und ihre Mutter unzählige Kaffeemühlen zusammengetragen, von einer winzigen für den Setzkasten bis zu einer von Kindern mit Blumen bemalten. Sie können während der Öffnungszeiten des Cafés besichtigt werden und im Winter nach Vereinbarung. Dazu gibt es selbst gemachten Kuchen und Torte. Und Kaffee, der lustigerweise nicht von Hand gemahlen wird.

Bachstr. 31–33, T 02673 14 17, www.klapperburg.de, Café: Sa/So 10–18 Uhr, Bistro: Fr–Mi 10–21 Uhr, €€

Bewegen

Auf den Spuren der kleinen Leute

Sozialgeschichtliche Führung: Das Moseltal ist hübsch und Orte wie Beilstein sind überaus schmuck. Es gibt aber auch eine andere Seite, nämlich die der Armut und des Hungers in vergangenen Jahrhunderten. Dahin nimmt Rainer Vitz Besucher auf seinen Führungen mit.

Bachstr. 50, T 02673 90 00 50, www.beilstein-stadtfuehrungen.de

Infos

- **Heimat- und Verkehrsverein:** Bachstr. 47, 56814 Beilstein, T 02673 90 01 91, www.beilstein-mosel.de
- **Verkehr:** Busse nach Bullay, Cochem, Senheim, Bremm; Schiffsanlegestelle; Autofähre nach Ellenz-Poltersdorf

Ellenz-Poltersdorf

G 3

Ellenz-Poltersdorf hat nur ein Problem: dass Beilstein direkt gegenüber liegt. Dabei muss der Doppelort den Vergleich mit dem berühmten Nachbarn gar nicht scheuen. Dank seiner gepflegten Fachwerkhäuser ist er selbst durchaus attraktiv. Wer sich doch dafür entscheidet, mal nach Beilstein zu fahren, sollte auf jeden Fall eine Fahrt mit der Drahtseilfähre in Erwägung ziehen – das ist ein Erlebnis! Sollte sie gerade nicht in Betrieb sein, nimmt man die Brücke bei Senheim oder Bruttig.

Schlafen

Familienangelegenheiten

Hotel Vergissmeinnicht: Schon 1864 hatten Matthias Josef Thomas und seine Frau Gertrud die Idee, den Gasthof Vergissmeinnicht im Ortskern von Poltersdorf zu eröffnen. Seinen Standort hat

das Hotel-Restaurant nicht behalten – es befindet sich seit 1961 an der B 49 –, seinen Namen aber schon. Rüdiger und Eva Konzen betreiben es in fünfter Generation. Und die sechste gibt es auch schon.
Weinstr. 20, T 02673 17 21, www.hotel-vergissmeinnicht.de, 30 Zimmer, €€–€€€

Mit Haltung

Ferienweingut Schneider: Nachhaltigkeit ist in aller Munde – und in diesem Weingut nimmt man sie wirklich ernst. Der Weinberg wird seit Jahren mehr und mehr ökologisch bewirtschaftet, die Gäste können sich zwecks Vermeidung von Einwegplastikmüll Pfandflaschen mit Mineralwasser befüllen lassen, beim Frühstück gibt es Milch vom Bauernhof und in der hauseigenen KostBar regionale Spezialitäten.
Am Stausee 2, T 02673 15 81, www.ferienweingut-schneider.de, 9 Zimmer, €€

Infos

- **Infobüro:** Moselweinstr. 15, 56821 Ellenz-Poltersdorf, T 02673 962 72 27, www.ellenz-poltersdorf.de
- **Personenfähre:** Drahtseilfähre von Ellenz-Poltersdorf nach Beilstein, Saisonbetrieb Ostern–Ende Okt. tgl. 9–12 und 13–18 Uhr.
- **Autofähre:** Ellenz-Poltersdorf–Beilstein

Bruttig-Fankel G3

In der Region zwischen Bremm und Cochem schlägt die Mosel mehrere Schleifen, die mit dem Namen »Moselkrampen« bezeichnet werden. Hier liegt der hübsche Doppelort Bruttig-Fankel.

Kleiner Bruder

Fankel ist der kleinere Teil des Doppelortes. Das früher eigenständige Winzerdorf liegt leicht ansteigend am Hang mit Blick auf die Staustufe auf der anderen Moselseite. Die **Brunnenstraße** führt hoch zu Rathaus und Kirche und unterwegs trifft man auf romantische Winkel und viele alte Fachwerkhäuser. Einen Blick wert sind auch das alte **Rathaus** mit seinem Torbogen und die **Pfarrkirche Maria Himmelfahrt.**

Großer Bruder

Auch **Bruttig,** der größere Ortsteil, hat eine sehenswerte katholische Pfarrkirche **St. Margaretha.** Und ein eigenes Rathaus.

Bruttig ist ein alter Fährort mit vielen zur Mosel führenden Straßen. Interessant ist die Uferpromenade mit dem Bürgerhaus und einem Brunnen auf dem Vorplatz. Das bekannteste Bauwerk in Bruttig-Fankel ist das **Schunksche Haus** am Moselufer. An diesem Renaissancebau stechen sofort zwei schöne Volutengiebel ins Auge.

An die kleine jüdische Gemeinde, die bis etwa 1925 in Bruttig bestand, erinnert heute die 1835 erbaute **Synagoge** in der Mühlenbachstraße 12. Ein Förderverein organisiert diverse Veranstaltungen.

Feiern

- **Winzerfest Bruttig:** 2. Augustwochenende. Am Samstag steigt Bacchus mit Gefolge von der Weinlage Götterlay zum Ufer hinab, Festzug am Sonntag.
- **Kirmes:** Mitte Juli. In Bruttig

Infos

- **Touristik-Büro:** Hauptstr. 79, 56814 Bruttig-Fankel, T 02671 605 62 10, www.bruttig-fankel.de
- **Verkehr:** Busse nach Senheim, Cochem; Schiffsanlegestelle in Bruttig

Zugabe
Rehe vs. Reben

Pflanzenschutz im Weinberg

Nanu? Trinkt die Winzerfamilie Franzen aus Bremm, der dieser Weinberg gehört, außer Riesling und Weißburgunder etwa heimlich auch Mojito aus der Tüte? Nein. Bei diesen Getränkekartons handelt es sich um Fehldrucke, die eigentlich hätten entsorgt werden müssen, aber über die Raiffeisen-Genossenschaft – ganz nachhaltig – an Weingüter weitergegeben werden, die noch etwas Sinnvolles damit anfangen können, nämlich ihre jungen, zarten Reben davor zu schützen, von Hasen oder Rehen aufgefressen zu werden. »Sobald die Weinrebe groß genug ist, werden diese Tüten wieder entfernt«, erklärt Winzerin Angelina Franzen. ■

Cochem bis Burg Eltz

Rummel und Ruhe — In der Cochemer Altstadt ist man nur selten der einzige Besucher. Aber schon ein paar Kilometer weiter lässt die Natur den Reisenden innehalten und tief durchatmen.

Seite 176

Cochem 

Seit über 1000 Jahren steht die Reichsburg hoch über dem Städtchen – mehr oder weniger intakt. Seit dem Wiederaufbau der Burg im 19. Jh. ziehen sie und das malerische Städtchen unter ihr jede Menge Besucher an.

Seite 186

Wild- und Freizeitpark Klotten

Zuerst kreischend die Wildwasserbahn hinunterstürzen oder zuerst zur Greifvogel-Flugschau? Der Park über Klotten bietet Vergnügen für einen ganzen Tag.

Lust auf ein kleines Abenteuer? Ab ins Kanu und lospaddeln!

Seite 187

Martberg

Der antike Tempel auf dem Martberg bei Pommern wurde originalgetreu wiederaufgebaut.

Seite 188

Treis-Karden

Den ›Moseldom‹ in Karden sollten Sie sich anschauen, auch wenn Kirchen nicht Ihre Top-5-Urlaubsziele sind.

Seite 189

Pyrmonter Felsensteig

Ziel der Wanderung durch Wald und über Wiesen, vorbei an Feldern und Felsen ist die Burg Pyrmont.

Seite 190

Moselkern

Der adrette kleine Ort mit seinen schmucken Fachwerkhäusern eignet sich gut als Ausgangspunkt für eine Wanderung zur Burg Eltz.

Seite 190

Münstermaifeld

Hoch über der Mosel und am Eingang zur Eifel erhebt sich das Maifeld mit seinen weiten Feldern – und der idyllischen Kleinstadt.

Seite 192

Burg Eltz

Ein mittelalterliches Märchen: Die spektakulär auf einem Felsen residierende Höhenburg aus dem 12. Jh. ist nie zerstört worden. Bei einer Führung kann man sie auch von innen besichtigen.

Seite 194

Der Bundesbank-Bunker

Eine unglaubliche Geschichte um einen geheimen Milliardenschatz hat sich in einem unscheinbaren Wohngebiet zugetragen.

Der englische Landschaftsmaler William Turner kam, sah und malte – vor 200 Jahren.

Möchten Sie sehen, wie Senf hergestellt wird und was man aus Senf alles machen kann? In der Cochemer Senfmühle werden diese und noch viele weitere Fragen beantwortet.

Überraschung!

Dass die Gegend, die man heute als Terrassenmosel bezeichnet, ein besonders schöner, prachtvoller und alle Sinne verzaubernder Ort ist, das ist keine neue Erkenntnis. Die Landschaft hat schon den berühmten englischen Maler der Romantik William Turner zu hinreißenden Werken inspiriert. Insbesondere das Städtchen Cochem hat den Maler, der mit Farbe und Licht experimentierte wie keiner seiner Zeitgenossen, völlig begeistert.

Cochem mit anderen Augen

Versuchen Sie, die kleine Stadt mit seinen Augen zu sehen und bei einem Spaziergang durch die Altstadt die Souvenirshops und Handyläden auszublenden und einfach die Atmosphäre auf sich wirken zu lassen. Und wenn Sie ein bisschen links und rechts (und über) den ausgetretenen Pfaden laufen, erleben Sie immer wieder Überraschungen: ruhige Plätze, hübsche Cafés, originelle Geschäfte.

Überraschende Zeitreisen

Stichwort Überraschung: Die war riesig, als bekannt wurde, dass Cochem der Sitz eines geheimen Bundesbankbunkers war – die Besichtigung kommt einer Zeitreise ins 20. Jh. gleich. Genau wie im benachbarten Ernst, wo das Mosselland-Museum zu einer Zeitreise einlädt.

ORIENTIERUNG

O

Infos: www.ferienland-cochem.de.
Verkehr: Züge verkehren auf der Moselstrecke zwischen Trier und Koblenz; der Verkehrsverbund Rhein-Mosel (VRM) bedient den Landkreis Cochem-Zell und den Landkreis Mayen-Koblenz, Liniennetz und Fahrpläne: www.vrminfo.de.

Und die »klassischen Sehenswürdigkeiten«?

Da ist die Burg Eltz, eine wahrhaft märchenhafte mittelalterliche Burg, die landschaftlich wunderschön liegt und die einen tief eintauchen lässt in frühere Zeiten. Da ist Treis-Karden mit dem ›Moseldom‹, da ist die Burg Pyrmont, da sind die schönen Orte Müden, Moselkern und Münstermaifeld, wo man total entschleunigen kann. Vor allem aber ist der Fluss selbst hier ungeheuer sehens-würdig im wahren Wortsinn, wie er sich so wunderbar durchs Tal schlängelt, dass schon William Turner gar nicht genug von diesem Anblick bekommen konnte.

Ernst

G2

Ernst macht Spaß. Dank seiner schmucken Winzerhäuser mit schönem Fachwerk. Dank des Weinbaus, der hier seit 2000 Jahren im großen Stil betrieben wird.

Mustergültige Neoromanik

Die doppeltürmige Kreuzkuppelkirche **St. Salvator Mundi** entstand Mitte des 19. Jh.nach Plänen des Koblenzer Architekten Johann Claudius von Lassaulx. Sie besitzt die älteste noch spielbare Orgel von Heinrich Voltmann von 1868.

Wie früher?

Vielleicht liegt es an der Globalisierung und Digitalisierung, vielleicht an Zeitdruck und Hektik, die unsere Gesellschaft heute prägen: Jedenfalls schießen überall an der Mosel und anderswo Orte aus dem Boden, die der ›guten alten Zeit‹ ein Denkmal setzen und den Besuchern die Gelegenheit geben, sich an ihre (vielleicht ja auch nicht immer so heile) Kindheit und Jugend zu erinnern. Ein solcher Ort ist das 2016 eröffnete **Moselland Museum** in Ernst. Familie Pollmanns erzählt anhand zahlreicher Exponate und nachgebauter Räume davon, wie die Menschen in den 1950er- und 1960er-Jahren an der Mosel gelebt und gearbeitet haben. Und nach dem Besuch der Ausstellung kann man sich noch einen Trecker ausleihen und auf abgelegenen Wegen durch die Gegend tuckern (2 Std. 60 €).

Weingartenstr. 91, T 02671 607 83 77, www.moselland-museum.de, Ostern–Okt. Mi–So 11–18, Nov.–Ostern Fr–So 11–17 Uhr, 9,50 €, 5–14 Jahre 5 €, Familienkarte ab 20 €, mit Bistro

Für eine entspannte Tour kann man überall an der Mosel Kanus ausleihen – zum Beispiel in Ernst.

Essen, Einkaufen

Schlachtfrisch

Mosella Schinkenstube: Wein kann ja jeder von der Mosel mit nach Hause bringen. Wie wäre es mit einem echten Mosella-Schinken? Bis er zu Ihnen kommt, lag er wochenlang im Salz, passierte die Räucherkammer, kam mit einer geheimen Gewürzmischung in Berührung und konnte langsam reifen. Wer mittags Hunger hat, kann sich in der Metzgerei auch mit kleinen Gerichten und Salaten versorgen. Abends wird in einem rustikalen Restaurant einfache Moselküche serviert.

Weingartenstr. 97, T 02671 98 03 10, www.mosella-schinkenstube.de, **Metzgerei:** Mo–Fr 7–18, Sa 6.30–13, **Restaurant:** Do–Di 9–21.30 Uhr, im Winter eingeschränkt, €

Bewegen

Unsinkbar

Mosel-Kanutours: Udo Marx verleiht Einer- und Zweierkajaks zum Paddeln auf der Mosel, die sehr kippsicher und auch von Ungeübten leicht zu steuern sind. Für Familien oder Gruppen eignen sich Kanadier für drei bis vier Personen. Außerdem werden Boards zum Stand-Up-Paddeln verliehen und Kanu/Fahrrad- und Kanu/Wander-Touren organisiert.

Moselstr. 45, T 02671 55 51, www.mosel-kanutours.de

VIEL KLEIN, KLEIN

Von den 101 kleinsten Gemeinden Deutschlands liegen sage und schreibe 85 in einem Bundesland, und das ist Rheinland-Pfalz. Auch in der Umgebung von Cochem finden sich viele kleine Orte, in denen nicht wirklich was los ist.

Infos

- **Verkehr:** Busse nach Cochem und Treis-Karden sowie über Poltersdorf und Senhals nach Alf

Valwig

G2

Nicht nur für Weinfreunde, die die Top-Lage **Valwiger Herrenberg** schätzen, ist Valwig ein beliebtes Ziel. Auch bei Tierfreunden und Hobbyfotografen ist der Ort berühmt: Er ist (eine) Heimat des Apollofalters, einer unter strengem Schutz stehenden fast ausgestorbenen Schmetterlingsart mit dem wissenschaftlichen Namen *Parnassius apollo vinningensis*. Auf dem 7,5 km langen, teilweise etwas steilen **Apolloweg** kann man diesen Tagfalter zwischen Ende Mai und Mitte Juli bei seinem Flug beobachten und dabei eine wunderschöne Landschaft mit Felsen und Terrassen erleben. Mit der gotischen Wallfahrtskirche **St. Maria und St. Magdalena** befindet sich auf dem Weg auch ein sehenswertes kulturelles Denkmal.

Cochem

Moselmetropole

Nach dem ebenfalls rheinland-pfälzischen Kusel ist Cochem mit nur knapp über 5000 Einwohnern die zweitkleinste Kreisstadt Deutschlands. Vielleicht ist das der Grund dafür, dass sie wie eine Moselmetropole wirkt. Tatsächlich steppt hier der Bär, am Tag und in der Nacht. In Cochem gibt es viele Möglichkeiten zum Feiern, zum Einkaufen, zum Einkehren und zum Besichtigen inter-

Dem Zauber von Cochem kann man sich kaum entziehen. Am Abend strahlt die kleine Stadt aber nicht nur, dann wird es auch laut in ihren Lokalen.

essanter historischer Stätten. Nur eine Sache findet man nur mit Mühe: Stille.

Erstmal Abstand gewinnen

Den besten ersten Eindruck von Cochem gewinnt man von der anderen Moselseite aus. Von **Cond** kann man das volle Panorama des Städtchens auf sich wirken und den Blick von der malerischen Bilderbuchburg aus über die Moselpromenade entlangwandern lassen. Am Ortsende Richtung Cochem-Sehl fällt etwas erhöht ein leuchtend weißes Kirchlein auf. Es ist die dem Pestheiligen geweihte Rochuskapelle – dieses Stadtpanorama hat schon die Reisenden im späten 18. und 19. Jh. fasziniert, darunter den englischen Maler William Turner (s. Tour S. 182). Genug gesehen? Dann geht es zu Fuß über die Brücke oder mit der Fähre ab in die Altstadt.

Stadtgeschichte

Man sieht dem Städtchen, das auch »Perle der Mosel« genannt wird, heute nicht mehr an, dass es in seiner Geschichte ein ständiges Auf und Ab gab. Die Cochemer erlebten Pest und Plünderung, Krieg und Kanonendonner – am schlimmsten 1689 und 1944/45, als Bomben die Altstadt zerstörten, einzig und allein wegen der strategisch wichtigen Bahnlinie, die hier im Kaiser-Wilhelm-Tunnel verschwindet. Nach dem alten Grundriss wurde alles wiederaufgebaut, die Tradition und die künftigen Gäste im Hinterkopf. Mitte des 20. Jh. setzte der Aufschwung erneut ein. Der Tourismus ist der Sektor, der heute die Wirtschaft dominiert. Zurückgegangen ist dagegen der Anteil des Weinbaus. Wie überall an der Terrassenmosel liegen auch hier Weinbergsflächen brach, weil sich die

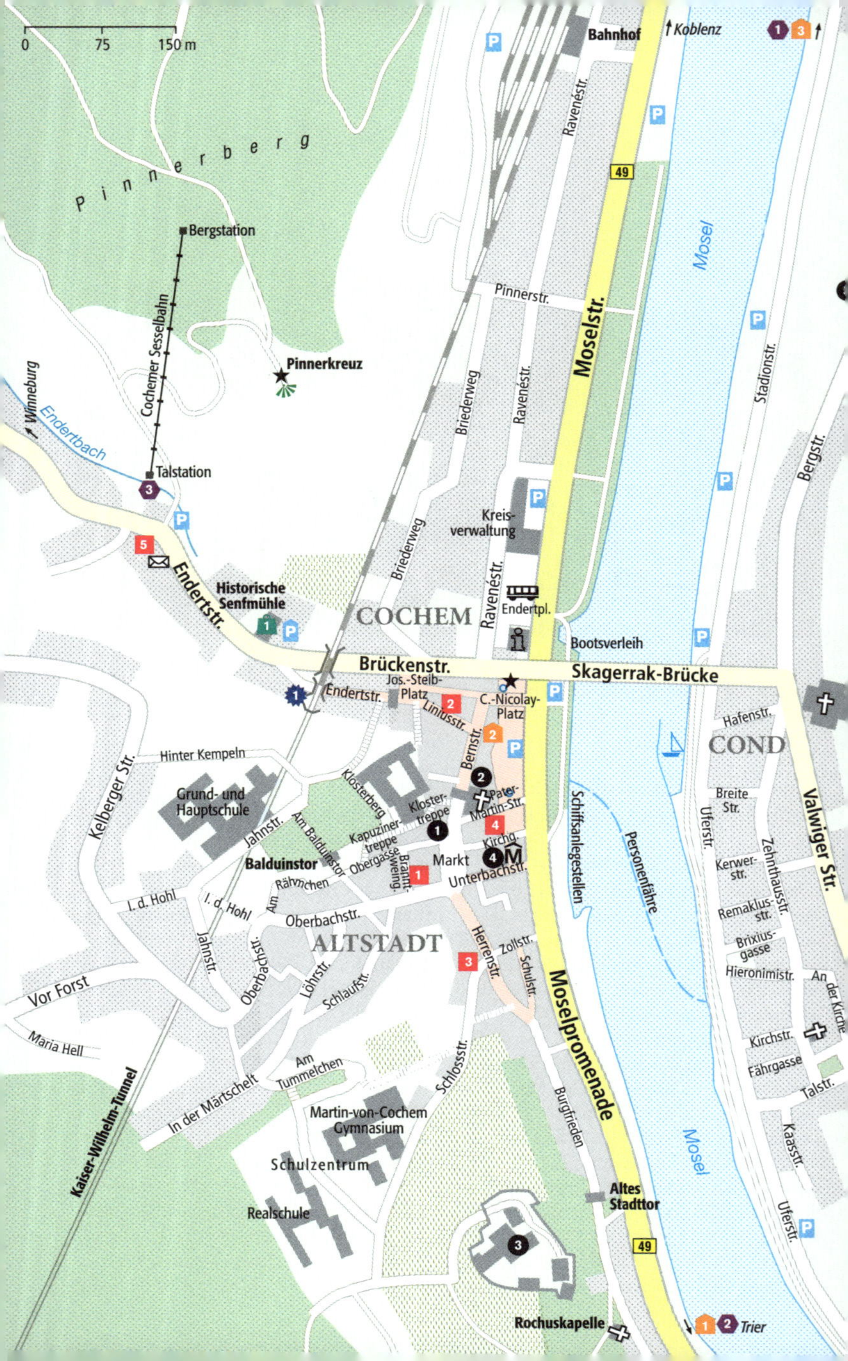

0
75
150 m
Bahnhof
Koblenz
Pinnerberg
Bergstation
Cochemer Sesselbahn
Talstation
Pinnerkreuz
Winneburg
Endertbach
Ravenéstr.
Moselstr.
49
Mosel
Pinnerstr.
Briederweg
Stadionstr.
Bergstr.
Kreisverwaltung
Endertstr.
Historische Senfmühle
COCHEM
Endertpl.
Bootsverleih
Brückenstr.
Skagerrak-Brücke
Jos.-Steib-Platz
Liniusstr.
C.-Nicolay-Platz
Hafenstr.
COND
Hinter Kempeln
Kelberger Str.
Grund- und Hauptschule
Klosterberg
Bernstr.
Kloster-treppe
Pater-Martin-Str.
Kapuziner-treppe
Jahnstr.
Am Balduinstor
Balduinstor
Obergasse
Brannt-weing.
Markt
Kirchg.
Unterbachstr.
Rähmchen
I. d. Hohl
Am
Oberbachstr.
ALTSTADT
Herrenstr.
Zollstr.
Schulstr.
Schiffsanlegestellen
Personenfähre
Uferstr.
Breite Str.
Kerwer-str.
Zehnthausstr.
Remaklus-str.
Brixius-gasse
Hieronimistr.
An der Kirche
Valwiger Str.
Moselpromenade
Vor Forst
Maria Hell
Löhrstr.
Schlaufstr.
Am Tummelchen
Schlossstr.
Kirchstr.
Fährgasse
Talstr.
In der Märtschelt
Kaiser-Wilhelm-Tunnel
Martin-von-Cochem Gymnasium
Schulzentrum
Burgfrieden
Kaasstr.
Altes Stadttor
Realschule
Rochuskapelle
Trier

Cochem

Ansehen
1. Rathaus
2. St. Martin
3. Reichsburg
4. Edelsteinmuseum
5. Bundesbank-Bunker

Schlafen
1. Hotel Kessler-Meyer
2. Hotel-Café Germania
3. Moseltal-Jugendherberge

Essen
1. Zom Stüffje
2. IchZeit im Neos
3. Sabrinas Küche
4. Weinstube Zum Kapuziner
5. Zum Onkel Willi

Einkaufen
1. Historische Senfmühle

Bewegen
1. Freizeitzentrum
2. Radsport Schrauth
3. Sesselbahn

Ausgehen
1. Murphy's

---

mühevolle Handarbeit für die Winzer nicht mehr lohnt.

Durch die Altstadt schlendern …

Selbst im größten Trubel in der Fußgängerzone ist die eigenartige Spannung zwischen altfränkischer Behäbigkeit und moselfränkischer Leichtigkeit immer spürbar. Wer mehr im Sinn hat, als Souvenirshops und Weinstuben zu besuchen, entdeckt hier eine Menge Skurriles. Das Loch in der Tür zum **Rathaus** ❶ z. B. stammt von der Kugel eines Separatisten: 1923 hatten »Sonderbündler« das Rathaus besetzt. Die Ausrufung einer »Rheinischen Republik« scheiterte jedoch. Die Orgel der benachbarten Kirche **St. Martin** ❷, die 1944 schwer beschädigt wurde, bekam 1997 als witzige Reminiszenz an den Weinbau ein »Riesling-Register« (s. Kasten S. 181). Prächtig sind die Fachwerkhäuser rund um den Markt.

… und weiter auf die Burg

Genug durch die Altstadt geschlendert? Vielleicht noch einen Kaffee getrunken? Wer genug Kraft zum Laufen verspürt, dem sei der steile Spaziergang über die Oberbachstraße auf die **Reichsburg** ❸ empfohlen. Wer sich lieber fahren lassen möchte oder muss, der kann in der Saison vom Endertplatz den Shuttle-Bus nehmen. Die Burg befindet sich seit 1978 im Besitz der Stadt Cochem. Eine eigene GmbH kümmert sich darum, Events wie Rittermahle zu veranstalten und die Burg zu erhalten. Schließlich hat der Ort eine mehr als tausend Jahre alte Geschichte vorzuweisen: Unter Pfalzgraf Ezzo wurde sie um das Jahr 1000 auf einem exponierten Schieferkegel vor dem Eifelhinterland gebaut. Bis zur Zerstörung 1689 durch Truppen des französischen Sonnenkönigs blieb sie – unter verschiedenen Besitzern – eine wichtige Bastion. Louis Ravené ließ sie zwischen 1868 und 1877 neugotisch-romantisierend wieder entstehen. Der Kommerzienrat ist im Schloss mit kostbarem Inventar, Balkensprüchen und in der Literatur als Romanfigur Van der Straaten in Theodor Fontanes »L'Adultera« (1880) verewigt.

Schlossstr. 36, T 02671 255, www.reichsburg-cochem.de, Burgführungen Mitte März–Okt. tgl. 9–17 Uhr, 8,50 €, 6–17 Jahre 4,50 €, Schüler über 18 Jahre/Stud. 7,50 €, Familienkarte 22,50 €, Shuttlebus ab Endertplatz Mitte April–Okt. tgl. 9.30–18.15 Uhr, hin/zurück 6 €

Früher gehörte eine Falknerei zur Reichsburg Cochem. Inzwischen ist sie in den Wild- und Erlebnispark Daun umgezogen. Nahe Cochem im Wild- und Freizeitpark Klotten wird ebenfalls eine Flugschau geboten.

Museen

Schmucke Sache

❹ **Edelsteinmuseum:** Die deutsche Schmuck- und Edelsteinstadt schlechthin, Idar-Oberstein, liegt fast 80 km von Cochem entfernt – wofür man einmal quer über den Hunsrück fast eineinalb Stunden braucht. Wer die Zeit für einen Ausflug nicht hat, sich aber trotzdem über Edelsteine informieren möchte, dem sei dieses nette Museum empfohlen. Besucher können erfahren, wie aus einem Stück Stein ein wertvoller Arm- oder Halsschmuck wird, an einer Führung durch die historische Schleiferei teilnehmen und im Laden Schmuck, Mineralien und Fossilien kaufen.

Unterbachstr. 5, T 02671 42 67, April–Okt. Mo–Sa 10–18, So 11–17, März/Nov./Dez. Mo–Sa 11–17 Uhr, Museum 5 €, Kinder 7–17 Jahre 2,50 €

Unglaubliche Geschichte

❺ **Bundesbank-Bunker:** Schon nach wenigen Jahren hat sich diese Attraktion zum Top-Ziel an der Mosel entwickelt. Zu verdanken ist dies einem Ehepaar aus Treis-Karden, das aus einem lange leerstehenden Bunker ein sehr sehenswertes Museum gemacht hat. Und die Öffentlichkeit über das lange Zeit strengstens gehütete Geheimnis informiert, dass hier die Deutsche Bundesbank im Kalten Krieg einen Milliardenschatz lagerte.

Am Wald 35, T 02671 915 35 40, www.bundesbank-bunker.de, Führungen April–Juni tgl. 11–15, Juli–Okt. 10–15 Uhr mind. jede Stunde, Nov./Dez. Mi/Sa/So 11, 13, 15, Jan.–März Sa/So 11, 13, 15 Uhr, 13 €, 8–17 Jahre 7 €, Familienkarte 33 €, Shuttlebus vom Endertplatz

Schlafen

Entspann dich

1 Hotel KesslerMeyer: »Well & Wine« nennen Denise und David Meyer ihr Konzept. Das seit 1978 als Familienbetrieb geführte Haus haben sie um einen Spa-Bereich und eine Wellnesslandschaft erweitert, in der man saunieren, schwimmen, eine Massage oder eine Beauty-Behandlung genießen kann – und danach ein Glas Wein oder ein Abendessen auf der schönen Terrasse abseits des Trubels im Cochemer Zentrum.

Am Reilsbach 10–14, T 02671 978 80, www.hotel-kessler-meyer.de, 45 Zimmer, €€

Eines der ältesten am Platz

2 Hotel-Café Germania: Wer nach Cochem kommt, kann dieses Haus kaum übersehen. Seit 1749 residiert hier das Hotel Germania. Zu ausgewählten Events kann man auf der hauseigenen Terrasse Platz nehmen. Sie bietet eine wunderschöne Aussicht auf die Mosel – wenn man über den Verkehr an der Promenade, der schon heftig sein kann, großzügig hinwegsieht. Berühmt ist das Hotel für sein Langschläferfrühstück auch für externe Gäste. Das Germania gehört zum 5 km entfernten Weingut Göbel-Schleyer-Erben in Ernst, das hier zeitweise Weinproben anbietet.

Moselpromenade 1, T 02671 977 50, www.mosel-hotel-germania.de, €€

Die dort oben

3 Moseltal-Jugendherberge: Diese oberhalb des Flusses gelegene Jugendherberge punktet nicht nur mit einem gigantischen Blick auf die Mosel. Sie ist topmodern renoviert und hat eine Außenterrasse, einen Grillplatz und einen Kinderspielplatz zu bieten, ist komplett barrierefrei und mit kostenlosem WLAN ausgestattet. Braucht man noch mehr?

Klottener Str. 9, T 02671 86 33, www.diejugendherbergen.de/cochem, 156 Betten, €

Essen

Schön alt

1 Zom Stüffje: Das Haus ist 500 Jahre alt und hat eine wechselvolle Geschichte mit vielen Besitzern erlebt. Vor einigen Jahren übernahm Esther Franzen das Traditionslokal und machte daraus (wieder) eine traditionelle Weinstube, in der bodenständige Gerichte wie »Moselwinzerröllchen« offeriert werden (Schweineroulade mit Mett, Käse und Dörrfleischwürfeln).

Oberbachstr. 14, T 02671 72 60, www.zomstueffje.com, Mi–So ab 17 Uhr (im Winter eingeschränkt), €€

Schön neu

2 IchZeit im Neos: Es tut sich etwas in der Cochemer Gastronomie. In dem mit natürlichen Materialien eingerichteten Lokal kredenzen Sarah und Dennis Scharbach und ihr Team neu interpretierte Klassiker und haben dabei – was in dieser Region eher die Ausnahme ist – auch die Bedürfnisse von Vegetariern und Veganern im Blick. Die Karte wechselt häufig und bot im Frühling z. B. als Vorspeise ein Carpaccio von der Roten Bete mit Ziegenkäse.

R

GEWUSST WO: DAS RICHTIGE REGISTER ZIEHEN

Wenn der Organist das geheime Register 2f zieht, kommt in St. Martin nicht ein Ton, sondern es öffnet sich ein Fach, in dem sich eine Flasche Wein und zwei Gläser befinden, das »Riesling-Register«. Allerdings bedient sich daran nicht während des Gottesdienstes heimlich der Organist. Die Kirche ist vielmehr ein origineller Ort für Weinproben, zu denen gelegentlich nach Orgelkonzerten eingeladen wird.

TOUR
Mehr Licht

Durch Cochem auf den Spuren von William Turner

Infos

Start:
Cochem, Endertplatz

Dauer:
etwa 1 Std.

Ein Mann in einem Boot, den Zeichenstift in der Hand, die Augen auf das Geschehen am Ufer gerichtet. Ein abweisender, unfreundlicher Reisender, der die Bootsführer kaum eines Blickes würdigt, aus seinem Malkasten jedoch die leuchtendsten Farbtöne zaubert: Das ist der britische Landschaftsmaler William Turner auf seinen Moselreisen. Kein Ort hat ihn stärker beeindruckt als Cochem. Bei einem Rundgang kann man die Landschaft mit seinen Augen sehen.

Zwischen Romantik und Moderne

William Turner (1775–1851) ist als visionärer Maler in die Kunstgeschichte eingegangen. Bei seinen Spätwerken entwickelten Farbe und Licht ein Eigenleben, während die Form sich mehr und mehr auflöste. Seine Bilder bilden den Höhepunkt der romantischen Landschaftsmalerei – und läuten den Abschied von ihr ein: Turners Werk ist der Brückenschlag von der Romantik zur Moderne. Der Londoner Turner, der persönlich ein schrulliger und manchmal schwieriger Mensch gewesen sein muss, entsprach nicht dem Klischee des brotlosen Künstlers. Der gute Verkauf seiner Bilder ermöglichte ihm ausgedehnte Reisen auf dem Kontinent.

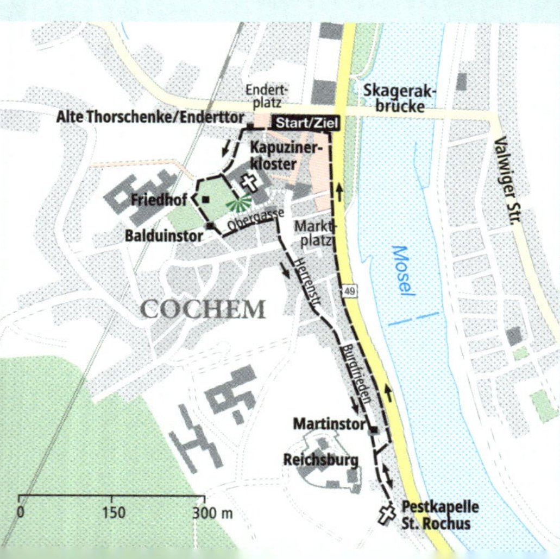

Drei Mosel-Aufenthalte

Die Mosel zwischen Metz und Koblenz hat Turner

1824 und 1839 im Spätsommer bereist. Im Jahr 1840 machte er auf einer anderen Reise noch einmal einen Abstecher an den Fluss. »Von keinem anderen Ort an der Mosel hat Turner mehr Ansichten gemalt als von Cochem«, schreibt seine Biografin Cecilia Powell.

Wirtliches und Unwirtliches

Einige der Standorte, an denen Turner 1839 seine Malutensilien ausbreitete, sind heute unwirtlich: die Bundesstraße und das Gewerbegebiet. Doch in der quirligen Altstadt kann man noch Atmosphäre und urige Szenen erleben. In die **Alte Thorschenke** am **Enderttor** ist wohl auch Turner eingekehrt. Nimmt man dahinter eine lange Treppe, gelangt man zum **Aussichtspunkt am Kapuzinerkloster.** Blickt man auf das Dächermosaik hinunter, kann man begreifen, was Turner an Cochem so fasziniert hat.

Hier können Sie einmal auf den Spuren von William Turner wandeln und in die Alte Thorschenke einkehren.

Das alte Cochem

Über den **Friedhof** geht der Rundgang weiter durch das **Balduintor** und die Obergasse zum **Marktplatz** hinunter. Dann führt der Weg durch die Herrenstraße und weiter geradeaus durch die Straße Burgfrieden. Sie repräsentiert ein Cochem, in dem die Zeit stehen geblieben zu sein scheint. Ihren südlichen Abschluss bildet das **Martinstor**, überragt von **Burg** und **Pestkapelle St. Rochus.** Sie wurde 1680 zum Dank für die Errettung von der Seuche in die Flur gesetzt. Diesen »Dreiklang« hat Turner vom gegenüberliegenden Moselufer aus aquarelliert. Es empfiehlt sich also, seinen Spuren zu folgen und die Personenfähre oder die Brücke nach Cond zu nehmen und den Blick zu genießen. Oder den Aquarellblock und Farben mitzunehmen und es ihm gleichzutun. Ein Foto mit dem Smartphone geht aber auch. Vom Conder Ufer zurückgekehrt, kann man entlang der Moselpromenade gemütlich zum Ausgangspunkt zurückschlendern.

Nach einer ersten Reise 1824, bei der er die Flusslandschaft nur vom Boot aus sehen konnte, kehrte Turner 1839 zu einem längeren Aufenthalt an die Mosel zurück.

KNIPP-MONTAG

Das ist der Cochemer »Nationalfeiertag«. Eine Woche nach Ostermontag werden alle übrigen Eier und Süßigkeiten eingepackt, um bei einem fröhlichen Picknick auf einer Wiese hinter der Reichsburg verspeist zu werden.

Liniusstr. 4, T 02671 915 33 70, www.neos-restaurant.com, April–Okt. Di–So 17–22, Nov.–März Mi–So 17–22 Uhr

Küchenparty

3 **Sabrinas Küche:** Auf dem Weg zur Burg, auf dem Weg von der Burg in die Stadt oder einfach nur so lohnt sich ein Besuch in diesem netten, von Sabrina Rings mit Liebe zum Detail betriebenen Bistro und Café. Hier gibt es Frühstück, selbst gebackenen Kuchen, Apfelstrudel, Salate, Baguettes und andere Kleinigkeiten. Und für müde Eltern eine Verschnaufpause – Sabrina hat nämlich auch an eine Spielecke gedacht.

Schlossstr. 2, T 02671 82 01, www.sabrinaskueche.de, Mi–Sa 9–17 Uhr

Wein und Schokolade

4 **Weinstube Zum Kapuziner:** Direkt an der Moselpromenade befindet sich diese nette kleine Weinstube mit hübscher Terrasse. Hier können die Weine des Weinguts Ring verkostet werden – z. B. bei einer Schokoladen-Weinprobee. Zu den Weinproben werden Winzer-Tapas und andere leckere Kleinigkeiten gereicht.

Peter-Martin-Str. 10, T 02671 14 18, www.moselweingut-ring.de

Probiers mal mit Gemütlichkeit

5 **Zum Onkel Willi:** Haben Sie Hunger, und zwar so richtig großen Hunger? Dann könnte ein Besuch bei Onkel Willi eine interessante Option für Sie sein. Hier gibt es schmackhafte Sattmacher wie Medaillons mit Champignonrahmsoße oder amerikanisches Bavette Beef in sehr freundlicher Atmosphäre.

Endertstr. 39, T 02671 73 05, www.mosellandhotel-enderttal.de, Mi–Fr ab 17, Sa/So 12–14 Uhr

Einkaufen

Er gibt seinen Senf dazu

1 **Historische Senfmühle:** Bei Senfmüller Wolfgang Steffens kann man so ungewöhnliche Kreationen wie Passionsfrucht-Brotaufstrich oder Senf-Kräuter-Likör kennenlernen. Und bei einer Führung erfahren, wie dieser traditionelle Gourmetsenf gemacht wird.

Endertstr. 18, T 02671 60 76 65, www.senfmuehle.net, tgl. 10–18 Uhr

Bewegen

Planschen, planschen, planschen

1 **Freizeitzentrum Cochem:** Nicht nur bei Regenwetter ist das Moselbad schön: Es bietet ein Hallenbad, ein Freibad, einen großen Baby- und Kinderbereich, zwei Saunen, ein Sanarium, d. h. eine Sauna mit niedriger Temperatur, und eine Dampfsauna. Dazu gehören eine Tennisanlage, ein Minigolfplatz und ein Campingplatz.

Moritzburger Str. 1, T 02671 979 90, www.moselbad.de, Di, Do 10–20, Mi, Fr 14–20, Sa/So 10–19, in den Ferien Mo 13–20, Di–Fr 10–20, Sa/So 10–19 Uhr, im Saunabereich abweichende Zeiten, ab 6,50 €, Kinder 4,20 €

Fahrradverleih

2 **Radsport Schrauth:** Bei mehr als 130 Fahrrädern sollte doch jeder Topf das passende Deckelchen finden. Ab 10 € pro Tag oder 60 € pro Woche gibt es Tourenräder, Trekkingräder, Rennräder, Tandems und E-Bikes. Reservierung wird empfohlen.

Sehler Anlagen 10, T 02671 79 74, www.fahrradverleih-cochem.de, Mo–Fr 9.30–18, Sa 9.30–12.45, So 10–11.45 Uhr, im Winter eingeschränkt

In die Luft gehen

3 **Sesselbahn:** Nur wenige Gehminuten von der Altstadt entfernt liegt die Talstation der Cochemer Sesselbahn. Mit ihr schweben Sie wie die Sommerfrischler in den 1960er-Jahren auf den Pinnerberg. Ein kleiner Spaziergang führt dann zum Pinnerkreuz, das eine fantastische Aussicht zu bieten hat, und ein breiter Weg führt auch zum Wild- und Freizeitpark Klotten.
Endertstr. 44, T 02671 98 90 65, www.cochemer-sesselbahn.de, Ostern–Mitte Nov. tgl. 10–18 Uhr, im Hochsommer länger, ab Okt. eingeschränkt, Berg- und Talfahrt 7,90 €, 4–14 Jahre 3,90 €, Familienkarte 20 €

Ausgehen

Urig

1 **Murphy's – Die Kneipe:** Zentral gelegen und ein Treffpunkt für die jüngere Generation ist das Murphy's. Der Irish Pub hat leckere Cocktails und immer wieder Livekonzerte zu bieten.
Endertstr. 11, T 01511 496 41 83

Feiern

- **Knipp-Montag:** s. Kasten S. 184
- **Mosel-Wein-Woche:** Mai/Juni. Mit Livemusik, 200 Rieslingweinen und Winzersekten von Weingütern aus Cochem
- **Burgfest:** 1. Augustwochenende
- **Heimat- und Weinfest:** letztes Augustwochenende

Infos

- **Tourist-Information Ferienland Cochem:** Endertplatz 1, 56812 Cochem, 02671 600 40, www.ferienland-cochem.de
- **Bahn/Bus:** Cochem ist Bahnhof an der Moselstrecke Koblenz–Trier, Busse u. a. nach Alf, Zell und Traben-Trarbach sowie über Ulmen nach Gerolstein in der Vulkaneifel, nach Treis-Karden, Senheim sowie zum Flughafen Hahn.
- **Fähre:** Personenfähre nach Cond, Fähre nach Klotten (April–Juni, Okt. Fr–So 10–13, 14–17, Juli/Aug. Fr–Mi tgl. 10–13, 14–18, Sept. Fr–Mi 10–13, 14–17 Uhr).
- **Schiff:** u. a. nach Koblenz
- **Parken:** Im historischen Stadtkern sind die Parkplätze knapp, unmittelbar an der Reichsburg kann nicht geparkt werden. Ein großes Parkhaus steht in der Endertstraße zur Verfügung.

Klotten

G2

Im schmucken Ortskern führen alle Gassen zur Kirche **St. Maximinus,** einem spätgotischen Bau, der auf einer Anhöhe steht und von Weitem sichtbar ist. In Klotten gibt es aber noch viel mehr zu entdecken. Z. B. wunderschöne Landschaft, die sich auf verschiedenen Wegen erkunden lässt.

Ausflüge in die Natur

Das Naturschutzgebiet **Dortebachtal** nahe dem Ort ist ein kleines, aber feines und vor allem steiles Seitental der Mosel mitsamt Wasserfall, der im Winter zu einer Eiswand wird. Bei einer Wanderung durch dieses Tal kann man auch einen Blick auf die malerische Burgruine **Coraidelstein** aus dem 10./11. Jh. werfen. Besichtigen kann man sie leider nicht, da sie sich in Privatbesitz befindet.

Historische Moselfähre

Und wer Klotten wieder verlassen möchte, kann das mit der Fähre tun: Hier fährt

MOSELOCHSEN NEHMEN DIE FÄHRE

Die Klottener Fähre transportiert (fast) alles, auf jeden Fall aber »Moselochsen«, wie das Schild mit den Fährpreisen am Anleger freundlich verkündet. Mit diesem Begriff sorgte 2013 der Autor eines Artikels in der »Frankfurter Allgemeinen Zeitung« für viel Wirbel unter den Einheimischen. Inzwischen nehmen sie es gelassen – und mit Humor.

eine der letzten dieselbetriebenen Fähren auf der Mosel, eine Pont. Im 19. Jh. war sie eine echte Seilschleppfähre. Wenige Minuten dauert die Überfahrt mit der 23,50 m langen und 7 m breiten Fähre. An schönen Sommertagen fährt sie bei Bedarf den lieben langen Tag lang hin und her.

Abenteuerlich

Der **Wild- und Freizeitpark**, ein Familienbetrieb, hat mit der Bahn »Zum Rittersturz« die schnellste, steilste und höchste Wildwasserbahn – zumindest in Rheinland-Pfalz. Andere Attraktionen sind der Klotti-Tower, der Wasserbob, die Riesenrutsche, tägliche Greifvogel-Flugschauen, die Dampfmaschine und vieles mehr. Der Park ist empfehlenswert für Familien mit Kindern von 3 bis 12 Jahren. Das frei laufende Rotwild in dem weitläufigen Gelände darf gefüttert werden.

Wildparkstr. 1, T 02671 60 54 40, www.klotti.de, Ende Juni–Aug. tgl. 10–18 Uhr, April/Mai/Sept./Okt. verkürzte Öffnungszeiten, 29,50 €, Kinder bis 14 J. 27,50 €, ab 60 Jahre 24,50 €

Schlafen

Ein Haus mit Tradition(en)

Mosel-Weinhotel Hubertus: Ein wenig abseits des Verkehrslärms befindet sich das schon etwas ältere, aber sehr gepflegte Weinhotel Hubertus – das seinen Namen deswegen trägt, weil es zu einem eigenen Weingut von Familie Kaes gehört. Die Erzeugnisse können im eigenen Restaurant verkostet werden wie auch die Produkte der hauseigenen Schnapsbrennerei. Die Gartenanlage mit Weinlaube lädt zum Flanieren und Entspannen ein.

Hauptstr. 35, T 02671 73 91, www.hubertus-klotten.de, 25 Zimmer und Fewo, €€

Essen

Echte Alternativen

Hotel & Restaurant Zur Post: Ein veganer Beyond-Burger oder ein veganes Zitronen-Basilikum-Sorbet mit Limoncello – Klaus Berens hat sich in seinem Restaurant gut auf Gäste eingestellt, die ganz auf tierische Lebensmittel verzichten. Natürlich kommen auch Fleischfreunde auf ihre Kosten – beispielsweise mit dem Schnitzel vom Bentheimer Freilandschwein in Bio-Qualität.

Bahnhofstr. 24, T 02671 71 16, www.hotelzurpost-klotten.de, Mi–So ab 18 Uhr, €€

Essen, Einkaufen

Genießen und mitnehmen

Weingut Knobloch: Seit 1521 existiert dieses Weingut an der Mosel. In Steil- und Steilstlagen befinden sich die Weinberge, auf denen Riesling, aber auch Souvignier Gris oder Dornfelder angebaut werden. Patrick Knobloch übernahm 2020 das Weingut von seinem Vater. Man kann hier Weinproben machen, in einer schönen Straußwirtschaft oder auf der Terrasse mit Moselblick essen (und trinken) oder eine Planwagenfahrt durch die hauseigenen Weinberge mitmachen.

Moselstr. 15, T 02671 51 78, www.moselweingut-knobloch.de

Die Stiftskirche St. Castor in Karden wird auch als ›Moseldom‹ bezeichnet. Sie besitzt viele wertvolle sakrale Kunstschätze, wie diese Skulptur der Grablegung Christi aus dem 17. Jh.

Infos

- **Tourismus- und Kulturverein:** Moselstr. 27, 56818 Klotten, T 0151 62 77 10 87, www.klotten.de
- **Fähre:** Autofähre von Klotten auf die andere Moselseite. Dort befindet sich das Naturschutzgebiet Pommerheld, Ausgangspunkt für Wanderungen und Radtouren.

Pommern

H2

»Obstgarten« heißt übersetzt der Name Pomaria, den die Römer dem Ort gegeben haben. Tatsächlich ist Pommern heute weniger für seine Äpfel oder Pflaumen bekannt als dafür, den längsten Südhang der Mosel zu besitzen. Der damit verbundene Weinbau sorgte schon in früheren Jahrhunderten für einen gewissen Wohlstand, wie man heute noch anhand von prächtigen Häusern aus dem 16. bis 18. Jh. erkennen kann.

Ein besonderer Ort

Über dem steil abfallenden Tal von Mosel, Pommerbach und Brohlbach erstreckt sich das Plateau des **Martbergs** (Pommerer Mart). Koblenzer Archäologen entdeckten auf dem Mons Martis Spuren eines bis ins 4. Jh. genutzten gallorömischen Kultbezirks, der dem treverischen Haupt- und Stadtgott Lenus Mars geweiht war. Große Teile des Tempelbezirks wurden wieder aufgebaut und laden zu einer Besichtigung ein. Eine Wanderung auf dem **Lenus-Mars-Weg** führt von Pommern oder Karden aus auf das 270 m hohe Bergplateau.

www.martberg-pommern.de, Mai–Okt. Fr–So und Fei 11–17 Uhr, Innenbesichtigung 2 €, bis 12 Jahre frei

Treis-Karden H2

Der ›Moseldom‹

Wein trinken, Wandern, Wellness – das sind so die Dinge, denen man sich im Moselurlaub ausgiebig widmen kann. Die Besichtigung von Kirchen gehört normalerweise weniger dazu. Aber hier könnte, nein, sollte man ruhig mal eine Ausnahme machen. Die ehemalige **Stiftskirche St. Castor** in **Karden**, dank ihrer reichen Ausstattung mit Kunstschätzen auch ›Moseldom‹ genannt, gilt nicht nur als bedeutendste Kirche zwischen Trier und Koblenz. Sie bezeugt auch die ruhmreiche Vergangenheit dieses Ortes auf der Eifelseite, der heute viel kleiner ist als **Treis,** sein Gegenüber auf der rechten Moselseite. Karden war ein bedeutender Ort schon in der Antike und besaß im Mittelalter ein Kollegiatstift.

Schlafen

Familiär

Weingut Knaup: Ein gewisser Otto Wilhelm Knaup gründete 1930 einen Weinhandel, aus dem sich ein schönes Weingut mit Gästehaus, Straußwirtschaft und Weinstube entwickelt hat, in dem die ganze Familie mitarbeitet. Eine Besonderheit sind die Planwagenfahrten.

Am Rathaus 6, T 02672 24 46, www.knaup.eu, 10 Zimmer, €€

Schlafen, Essen

Mit Fantasie

Schloss-Hotel Petry: Unermüdlich kümmern sich Oliver und Judith Bell darum, das 1956 von der Großeltern-Generation gegründete Haus, das noch ältere Wurzeln hat, behaglich zu gestalten und behutsam zu modernisieren. Oliver Bell kreiert im Restaurant fantasievolle Gerichte auf Feinschmecker-Niveau (tgl. 12–14, 18–23 Uhr). Genießen können die Gäste nicht nur die schönen Zimmer und das gute Essen, sondern auch den Wellness- und Kosmetikbereich.

St. Castor-Str. 80, T 02672 93 40, www.schloss-hotel-petry.de, 70 Zimmer, €€–€€€

Bewegen

Badespaß

Spiel- und Spaßbad Treis-Karden: Wunderschön zwischen Wiesen, Wäldern und Weinbergen liegt das Freibad: Kinderbereich, Riesenrutsche und Basketballfeld.

Bruttiger Str. 2, T 02672 73 31, ab Mai Di, Do 14–18.30, Mi, Fr–So 10–18.30, Juli/Aug. tgl. 10–19.30 Uhr, 6 €, 3–17 Jahre 3 €, Familienkarte 18 €

Feiern

- **Treiser Kirmes:** Ende Juni um den Johannistag, mit Marsch der Kirmesjungen und Prozession
- **Kardener Kirmes:** Mitte Aug. mit Festumzug und Tanz

Infos

- **Ferienland Treis-Karden:** St. Castor-Str. 87, im Bahnhof, 56253 Treis-Kar-

TOUR
Zwischen Wald und Wasser

Der Traumpfad Pyrmonter Felsensteig

Infos

Start: Pyrmonter Mühle H 2

Länge: 11,7 km

Dauer: 4 Std.

Infos im Internet: www.traumpfade.info, Stichwort Pyrmonter Felsensteig

»Traumpfade« heißen die 26 Premiumwanderwege an Rhein und Mosel, in Hunsrück und Eifel. Einer der schönsten ist der Pyrmonter Felsensteig.

Höh(l)en und Tiefen

Der Weg, der sich mit dem Prädikat »Deutschlands schönster Wanderweg 2015« schmücken darf, ist 11,7 km lang und bietet viel Sehenswertes: Vom Start am Parkplatz der **Pyrmonter Mühle** in der Nähe von Wasserfällen geht es über Wald- und Graswege, durch ein kleines Wäldchen und über weitläufige Felder zum **Sammetzkopf** mit Rundblick. Im Frühling leuchten rundum die Rapsfelder gelb. Eine Sitzgruppe lädt dazu ein, hier eine Pause einzulegen. Vor der Besichtigung der mittelalterlichen **Burg Pyrmont** (s. S. 193) lernt man im zweiten Teil der Wanderung eine imposante Felsenlandschaft mit Höhlen und steilen Klippen kennen. Dabei geht es mal bergauf und mal bergab.

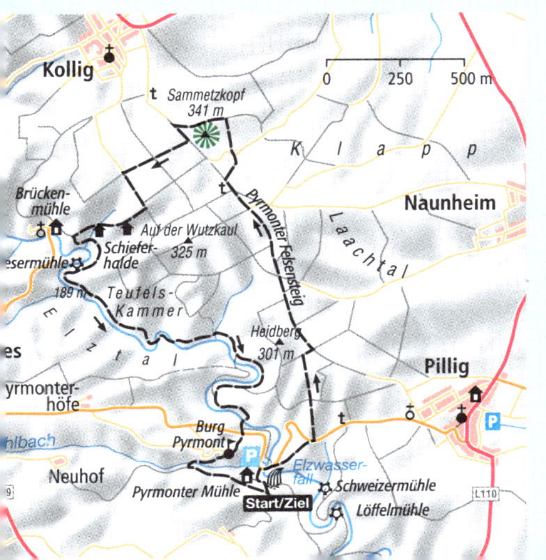

Tolle Stille

Durch das wunderbar stille **Tal der Elz** geht es hinunter, um von dort einen von vielen tollen Ausblicken auf die Burg zu erhaschen. Über einen Talweg wandert man schließlich zurück zur **Pyrmonter Mühle.** Für die sehr gut beschilderte Wanderung sollte man etwa 4 Stunden Zeit einplanen und für Proviant und ausreichend Wasser sorgen.

den, T 02672 915 77 00, www.treis-karden.de

- **Verkehr:** Der Bahnhof Karden liegt an der Moselstrecke der Bahn; Busse u. a. nach Müden, Moselkern und Münstermaifeld; Schiffsanleger in Treis

Müden

H2

Müden, auf der Sonnenseite des Moseltals gelegen, ist mit seinen Weinbergen und seinem hübschen Ortskern mit vielen erhaltenen Fachwerkhäusern ein sehr idyllisches Fleckchen. Der Name hat übrigens nichts mit müden Menschen zu tun, sondern kommt von »Modinum«. Das war der Name der römischen Siedlung, die sich an dieser Stelle befand. Dass die Besiedlung in Müden nicht mit den Römern endete, beweist das frühfränkische Gräberfeld etwas oberhalb des Ortes. Schon im Jahr 585 n. Chr. wurde der Ort zum ersten Mal urkundlich erwähnt. Das Görreshaus in der Hauptstraße, ein Fachwerkhaus aus dem 18. Jh., erinnert daran, dass die Vorfahren des Koblenzer Schriftstellers Josef Görres aus Müden stammen.

Wandern mit Erkenntnisgewinn

Der **Buchsbaum-Wanderpfad,** ein 4 km langer Weg zwischen Müden und Karden, kann mit einer Besonderheit aufwarten: Er hat die größten Buchsbaumbestände nördlich der Alpen zu bieten – das milde Moselklima macht es möglich. Man kann ihn auch als Ausgangspunkt nehmen, um zur Burg Eltz zu gelangen. Wer den **Wein-Naturlehrpfad** geht, blickt auf die Staustufe Müden samt Schleuse, Kraftwerk und manchmal Anglern.

Infos

- **Bahn:** an der Strecke Koblenz–Trier

Moselkern

H2

Moselkern ist ein schöner Ausgangspunkt, um die berühmte Burg Eltz zu besuchen – am besten verbunden mit einer Wanderung (s. S. 192).

Das soll aber nicht heißen, dass man den Ort nur ansteuern sollte, um ihn schnellstmöglich wieder zu verlassen. Keineswegs! In dem pittoresken Winzerdorf gibt es einige Sehenswürdigkeiten, wie das **Merowingerkreuz** aus dem 7. Jh. (Kopie vor der Kirche; Original im Rheinischen Landesmuseum Bonn), das **Rathaus** von 1535 – das älteste an der Mosel – und viele schöne Fachwerkhäuser. Von der Terrasse des Hauses in der Moselstr. 5 soll der Trierer Domorganist Georg Schmitt im Jahr 1846 zum ersten Mal das »Mosellied« geschmettert haben.

Infos

- **Verkehr:** Bahnhof an der Strecke Koblenz–Trier; Busse nach Koblenz, Cochem, Treis-Karden, Ediger-Eller, Löf, Pommern; Schiffsanlegestelle

Münstermaifeld

H1

Hoch über dem Maifeld, einer weiten, leicht gewellten landwirtschaftlich geprägten Ebene am Fuß der Eifel liegt die Stadt Münstermaifeld.

Beeindruckende Kirche

Der Name Münstermaifeld verweist auf zwei stadtprägende Dinge: die Maifeld-Landschaft und das ›Münster‹, die

Lieblingsort

Premium-Panorama

Hoch über der Mosel, am Rand von **Lasserg**, liegt das **Küppchen** (📍 H 2), ein Aussichtspunkt der Extraklasse. Der Blick, der sich dem Besucher über das Moseltal und weit in den Hunsrück hinein fast bis nach Rheinhessen bietet, ist fantastisch. Auch die Drachen- und Gleitschirmfliegerfreunde Rhein-Mosel-Lahn schätzen das Gelände und nutzen es nicht nur als Start- und Landeplatz, sondern feiern hier auch ihr jährliches Fest. Allerdings müssen sie zwischen Februar und Juli aufpassen, dem echten (Wander-)Falken nicht in die Quere zu kommen, der hier einen Brutfelsen hat.

Stiftskirche St. Martin und St. Severus. Der Bau erinnert mit Westwerk, Türmen und Zinnen fast an eine Burg und steht für die wechselvolle Geschichte seit dem 4. Jh. Berühmt ist das ›Maifeldmünster‹ auch für seine reiche Ausstattung, vor allem seine kostbaren Fresken.

Schon früh war das fruchtbare Maifeld besiedelt, in der Steinzeit, dann von Kelten, später von Franken. Das Marktrecht erhielt Münstermaifeld vor mehr als 1000 Jahren, die Stadtrechte bekam es im 13. Jh. und hatte damals den gleichen Rang wie Koblenz.

Museen

Zwei Museen widmen sich der reichen Geschichte Münstermaifelds: Das **Archäologische Museum** befindet sich im Gewölbekeller der alten Propstei, im Mittelpunkt steht ein fränkisches Gräberfeld und seine Entdeckung (Münsterplatz, April–Okt. Mi/Do, Sa/So 10–13/14–16.30, Fr 10–14 Uhr). Das **Heimat- und Erlebnismuseum** präsentiert in seinen Räumlichkeiten historische Läden und Handwerksbetriebe (Münsterplatz 4, April–Okt. Mi–So 14–17 Uhr, 8 €, Schüler/Stud. 6 €, 6–14 Jahre/Beh. 6 €).

Infos

- **Tourist-Information Maifeld:** Münsterplatz 4–6, 56751 Polch, T 02605 961 50 26, www.maifeldurlaub.de
- **Bus:** Busse nach Koblenz, Polch, Treis-Karden, Kobern-Gondorf.

Burg Eltz

H2

Wenn man diese Bilderbuchburg besucht, könnte man glatt auf die Idee kommen, das Mittelalter sei eine ganz und gar märchenhafte Zeit gewesen – romantisch, lieblich, verspielt. Die Burg Eltz ist einfach so schön. Hier passt der Satz »Der Weg ist das Ziel« überhaupt nicht, denn hier ist wirklich das Ziel das Ziel.

Der Anblick der mitten im Wald liegenden Burg Eltz fasziniert immer wieder.

Aber auch der Weg dahin ist wirklich hübsch. **Burg Eltz** kann man nämlich nicht mit dem Auto erreichen. Entweder schnürt man die Wanderschuhe und läuft von Moselkern aus auf einer kleinen Straße zu einem lauschigen Wanderweg, der durch das idyllische Tal des Elzbachs führt. Die Wanderung ist etwa 3,5 km lang und dauert knapp 1 Stunde. Oder man steuert den Parkplatz an, bezahlt 4 € und spaziert in einer guten Viertelstunde zum Burgtor. Von hier aus fährt auch ein Pendelbus zur Burg (2 €).

Friedlich währt am längsten

Wofür auch immer man sich entscheidet: Der Moment, in dem man ankommt und die Höhenburg zum vielleicht ersten Mal erblickt, ist einfach grandios. Die verwinkelte Architektur, die Lage mitten im Wald, das Thronen auf einem Felsen – all das führt dazu, dass Burg Eltz als Inbegriff der Ritterburg schlechthin gilt. Bei einer Führung durch die Räume erfährt man, dass für die Bewohner der Alltag meistens eher nicht märchenhaft gewesen ist. Unsere Klospülungen heute sind doch z. B. deutlich komfortabler als der mittelalterliche Toilettenerker, der mit einer Regenrinne verbunden war.

Schon im Jahr 1157 wurde Eltz zum ersten Mal erwähnt, in einer Schenkungsurkunde. Die Geschichte war wechselvoll, aber nicht sonderlich blutrünstig. Nur ein einziges Mal war die Burg in eine kriegerische Auseinandersetzung verwickelt. Dass sie 80 Wohn- und Schlafräume beherbergt, von denen jeder zweite mit einem offenen Kamin ausgestattet war, zeugt von dem großen Wohlstand in früheren Jahren – genau wie die etwa 500 Exponate in der Schatzkammer, die Münzen und Medaillen, Geschirr und Waffen, Tabaksdosen, Trachten und Schmuck.

S

SCHÖNER SCHEIN

Falls bei Ihnen noch ein alter 500-D-Mark-Schein herumliegt, schauen Sie mal nach: Auf der Rückseite ist die Burg Eltz abgebildet. Sie zierte den Schein zwischen 1961 und 1995. Auch auf einer Briefmarke war sie einmal abgebildet: Zwischen 1977 und 1982 erschien eine Serie mit Burgen. Die Burg Eltz schmückte eine 40-Pfennig-Marke.

Heute gehört die Burg dem in Eltville im Rhein-Main-Gebiet lebenden Karl Graf von und zu Eltz-Kempenich, genannt »Faust von Stromberg«. Für ihn bedeutet der Erhalt der mittelalterlichen Märchenburg ein stetiger Kampf.

Burg Eltz 1, Wierschem, T 02672 95 05 00, www.burg-eltz.de, April–Okt. tgl. 9.30–17.30 Uhr, 14 €, Schüler/Stud. 7 €, Familienkarte 34 € (inkl. Führung), Parkplatz 4 €. Außer zwei Selbstbedienungsrestaurants bei der Burg keine Einkehrmöglichkeit in der Nähe

Burg Pyrmont H2

Auf einem Schieferfelsen über dem Wasserfall des Elzbaches thront Pyrmont, eine im 13. Jh. erbaute und nach der Zerstörung 1689 zu einem barocken Schloss wieder aufgebaute märchenhafte Burg, die fast schon wirkt wie ihr eigenes Klischee. Sie hat ein wechselvolles Schicksal erlebt. Ein glückliches Jahr war 1963, in dem die Düsseldorfer Architekten Helmut Hentrich und Hubert Petschnigg auf die Anzeige »Burg zu verkaufen« reagierten und sie in einer geglückten Balance zwischen Alt und Neu sorgfältig restaurierten und vor dem Verfall bewahrten. 1990 wurde das Areal für Besucher geöffnet.

Die heutigen Besitzer präsentieren das kunterbunte Ergebnis ihrer Sammelleidenschaft – wenn man Glück hat und gerade vorbeikommt, wenn die Burg geöffnet hat. Sehenswert ist nicht nur das Innere der Burg, sondern auch der tiefe Brunnen und der begehbare Bergfried mit Ausblick über das Maifeld bis hin zu einer anderen Burg – Eltz. Übrigens: Man kann hier übernachten. Und eine Märchenhochzeit feiern auch.

Roes, www.burg-pyrmont.de, Mai–Sept. So 13–16 Uhr (letzter Einlass um 15 Uhr); 6 €, 4–17 Jahre 5 €, Familienkarte 22 €

Zugabe

Fort Knox an der Mosel

Der Bundesbank-Bunker in Cochem

Innerhalb weniger Jahre hat sich der Bundesbank-Bunker in Cochem zu einer der Top-Sehenswürdigkeiten an der Mosel entwickelt. Und warum? Weil man dieses Dokument der Zeitgeschichte hier niemals vermuten würde.

Die Menschen an der Mosel sind bekannt für ihre ziemlich direkte Art. Natürlich wissen sie, dass sie in einer wunderschönen Gegend leben, die Millionen Menschen jedes Jahr bereisen. Aber es ist eben auch eine Gegend, die »am Arsch der Welt« ist, ein Ausdruck, den man in Gesprächen mit Einheimischen immer wieder hört. Für die Bundesbank allerdings war es Anfang der 1960er-Jahre der perfekte Ort, um einen irren Plan zu verfolgen: so viel Geld zu bunkern, dass im Fall einer Falschgeldoffensive, eines Angriffs aus dem Osten oder einem anderen Ernstfall die komplette Währung der Bundesrepublik Deutschland hätte ausgetauscht werden können.

Cochem-Cond, ein Stadtteil auf der ruhigen Moselseite von Cochem, wurde für diesen Bundesbank-Bunker ausgewählt, weil es ein unscheinbares Wohngebiet ist und doch nah genug an Frankfurt liegt, dem Sitz der Zentralbank. Seine Existenz konnte jahrzehntelang geheimgehalten werden. Die Bundesbank nutzte als Versteck ein Grundstück mit zwei Häusern. In einem hatte bis dato ein Arzt eine kleine Privatklinik betrieben und im anderen gelebt. Es war die perfekte Tarnung: In den beiden Häusern richtete die Bundesbank ein echtes Schulungszentrum ein. Über eine Treppe ging es zum Bunker, dessen Eingang für Nichteingeweihte aussah wie eine ganz gewöhnliche Garageneinfahrt. Der Leiter des Schulungsheims war einer von wenigen Menschen, die Bescheid wussten – er sah regelmäßig innen nach dem Rechten. Wenn die Teilnehmer der Seminare abends auf der Terrasse standen, bewachten sie, ohne es zu wissen, einen Milliardenschatz.

Diese Reserve in Höhe von 15 Mrd. D-Mark sollte im Notfall dazu dienen, die Bevölkerung der Bundesrepublik Deutschland mit Bargeld zu versorgen. Regelmäßig kamen Mitarbeiter der Bundesbank aus Frankfurt in den kleinen Moselort, um das Geld zu zählen. Aber bei einer Führung sieht man, dass der Bunker nicht nur als Geldlager diente. Hat man erst einmal die schwere Stahltresortür passiert, kommt man zu Räumen mit Betten und einer Küche, die bis zu 175 Menschen hätte versorgen können. Für den Fall eines atoma-

Von außen sah der Bunkereingang aus wie ein Garagentor. Seinen wahren Zweck kannten nur wenige Eingeweihte.

ren Anschlags, wie er im Kalten Krieg nicht unwahrscheinlich schien, stand eine Dekontaminationskammer bereit. Wahnsinn, all das.

Dass man hier heute herumspazieren und sich bei den Geschichten, die bei der Führung erzählt werden, verwundert die Augen reiben kann, ist einem Unternehmerehepaar aus Treis-Karden zu verdanken, Petra und Manfred Reuter. Sie haben mit viel Aufwand und ohne öffentliche Fördermittel eine Dokumentationsstätte aus dem schon lange leerstehenden Gebäude gemacht. Die Bundesbank war nämlich schon 1988 ausgezogen, gerade mal 24 Jahre lang hatte sie den Bunker betrieben. Teilnehmer von Führungen vermuten immer wieder, dass dieser Zeitpunkt mit dem bevorstehenden Ende des Kalten Krieges zu tun hatte – und liegen damit falsch. Auch die wenige Jahre später vollzogene Einführung des Euro war nicht der Grund für das Aus für den Bunker. »Die 15 Milliarden Mark entsprachen der Geldumlaufmenge in den 1960er-Jahren«, sagt Petra Reuter. »Man hätte auf 50 Milliarden aufstocken und neue Sicherheitsstandards beachten müssen. Das hatte wenig Sinn.«

Heute kommen Besucher aus aller Welt, um diese verrückte, an ein Abenteuer von James Bond erinnernde Geschichte zu hören und durch den 100 m langen Flur unter der Erde zu laufen, in dem sie sich abspielte. Eine Führung ist nicht nur empfehlenswert, sie ist auch unumgänglich: Auf eigene Faust darf man den Bunker nicht besuchen. Wer davor oder danach Lust auf Kaffee und Kuchen, ein Glas Wein oder einen Snack hat, kann die Terrasse des Hotels Vintage besuchen, zu dem das Ehepaar Reuter die Tarnwohnhäuser umgebaut hat. Ansonsten gibt es weit und breit keine Einkehrmöglichkeit. ■

Im geheimen unterirdischen Bunker war ein autarkes Leben für zwei Wochen möglich: Küche, Schlafgelegenheiten und Büroräume, alles da.

Hatzenport bis Winningen

Vergangene Zeiten — Kurz bevor sie in den Rhein mündet, fließt die Mosel vorbei an Steilhängen und vielen Burgruinen.

Eintauchen

Seite 199

Hatzenport

Mit dem Fährturm von 1863, der die Flussquerung der Postlinien vom Hunsrück in die Eifel regelte, hat Hatzenport ein schönes Wahrzeichen und ist überhaupt ein kleines Dorf mit viel Liebreiz.

Seite 201

Mit dem Rad ins Schrumpftal

Was klappert am rauschenden Bach? Und was noch? Mühlen über Mühlen. Mehr als 15 von ihnen kann man bei einer Radtour durch das idyllische Schrumpftal sehen. Die meisten sind heute Wohnhäuser.

Mühlen klappern an so manchem Nebenbach der Mosel.

Seite 200

Burgen

Burgen gibt es in dieser Gegend viele – und auch einen Ort, der so heißt. Burgen ist ein nettes, vom Fachwerk geprägtes Dorf, das sich als Ausgangspunkt für Wanderungen ins Baybachtal anbietet.

Seite 202

Der WeinWetter-Weg

Weinbau und Wetter – beides hängt elementar miteinander zusammen. Ob Reben Regen mögen und Weingärten Wind vertragen: Darüber informiert dieser Weg, den die Gemeinde Hatzenport angelegt hat.

Seite 204

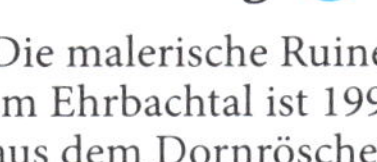

Ehrenburg ✪

Die malerische Ruine im Ehrbachtal ist 1992 aus dem Dornröschenschlaf geweckt worden. Heute ist dort allerhand los.

Seite 206

Burg Thurant

Man hat von hier oben einen wunderschönen Ausblick in alle Richtungen. Am 3. Fastensonntag wird hier das Moosemannfest gefeiert.

Seite 207

Kobern-Gondorf

Ein gemütlicher Ort mit einer reichen Geschichte und einem außergewöhnlich großen Freizeit- und Gastronomieangebot. Als Dreingabe gibt es noch zwei Burgen und zwei prächtige Schlösser in Reichweite.

Seite 210

Winningen

Der wunderschöne Weinort Winningen liegt nah an Koblenz, hat sich aber viel ländliche Idylle bewahrt. Das Moselfest in Winningen ist das älteste Winzerfest Deutschlands und mit zehn Tagen eins der längsten.

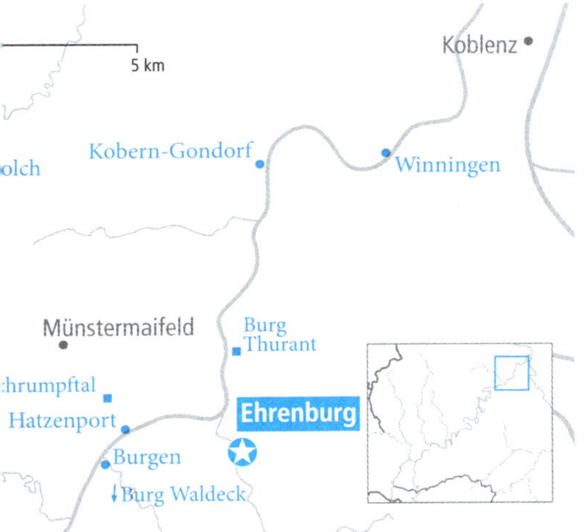

Anfang der 1960er-Jahre war die Burg Waldeck Schauplatz für Chanson-festivals.

Falls Sie zwischen Wanderungen und Besichtigungen die profane Lust auf Schokolade packt – in Polch ist die Zentrale von Griesson – de Beukelaer. Samt Fabrikverkauf.

erleben

Stadt, Land, Fluss

S

Sind wir schon auf dem Land? Oder noch in der Stadt? Eine Frage, die sich in dieser Gegend öfter stellt. Die Stadtteile Güls und Lay der Großstadt Koblenz liegen an der Mosel und haben sich auch nach ihrer Eingemeindung im Jahr 1970 den ländlichen Charme von Winzerdörfern bewahrt – vor allem Lay. Nur wenige Kilometer entfernt auf der anderen Moselseite liegt Winningen, das von jeher eigenständig ist. Dank seiner berühmten überdimensionierten Autobahnbrücke hat es schon fast städtischen Charakter – doch das täuscht.

Eine Landschaft, die besonders ist

Bis Winningen sind die Hänge so steil, dass die Menschen schon vor Jahrhunderten anfingen, für die Weinreben schmale Terrassen zu bauen, die durch Trockenmauern gesichert werden. Am Ende des Mosel-Unterlaufs, einige Kilometer vor der Mündung in den Rhein am Deutschen Eck, wird die Landschaft flacher und ist weniger spektakulär. Entlang des Flusses sind wunderschöne Orte entstanden, mit malerischem Fachwerk, schönen alten Winzerhöfen und engen Gassen. Auf den ersten oberflächlichen Blick scheint hier die Zeit stehengeblieben zu sein.

O

ORIENTIERUNG

Infos: www.sonnige-untermosel.de.
Verkehr: Züge verkehren auf der Moselstrecke zwischen Koblenz und Trier mit Halt u. a. in Hatzenport; der Verkehrsverbund Rhein-Mosel (VRM) bedient den Landkreis Cochem-Zell mit Bussen, Infos unter www.vrminfo.de.

Frischer Wind an der Terrassenmosel

Oder doch nicht? Auf den zweiten Blick entdeckt man, dass sich etwas tut: dass eine Gastronomie und Hotellerie entsteht, die sich nicht darauf beschränkt, möglichst häufig die Wörter »frisch«, »saisonal« und »regional« zu verwenden. Da informieren moderne Vinotheken den Besucher über den Weinbau, da ist in Heimatmuseen kräftig aufgeräumt und abgestaubt worden, und da gibt es noch im kleinsten Dorf Kultur- und Freizeitangebote für die ganze Familie. Niemand möchte, dass die Besucher sich nur kurz umschauen und dann wieder abreisen.

Hatzenport

H2

Wir wollen jetzt mal nicht übertreiben und Hatzenport zur Metropole hochjazzen. Mit 612 Einwohnern (Stand 31. Dezember 2022) gehört die Ortsgemeinde zu den kleinsten der Verbandsgemeinde Rhein-Mosel. Hier steppt nun wirklich nicht der Bär. Dafür hat das Dorf aber andere Qualitäten: Er ist so schön wie gemalt, kaum satt sehen kann man sich an dem Liebreiz. Und: Hatzenport ist ein super Ausgangspunkt für Touren zur Burg Eltz, nach Koblenz, zum Wandern und Fahrradfahren.

Von der Fähre blieb nur der Turm

Hatzenport hatte einmal die größte Fähre an der Mosel. Weil sich der Betrieb nach dem Bau der Brücke zwischen Löf und Alken nicht mehr lohnte, wurde er 1972 eingestellt. Heute erinnert noch der 1863 erbaute Fährturm, das nicht zu übersehende Wahrzeichen Hatzenports, an die Ära der Moselfähren.

Schlafen, Essen

Die Entdeckung der Langsamkeit

Winzerhof Gietzen: Bei seinen Weinen setzt Winzer Albrecht Gietzen auf Entschleunigung: Eine späte Lese, eine langsame Gärung und eine lange Lagerung auf der Hefe sollen zu einem optimalen Ergebnis führen. Und auch Feriengäste können hier entschleunigen: Die Winzerfamilie vermietet Gästezimmer und Appartements. Von Ostern bis Anfang Nov. lockt ein Hofausschank: Freitags ab 18, samstags ab 17 und sonntags ab 14 Uhr gibt es Winzerküche.

Drahtesel auf dem Moselradweg müssen damit rechnen, dass ihnen auch echte Vierbeiner begegnen.

Moselstr. 70, T 02605 95 23 71, www.winzerhof-gietzen.com, €€

Feiern

- **Wein- und Heimatfest:** letztes Juliwochenende. Weinfest mit Moselfahrt und Festumzug

Infos

- **Heimat- und Kulturverein:** Auf dem Dattel 24, 56332 Hatzenport, T 0176 56 19 56 70, www.hatzenport.de
- **Verkehr:** Busse nach Koblenz, Emmelshausen, Mayen, Cochem, Münstermaifeld; Schiffsanlegestelle

Burgen

H2

Der knapp 30 km lange Baybach, der einem wunderschönen Tal seinen Namen gegeben hat, mündet in Burgen in die Mosel. Burgen ist einer der kleinsten Orte mit knapp 800 Einwohnern – und einer der ältesten Orte an der Terrassenmosel mit historischer Vergangenheit: Funde belegen, dass sich hier einst die Römer angesiedelt hatten.

Enge Gassen und Fachwerk

Den Ortskern mit der Pfarrkirche **St. Sebastian** (18./19. Jh.) prägen Fachwerkhäuser in engen Gassen. Spielte Burgen einst eine Rolle als Station auf dem Weg zum Maifeld, so ist das Dorf heute Startpunkt für Wanderungen in den Hunsrück.

Ausflüge von Burgen aus

Nomen est omen – der Ort Burgen ist ein guter Ausgangspunkt, um auf Burgentour im Hunsrück oder in der Eifel zu gehen. Im Hunsrück z. B. zur **Burg Waldeck,** die sich Mitte der 1960er-Jahre als Austragungsort für ein Chanson- und Liedermacherfestival einen Namen in ganz Europa gemacht hat (s. Zugabe S. 214). Bei einer Wanderung durchs **Baybachtal** kommt man außer an einer Forellenzucht und alten Mühlen auch an der Burg Waldeck vorbei (knapp 14 km von Burgen aus). Das auch ›Canyon des Hunsrücks‹ genannte Tal ist von faszinierenden Felswänden geprägt. Eine Tageswanderung führt von Schloss Reifenthal kurz hinter Emmelshausen bis hinunter nach Burgen (24,4 km).

Alt und älter

Zwischen Hatzenport und Moselkern liegt die **Burg Bischofstein** – die Sie normalerweise nicht besichtigen können. Es sei denn, es ist gerade ›Tag der offenen Burg‹ oder Sie sind Schüler des Krefelder Hannah-Arendt-Gymnasiums. Der Schule gehört die Burg und sie nutzt sie als Schullandheim. Aber auch von außen ist die im 13. Jh. erbaute Burg sehenswert. Auf einem Felsgrat unterhalb der Burg lädt die noch etwas ältere **Kapelle Unterbischofstein** zur Besichtigung ein. Sie ist ganzjährig geöffnet.

Infos

- **Tourist-Informationsbüro:** Baybachstr. 6, 56332 Burgen, T 02605 95 34 88, www.burgen-untermosel.de

Brodenbach, Löf, Alken

H/J2

Zwischen Treis-Karden und Löf am linken und Brodenbach und Alken am rechten Ufer der Mosel gibt es kei-

TOUR
Was klappert am rauschenden Bach?

Mit dem Rad von Hatzenport ins Schrumpftal

Infos

Start: Hatzenport H 2

Länge: ca. 12 km

Schrumpftal wird der Landstrich zwischen Münstermaifeld-Metternich und Hatzenport genannt, die Einheimischen sagen auch »Schromb« dazu. Wer mit dem Rad von **Hatzenport** ins idyllische Schrumpftal fährt, kann einer Menge Mühlen und ehemaligen Mühlen begegnen. Der Radweg verläuft auf schmaler, kaum befahrener Strecke – einfach dem Schild »Schrumpftal-Mühlen« folgen.

Hübsche Mühlen und …

Spätestens seit dem 14. Jh. klapperten Mühlen am Schrumpfbach. »Schrumpf« leitet sich ab vom rheinischen »schrumpen« für reiben, knarren, mahlen. Hauptsächlich Mehl- und Fruchtmühlen, mehr als 15 an der Zahl, zeugten von der Wirtschaftskraft des Tals. Manche sind nun verfallen, die meisten aber sorgfältig zu Wohnhäusern restauriert.

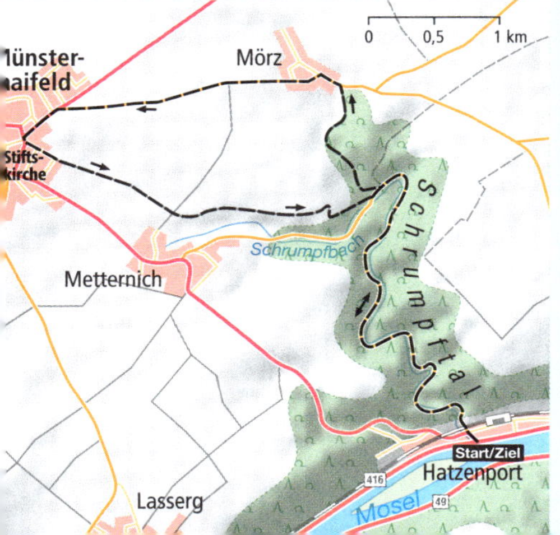

… schöne Bauernhöfe

Nach etwa zwei Dritteln der Strecke weichen wir etwas ab von der offiziellen Schrumpftal-Strecke und machen kurz vor Metternich einen Abstecher nach **Mörz**. Hier kann man hübsch renovierte Maifelder Bauernhöfe sehen Dann geht die Fahrt weiter nach **Münstermaifeld.** Nach Besichtigung der dortigen Stiftskirche (s. S. 192) führt der Rückweg ins Schrumpftal. Hier lässt man das Rad durchs Tal nach **Hatzenport** rollen.

TOUR
Auf der Sonnenseite

Der WeinWetterWeg bei Hatzenport

Infos

Start:
Hatzenport H 2

Länge:
11 km

Vom Klima und vom Wetter redet heute jeder. Für Winzer ist der Blick auf Thermometer und Wetterprognosen schon lange Alltag, ist doch die Qualität des Weins so sehr vom Sonnenschein zur rechten Zeit abhängig.

Auf der Tour durch die Flur begleitet Sie ein Hase, der Trauben nascht. Nanu, hoppeln hier etwa so viele Langohren herum, die sich an den Reben bedienen? Nein, das Logo ist die moderne Version eines 1877 gefundenen römischen Steinreliefs. Es gilt als Beleg – wenn es denn noch einen gebraucht hätte – dafür, dass schon die Römer in dieser Gegend Wein angebaut haben.

Prima Klima

Aber warum konnte der Weinbau hier so gut gelingen? Weil die klimatischen Bedingungen dafür hervorragend sind. Der WeinWetterWeg, der insgesamt 11 km lang ist und in verschiedenen Abschnitten gegangen werden kann – z. B. vom Bahnhof Hatzenport zur

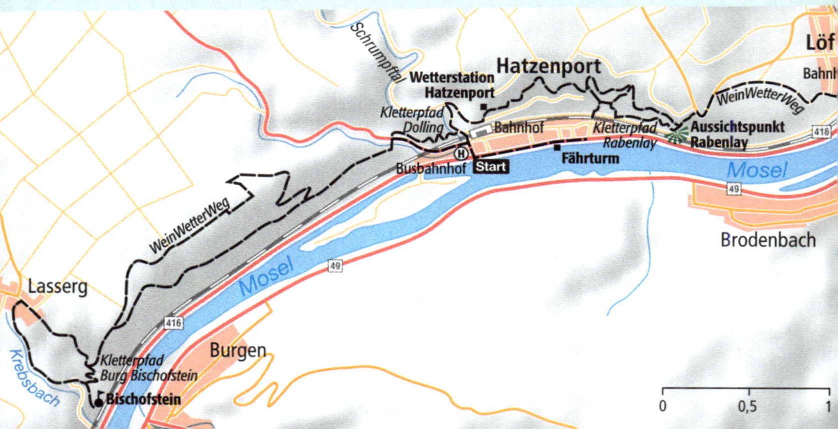

Burg Bischofstein (5 km) oder von der Alten Kirche zum Bahnhof in Löf (2,5 km) – erklärt im Detail, wie es sich genau verhält: Wie viel Sonne ein Weinberg an der Terrassenmosel braucht, um guten Wein hervorzubringen; in welchem Winkel die Sonne strahlt; wie Felsen und Mauern am Tag die Wärme speichern, um sie in der Nacht abzugeben. Die Lage in einem Außenbogen spielt ebenso eine Rolle wie der Wind, die Ausrichtung der Weinberge und die Niederschlagsmenge.

So schön die Aussicht hier auch ist, vergessen Sie nicht, auf den Weg zu achten!

Eine ganz besondere Flora und Fauna

Auf dem Weg begegnet der Spaziergänger seltener, wärmeliebender Flora und Fauna. Wegen der sehr warmen Temperaturen leben in den Weinbergen an der Mosel Tiere, die anderswo in Deutschland kaum vorkommen, z. B. Eidechsen, Wildbienen und bestimmte Schmetterlingsarten. Auch wärmeliebende Pflanzen wie der Natternkopf oder das Ferkelkraut gedeihen hier prächtig. Zum Teil geht es auf gesicherten Kletterpartien die **Rabenlay** hinauf in die Weinlagen **Kirchberg** und **Stolzenberg**. Auch eine **Wetterstation** liegt am Weg, an der man aktuelle Wetterdaten ablesen kann.

Kletterpfade: nur für Schwindelfreie

Auch unabhängig vom Thema Weinbau hat der Weg tolle Landschaftserlebnisse zu bieten, darunter der Gleitschirmflieger-Absprungplatz am **Küppchen** (s. Lieblingsort S. 191), das zauberhaft romantische **Krebsbachtal** – und sagenhafte Ausblicke auf die Mosel und immer wieder auf die Burg Bischofstein. Allerdings sollte man sich nicht zu sehr von der liebreizenden Landschaft ablenken lassen, sondern sich genau auf den Weg konzentrieren. Trittsicherheit und Schwindelfreiheit sollten gewährleistet sein, um die drei Kletterpfade unterwegs bewältigen zu können. Wer lieber auf bequemeren Pfaden unterwegs ist, findet immer Alternativen.

ne Brücke. Auf beiden Seiten zeigt die Terrassenmosel ihre beeindruckende Schönheit.

Brodenbachtal und Ehrenburger Tal J2

Brodenbach ist das Eingangstor zu zwei Tälern, die dem Ort Wasser und viel Frischluft bescheren: das reizvolle Brodenbachtal und das traumhafte Ehrenburger Tal – mit der Ehrenburg als Höhepunkt. Von den schmalen Pfaden im **Brodenbachtal** öffnen sich immer wieder spektakuläre Aussichten. Eine Wanderung durch die **Ehrbachklamm** von Emmelshausen bis nach Brodenbach (16 km) führt über Brücken und an steilen Hängen und Felswänden vorbei.

Ehrenburg  J2

Eine Burg mit Abenteuerfaktor

Einem Streit ist es zu verdanken, dass dieser bezaubernde, romantische Ort im Jahr 1161 als »Castrum Eremberch« erstmals urkundlich erwähnt wurde: Der Erzbischof von Trier und der Pfalzgraf Konrad von Hohenstaufen waren uneins über die Besitzverhältnisse, und kein Geringerer als Kaiser Friedrich Barbarossa musste schlichten. Es war der Beginn einer langen und wechselvollen Geschichte, die 1992 ein bis zum heutigen Zeitpunkt glückliches Ende fand. Damals erweckte der Freundeskreis Ehrenburg die malerische Ruine gemeinsam mit den neuen Besitzern aus dem Dornröschenschlaf. Seitdem sorgt der gemeinnützige Verein dafür, dass man hier nicht nur alte Mauern und schöne Aussichten bewundern, sondern Abenteuer der mittelalterlichen Art erleben kann. Im Sommer gibt es sonntags Mitmachprogramme für Familien, Feste und »Tafeleyen«. Man kann im Restaurant und Hotel essen und übernachten – oder auf der Ehrenburg heiraten.

Ehrenburg, T 06205 30 77, www.ehrenburg.de, Frühlingsanfang–Allerheiligen tgl. 11–17 Uhr, 4 €, Kinder 3 €, So Mitmachprogramm »Lebendige Burg« 5,50 €, Kinder 4,50 €. Das Burghotel ist auch im Winter geöffnet

Kattener Mühltal H/J2

Das Tal der 13 Mühlen

Mit einer Besonderheit kann der beschauliche Doppelort **Löf-Kattenes** 4 km von Brodenbach entfernt aufwarten: dem **Kattener Mühltal**. Durch das Landschaftsschutzgebiet des Mühltals führt eine 250 m lange Straße, die mit ihrer Steigung von bis zu 24 % eine der steilsten Straßen von Rheinland-Pfalz ist. Hier stehen 13, zum größten Teil bewohnte historische Mühlen, weswegen das Gebiet auch ›Tal der 13 Mühlen‹ genannt wird. Wer eine echte Herausforderung sucht, sollte einen Spaziergang oder eine Radtour hier hinauf in Erwägung ziehen.

Feiern

- **Wein- und Heimatfest:** 2. Septemberwochenende. Von Vereinen ausgerichtetes Weinfest mit viel Musik.

Infos

- **Tourist-Info:** Moselufer 19, 56332 Brodenbach, T 02605 23 84, www.brodenbach.de
- **Verkehr:** Busse nach Koblenz, Burgen, Hatzenport, Emmelshausen, Schiffsanlegestelle in Brodenbach

Auf der Ehrenburg können kleine und große Besucher erleben, wie der Alltag im Mittelalter ausgesehen haben könnte. Sie dürfen töpfern und backen, mit dem Katapult schießen und Handwerkern zusehen.

Alken

J2

Die Burg Thurant überragt Alken im tatsächlichen wie im symbolischen Sinn: Sie liegt über dem netten kleinen Ort und seinen Weinbergen und hat Alken weithin berühmt gemacht. Aber ein Besuch bei den Rittern ist nicht alles, was der Ort zu bieten hat.

Schöne Türme

Der Burgort, der einer der ältesten an der Mosel ist, war zwischen dem 14. und dem 19. Jh. (bis zum Bau der Moseluferstraße) komplett von einer Befestigung umgeben. Reste davon sind heute noch erhalten. Sehenswert ist das ehemalige Südtor, das **Fallertor.** Auch der alte **Zoll- und Signalturm** am Moselufer, der ein Wahrzeichen Alkens ist, war Teil der Stadtbefestigung und hatte den Zweck, die Schiffstransporte zu kontrollieren und zur Zeit der Pfalzgrafen von den Schiffsleuten Abgaben einzutreiben.

Lauschig

Bei einem Rundgang durch Alken lassen sich hübsche Winkel entdecken, z. B. die Blumengasse und den **Laacher Hof.** Dieser Bau in der Moselstraße 8 heißt nicht zufällig wie das Benediktinerkloster Maria Laach in der Eifel. Dessen Gründer, Pfalzgraf Heinrich von Laach, stattete die Abtei mit Besitztümern aus, unter anderem in Alken. Der Laacher Hof war ein Verwaltungs- und Gerichtssitz. Heute befindet sich darin ein Weingut. Auch das **Wiltberg-Burghaus** aus dem 16./17. Jh. wird zum Teil (was den Keller angeht) für den Weinbau genutzt (Von-Wiltberg-Str. 18–28). Es befindet sich in Privatbesitz.

Ritterromantik

Der Höhepunkt eines Aufenthalts in Alken ist ein Besuch der **Burg Thurant**. Wer ihn noch etwas ausdehnen möchte, kann darüber nachdenken, eine Ferienwohnung auf der Burg zu mieten. Bis zu sechs Personen finden darin Platz, vermietet wird ab fünf Nächten. Aber auch ein Besuch am Tag ist spannend. Die Geschichte des Ortes Alken begann vermutlich schon in römischer Zeit, sicherlich aber mit der Errichtung der Burg. Spätestens im Jahr 1197 setzte der Kreuzzug-Heimkehrer Heinrich, Pfalzgraf bei Rhein, auf antike Fundamente eine Burg, die er Thurandt nannte. Später eroberten die Erzbischöfe von Köln und Trier das angebliche Raubritternest. Sie teilten das Areal unter sich auf, vermieden Streit durch eine Trennmauer, bauten zwei Wohn- und Wehrbereiche und zwei **Bergfriede.** Im 20. Jh. ist die Burg zweimal restauriert worden, 1911 und 1973. Heute erinnert die Burg wie so viele andere an der Mosel an lange zurückliegende Epochen – und spiegelt unsere Sehnsucht nach Romantik.

Burg Thurant, T 02605 20 04, www.thurant.de, März/April/Mitte–Ende Okt. tgl. 10–17, Mai–Mitte Okt. 10–18, Anf.–Mitte Nov. tgl. 10–16 Uhr, 5 €, Schüler ab 6 Jahre/Stud. 3,50 €

Leben und Vergänglichkeit

Steile Treppen geleiten im Baumschatten an Kreuzwegstationen entlang zum Ehrenfriedhof mit der ehemaligen katholischen Pfarrkirche **St. Michael** aus dem 10. Jh., die von der Alkener St. Michaelsbruderschaft gepflegt wird. Das durch ein Gitter einsehbare Beinhaus unter der Kapelle verweist auf die Vergänglichkeit allen Lebens. Eine **Multimediapräsentation** mit dem Titel »Zeitreise – 1000 Jahre alte Kirche St. Michael« macht die reiche Geschichte des Gotteshauses lebendig. Sie kann in den Sommermonaten mittwochs um 19 und sonntags um 15.30 Uhr angeschaut werden.

Kirche St. Michael: Ostern–Ende Okt., So, Fei 10–17 Uhr

Geschichte und Geschichten

Von Alken und Oberfell aus führen Kreuzwege zur **Dreifaltigkeitskirche auf dem Bleidenberg.** An dieser Stelle hat man einen optimalen Blick auf den Fluss und auf die Burg Thurant. Die strategisch günstige Lage des Plateaus erweckte auch das Interesse von Archäologen, die 2001 Reste eines keltischen *oppidum* ausgruben. An der Stelle der frühromanischen Marienkapelle steht seit dem 13. Jh. die Dreifaltigkeitskirche. Der Legende nach soll an dieser Stelle der Ritter Moosemann nach Anrufung der Gottesmutter unverletzt in den Büschen auf dem Bleidenberg gelandet sein. Vogt Zorno hatte ihn wegen angeblichen Verrats mit einer Blide, einer im Mittelalter verbreiteten katapultartigen Wurfwaffe. aus der belagerten Burg geschleudert.

Schlafen, Essen

Traditionshaus

Turmgasthaus Burg Thurant: Der alte Zoll- und Signalturm am Moselufer ist ein Wahrzeichen des Ortes Alken und heute ein beliebtes Gasthaus. Zu dem historischen Winzerhaus aus dem 14. Jh. gehört auch ein idyllischer Hof. Im Restaurant wird regional-saisonale Küche serviert.

Moselstr. 15, 02605 849 85 80, www.turmgasthaus.de, €€

Feiern

- **Moosemannfest:** 3. Fastensonntag. Traditionelles Fest zum Gedenken an die Erstürmung der Burg Thurant
- **Winzerhöfefest:** 3. Augustwochenende

Sind wir plötzlich in Spanien gelandet? Nein, diese tolle Kapelle befindet sich tatsächlich an der Mosel: Die Matthiaskapelle in Kobern-Gondorf beeindruckt mit einem wunderschönen Mosaikfußboden.

Infos

- **Verkehrsverein:** Schulstr. 1, 56332 Alken, T 02605 7 90, www.alken.de
- **Verkehr:** Busse nach Koblenz und Burgen; Schiffsanlegestelle

Kobern-Gondorf

D4

Es war einmal vor langer Zeit … Die Autorin dieses Reiseführers und ihr zukünftiger Mann hatten eine Autopanne. Genau hier, in Kobern-Gondorf. Blöd an einen Bordstein gefahren, zack, Reifen kaputt. Keine gefühlte, sondern eine tatsächliche Ewigkeit hat es gedauert, bis endlich der Pannenservice kam. Zeit, viel Zeit, um sich umzuschauen in diesem Ort, den wir oberflächlich im ersten Moment als ziemlich verschlafenes Nest abgetan hatten. Feststellen, dass es hier total schön ist, mussten wir nicht mehr. Das hatten wir gleich gesehen. Aber so blieb viel Gelegenheit zum Erkunden und Entdecken. Und da gibt es wirklich Einiges.

Burgenreich

Das kleine Kobern-Gondorf hat nicht eine, nicht zwei, nicht drei, sondern gleich vier Burgen zu bieten. Zwei Burgen und zwei Schlösser, wenn man es ganz genau nehmen möchte.

Kultiger Ort

Hoch über der Mosel thront die **Oberburg,** der einstige Stammsitz der Herren von Kobern. Sie wurde vermutlich im 12. Jh. errichtet – an einer Stelle, an der auch Reste vorgeschichtlicher und römischer Besiedlung gefunden wurden. Heute befinden sich im Bergfried und in den Nebengebäuden der Oberburg ein Restaurant und eine Weinstube. Sehenswert ist auch die benachbarte **Matthiaskapelle,** ein prächtiger spätromanischer Bau in strahlendem Weiß, ein Zentralbau mit sechseckigem Grundriss, wie man ihn eher in Spanien oder Portugal vermuten würde. Gebaut wurde sie für eine kostbare Reliquie: das Haupt des Apostels Matthias. wahrscheinlich ein Mitbringsel von einem Kreuzzug. Die Reliquie ist allerdings nicht mehr hier – sie wurde schon im 14. Jh. nach Trier an die Abtei St. Matthias abgegeben.

Oberburg: jederzeit frei zugänglich; Matthiaskapelle: So vor Ostern–1. Nov. So/Fei 11–17 Uhr

Verwunschen

Die **Niederburg** von Kobern liegt etwa 50 m unter Oberburg und Matthiaskapelle auf dem gleichen Berggrat und am Wanderweg »Traumpfad Koberner Burgpfad«. Sie ist kurze Zeit nach der Oberburg entstanden, um 1190. Der Bauherr, Reichsritter Gerlach I. von Cobern-Isenburg, musste sie schon nach wenigen Jahren dem Trierer Erzbischof als Lehen überlassen. Die alten Mauern können jederzeit besichtigt werden – aber ehrlich gesagt, der Anblick von außen (oder von unten) ist interessanter.

Für die Nachwelt

Aus Burg wird Schloss: Auch **Schloss Liebieg** war ursprünglich eine Burg, die Gondorfer Niederburg. Auf den ersten bekannten Besitzer, Ritter Engelbertus de Contrave, folgten viele weitere, darunter

Kobern-Gondorf hat außergewöhnlich viel und außergewöhnlich gute Gastronomie zu bieten. Eine schöne Aussicht hat man vom Biergarten eines Restaurants gleich neben Oberburg und Matthiaskapelle.

im 19. Jh. Reichsrat Theodor von Liebieg, der sich auf dem Gelände ein nach ihm benanntes Märchenschloss errichten ließ. Es steht in einem großen Park mit hoch aufragenden Bäumen und vielen Rhododendronbüschen. Bei Bauarbeiten entdeckte man vor einigen Jahren eine luxuriöse römische Villa, die wohl bereits vor langer Zeit bei einem Hangrutsch verschüttet wurde. Ihre Besitzer konnten sich nicht nur an dem großartigen Blick über das Moseltal freuen, sondern auch an dem zur Villa gehörenden Bad. Das Anwesen sollte eigentlich zu einem Weingut umgebaut werden. Zuletzt stand es jedoch zum Verkauf.

Ums Wasser gebaut

Wo es eine ehemalige Gondorfer Niederburg gibt, gibt es natürlich auch eine ehemalige Gondorfer Oberburg: **Schloss von der Leyen.** Der im 16. Jh. zum Schloss umgebaute Prachtbau ist von einem Wassergraben umgeben und darf sich daher mit dem Prädikat »einzige Wasserburg an der Mosel« schmücken. Heute ist darin die Außenstelle Kobern-Gondorf des Landeshauptarchivs Koblenz untergebracht, die nach Anmeldung für Besucher ihre Türen öffnet.

T 02607 67 70, Do 8.30–12/13–16 Uhr, Mo/Di n. V.

Was für ein Wurm

Viele interessante Dinge der Gemeinde Kobern-Gondorf liegen im (halb) Verborgenen. Da hätten wir den Tatzelwurm: ein Fabelwesen, halb Löwe und halb Lindwurm, das früher in den Kobern-Gondorfer Stollen gelebt haben soll. Ihm kann man auf einer 7,8 km langen Rundwanderung **Tatzelwurmweg,** ausgehend vom Tatzelwurmbrunnen am Marktplatz von Kobern, auf die Schliche kommen. Sie führt durch das Hohesteinsbachtal und zur Matthiaskapelle. Im Vorbeigehen kann man somit den bedeutenden spätromanischen Kirchenbau (s. S. 208) entdecken. Muss erwähnt werden, dass es unterwegs wunderschöne Ausblicke ins Moseltal gratis gibt?

Unter Tage

Die **Stollen** erinnern an eine kurze, aber wichtige Bergbautradition des Ortes. In einem Stollensystem wurde etwa 50 Jahre lang im 19. Jh. Eisenerz abgebaut. Eine richtige Goldgräberstimmung muss damals den Ort erfasst haben, bis zu 150 Männer schufteten in der Unterwelt. Der Norbertusstollen ist heute noch zugänglich und kann bei unregelmäßig stattfindenden Führungen besichtigt werden.

Informationen zu Führungen beim Kuratorium für Heimatforschung und -pflege Kobern-Gondorf, T 02607 85 59, www.kuratorium-kobern.de

Schlafen, Essen

Für Romantiker

Hotel Simonis: Angela und Domenico Vicenti waren selbst auf einer Urlaubsreise in der Moselregion, als sie dieses Hotel im altehrwürdigen Fachwerkhaus direkt am historischen Marktplatz von Kobern entdeckten. Es muss Liebe auf den ersten Blick gewesen sein. 2013 entschloss das Ehepaar sich, es zu übernehmen und bringt seitdem apulische Lebensart an die Mosel.

Marktplatz 4, T 02607 974 85 37, www.hotelsimonis.com, 14 Zimmer, €€

Mittelalter trifft Moderne

Alte Mühle Thomas Höreth: Wie einem Märchen entsprungen ist die fast 1000 Jahre alte Burgmühle. Mit viel Liebe zum Detail haben Gudrun und Thomas Höreth sie in jahrelanger Arbeit vor dem Verfall gerettet. Heute betreiben sie ein hochgelobtes Restaurant (€€), Landhotel und Weingut, in dem moseluntypische

Sorten wie Chardonnay, Cabernet Sauvignon und Merlot angebaut werden.
Mühlental 17, T 02607 64 74, www.thomas-hoereth.de, 16 Zimmer, €€€

Einkaufen

Tolles aus Trauben

Weingut von Schleinitz: Es firmiert zwar erst seit 1956 unter diesem Namen – aber die Geschichte des Weinguts geht zurück bis ins Jahr 1650. Von Schleinitz ist eines der Spitzenweingüter der Region und vertreibt den Premium-Riesling Uhlen nicht nur in Top-Restaurants in Europa, sondern auch in den USA. Im Sommer lockt ein schöner Winzerhof zum Probieren.
Kirchstr. 22, T 02607 97 20 20, www.vonschleinitz.de, Vinothek n. V. geöffnet

Bewegen

Moderne Schnitzeljagd

Geocaching: Auch an der Mosel erfreut sich diese besondere Form der Schatzsuche großer Beliebtheit. In Kobern-Gondorf sind mehrere Geocaches versteckt. Um sie zu finden, braucht man nur ein Smartphone und eine Geocaching-App. Wer sein GPS-Gerät überprüfen und einstellen möchte, findet am Fährbrunnen einen offiziellen Referenzpunkt.

Es regnet? Kein Problem!

Geheime Welt: Ein Dinosaurierpark, eine Laserhöhle, ein 7D-Kino sowie eine überdachte Minigolfanlage: All das bietet dieser Indoor-Spielpark – und noch viel mehr.
Kalkofen 2, T 02607 973 55 44, www.geheimewelt.de, Mi–Fr 14–19, Sa/So 10–19, in den Ferien tgl. 10–19 Uhr, ab 12 €, 1–3 Jahre ab 3,50 €, Familienkarte ab 38 €

Feiern

- **Ostermarkt:** Ostersonntag. Eröffnung der Freiluftsaison mit dem größten Osternest an der Mosel und viel Kunsthandwerk
- **Wein- und Burgenfest:** 1. Juliwochenende, Festzug, Kinderprogramm und mit Livemusik

Infos

- **Touristik und Kultur:** Lennigstr. 12–14, 56330 Kobern-Gondorf, T 02607 10 55, www.kobern-gondorf.de
- **Verkehr:** Kobern-Gondorf liegt an der Moselstrecke Trier–Koblenz; Busse nach Münstermaifeld, Polch, Koblenz, Boppard; Schiffsanlegestelle

AUS HORCH MACH AUDI

August Horch war ein Autopionier. Er wurde am 12. Oktober 1868 in Winningen geboren und lernte bei seinem Vater das Handwerk des Schmieds. 1899 gründete er in Köln das Unternehmen Horch & Cie, in dem er ein Jahr später sein erstes Automobil baute. 1909 gründete er in Zwickau die August Horch Automobilwerke GmbH, aus der Audi wurde. In Winningen erinnert man gern an den Visionär, der 1951 in Oberfranken starb.

Winningen

J1

Das kleine Winningen liegt so nah an Koblenz, dass man es fast für einen Vorort halten könnte. Aber eben nur fast. Denn im Grunde hat das Dorf sich trotz

Lieblingsort

Perfekter Platz

Wie gemalt ist die Schönheit dieses Platzes am Ortseingang von **Winningen** (📍 J 1). Die Kulisse aus Weinhexbrunnen und Fachwerkarchitektur, die den Zauber vergangener Jahrhunderte in sich trägt, ist wunderschön. Hier kann man herrlich entspannt sitzen und die Erzeugnisse verkosten, die der nahegelegene Uhlen, einer der höchsten Weinberge Europas, hervorbringt. Einmal im Jahr wird die entspannte Atmosphäre gegen eine trubelige ausgetauscht: Dann wird im **Weinhof** das älteste und vermutlich auch längste Winzerfest an der Mosel gefeiert.

der Nähe zur Großstadt, zur Autobahn und zur berühmten, das Tal überspannenden Moselbrücke seinen ländlichen Charme bewahrt. Besucher erleben hier die reinste Moselidylle mit Fachwerkhäusern und steilen Weinbergen.

Winningen und die Welt

In dem beschaulichen Winzerörtchen haben ein paar große Karrieren ihren Anfang genommen. Die der Brüder Jacobi zum Beispiel: Johann Georg Ferdinand Jacobi (1766–1848) war Bürgermeister von Dresden, Gottlob Jacobi (1770–1823) Unternehmer und Mitbegründer des späteren Gutehoffnungshütte-Konzerns im Ruhrgebiet. Oder die des Top-Hoteliers Horst Schulze. Er ist in Winningen aufgewachsen und soll schon im zarten Alter von elf Jahren für sich entschieden haben: »Ich gehe ins Hotel!« Und zwar nicht in irgendeins. Mit Mitte 20 hat er schon in den tollsten Hotels Europas gearbeitet, später wird er Vizepräsident von Hyatt und in den 1980er- und 1990er-Jahren Chef von Ritz-Carlton.

Winningen war auch der Rückzugsort der Schriftstellerin Anne von Canal (1973–2022), die seit ihrem Debüt »Der Grund« aus dem Jahr 2014 viel Anerkennung für ihre Romane bekommen hat und mit dem Winninger Winzer Wolfgang von Canal verheiratet war.

Horch mal her!

Die Schule, die einst der berühmte Sohn von Winningen, August Horch, besuchte, ist heute denkmalgeschützt. In dem Gebäude, das nach Entwürfen von Johann Claudius von Lassaulx 1833/34 gebaut wurde, residiert das mit viel Liebe betriebene **Museum Winningen,** das Horchs Leben und Wirken eine eigene Abteilung widmet.

Schulstr. 5, T 02606 96 25 64, www.museum-winningen.de, Mai–Okt. Sa/So 14–17 Uhr, 3 €, bis 14 Jahre frei

Hex, hex

Ein unrühmliches Kapitel in der Geschichte von Winningen sind die Hexenverbrennungen, die im 17. Jh. ihren – wenn man so will – Höhepunkt erreichten. Auf dem **Heideberg** wurden Menschen, die aus irgendeinem Grund gesellschaftlich in Ungnade gefallen waren, verbrannt oder enthauptet. Historiker gehen von über 20 Opfern aus. An sie erinnert ein Gedenkstein auf dem Heideberg. Heideberg hieß früher übrigens die Winninger Großlage, 1971 wurde sie in Weinhex umbenannt. Diese Figur geht auf eine alte Sage zurück. Der im Jahr 1925 errichtete **Weinhexbrunnen** auf dem Marktplatz, der im Mittelpunkt des Moselfestes in Winningen steht, ist aber auch ein Symbol für die Erinnerung an die Hexenverfolgungen.

Schlafen

Klein und oho

Hotel Nora Emmerich: Vor mehr als 50 Jahren gründeten Nora Emmerichs Eltern eine kleine Pension. Seit über 35 Jahren kümmert sie sich um das immer weiter gewachsene Familienhotel – und das mit Herzblut. Gäste schätzen besonders ihre warmherzige Art und das liebevoll servierte Frühstück.

Raiffeisenstr. 15, T 02606 537, www.hotel-emmerich.com, 23 Zimmer, €€

Freundlich-familiär

Hotel Moselblick: Das Tagungs- und Urlaubshotel punktet nicht nur mit der schon im Namen genannten Aussicht, sondern auch mit einer liebevollen Atmosphäre, großen und erst vor wenigen Jahren renovierten Zimmern sowie einem Restaurant mit abwechslungsreicher Küche.

An der B 416 (Inselweg), T 02606 92 08 10, www.hotel-moselblick.de, 36 Zimmer, €€

Essen

Öfter mal was Neues

Brunnenklause: Eine leichte, mediterrane Küche mit regionalen Bezügen bietet die Speisekarte dieser schönen Weinstube – und damit es weder Küchenchef Lothar Lützenberger noch den Gästen langweilig wird, wechselt diese Karte häufig. Auch die Weinkarte hat viel Interessantes, vor allem von Winninger Winzern, zu bieten.

Bachstr. 6, T 02606 499, www.brunnenklause.de, Mi–So 11.30–14.30 und ab 17 Uhr, €€

Ganz groß

Klein's Fronhof: Stefanie und Michael Klein sind echte Winninger. Sie kennen sich schon seit dem Kindergarten und führen seit 2012 gemeinsam das Familienunternehmen, das moselländische Spezialitäten und ausschließlich Weine von einheimischen Weingütern anbietet. Dienstags ist BBQ-Spare-Ribs-Abend, freitags gibt es Gambas und sonntags Filetsteaks.

Fronstr. 2, 02606 435, www.fronhof-stuben.de, Do/Fr 17–22, Sa/So 12–14, 17–21 Uhr

Einkaufen

Ganz automatisch

Moselmetzger Hünten: Überall auf dem Land kennt man das Problem der fehlenden Einkaufsmöglichkeiten und der Öffnungszeiten, die nicht immer zu den eigenen Bedürfnissen passen. Und überall an der Mosel gibt es eine erfreuliche Entwicklung: Automaten, die mit frischem Obst, Gemüse, Wein und sogar Pizza gefüllt sind – oder, wie hier, mit Fleisch und Wurst der Metzgerei Hünten aus Löf. Bezahlt wird mit der EC-Karte oder mit Bargeld.

Marktplatz

HAST DU SCHON GEHÖRT?

H

Man kann Neuigkeiten twittern, posten oder mailen. Man kann sie aber auch auf herrlich altmodische Weise verkünden: via Ortsfunk. In Winningen ertönen zweimal am Tag Durchsagen aus 200 Lautsprechern. Ob die Katze verschwunden ist, eine Wohnung zu haben ist oder es auf dem Wochenmarkt besonders schöne Äpfel gibt – gegen eine Gebühr kann alles kundgetan werden.

Feiern

- **Eierkibben:** Ostersonntag. Am Weinhexbrunnen werden Tausende bunte Ostereier gegeneinander geschlagen, wobei das Ei des Kontrahenten an beiden Enden eingedellt werden muss, um es zu ergattern. Dazu wird der Spruch »Ber härren Schbetz? Ber härren Oarsch?« gerufen und Winninger Eierwein ausgeschenkt: ein Gemisch aus Wein, geschlagenen Eiern und Zucker. Klingt komisch? Ist es auch.
- **Moselfest:** Ende Aug./Anf. Sept. Mit gleich zwei Superlativen wartet das Weinfest auf: Es ist das älteste deutsche Winzerfest und mit zehn Tagen auch das längste an der Mosel.

Infos

- **Tourist-Info:** August-Horch-Str. 3, 56333 Winningen, T 02606 22 14, www.winningen.de
- **Verkehr:** Winningen liegt an der Moselstrecke Trier–Koblenz; Busse nach Koblenz, Münstermaifeld; Schiffsanlegestelle

Zugabe Musizieren und Diskutieren

Festival auf der Burg Waldeck

Der Titel »Zugabe« passt hier hervorragend, denn Zugaben sind hier schon sehr oft gegeben worden. Seit 1964 ist die Burg Waldeck im Hunsrück Schauplatz für die ersten deutschen Chanson-Festivals unter freiem Himmel. Sämtliche Liedermacher von Rang und Namen sind hier aufgetreten, viele standen am Anfang ihrer Karriere: Reinhard Mey, Wolfgang Niedecken, Hanns-Dieter Hüsch, Franz Josef Degenhardt, Hannes Wader und viele andere haben hier gesungen und diskutiert. Auf der Burg, die sich heute das Zentrum des Bundes Nerother Wandervogel und eine Jugendbildungsstätte teilen, findet bis heute Open-Air-Konzerte statt. ■

Koblenz und Umgebung

Stadt der zwei Flüsse — Der alte Name von Koblenz, Confluentes, weist darauf hin, dass wir am Ziel angekommen sind: Hier verabschiedet sich die Mosel und fließt in den Rhein.

Seite 220

Festung Ehrenbreitstein ✪

Wer nur einen halben Tag Zeit hat, sollte ihn hier verbringen. Auf der mehr als tausend Jahre alten Festung kann man so viel lernen, erleben, essen – und sogar schlafen.

Seite 224

Die Koblenzer Altstadt

Verwinkelte Gassen, schnuckelige kleine Geschäfte, hübsche Cafés: In der Altstadt zeigt sich Koblenz von seiner liebenswerten Seite. Und: Fast alle Sehenswürdigkeiten liegen nur wenige Minuten zu Fuß voneinander entfernt.

Der Statt-Strand ist kein schlechter Ersatz – eine Oase der Ruhe.

Seite 225

Forum Confluentes

Am einst ungeliebten Zentralplatz steht heute das Forum Confluentes. Es vereint vier Kultureinrichtungen unter einem Dach. Auf dieses Dach sollte man unbedingt steigen und den sagenhaften Ausblick auf Koblenz genießen.

Seite 227

Ludwig Museum

In dem traditionsreichen mittelalterlichen Deutschherrenhaus ist das von dem Mäzen-Ehepaar Peter und Irene Ludwig gestiftete Museum zu Hause. Schwerpunkt moderne französische Kunst.

Seite 230

Kunstgässchen

Zwischen der Liebfrauenkirche und der Münzstraße befindet sich dieser ganz besondere Ort, für den ›Einkaufszentrum‹ der völlig falsche Begriff wäre.

Seite 234

Essgeschäft

Kuchen, Torten, Törtchen und viele leckere kleine Schweinereien gibt es im Essgeschäft.

Seite 230

DB Museum

Eisenbahnfreaks, egal ob groß oder klein, bekommen in diesem Museum glänzende Augen. Die Außenstelle des Nürnberger DB Museums lockt mit Fahrzeugen sowohl in Original- als auch in Miniaturgröße.

Seite 237

Stolzenfels

Rheinromantik ›at its best‹ – dieses prächtige Schloss im gleichnamigen Koblenzer Stadtteil verspricht sie schon von Weitem. Und hält sie auch!

In der Schwebe: Bis 2026 hat Koblenz eine Seilbahn. In gläsernen Gondeln geht es über den Rhein.

Auch an Karneval – oder Faasenacht – ist Koblenz rheinisch-speziell: Es wird nicht »Helau!« oder »Alaaf!« gerufen, sondern »Kowelenz Olau!«

Auf zu neuen Ufern

B

Beim Gang durch die Stadt merkt man es: Ein neues, modernes, cooles Koblenz soll es sein. Die Auflösung des Heeresführungskommandos und die Bundesgartenschau 2011 haben entscheidende, auch finanzielle Impulse dazu gegeben. Zur Buga kamen mit 3,6 Mio. Menschen fast doppelt so viele wie erwartet. Dieses Event, das längst mehr ist als eine Blümchenpräsentation, hat sich sehr positiv auf die Stadtentwicklung und den Tourismus ausgewirkt. So sehr, dass auf 67 km im Rheintal zwischen Koblenz und Rüdesheim/Bingen die Buga 2029 geplant ist und einen »neuen Rheinromantik-Boom« auslösen soll.

Romantik von zwei Seiten

Die lieblich-romantische Seite von Koblenz kommt nicht von ungefähr – schließlich liegt die Stadt an gleich zwei Flüssen, die für ihre Romantik berühmt sind. Auf dem Rhein dümpeln die Ausflugsschiffe dahin, da lässt es sich über die Promenade herrlich flanieren. An lauen Sommerabenden schmecken der Wein von der Mosel oder aus dem Rheingau im Freien am besten und das Bier aus den Koblenzer Brauereien in den Biergärten auch.

ORIENTIERUNG

O

Infos: www.koblenz-touristik.de, www.welterbe-mittelrhein.de
Verkehr: Koblenz-Hauptbahnhof ist Halt für ICE- und IC-Züge u. a. nach Frankfurt, Köln, Mainz; Regionalzüge halten auch am Bahnhof Stadtmitte sowie in Ehrenbreitstein (rechte Rheinseite). Fernbusse nach München, Köln, Essen, Hamburg etc., Shuttlebusse zum Flughafen Hahn, Busse des VRM (www.vrminfo.de) in Vororte und Umland.
Parken und Ankommen: Vor allem samstags ist die Koblenzer City Ziel vieler Besucher, Parkhäuser u. a. in den Einkaufszentren Löhr-Center und Forum Mittelrhein. Begehrt sind die Parkplätze am Deutschen Eck und auf der Festung Ehrenbreitstein.

Unharmonisches Stadtbild

Das muss man sich mal vor Augen halten: 87 % von Koblenz wurden bei britischen Luftangriffen im Zweiten Weltkrieg zerstört. Was für eine Zahl! 87 %. Die Spuren sind im Stadtbild noch zu sehen, in Form einer schnell und günstig hochgezogenen Nachkriegsarchitektur, die heute Probleme bereitet und hässlich wirkt. Das ist auch eine Seite von Koblenz.

Koblenz

J1

Genau wie Trier 190 Flusskilometer die Mosel aufwärts ist Koblenz mit rund 115 000 Einwohnern eine eher kleine Großstadt. Platz 70 von 82 auf der Liste der deutschen Großstädte. Weit und breit gibt es allerdings keine ähnlich große Stadt, weder in Richtung Hunsrück oder Eifel noch in Richtung Mosel oder Lahn. Für viele Menschen in dieser dünn besiedelten Gegend sind Koblenz und das umliegende Industriegebiet nicht nur Arbeitsplatz, sondern auch ein Ziel zum Einkaufen, zum Erleben von Kultur und zum Ausgehen – und deswegen wirkt die Stadt wie eine Metropole.

Die Innenstadt hat etliche Fußgängerzonen und Shoppingcenter zu bieten, es gibt eine sehr lebendige Gastronomie, ein Theater mit eigenen Ensembles für Musik- und Sprechtheater, Puppenspiel und Ballett und im Sommer viele Kultur- und Freizeitangebote unter freiem Himmel.

Alles fließt zusammen

Die Stadt Koblenz kann man sich auf viele Weisen erschließen. Indem man erst einmal in der malerischen Altstadt einen Kaffee trinkt und die Atmosphäre auf sich wirken lässt. Oder durch einen Besuch am Deutschen Eck, einem geschichtsträchtigen Ort, an dem alles begann. Dem Umstand, dass sich an dieser Stelle Mosel und Rhein vereinen, verdankt die Stadt ihren lateinischen Namen: Aus »Castellum apud Confluentes« (Kastell bei den Zusammenfließenden) wurde der heutige Name Koblenz. Denn natürlich hatten die Römer die strategische Lage erkannt und unterhielten seit

In der warmen Jahreszeit spielt sich das Koblenzer Leben im Freien ab – an den Flussufern, auf den Plätzen der Altstadt und in Biergärten.

der Zeit Kaiser Valentinians (364–375 n. Chr.) ein Kastell, um ihre Heerstraßen am Rhein beim Übergang über die Mosel zu sichern. Um sich diese einmalige Lage von oben anzusehen, kann man zum Auftakt erst einmal eine Runde mit der Seilbahn fahren (s. Tour S. 221).

Ehrenbreitstein

Kulturelles Zentrum

An ihr kommt keiner vorbei, der Koblenz besucht, und übersehen kann man sie auch nicht, wie sie so 118 m hoch über dem Fluss thront: Die **Festung Ehrenbreitstein**  wurde um das Jahr 1000 erstmals erwähnt, ist in Wahrheit aber wahrscheinlich viel älter. Als kurtrierische und später preußische Befestigungsanlage besteht sie seit dem 16. Jh. Französische Revolutionstruppen sprengten die Zitadelle 1801 in die Luft, ab 1815 wurde sie für die preußisch gewordene Stadt Koblenz neu errichtet. Sie gehört dem Land Rheinland-Pfalz und ist Heimat für die Jugendherberge, die Generaldirektion Kulturelles Erbe Rheinland-Pfalz mit ihren Direktionen Burgen, Schlösser, Altertümer sowie für das **Landesmuseum Koblenz** (s. S. 227). Die wechselvolle Geschichte des Ortes macht eine Erlebnisroute mit multimedialer Inszenierung lebendig. Und, auch nicht ganz unwichtig: Im Restaurant Casino lässt es sich gediegen speisen – auf der Karte steht z. B. eine »preußische Kartoffelsuppe«.

Greiffenklaustr., T 0261 66 75 40 00, www.tor-zum-welterbe.de, April–Okt. 10–18, Nov.–März 10–17 Uhr (bis 24 Uhr freier Zugang zu Gelände und Gastronomie), 8 €, Schüler/Stud. 5 €, Kinder 4 €, Familienkarte ab 9,50 €, Anfahrt per Seilbahn s. S. 221

F

FAKTENCHECK

Einwohner: rund 115 000
Bedeutung: Verkehrsknotenpunkt, Sitz vieler Bundesbehörden, Bundeswehrstandort, Industrie im Rheinhafen
Stimmung auf den ersten Blick: rheinisch-freundlich, ein bisschen bieder
Stimmung auf den zweiten Blick: urban, grün, cool
Besonderheiten: eine der ältesten Städte Deutschlands, Teile der Stadt sind UNESCO-Welterbe, Universitätsstadt.

Am Wasser

Der Kaiser hat alles im Blick

Die wahrscheinlich berühmteste Sehenswürdigkeit der Stadt Koblenz ist das **Kaiser-Wilhelm-Denkmal**  am Deutschen Eck, wo die Mosel in den Rhein mündet. Nach dem Tod Kaiser Wilhelms I. 1888 entschied sein Enkel und Nachfolger, dass der Platz an der Moselmündung der geeignete für ein Denkmal sei, das die Bemühungen seines Vorgängers um eine deutsche Einigung würdigen sollte. Erst seitdem das am 31. August 1897 eingeweihte Reiterstandbild hier steht, wird dieser Platz als »Deutsches Eck« bezeichnet.

Das Denkmal ist 37 m hoch, 14 m entfallen auf das Reiterstandbild. Am 16. März 1945 traf eine amerikanische Artilleriegranate unter ungeklärten Umständen das Standbild, der Kaiser fiel vom Sockel. Erst 1993, nach der ›zweiten Deutschen Einheit‹, wurde das Reiterstandbild restauriert und der Kaiser kehrte zurück. Manche Besucher blicken ehrfürchtig zum Kaiser hinauf. Die meisten aber bevorzugen es, auf

TOUR
Über uns der Himmel und unter uns der Rhein

Mit der Seilbahn nach Ehrenbreitstein und per Fähre zurück

Infos

Start: Talstation Konrad-Adenauer-Ufer

Seilbahn: T 0261 20 16 58 50, www.seilbahn-koblenz.de, tgl. 10–19 Uhr, Einzelfahrt 11 €, Kinder 6 € Hin- und Rückfahrt 14,90/7 €
Fähre: Ostern-Okt. tgl. 9–18.30 Uhr, 2,50 €, 6–12 Jahre 1 €

Auf, auf, hinauf: Vier bis fünf Minuten dauert eine Fahrt mit der Seilbahn von der **Talstation am Deutschen Eck** zur Bergstation auf dem Gelände der Festung Ehrenbreitstein. Die Idee zur Seilbahn resultierte ursprünglich aus einem ganz banalen Problem: Wie könnte man während der Buga 2011 die Besuchermassen möglichst schnell, effizient und umweltfreundlich zwischen den verschiedenen, durch den Fluss getrennten Ausstellungsgeländen transportieren? Mit Shuttle-Bussen? Oder einer Fähre? Eine Seilbahn über den Rhein nach Kölner Vorbild war die überzeugendste Lösung. Die Strecke ist 890 m lang, in eine Gondel passen bis zu 35 Passagiere.

Genug Zeit einplanen für die Festung

Wenn es möglich ist, steigen Sie in die Nummer 17 ein: Sie besitzt einen Glastisch, der einen Blick auf den Rhein ermöglicht, mit gemächlich vorbeiziehenden Ausflugs- und Containerschiffen. Oben angekommen, sollten Sie sich mindestens einen halben Tag Zeit nehmen für den Besuch der **Festung Ehrenbreitstein**. wo es unglaublich viel zu sehen, zu entdecken, zu erleben gibt (s. S. 220). Und wenn Sie danach in die Stadt gehen, sind Sie mit viel Wissen gewappnet über ihre wechselvolle Geschichte. Zurück kann man am Fuß der Festung Ehrenbreitstein die **Fähre** über den Rhein in die Innenstadt nehmen.

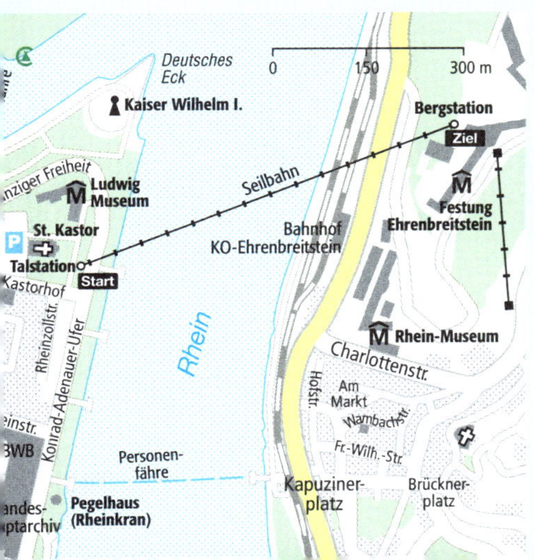

den Stufen eine Pause vom Sightseeing einzulegen.

Für Kleine und Große

Sie stehen nun vor einer nicht ganz einfachen Entscheidung. Am Rhein oder an der Mosel entlang in die Altstadt? Welcher Weg der schönere ist? Beide! An beiden Ufern verleiten Biergärten zu einer ausgedehnten Pause unter Bäumen. Wenn Sie kilometerweit durch eine Parkanlage flanieren möchten, nehmen Sie den Weg am Rhein. Wenn es gerade heiß ist, Sie kleine Kinder im

Koblenz

Ansehen

1. Festung Ehrenbreitstein
2. Kaiser-Wilhelm-Denkmal
3. St. Kastor
4. Kastorbrunnen
5. Florinskirche
6. Liebfrauen
7. Schängelbrunnen
8. Forum Confluentes mit Mittelrhein-Museum
9. Kurfürstliches Schloss
10. Rhein-Museum
11. Landesmuseum Koblenz
12. Ludwig Museum
13. Mutter-Beethoven-Haus
14. DB Museum
15. Mosellum
16. Sekt-Museum

Schlafen

1. Hotel Kleiner Riesen
2. GHOTEL
3. Kornpforte
4. Jugendherberge
5. Hotel Brenner

Essen

1. Biergarten am Froschteich
2. eGeLoSIa
3. Gerhards Genussgesellschaft
4. Essgeschäft
5. Restaurant im Pegelhaus
6. SauBar
7. Pfefferminzje

Einkaufen

1. Pfeffersack & Soehne
2. Nero Kaffeerösterei
3. Schmuckstück-Manufaktur

Bewegen

1. Statt-Strand
2. Fahrrad Zangmeister
3. Kletterwald Sayn

Ausgehen

1. Café Hahn
2. Theater Koblenz

Schlepptau haben und zufällig eine Badehose und ein Handtuch im Rucksack, dann nehmen Sie die Mosel-Variante. Ihr Nachwuchs wird es Ihnen danken und auf dem **Wasserspielplatz** hinter dem Deutschen Eck hemmungslos herumtoben. Es ist eine von vier Spielflächen, die zur Buga 2011 entstanden und erhalten blieben. Direkt daneben, in einer schönen Parkanlage befindet sich mit dem **Ludwig Museum** 12 (s. S. 227) eines der kulturellen Aushängeschilder der Stadt. Es liegt auf dem Gelände des Deutschherrenhauses, wo die Kreuzritter des Deutschen Ordens seit dem Jahr 1216 residierten. Da es die erste Niederlassung des Ordens im Rheinland war, bekam der Bezirk nahe der Mündung der Mosel in den Rhein den Namen »Deutsches Eck«.

Glaube und Geschichte

Die katholische Pfarrkirche **St. Kastor** ❸ ist die älteste Kirche von Koblenz. Als im Zweiten Weltkrieg die Altstadt in Flammen aufging, kam die ehemalige Stiftskirche noch einigermaßen glimpflich davon. Der erste Bau ist zu Beginn des 9. Jh. vollendet worden, in ihrer heutigen Form entstand die Kirche zwischen dem 12. und dem 19. Jh. 1991 wurde ihr eine besondere Ehre zuteil: Papst Johannes Paul II. erhob sie zur »Basilica minor«, ein Ehrentitel für katholische Kirchen. Kurios ist die Inschrift am **Kastorbrunnen** ❹ vor der Basilika. Sie sollte an den erfolgreichen Russlandfeldzug Napoleons erinnern – die Inschrift war, wie wir heute wissen, voreilig in Auftrag gegeben worden. Der Feldzug endete bekanntlich in einem Fiasko und mit Napoleons Rückzug.

Kastorhof 4, April–Okt. tgl. 9–18, Nov.–März tgl. 10–16 Uhr

In der Altstadt

In wenigen Minuten laufen Sie vom Deutschen Eck in die Altstadt und kommen dabei immer wieder an allmählich vergammelnden Scheußlichkeiten der Nachkriegsarchitektur vorbei. Umso beeindruckender ist dann das Bild, das sich bietet, wenn man das Ziel erreicht hat: die **historische Altstadt.** Eine Gasse ist hübscher als die andere, die Häuser sind herausgeputzt, die Hinterhöfe pittoresk. Hier gibt es die schönsten Läden, die traditionsreichsten Cafés, die angesagtesten Kneipen.

Bewegte Geschichte

Das Geschick der **Florinskirche** ❺ prägte fast zwei Jahrzehnte lang eine prominente Persönlichkeit: Der Theologe, Philosoph und spätere Kardinal Nikolaus von Kues (1401–1464) wurde zuerst Stiftsherr und dann Dekan der um das Jahr 1100 errichteten Kirche. Besonders ist der Christus-Zyklus in den Außenwandfenstern. Die gotischen Buntglasscheiben aus der Zeit um 1300 waren ein Geschenk des Freiherrn vom Stein (1820) an die seit 1818 evangelische Kirche. In ihrem Innern sind kostbare Wandmalereien aus dem 14./15.Jh. zu sehen. Eine Kanonenkugel im Deckengewölbe über dem Taufbecken erinnert an die Beschießung der Kirche durch französische Truppen im Jahr 1688. Aktuell wird über eine Sanierung der Kirche nachgedacht, weswegen sie zeitweise geschlossen ist.

A

AUGENROLLER

Fratzen, die schon viele Kinder in Angst und Schrecken versetzt haben, sind die »Augenroller«. Im Takt der Uhr bewegen sich die Augen und zur vollen Stunde streckt die Fratze die Zunge heraus. Der Original-Augenroller ist am Florinsmarkt unterhalb der Uhr des alten Kaufhauses und ein zweiter Augenroller, eine Nachbildung, ist auf dem Münzplatz. Der gruseligen Legende nach soll es sich dabei um die Maske von Johann Lutter Kobern handeln, einem Raubritter, dessen letzte Worte vor der Hinrichtung 1536 davon gehandelt haben sollen, dass es Koblenz nur so lange gut gehen werde, wie seine Fratze über dem Tor des »alten Kaufhauses« hinge. Dabei soll er die Zunge herausgestreckt und mit den Augen gerollt haben.

Florinsmarkt, normalerweise geöffnet Mitte Mai–Okt. tgl. 10.30–17.30 Uhr

Ganz oben

Liebfrauen ❻ ist eine der ältesten Kirchen von Koblenz. Die »Owerpfarrkerch« steht auf dem höchsten Punkt der Altstadt und stützt sich auf die Grundmauern eines römischen Saalbaus aus dem 5./6. Jh. Der Bau, dessen spätromanische Teile etwa 1180–1205 hinzukamen, mit der eindrucksvollen Doppelturmfassade und den Emporen in voller Höhe über beiden Seitenschiffen erfuhr immer wieder Veränderungen.

Florinspfaffengasse 14, tgl. 8.30–17, im Sommer 8.15–19 Uhr

Engelchen oder Bengelchen?

»Schängel« nennen die Einheimischen liebevoll Jungen und inzwischen auch Mädchen, die in Koblenz geboren sind. Diesem Lausbub, dem Schängelchen, ist mit dem **Schängelbrunnen** ❼ ein Denkmal gesetzt. Er steht etwas versteckt im Rathaushof – und das aus gutem Grund. Spuckt doch der von Carl Burger 1940/41 erschaffene bronzene Bengel auf dem Brunnen frech und überraschend Wasser auf Passanten! Seinen Ursprung soll der Schängel wenig ehrenwert in Jean haben, dem Prototyp eines Franzosen, und auf die Kinder deutscher Mütter und französischer Väter in der Zeit der Zugehörigkeit zu Frankreich im 18. und 19. Jh. anspielen.

In der Innenstadt

Von allem etwas

Am besten beginnt man im **Forum Confluentes** ❽ ganz oben. Mit einem gläsernen Panorama-Aufzug fahren Besucher auf die Dachterrasse im sechsten Obergeschoss, wo ein gigantischer Blick über die Stadt Koblenz wartet(s. S. 233).

Fiese Fratze: der Augenroller am alten Kaufhaus auf dem Florinsmarkt in der Koblenzer Altstadt

Von dort geht es über Treppen und dann Rolltreppen durch die verschiedenen Ebenen der **Stadtbücherei**. In einer Zeit, in der das gedruckte Buch (angeblich!) zugunsten digitaler Dateien an Bedeutung verliert, wurde hier der Literatur sehr viel Raum gegeben. Andere Städte können nur davon träumen, alles an einem Ort versammelt zu haben: die Zentralbibliothek, die Kinder- und Jugendbücherei, die Musikbibliothek und Mediathek. Und überall gibt es viel Platz, um sich mit einem Buch oder einer Zeitung niederzulassen, sich in ein Thema zu vertiefen, Wissen zu sammeln, sich Anregungen zu holen oder einfach unterhalten zu lassen.

Zurück im Erdgeschoss. Im Foyer lädt ein **Kulturcafé** zu heißen Getränken und Snacks ein. Nebenan befindet sich die **Tourist-Information,** die nicht

Johannes Peter Müller gilt als wichtigster Physiologe des 19. Jh. Dem Mediziner wurde ein Denkmal auf dem Jesuitenplatz in der Koblenzer Altstadt gewidmet.

nur Informationen und Eintrittskarten anbietet, sondern auch alle möglichen Produkte aus der Region.

Zentralplatz 1, Aufzug Panorama-Aussicht 1 €

In der Neustadt

Beeindruckende Residenz

Direkt am Rhein wird Ihnen ein prächtiges grau-weißes Gebäude ins Auge fallen: das **Kurfürstliche Schloss** ❾. Kurz vor der Französischen Revolution erbaut, wurde es nach 1815 zum Lazarett, zur Kaserne und schließlich preußische Residenz im Rheinland. König Friedrich Wilhelm IV. und das Kaiserpaar Wilhelm I. und Augusta residierten hier, wenn sie im Rheinland zu Besuch waren. Im Jahr 1944 wurde es, wie so viele Gebäude in Koblenz, bis auf die Grundmauern zerstört – und nach dem Krieg wieder aufgebaut. Heute sind im Schloss verschiedene Behörden untergebracht. Der Mittelteil ist zugänglich – allerdings nur, wenn Sie dort zu einem Bankett, einer Tagung oder einer anderen Veranstaltung eingeladen sind. Wunderschön ist der klassizistische **Terrassengarten** samt **Bürgerpark** und Kinderspielplatz.

Museen

Für den ersten Überblick

Mittelrhein-Museum: Im Bau des Forum Confluentes ❽ fand das Museum nach vielen Umzügen endlich einen angemessenen Standort. Es zeigt auf einer Fläche von 1900 m² Kunstwerke aus den

Beständen der städtischen Sammlung: Gemälde, Grafiken, Handzeichnungen, Skulpturen, kunstgewerbliche Objekte, Möbel, Textilien, Münzen und Fotografien.
Im Forum Confluentes, Zentralplatz 1, www.mittelrhein-museum.de, Di–So 10–18 Uhr, 6 €, ab 12 Jahre 4 €, Familienkarte 10 €

Großer Bruder Rhein

10 Rhein-Museum: Das hier ist ein Mosel-Reiseführer, klar. Aber in Koblenz übernimmt ein anderer Fluss, der große Bruder sozusagen: der Rhein. Und der kann es in Sachen Wein und in Sachen Romantik mit der Mosel durchaus aufnehmen. »Warum ist es am Rhein so schön? Weil die Mädel so lustig und die Burschen so durstig«, heißt es in einem alten Schlager. Das Rhein-Museum hat noch ein paar mehr Antworten auf diese Frage und beleuchtet die größte deutsche Wasserstraße von allen Seiten. Das Leben und Arbeiten am Rhein, die Schifffahrt, der Fischfang, die Ökologie, die Kultur – mit all diesen Aspekten können sich Besucher bei einem ausgedehnten Besuch beschäftigen.
Charlottenstr. 53a, www.rhein-museum.de, Di–Fr 10–17, Sa/So 12.30–16 Uhr, 7 €

SPEKTAKULÄR

Man sollte mit dem Wort spektakulär ja nun wirklich nicht inflationär umgehen. Sonst hat es sich ganz schnell verbraucht. Aber gibt es ein besseres für diesen Bau? Für dieses 32 m hohe lichtdurchflutete Gebäude, das als Statement für moderne Architektur auf diesem einst so verlotterten Platz steht? Ja, das **Forum Confluentes 8** ist absolut spektakulär. Und wer hat's gebaut? Der gesamte Komplex in der Koblenzer Innenstadt – das Einkaufszentrum Forum Mittelrhein und das benachbarte 2013 eingeweihte Forum Confluentes – wurde nach einem Entwurf des Architekturbüros Benthem Crouwel errichtet. Zuvor war es unter anderem verantwortlich für das Anne-Frank-Haus in Amsterdam und das Deutsche Bergbau-Museum in Bochum.

Für eine lange Weile

11 Landesmuseum Koblenz: Auf der Festung Ehrenbreitstein hoch oben über der Stadt und über dem Rhein thront dieses 1956 gegründete Museum, das einen interessanten Einblick in die Kulturgeschichte des Landes Rheinland-Pfalz gibt. In vier Ausstellungshäusern widmen sich Dauer- und Sonderausstellungen den Themen Fotografie, Archäologie, Weinbau, Wirtschafts- und Technikgeschichte. In den alten Mauern der Festung gibt es derart viel zu sehen, dass sich erstens jeder das für ihn oder sie Interessante herauspicken kann und dass man zweitens auch locker noch einmal und noch einmal und noch einmal kommen kann, ohne sich zu langweilen.
Auf der Festung Ehrenbreitstein, www.tor-zum-welterbe.de, April–Okt. tgl. 10–18, Nov.–März tgl. 10–16 Uhr, 8 €

Geschenk an die Nachwelt

12 Ludwig Museum: Ludwig Museum? Ist das nicht in Köln? Nein. Das ist das Museum Ludwig. Und dann gibt es auch noch das Ludwig Forum für Internationale Kunst in Aachen, die Sammlung Ludwig in Bamberg, die Ludwig Galerie Schloss Oberhausen und noch etliche weitere Häuser im In- und Ausland. Peter und Irene Ludwig, die 1996 und 2010 verstorben sind, waren derart leidenschaftliche Kunstsammler, dass sie für ihre vielen Tausend Gemälde, Zeichnungen, Skulpturen und Installationen gleich mehrere Museen stifteten, die jeweils unterschiedliche Schwerpunkte setzen. Der Schwerpunkt im 1992 eröffneten Ludwig

TOUR
Resche Hennerich und Schutzmann Otto

Auf den Spuren bekannter Koblenzer Originale durch die Altstadt

Jede größere Stadt hat sie: ihre Originale. Menschen, die am Rand der Gesellschaft lebten, die sich mit Verkauf von Dingen oder auch kleinen Gaunereien über Wasser hielten, die liebenswürdig waren oder auch ein bisschen schrullig. In der Koblenzer Altstadt kann man sechs von ihnen begegnen – in Stein gehauen und in Bronze gegossen.

Schutzmann und Marktfrau

Beginnen wir unseren Rundgang am **Münzplatz.** Dort stehen nämlich gleich drei von sechs Figuren. Die erste ist die Marktfrau – in Koblenzer Mundart Maatfrau – Ringelstein. Sie steht als Teil einer Bronze-Figurengruppe des Bildhauers Fritz Berlin friedlich neben dem die Obrigkeit repräsentierenden Schutzmann Otto. Auf dem Münzplatz befand sich zwischen 1952 und 1978 ein Polizeirevier. Tatsächlich hatten die Schutzmänner und die Marktfrauen ein sehr gutes Verhältnis: Die Polizisten trugen den Marktfrauen am frühen Morgen die schweren Obst- und Gemüsekisten und wurden dafür mit einem Stück Gemüse oder einem Kopf Salat belohnt.

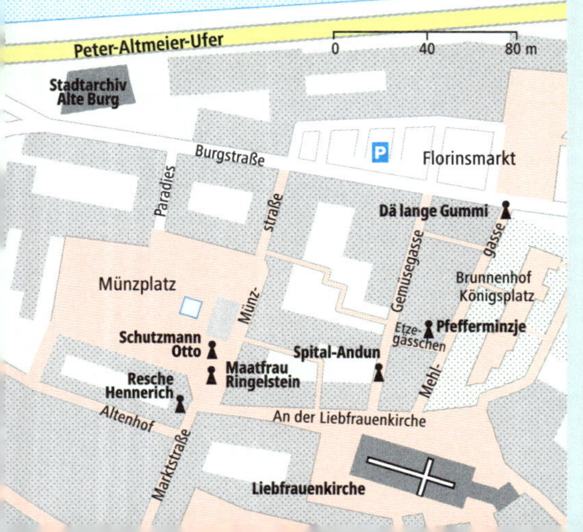

Bleiben wir noch einen Moment auf dem Münzplatz. Dort steht nämlich noch eine weitere Figur – die des

Freundlich lächelnd begrüßt der Schutzmann Otto jeden Passanten.

Resche Hennerich, der weniger glücklich war, wenn er es mit der Obrigkeit zu tun bekam. Der Schuhmacher, der in der zweiten Hälfte des 19. Jh. gelebt haben soll, hatte nämlich eine Menge Schabernack im Kopf und spielte seinen Mitmenschen immer wieder Streiche – was ihm mitunter auch Arrest einbrachte. Eine Tafel preist seine »Zivilkurasch« und seinen Witz und Humor.

Die nächste Station ist das für den Spital-Andun errichtete Denkmal in der **Gemüsegasse.** Seinen Namen hat er bekommen, weil er bis 1944 im Koblenzer Bürgerhospital lebte, er starb nach dem Ende des Zweiten Weltkriegs im Westerwald. Jedes Jahr an seinem Namenstag zog der Spital-Andun durch die Koblenzer Altstadt und sammelte von Kindern und Erwachsenen Gratulationen und Geschenke ein, die er dann mit seinen Mitbewohnern im Spital teilte. In der Statue steht ihm ein kleines Mädchen zur Seite, das ein solches Geschenk im Arm hat.

Bonbons und Kurzwaren

Nächste Station: **Etzegässchen.** Hier steht das Denkmal für das Pfefferminzje, eine gewisse Annemarie Stein aus Bonn, die bei den Koblenzern nicht nur durch die von ihr feilgebotenen Pfefferminzbonbons und anderen Süßigkeiten Bekanntheit (und Unsterblichkeit) erlangte. Sondern auch, weil sie gerne auf den Tischen tanzte und auch mit Begeisterung Gedichte gereimt haben soll. Sie ist irgendwann im Zweiten Weltkrieg gestorben.

Ähnlich wie das Pfefferminzje war auch unser letztes Original ein Hausierer – wie man früher sagte – mit einem Bauchladen: dä Gummi. Mit bürgerlichem Namen: Peter Schneider. Seinen Spitznamen soll er aber nicht bekommen haben, weil er neben anderen Kurzwaren und nützlichen Dingen für den Haushalt auch Gummibänder verkaufte. Sondern deswegen, weil er wegen eines Nerven- und Muskelleidens eine merkwürdige Art zu gehen hatte. Eben wie auf Gummibeinen. Ihm ist ein Denkmal an der **Ecke Mehlgasse/Florinsmarkt** gewidmet.

Heute findet der Markt einmal in der Woche, nämlich am Samstagvormittag, auf dem Münzplatz statt.

GUT VERSTECKT

Dem Verfall preisgegeben war das marode Anwesen in der Münzstraße 6–8, als der Kunsthandwerker Olef Spielmann aus Lahnstein es 1978 aufkaufte und daraus einen besonderen, romantischen Ort machte: das **Kunstgässchen.** Das Vorderhaus musste abgerissen werden, das zum Teil aus dem 17. Jh. stammende Hintergebäude konnte er erhalten. Kleine Wohneinheiten hat er geschaffen und hübsche Geschäfte, in denen Klangschalen, Mode aus Nepal und andere kunstgewerbliche Artikel verkauft werden. Wo man aber auch einfach einen Moment innehalten und sich umschauen kann.

Museum in Koblenz liegt auf westeuropäischer, vor allem französischer Kunst der Nachkriegszeit. Richtig alt und damit ein interessanter Kontrast zur modernen Kunst ist das Gebäude, in dem das Museum untergebracht ist: das **Deutschherrenhaus.** Es handelt sich um die erste Niederlassung der Deutschherren im Rheinland, die gegen Ende des 13. Jh. auf dem Gelände eingerichtet wurde.

Esther-Bejarano-Str. 1, www.ludwigmuseum.org, Di–Sa 10.30–17, So 11–18 Uhr, 6 €

Nicht ohne meine Mutter

⓭ **Mutter-Beethoven-Haus:** Bonn hat das Beethoven-Haus. Koblenz hat das Mutter-Beethoven-Haus. Nun ist vielleicht die Mutter von Ludwig van Beethoven, Maria Magdalena van Beethoven, nicht ganz so berühmt wie ihr Sohn, der es als Komponist zu Weltruhm brachte. Ein Förderverein hält sie trotzdem für bedeutend genug, um in ihrem Geburtshaus von ihr zu erzählen – und von der Kulturgeschichte Ehrenbreitsteins und dem Koblenzer Musikleben des 18. und 19. Jh. Als Maria Magdalena Keverich wurde sie in dem heutigen Koblenzer Stadtteil 1746 geboren.

Wambachstr. 104, www.mutter-beethoven-haus.de, So 14–18 Uhr, 3 €, erm. 2 €

Zug um Zug

⓮ **DB Museum:** Die Unwissenden unter uns denken, dass ein Zug ein Zug ist und das Wichtigste daran, dass er pünktlich in den Bahnhof einfährt und uns zuverlässig an unser Ziel transportiert. Für Kenner ist eine Eisenbahn so viel mehr: Sie vermag Technik- und Sozialgeschichte zu erzählen. Bahnfreaks finden in Koblenz einen Ort, an dem sie ganz tief eintauchen können in ihre Leidenschaft: die Außenstelle des Nürnberger DB Museums. In einem ehemaligen Güterwagenausbesserungswerk – ein Wort, das in den Ohren von Kennern wie Musik klingen dürfte – können Fahrzeuge in Original- und in Modellgröße bestaunt werden.

Schönbornslusterstr. 14, www.dbmuseum.de/koblenz, Feb.–Anf. Dez. Sa 10–16 Uhr, 4 €, 6–17 Jahre 2 €, Familien 8 €

Für Angler und andere

⓯ **Mosellum:** Wer sich für Lachse, Aale und ihre Migrationsmuster interessiert, dem sei der Besuch in diesem netten kleinen, etwas versteckt liegenden Informationszentrum empfohlen. Das Mosellum an der Moselstaustufe erklärt den Zusammenhang von Schifffahrt, Stromerzeugung und Fischwanderungen im Moseltal. Durch drei große Fenster im Untergeschoss können die Besucher direkt in den Fischpass Koblenz schauen und das Geschehen unter Wasser beobachten.

Peter-Altmeier-Ufer 1, www.mosellum.rlp.de, Do–So 10–17 Uhr, Eintritt frei

Hier ist er

⓰ **Sekt-Museum:** Wer erinnert sich nicht an diese dauergewellte Frau, die in der Fernsehwerbung zu einem Schlagzeugsolo ansetzte und danach leicht hysterisch rief:

»Wo ist der Deinhard?« Hier ist er: mitten in Koblenz. Die 1794 gegründete Sektkellerei, die sich in der Altstadt von Bernkastel gerade mit einem Boutique Hotel verewigt hat, betreibt an ihrem Stammsitz in Koblenz ein Sekt-Museum. Es kann im Rahmen einer Führung durch den Gewölbekeller besucht werden. Dort erfährt man viel Wissenswertes über den Weinbau und die Produktion von Wein und Sekt.

Deinhardplatz 3, T 0261 911 51 51, www.sekt-museum.de, offene Führungen April–Okt. Sa 17 Uhr, 17 € inkl. 1 Glas Sekt, weitere Termine auf Anfrage

Schlafen

Rheinromantik

1 Hotel Kleiner Riesen: Das Hotel befindet sich in der schönsten Ecke von Koblenz, nämlich an der Uferpromenade der Kaiserin-Augusta-Anlagen am Rhein. In wenigen Minuten ist man von hier aus zum Deutschen Eck oder in die Altstadt gelaufen. Wer aus irgendwelchen Gründen Zeit im Hotel verbringen möchte oder muss, kann über die Anmietung der »Kuschelsuite« mit kleiner Küche nachdenken.

Januarius-Zick-Str. 11, T 0261 30 34 60, www.hotel-kleinerriesen.de, 25 Zimmer, €€

Nette Kette

2 GHOTEL: Für Menschen, die nicht vorhaben, den ganzen Tag im Zimmer zu verbringen, kommt vielleicht dieses moderne Budgethotel in einem kleinen umgebauten Krankenhaus in Frage. Die Lage direkt am Busbahnhof ist nicht gerade wundervoll, aber die Zimmer sind sehr neu und sauber, das Frühstück, das extra kostet, ist reichhaltig und die Preise akzeptabel.

Neversstr. 15, T 0261 200 24 50, www.ghotel.de, 120 Zimmer, €€

Das Mittelrhein-Museum hat in seiner Geschichte schon viele Umzüge erlebt. Seit 2013 ist die Kunstsammlung im futuristischen Forum Confluentes angesiedelt.

HAUPTSTADT AUF ZEIT

In dem Gebäude des heutigen Koblenzer Theaters wurde Geschichte geschrieben: Im November 1946 wurde hier über die Verfassung des neuen Landes Rheinland-Pfalz beraten. Damals war Koblenz vorläufiger Regierungsitz des Landes. Dass Koblenz nicht dauerhaft Hauptstadt von Rheinland-Pfalz geworden ist, sondern Mainz? Das ist wieder eine andere Geschichte.

Gediegen

3 **Hotel Kornpforte:** Die Lage dieses gediegenen kleinen Hauses mit Weinstube ist unschlagbar: Es liegt mitten in der Altstadt, aber in einer recht ruhigen Seitenstraße. In fünf Minuten ist man am Rhein und an der Mosel und innerhalb von Sekunden im nächsten Restaurant. Ein Haus, das ein bisschen in die Jahre gekommen ist – aber mit Stil in die Jahre gekommen.

Kornpfortstr. 11, T 0261 311 74, www.hotel-kornpforte.de, 14 Zimmer, €€

Lage, Lage, Lage

4 **Jugendherberge:** Als Gast der Jugendherberge Koblenz haben Sie gegenüber allen anderen Besuchern der Stadt einen großen Vorteil. Nein, damit ist jetzt nicht gemeint, dass Sie vermutlich einen deutlich günstigeren Zimmerpreis bezahlen als die allermeisten, sondern, dass Sie bleiben dürfen, auch wenn die Festung eigentlich geschlossen hat. Und dass Sie am Morgen als erste den wunderschönen Ausblick auf die erwachende Stadt genießen können. Den Eintritt in alle Dauer- und Sonderausstellungen haben Sie übrigens auch schon bezahlt.

Festung Ehrenbreitstein, T 0261 97 28 70, www.diejugendherbergen.de/koblenz, 158 Betten, €

Familiär

5 **Hotel Brenner:** In einer ruhigen Seitenstraße zwischen Bahnhof, Altstadt und Rhein liegt dieses nette kleine Hotel, das mit einer stilvollen Einrichtung und einem großen Frühstücksbüfett punktet. Alleinstellungsmerkmal: mit besonderer Technik ausgestattete Zimmer für Hörbehinderte.

Rizzastr. 20–22, T 0261 91 57 80, www.hotel-brenner.de, 28 Zimmer, €€

Essen

Genug Platz für alle

1 **Biergarten am Froschteich:** Die Stadt an den Fluss bringen – in vielen deutschen Städten ist vor einigen Jahren dieses Credo ausgerufen, und die Umsetzung klappt mehr oder weniger gut oder schlecht. In Koblenz ist die Stadt definitiv am Fluss beziehungsweise an den Flüssen. Hier befindet man sich sogar an zwei Gewässern: an der Mosel und am idyllischen Froschteich, der dem Biergarten mit 300 Plätzen seinen Namen gegeben hat.

Pastor-Klein-Str. 19, T 0261 406 50, www.contel-koblenz.de, Mai–Okt. tgl. 12–22 Uhr

In der Waffel, bitte

2 **eGeLoSIa:** In langen Schlangen stehen die Leute vor dem Laden, um eine Kugel Bitterschokolade, Walnuss oder Panna Cotta Karamell zu bekommen. Oder alles auf einmal. Die Wartezeit können sie sich vertreiben, indem sie den Mitarbeitern dieser besonderen Eisdiele bei der Produktion im gläsernen Eislabor zuschauen. Filialen gibt es in der Löhrstraße und im Stadtteil Lützel.

Braugasse 6, T 0261 133 42 64, www.egelosia.de, wetterabhängige Öffnungszeiten

Sinnvoll

3 **Gerhards Genussgesellschaft:** Nicht nach einem Gerhard ist das Restaurant benannt, sondern nach Jana und

Lieblingsort

Über den Dächern von Koblenz

Die Festung Ehrenbreitstein und die Seilbahn über dem Rhein, die pittoreske Altstadt und die pulsierende Innenstadt, das Grün in der Umgebung – all diese Eindrücke erleben Besucher auf der **Dachterrasse des Forum Confluentes** ❽. Um dem schicken Bau auf dem Zentralplatz aufs Dach zu steigen, nimmt man die Treppen der Stadtbibliothek im fünften Obergeschoss oder den gläsernen Panorama-Aufzug. Gegen einen kleinen Obolus von 1 € darf man die 1650 m² große Dachterrasse betreten und den 360-Grad-Rundumblick genießen. Jeden Tag von 9 bis 19 Uhr.

Georg Gerhards, die hier einen Ort für Feinschmecker geschaffen haben. Die Gewölbe-Architektur des Blumenhofs komibinieren sie dezent mit moderner Einrichtung, und die traditionelle deutsche Hausmannskost verfeinern sie durch internationale und zeitgenössische Aspekte. Die Speisekarte wechselt jede Woche.

Esther-Bejarano-Str. 3, T 0261 91 49 91 33, www.gerhards-genussgesellschaft.de, Mi–Sa 17.30–23, So 12–14.30, 17.30–23 Uhr, €€

Das Zeug zum Lieblingscafé

4 **Essgeschäft:** Selbstgebackene Kuchen und Torten, bei denen auch das Auge mitisst (z. B. bei der Mango-Mousse-Torte), gegrillte Panini mit Ziegenkäse, mediterraner Linsensalat, Suppen und Mittagsgerichte – im sehr schönen und herzlichen Essgeschäft kann man auf vielerlei Weise den kleinen Appetit zwischendurch stillen. Auch an Vegetarier und Veganer wird gedacht

Altlöhrtor 30, T 0261 91 49 93 70, www.essgeschaeft.de, Mo–Fr 11.30–16.30, Sa 11.30–17 Uhr

Mit Rheinterrasse

5 **Restaurant im Pegelhaus:** Zur Bundesgartenschau 2011 bekam das altehrwürdige Gebäude, das Kurfürst von Metternich 400 Jahre zuvor als Rheinkran am Rheinufer errichten ließ, eine moderne Glaskuppel. Die Speisekarte bietet Steaks, Salate, Pasta, Bowls und Burger – auch in der pflanzlichen Variante als Plant Beef Burger.

Konrad-Adenauer-Ufer 1, T 0261 91 48 96 44, www.pegelhaus-koblenz.de, Do 16.30–23, Fr–So 12–23 Uhr

SEILBAHN

So überzeugend war die Idee einer Seibahn, dass sie auch nach dem Ende der Bundesgartenschau bleiben durfte und nicht wie ursprünglich geplant nach drei Jahren wieder abgebaut werden musste, um den Status »UNESCO-Welterbe Kulturlandschaft Oberes Mittelrheintal« nicht zu gefährden. Die Koblenzer möchten die Seilbahn gerne noch länger behalten: bis zum Jahr 2031.

Saugut

6 **SauBar:** Wie der Name und der große Schweinskopf an der Wand schon sagen, liegt der Schwerpunkt dieses netten Lokals auf gutbürgerlicher, fleischreicher Küche. Die Currywurst gibt es z. B. in den Varianten mild, scharf und sauscharf. Dass Saumagen auf der Karte steht, ist jetzt nicht so überraschend. Der gratinierte Ziegenkäse dagegen schon.

Münzstr. 16a, T 0261 98 86 22 66, www.saubar-koblenz.de, Di–Do 16–23, Fr/Sa 12–23 Uhr

Ein bisschen anders

7 **Pfefferminzje:** Das Pfefferminzje ist ein Klassiker unter den Koblenzer Cafés. Benannt ist es nach Annemarie Stein, die in den 20er-Jahren des 20. Jh. zur Existenzsicherung Pfefferminzbonbons verkaufte. Das Angebot an Bio-, veganen und regionalen Weinen, Kaffeespezialitäten und Kuchen, Salaten, Baguettes, Pasta-Gerichten und Pfannkuchenvariationen ist so groß, dass hier jeder glücklich werden kann. Ganz besonders Vegetarier und Veganer.

Mehlgasse 12, T 0261 201 77 77, www.pfefferminzje.de, tgl. 9–18 Uhr

Einkaufen

Würzig

1 **Pfeffersack & Soehne:** Blütenmischung und Café de Paris, Frühlingszucker und Allerlei für Debbekooche: Poetisch klingen die Namen der Gewürzmischun-

gen, die in diesem hübschen Kontor feilgeboten werden. Bei Genussabenden und Workshops lässt sich noch tiefer in die Welt der Kräuter, Blüten, Beeren und Salze eintauchen.

An der Liebfrauenkirche 1, T 0261 45 09 92 96, www.pfeffersackundsoehne.de, Mo–Sa 10–18, So 13–18 Uhr

Schwarzes Gold

2 **Nero Kaffeerösterei:** Lieben Sie diesen Duft frisch gerösteter Kaffeebohnen auch so sehr – mindestens so sehr wie den Genuss frisch aufgebrühten Kaffees? Hier gibt es beides: den Duft und den frischen Kaffee. Wer es ganz genau wissen möchte, kann sich auch gleich zu einem Kaffee-Seminar anmelden.

Kornpfortstr. 8, T 0261 98 82 84 22, www.kaffeeroesterei-nero.de, Mo–Fr 10–18, Sa 10–17 Uhr

Koblenz, meine Perle

3 **Schmuckstück Manufaktur:** »Made in Koblenz« sind die Kreationen von Denise Akin aus Toho-Glasperlen und anderen Materialien. Was sie einst nur hobbymäßig herstellte, verkauft sie heute in diesem hübschen kleinen Laden.

An der Liebfrauenkirche 8, T 0261 351 86, www.schmuckstueck-manufaktur.de, Di–Fr 10–18, Sa 10–16 Uhr

Bewegen

Chill mal

1 **Statt-Strand:** Am Moselstausee unterhalb der Universität liegt man zwischen Mai und Oktober im Liegestuhl, schaut mit einem kühlen Drink in der Hand aufs Wasser, leiht sich ein Board zum Stehpaddeln aus (s. auch S. 264) oder schließt einfach mal die Augen und stellt sich vor, auf Hawaii zu sein oder wenigstens in Italien.

Universitätsstraße, www.statt-strand-koblenz.de, tgl, ab 12 Uhr

Koblenz mit dem Rad

2 **Fahrrad Zangmeister:** Verleih von City- und Trekkingrädern (10 €/Tag) und E-Bikes (25 €/Tag), um Mosel, Rhein und Lahn mit dem Fahrrad zu erkunden.

Stegemannstr. 33-41, T 0261 323 63, www.fahrrad-zangmeister.de, Di–Fr 10–18.30, Sa 10–16 Uhr

Das ist die Höhe

3 **Kletterwald Sayn:** Etwa 15 km von Koblenz entfernt liegt im Wald hinter der Abtei Brexbachtal ein schöner Parcours mit 140 Stationen aus Seilen und Hindernissen in bis zu 22 m Höhe.

Bendorf-Sayn, T 02622 986 92 60, www.kletterwald-sayn.de

Unterwegs in ›Kowelenz‹

Mundart-Führung: Kalle Grundmann ist Stadtführer, Kirchenführer, Kultur- und Weinbotschafter, vor allem aber: Koblenzer. Seine Mundart-Führungen durch die Altstadt oder über die Festung Ehrenbreitstein sind ein Erlebnis.

Termine: www.kallegrundmann.de

Ausgehen

Beim Berti

1 **Café Hahn:** Karl Hubert Hahn ist in der ganzen Stadt besser bekannt als »Berti«. Er hat seine Finger in unheimlich vielen gastronomischen und kulturellen Projekten. Ausgangspunkt für seine Karriere ist das 1981 gegründete Café Hahn. In dem Musik- und Kleinkunstclub geben sich Stars und Newcomer die Klinke in die Hand.

Neustr. 15 (Güls), T 0261 423 02, www.cafehahn.de

Wo die Puppen tanzen

2 **Theater Koblenz:** Dass ein Theater vier Sparten hat, ist nichts Ungewöhnliches. Normalerweise sind das Schauspiel, Oper, Ballett und Kinder- und Jugendthe-

ater. In Koblenz ist das etwas anders. Da hat das städtische Theater feste Ensembles für Schauspiel, Musiktheater, Ballett – und Puppenspiel.

Clemensstr. 5, T 0261 129 28 70, www.theater-koblenz.de

Feiern

- **Rosenmontagsumzug:** Der Höhepunkt der »Fünften Jahreszeit« mit Motivwagen und Fußgruppen in der Innenstadt – Olau!
- **Rhein in Flammen:** 2. Sa im August. Feuerwerkspektakel mit großem Rahmenprogramm am Rheinufer
- **Altstadtfest:** Anfang Juli. Mit Livemusik, Unterhaltung und Kinderprogramm
- **Internationales Gaukler- und Kleinkunstfestival:** Ende Juli. Clowns, Walking-Acts und Jongleure in der Festung Ehrenbreitstein
- **Koblenzer Schängelmarkt:** Mitte September. Volksfest mit Livemusik und verkaufsoffenem Sonntag
- **Koblenzer Weihnachtsmarkt:** Mitte/Ende Nov.–Anfang Jan. In der Altstadt und am Forum Confluentes

Infos

- **Tourist-Information:** Im Forum Confluentes, Zentralplatz 1, 56068 Koblenz, T 0261 129 16 10, www.koblenz-touristik.de, tgl. 10–18 Uhr
- **Bahn:** Züge halten an sechs Bahnhöfen, dem etwas außerhalb gelegenen Hauptbahnhof sowie in Koblenz-Stadtmitte, Ehrenbreitstein, Lützel, Moselweiß und Güls.
- **Busse:** Der zentrale Busbahnhof (ZOB), von dem Fernbusse abfahren, befindet sich am Hauptbahnhof.

Die Puppen sind los: Im Theater Koblenz ist das Puppenspiel eine eigene Sparte. Gezeigt werden Inszenierungen für Erwachsene, wie hier »Arsen und Spitzenhäubchen«.

• **Stadtverkehr:** Koblenz verfügt über ein gut ausgebautes ÖPNV-Netz. Busse und Straßenbahnen verbinden auch entlegenere Stadtteile mit dem Zentrum. Übrigens: Wer die Linie 1 vom Hauptbahnhof bis zum Deutschen Eck nutzt, kann schon einige Punkte auf der Sightseeing-Liste abhaken.
• **Personenfähren:** In Koblenz befördern zwei Fähren die Menschen, auf jedem Fluss eine. Die Rheinfähre fährt von Ostern bis Oktober zwischen dem Deutschen Eck und dem Stadtteil Ehrenbreitstein. Die Moselfähre »Liesel«, die schon seit 1949 ihren Dienst tut, ist von April bis Oktober zwischen dem Knaus-Campingpark (gegenüber dem Deutschen Eck) und dem Peter-Altmeier-Ufer unterwegs – und echt kultig.

In der Umgebung

Die Mosel hat uns das ganze Buch hindurch begleitet. Am Deutschen Eck in Koblenz mussten wir uns leider von ihr verabschieden. Aber zum Glück hat die Stadt ja noch einen zweiten, nicht minder eindrucksvollen Fluss zu bieten. Am Mittelrhein lassen sich auch viele tolle Entdeckungen machen.

Sehnsuchtsort

Im gleichnamigen Koblenzer Stadtteil thront hoch über dem Rhein das prächtige **Schloss Stolzenfels.** Der schneeweiße, im Stil der Neogotik errichtete Bau entstand Mitte des 19. Jh. auf dem Gelände einer ehemaligen Zollburg aus dem 13. Jh. Bei einem Besuch kann man in Rheinromantik schwelgen. Das Schloss ist sowohl innen sehenswert (z. B. der prachtvoll ausgestattete Rittersaal) als auch außen: Besucher flanieren durch einen von Peter Joseph Lenné angelegten Landschaftspark mit Grotten, Wasserfällen, Rosen und einer wunderschönen Pergola.

Rhenser Str. 15, T 0261 516 56, www.schloss-stolzenfels.de, 15. März–Okt. Do–So 10–17, Nov./Feb.–14. März Sa/So 10–17 Uhr, 5 €, Stud./Sen. 4 €, 7–18 Jahre 3 €, Familienkarte 5 €, inkl. Führung

Naturschauspiel

Etwa 20 km von Koblenz entfernt liegt Andernach, eine der ältesten Städte Deutschlands. Sie kann mit einem Superlativ aufwarten: dem größten **Kaltwassergeysir** der Welt. Eine bis zu 60 m hohe Wasserfontäne steigt hier, angetrieben durch vulkanisches Kohlenstoffdioxid, in den Himmel. Nach einer Fahrt mit dem Aufzug in 4000 m Tiefe zum Ursprung des Geysirs geht es mit dem Schiff zum Naturschutzgebiet Namedyer Werth, wo das Spektakel beobachtet werden kann.

Konrad-Adenauer-Allee 40, T 02632 958 00 80, www.geysir-andernach.de, April–Okt. tgl. 9–17 Uhr, 20 €, erm. 16 €, ab 1 m Körpergröße bis 17 Jahre 11,50 €

Auf dem Rheinsteig von Koblenz nach Lahnstein

Vor dem Moselsteig gab es den **Rheinsteig.** Das ist ein 320 km langer Premium-Fernwanderweg, der rechtsrheinisch am Mittelrhein entlangführt. Er beginnt in Bonn und führt über Koblenz-Ehrenbreitstein und Lahnstein durch das Mittelrheintal nach Rüdesheim bis nach Wiesbaden. Die zehnte Etappe führt von Koblenz-Ehrenbreitstein nach Lahnstein. Die 13 km lange **Wanderung** (ca. 4,5 Std.) führt durch die romantische Ruppertsklamm, das tolle Landschaftsschutzgebiet **Naturpark Nassau,** durch dichten Wald und vorbei an beeindruckenden Burgen. In **Lahnstein** bieten sich ein Rundgang durch den schönen historischen Stadtkern und ein Besuch auf der Burg Lahneck an, bevor die Reise mit dem Zug oder dem Bus zurückgeht nach Koblenz.

Zugabe

Pauken und Party

Universitätsstadt Koblenz

In Heidelberg oder Münster mag es gemessen an der Einwohnerzahl mehr Studierende geben. Aber auch Koblenz, das immer ein etwas biederes Image hatte, hat sich in den vergangenen Jahren den Ruf einer bunten und lebendigen Studentenstadt erarbeitet. Etwa 9000 junge Menschen studieren an der Universität Bildungs- und Kulturwissenschaften, Mathematik, Naturwissenschaften und Informatik und noch einmal so viele an der Hochschule Koblenz. Im Stadtbild von Koblenz sorgen sie ganz nebenbei für eine nette Atmosphäre mit coolen Kneipen, süßen Cafés und schnuckeligen kleinen Läden. Im Jahr 2023 ist die Universität Koblenz einen großen Schritt gegangen und hat sich von der 1990 gegründeten Fusion mit der Universität Landau verabschiedet. Seitdem ist die Universität mit Campusgeländen in beiden Städten und einer Verwaltung in Mainz Geschichte. Ob die legendären Erstsemesterfeiern an der jetzt eigenständigen Uni Koblenz seitdem noch lauter und ausgelassener sind? ■

Das Kleingedruckte

Aus dem Römerglas in der Weinschenke gibt es einen guten Tropfen – das signalisiert das traditionelle Wirtshausschild in Cochem.

Anreise

… mit dem Flugzeug

Das Moselland lässt sich am schnellsten über die Flughäfen Hahn und Luxemburg erreichen. Zell liegt nur 17 km vom Flughafen Frankfurt-Hahn entfernt, der sich wiederum ziemlich weit weg von Frankfurt befindet. Wer in Koblenz und Umgebung Urlaub machen möchte, kann auch über einen Flug nach Köln/Bonn oder Frankfurt-Rhein-Main nachdenken; wer das Ziel Trier hat, kann überlegen, Saarbrücken anzusteuern.

www.hahn-airport.de
www.koeln-bonn-airport.de
www.frankfurt-airport.com
www.flughafen-saarbruecken.de

… mit dem Auto

Die Moselregion ist gut in das deutsche Autobahnnetz integriert: Stichstraßen führen ins Tal hinab, oder man erreicht es über eine Brücke wie bei Schweich, Winningen oder Zeltingen-Rachtig. So kann man von Norden über die A 61 Koblenz und Umgebung ansteuern, dann auf die A 48/A 1 wechseln und durch die Vulkaneifel ins Tal hinabstoßen. Der Hochmoselübergang (B 50neu) mit der Brücke bei Zeltingen-Rachtig verbindet die A 1 bei Wittlich mit der A 61 bei Rheinböllen. Diese Strecke kann man nutzen, um direkt ins Moseltal zu fahren. Von Luxemburg führt die A 1 auf die A 64 und nach kurzer Unterbrechung bei Schweich auf die A 1/A 48. Vom rheinland-pfälzischen Süden und vom Saarland aus bietet sich in Richtung Trier die A 1 an, in Richtung Koblenz die A 61. Die Hunsrückhöhenstraße (B 327) ist das Bindeglied zwischen beiden Städten.

… mit der Bahn

Reisende sollten sich darüber bewusst sein, dass Züge nur auf der Eifelseite der Mosel fahren. Die Trasse auf der Hunsrückseite ist stillgelegt. Zwischen

STECKBRIEF

Lage: Das Moseltal erstreckt sich über Frankreich, Luxemburg und Deutschland. Das deutsche Moseltal trennt das Rheinische Schiefergebirge in Eifel und Hunsrück.
Größe: Die Mosel entspringt in den Vogesen am Col de Bussang, fließt 278 km durch Frankreich, bildet auf einer Länge von 36,2 km die Grenze zwischen Deutschland und Luxemburg und mündet nach 520 km bei Koblenz in den Rhein. Ihr Einzugsgebiet ist rund 28 000 km^2 groß.
Einwohner: In der deutschen Moselregion leben etwa 500 000 Menschen, im kompletten Einzugsgebiet rund 4,3 Mio. Menschen.
Größte Städte: Trier (112 000), Koblenz (115 000), Metz (120 000)
Staat und Politik: In der Bundesrepublik Deutschland erstreckt sich die Moselregion über die Bundesländer Rheinland-Pfalz (größtenteils) und Saarland. In der Republik Frankreich fließt La Moselle durch Lothringen und seine Hauptstadt Metz und gibt einem Département den Namen, im Großherzogtum Luxemburg und dessen Hauptstadt heißt sie Musel.
Vorwahl: 0049 (Deutschland), 00352 (Luxemburg), 0033 (Frankreich)

Koblenz und Bullay verläuft eng am Ufer und mit wunderschönen Ausblicken die Moselstrecke der Deutschen Bahn mit den Bahnhöfen Moselweiß, Güls, Winningen, Kobern-Gondorf, Lehmen, Kattenes, Löf, Hatzenport, Moselkern, Müden, Treis-Karden, Pommern, Klotten, Cochem, Ediger-Eller und Neef. Hinter Bullay verlässt sie das Moseltal und fährt durch die Wittlicher Senke weiter nach Trier. Von Trier aus kann man die Reise nach Luxemburg-Stadt verlängern. Ein Zug mit dem schönen Namen Moselwein-Bahn fährt von Bullay nach Traben-Trarbach. Trier wird über RB- und RE-Züge der Saarstrecke mit Saarbrücken und über die Obermoselstrecke mit Perl verbunden. Von Köln aus kommt man auf der Eifelstrecke nach Trier. Koblenz ist entweder über Trier oder durchs Rheintal erreichbar. Fahrräder dürfen in Zügen teilweise kostenlos mitgenommen werden.

… mit dem Bus

Wer Geld sparen möchte und keine besondere Eile hat, für den kann der Fernbus eine Alternative zum eigenen Auto und zur Bahn sein. Der Anbieter FlixBus verbindet Koblenz und Trier mit allen großen Städten in Deutschland. Für die Strecke Koblenz-Berlin braucht er rund acht Stunden. Die Busse der Moselbahn verkehren auf der Strecke Trier–Bullay mit Anschluss an die Bahn. Linienbusse fahren außerdem nach Koblenz, in den Raum Bitburg und den Saargau. Die Moselbahn betreibt auch die Regioradler-Busse (s. auch S. 243). Auskunft geben die Verkehrsverbünde.

www.moselbahn.de
Verkehrsverbund Region Trier, www.vrt-info.de
Verkehrsverbund Rhein-Mosel, www.vrminfo.de
Rhein-Mosel-Verkehrsgesellschaft, www.rmv-bus.de

… mit dem Schiff

Die Anreise mit dem Schiff ist eine schöne Idee. Man sollte aber beachten, dass das von Trier, Perl oder Koblenz aus fast durchweg nur von Frühjahr bis Herbst möglich ist. Im Juli und August kreuzen die meisten Linien- und Ausflugsschiffe auf dem Fluss. Orte an der Mittelmosel, zu denen keine Bahn mehr fährt, erreicht man mitunter mit der Fähre. Achtung: Jedes Jahr im Mai oder Juni werden die Moselschleusen gewartet, und es dürfen zehn Tage lang keine Schiffe auf dem Fluss fahren!

www.moselrundfahrten.de
www.k-d.com
Termine Schleusensperrung: http://moselkommission.org

Bewegen und Entschleunigen

Angeln

Dass sich die Wasserqualität der Mosel deutlich verbessert hat, zeigt sich in einer großen Artenvielfalt und bei den Fischbeständen, die sich im Vergleich zu vergangenen Jahrzehnten deutlich erholt haben. Am häufigsten kommen Barsch, Döbel, Zander, Rotauge und Moselaal vor – diese Arten findet man nicht nur im Wasser, sondern auch auf vielen Speisekarten. Angler dürfen an sehr vielen Stellen entlang von Mosel, Saar oder Ruwer ihren Stuhl aufstellen. Wer das tun möchte, sollte allerdings zwei Dinge beachten: Man braucht einen Erlaubnisschein. Er wird Inhabern eines gültigen Bundesfischereischeins tage-, wochen- und monatsweise verkauft. Auskünfte dazu erteilen die Tourist-Informationen. Und man muss die Schonzeiten einzelner Arten beachten.

Baden

Es vergeht nicht eine Saison ohne die Meldung, dass die DLRG, die Feuerwehr oder die Wasserschutzpolizei einen verunglückten Schwimmer aus dem Fluss retten mussten. So friedlich und romantisch die Mosel auch aussehen mag, so gefährlich kann ein Bad in ihr sein. Verboten ist es zwar nicht. Aber man sich sollte sich über die unberechenbaren starken Strömungen im Klaren sein, die sowohl von der Natur als auch von Menschen bzw. den von ihnen gesteuerten Schiffen ausgelöst werden. Eine Alternative sind die Hallen- und Freibäder.

Drachen- und Gleitschirmfliegen

Fasziniert sind sie und manchmal vielleicht auch ein wenig neidisch: die Blicke, die wir von unten zu den Drachen- und Gleitschirmfliegern schicken, die man in der warmen Jahreszeit überall an der Mosel sehen kann. Es muss einfach gigantisch sein, das Gefühl beim Schweben über der Landschaft. Wer mutig genug ist, kann es auch selbst ausprobieren: Der Verein Die Moselfalken und der Drachenflieger-Club Trier unterhalten an Mosel und Saar elf Gelände zum Starten und Landen. Gäste können sie gegen eine geringe Gebühr nutzen. In Zeltingen-Rachtig kann man Tandemsprünge buchen.

Reservierung unter www.moselfalken.de
www.wolke9.info

Radfahren

Radfahren? Radfahren! Die Mosel mit ihren spektakulären Steilhängen und romantischen Schleifen lässt sich mit dem Fahrrad ganz wunderbar erkunden. Es ist ein Vergnügen für die ganze Familie, denn im Vorbeifahren kann man die Landschaft an sich vorbeiziehen lassen, ohne groß aus der Puste zu kommen: Fast ohne Steigungen verläuft die Moseluferstraße am Fluss entlang. 275 km lang ist der Mosel-Radweg von Luxemburg bis zum Deutschen Eck in Koblenz. Kleiner sind der Saar-Radweg (118 km), der Ruwer-Hochwald-Radweg von Hermeskeil nach Trier (48 km) und der Maare-Mosel-Radweg von Daun in der Vulkaneifel nach Bernkastel-Kues (58 km). Etliche Reiseveranstalter haben erkannt, dass der Radtourismus boomt, und bieten Arrangements mit Gepäcktransport zur nächsten Unterkunft an. »Bett + Bike« heißt das Zertifikat des Allgemeinen Deutschen Fahrrad-Clubs (ADFC), der fahrradfreundliche Übernachtungsbetriebe auszeichnet. Sie haben z. B. einen abschließbaren Raum für Fahrräder, Werkzeug für Reparaturen oder Radwanderkarten. Im Fahrradbus »Regioradler« kann man seine Fahrräder transportieren, wenn man mal nicht selbst in die Pedale treten möchte. Diese Busse verkehren in der Saison von Frühjahr bis Herbst auf 15 verschiedenen Strecken an der Mosel, in der Eifel und im Hunsrück. Fahrkarten sollten im Voraus online gebucht werden.

www.regioradler.de

Reiten

Wanderreiten, Reiterferien, geführte Ritte, Leihpferde – viele Betriebe bieten pferdebegeisterten Gästen Urlaub hoch zu Ross an.

Eine Übersicht und Vorschläge für Routen findet man auf den Seiten www.hunsrueck-zupferd.net und www.eifelzupferd.de

Wandern

Die Aktivität Nummer eins an der Mosel! Das Wandern in der Region boomt – nicht zuletzt dank des **Moselsteig**s. Der 2014 eröffnete Premium-Fernwanderweg ist 365 km lang und führt von Perl an der deutsch-französischen Grenze bis zum Deutschen Eck in Koblenz. Auf 24 Etappen und etlichen »Seitensprünge« genannten Extratouren kann man die Gegend zu Fuß erkunden, kommt durch hübsche kleine Orte, passiert historische Plätze, marschiert durch Wälder und Weinberge und hat immer wieder die Gelegenheit zu spektakulären Aussichten auf den Fluss.

Wanderwege gibt es an der Mosel für jeden Anspruch: vom gemütlichen Spaziergang bis zum ambitionierten Klettersteig. Es gibt Themen-, Kultur- und Erlebniswege – wer sie geht, erfährt viel Informatives über Geschichte und Gegenwart des

Moselgebietes. Die Routen in der vom Verein Mosellandtouristik herausgegebenen Broschüre »Mosel.Erlebnis.Route« können auch im Internet angesehen werden. Auf dem Stefan-Andres-Wanderweg begibt man sich zwischen Schweich und Zummet auf die Spuren des in Trittenheim geborenen Schriftstellers (s. Tour S. 84). Auch eine Teilstrecke des Jakobsweges führt an der Mosel entlang (s. S. 46). Das Projektbüro **Traumpfade** der Rhein-Mosel-Eifel-Touristik stellt auf seiner Seite Unterkünfte und Routen vor.

Nützlich sind topografische Wanderkarten. Beim **Eifelverein** und beim **Hunsrückverein** kann man sich über Ortsgruppen, Wanderwege, Programme und Karten informieren.

www.traumpfade.info
www.eifelverein.de
www.hunsrueckverein.de
www.mosellandtouristik.de, Rubriken »Raderlebnis« und »Wandern«

Wassersport

Kanufahren erfreut sich großer Beliebtheit. Überall an der Mosel kann man Kanus ausleihen, um ein bisschen auf dem Fluss herumzupaddeln. Es gibt Anbieter, die für Einzelpersonen und Gruppen mehrtägige Touren zusammenstellen. Weil es (für Menschen mit Gleichgewichtssinn) schnell zu lernen ist und unkompliziert betrieben werden kann, ist auch **Stand-Up-Paddeln** sehr im Trend (s. S. 264). Entsprechende Stationen gibt es z. B. in Koblenz, Winningen, Trier und Ernst. Aber: Die Schleusen dürfen Stand-Up-Paddler nicht nutzen. Da gilt es: runter vom Board und es um die Schleuse herumtragen.

Manche Schleusen haben ein System, das z. B. Kanufahrer bedienen können.

Wer schon immer gern Wasserski lernen wollte: Schulen gibt es z. B. in Schleich, Riol, Koblenz und Traben-Trarbach.

www.mosellandtouristik.de, Stichwort ›Unterwegs auf dem Fluss‹
www.mosel-kanutours.de

Essen und Trinken

Wo isst man?

Natürlich gibt es überall an der Mosel ganz normale Cafés, Gaststätten, Pizzerien, griechische Lokale und asiatische Imbisse. Aber es gibt auch Gastronomie, die man so in anderen Regionen nicht findet. Viele Winzer vermieten auch Zimmer oder Ferienwohnungen und servieren zum Frühstück Leckereien aus eigenem Anbau wie Rieslinggelee und Weinbergpfirsich-Marmelade, Traubensaft, Sekt oder Viez. Viele Weingüter betreiben **Straußwirtschaften**, die man oft an einem aufgehängten Kranz oder Besen erkennt. Bis zu 16 Wochen im Jahr darf im Keller oder Probierraum eigener Wein ausgeschenkt werden, dazu gibt es einfache Gerichte. Eine schöne Gelegenheit, nicht nur die heimischen Produkte, sondern auch die Menschen der Region kennenzulernen. Auf dem Vormarsch ist die gehobene Gastronomie. Junge Winzer und innovative Gastronomen geben sich viel Mühe, das mancherorts immer noch etwas verstaubte Image aufzupolieren – mit Erfolg.

Wann isst man?

Koblenz und Trier sind Großstädte, in denen dank vieler Studenten die Uhren ein bisschen anders gehen. Wer aber auf dem Land unterwegs ist, sollte sich rechtzeitig zum Abendessen einfinden. Nicht selten ist schon um 21 Uhr die Küche kalt.

Was isst man?

Die Arbeit auf dem Feld und im Weinberg war schon immer hart und machte hungrig. Daher hat sich an der Mosel eine Küche entwickelt, die nicht besonders raffiniert ist, aber sehr lecker. Deftige Speisen in großen Portionen werden heute noch gerne an der Mosel serviert. Die wichtigste Zutat ist die Kartoffel, die in vielen Varianten auf den Tisch kommt: als Debbekooche oder Schaales (ein überbackener Auflauf, zu

WEINKAUF

Das Mitbringsel Nummer eins von der Mosel ist natürlich Wein. Das Schöne ist, dass man ihn nicht im Supermarkt kaufen muss, sondern ihn direkt vor Ort beim Winzer beziehen kann – und dort auch probieren. Manche Winzer haben eigene Vinotheken mit festen Öffnungszeiten. Bei anderen kann man am Tor klingeln und fragen, ob es gerade passt. Es gibt auch an der Mosel etliche Biowinzer. Adressen angeschlossener Biowinzer: www.ecovin-mosel.de.

dem Apfelmus gereicht wird), als »Grumberschnietscher« (Kartoffelpuffer) oder als »Kappes Teerdisch«: Sauerkraut mit Kartoffelpüree und Speck oder Eisbein.

Was trinkt man?

Nicht nur zu Fisch, wie Zander oder Aal, passt der berühmte Moselwein gut. Zu über 60 % wird an der Mosel Riesling angebaut, danach folgen mit großem Abstand weitere Weißweine: Müller-Thurgau, Elbling und Weißer Burgunder. Aber auch rote Trauben wie Spätburgunder und Dornfelder kommen seit einigen Jahren häufiger ins Glas – was früher undenkbar gewesen wäre.

Feiertage

1. Januar
Karfreitag (Deutschland)
Ostern
1. Mai (Tag der Arbeit)
Christi Himmelfahrt
Pfingsten (Deutschland, Luxemburg)
Fronleichnam (Rheinland-Pfalz und Saarland)
23. Juni (Nationalfeiertag Luxemburg)
15. August (Mariä Himmelfahrt Saarland, Frankreich und Luxemburg)
3. Oktober (Tag der Deutschen Einheit, Deutschland)
1. November (Allerheiligen)
25. Dezember (Weihnachten)
26. Dezember (St. Stephanstag, Deutschland, Luxemburg)

Informationsquellen

Infostellen zur Region

Rheinland-Pfalz Tourismus: Löhrstr. 103–105, 56068 Koblenz, T 0261 91 52 00, www.gastlandschaften.de.
Mosellandtouristik: Kordelweg 1, 54470 Bernkastel-Kues, T 06531 973 30, www.mosellandtouristik.de.
Saar-Obermosel-Touristik: Saarstr. 1, 54329 Konz, T 06501 601 80 40, Graf-Siegfried-Str. 32, 55439 Saarburg, T 06581 99 59 80, www.saar-obermosel.de.

Tourismuszentrale für Deutschland

Deutsche Zentrale für Tourismus e.V. (DZT): www.germany.travel

Im Internet

www.gastlandschaften.de Infos zum Ferienland Rheinland-Pfalz, mit Verweisen auf Angebote, Anreise und regionale Infostellen.
www.mosellandtouristik.de Die wichtigste Informationsquelle, wenn man sich über Reisethemen informieren und Veranstaltungen besuchen will oder spezielle Unterkünfte sucht, z. B. barrierefrei. Ergiebig für fast jedes Thema, etwa in der Rubrik »Moselland von A–Z«. Broschüren können heruntergeladen werden.
www.saar-obermosel.de Die Seite ist klar gegliedert. Statt »Obermosel« wird in diesem Buch meist »südliche Wein-Mosel« verwendet, analog zu »Terrassenmosel« statt »Untermosel«.

www.weinland-mosel.de Der Verein Mosel-Wein deckt ein breites Spektrum ab, von Veranstaltungsterminen über Weingüter bis zur Initiative »WeinGastgeber Mosel« (früher »Der beste Schoppen«). Außerdem findet man Rezepte typischer Mosel-Gerichte.

www.strassen-der-roemer.eu Die einzelnen Stationen der Touristenroute »Straße der Römer« werden hier dargestellt, außerdem sind Gastronomen zu finden, die die Tradition der römischen Küche hochhalten.

www.mosel.de Das Internetportal bringt touristische Themen und Nachrichten aus der Region.

www.mosel-zweinull.de Das Blog nimmt seine Leser mit an unbekannte Orte.

Internetzugang

WLAN wird in Hotels und mittlerweile auch in den meisten Ferienwohnungen gratis für Gäste angeboten.

Kinder

Wein, Geschichte und Natur: All das, was die Erwachsenen an der Mosel in Begeisterung versetzt, ist für Kinder nicht besonders interessant. Oder sogar gähnend langweilig. Aber zum Glück hat die Region noch viel mehr zu bieten, auch für die Kleinen. Outdoor-Aktivitäten z. B.: eine Fahrt mit der Sessel- oder Seilbahn, eine Tour mit dem Schiff, eine Runde Minigolf oder ein Besuch im Schwimmbad. Bei einem Besuch auf Burg Eltz oder in der Reichsburg Cochem wird das Leben vergangener Jahrhunderte lebendig vermittelt. Wie Menschen früher gearbeitet haben, zeigt das Freilichtmuseum Roscheider Hof. Und im Spielzeugmuseum Trier kann man entdecken, womit Kinder spielten, bevor es Playstations und Tiptoi-Stifte gab.

Klima und Reisezeit

Es gibt wahrscheinlich kaum eine Gegend in Deutschland, in der der Tourismus so sehr ein Saisongeschäft ist wie an der Mosel. Zwischen November und März halten vielerorts Hotels und Restaurants einen ausgedehnten Winterschlaf, Museen und Sehenswürdigkeiten sind oft nur eingeschränkt zugänglich. Das Osterwochenende markiert für gewöhnlich den Start in die Saison, die dann bis Ende Oktober dauert. Am schönsten ist es an der Mosel zwischen Ende August und Mitte Oktober. Dann verzaubert das bunte Weinlaub die Sinne, das Licht über dem Fluss leuchtet, und es ist nicht mehr so heiß wie im Hochsommer. Die Moselregion hat ein wunderbar mildes Klima zu bieten, ideal für den Weinbau und für den Menschen. Die durchschnittliche Jahrestemperatur liegt bei etwa 9° C und fällt auch im tiefsten Winter selten unter den Gefrierpunkt.

Lesetipps

Die Moselreise, Hanns-Josef Ortheil: Mit fast 60 Jahren erlebt der Autor noch einmal eine Fahrt von Koblenz nach Trier, die er als Elfjähriger mit seinem Vater unternommen hat.

Fischers Mathes und die Revolution, Mischa Martini: Nach 14 Moselkrimis von »Akte Mosel« bis »Sacre Mosel« hat der Trierer Schriftsteller seinen ersten historischen Roman um ein Trierer Original veröffentlicht.

Die goldenen Berge, Clara Viebig: Um 1900 waren die Werke Viebigs sehr beliebt. Hier beschreibt sie die Not der Moselwinzer, auch der Roman »Unter dem Freiheitsbaum« spielt in der Region. In Bad Bertrich erinnert die Clara-Viebig-Gesellschaft an das Wirken der Schriftstellerin.

Mosella, Ausonius: Dem römischen Schriftsteller, der um 365 in Trier zum

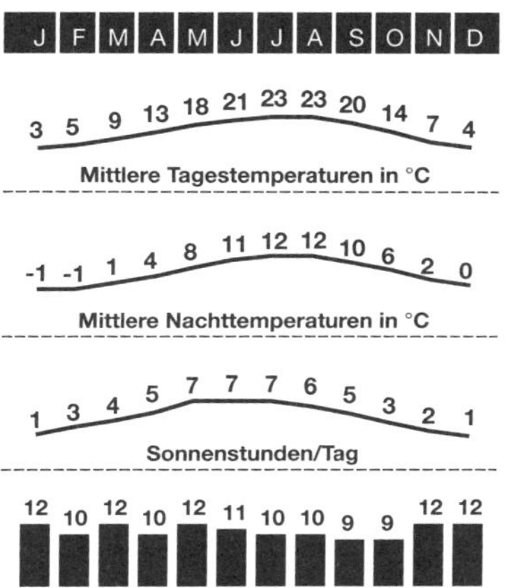

So ist das Wetter in Trier.

Erzieher des Kaisersohns Gratian berufen wurde, begegnen Sie überall an der Mosel. In einer heute noch tollen Sprache preist er die Schönheit der Landschaft.
Die Festung am Rhein, Maria W. Peter: Eine Geschichte über Liebe, Verrat und den Bau der Festung Ehrenbreitstein in Koblenz.
An der ›Spoar‹– Schicksalsjahre eines kleinen Moseldorfes, Peter Essner: Der Weinort Piesport verliert im 16. Jh. fast alle Einwohnert durch die Pest.
Das Glück braucht tiefe Wurzeln. Wie ich durch mein Weingut zum guten Leben fand, Achim Reis: Den Berliner Großstadttrubel lässt der Autor hinter sich, um im elterlichen Weingut in Briedel mit seiner Familie glücklich zu werden.
Der Knabe im Brunnen, Stefan Andres: Der Trittenheimer gehörte in den 1950er- und 1960er-Jahren zu den beliebtesten Schriftstellern der Deutschen. Hier erzählt kurzweilig von seiner Kindheit als jüngstes von sechs Geschwistern an der Mosel.
Neues aus der Moselküche, Hobby- und Profiköche verraten ihre liebsten traditionellen Rezepte aus der Region.

Preise

Hotels

Die im Reiseteil dieses Buches angeführten Preiskategorien beziehen sich auf ein Doppelzimmer mit Frühstück.
€ = bis 100 Euro
€€ = 100 bis 150 Euro
€€€ = über 150 Euro

Restaurants

€ = Hauptspeisen bis 10 Euro
€€ = zwischen 10 und 25 Euro
€€€ = über 25 Euro

Reisen mit Handicap

Rheinland-Pfalz und das Saarland nutzen das bundesweit einheitliche Gütesiegel »Reisen für alle«, das barrierefreie Unterkünfte, Gastronomiebetriebe, Ausflugsziele, öffentliche Einrichtungen und Verkehrsmittel zertifiziert. Barrierefreie Unterkünfte findet man auf:
www.mosellandtouristik.de, www.traum-ferienwohnungen.de oder www.urlaub-barrierefrei.info

Reiseplanung

Stippvisite: die Mosel zum Kennenlernen

Die Stadt Trier ist der touristische Hotspot schlechthin. Die Porta Nigra, das Amphitheater, die Konstantinbasilika, der Dom, die Kaiserthermen – die nach eigenem Bekunden älteste Stadt Deutschlands hat unglaublich viel ‹Sehenswürdiges‹ zu bieten. Sie ist aber auch ein guter Ausgangspunkt für einen Urlaub. Von hier aus lassen sich bequem die Orte an der Römischen Weinstraße erkunden. Neumagen-Dhron und sein berühmtes (nachgebautes) Weinschiff sollte ebenfalls einen Abstecher wert sein. Luxemburg hat viel mehr zu bieten als günstiges Benzin: net-

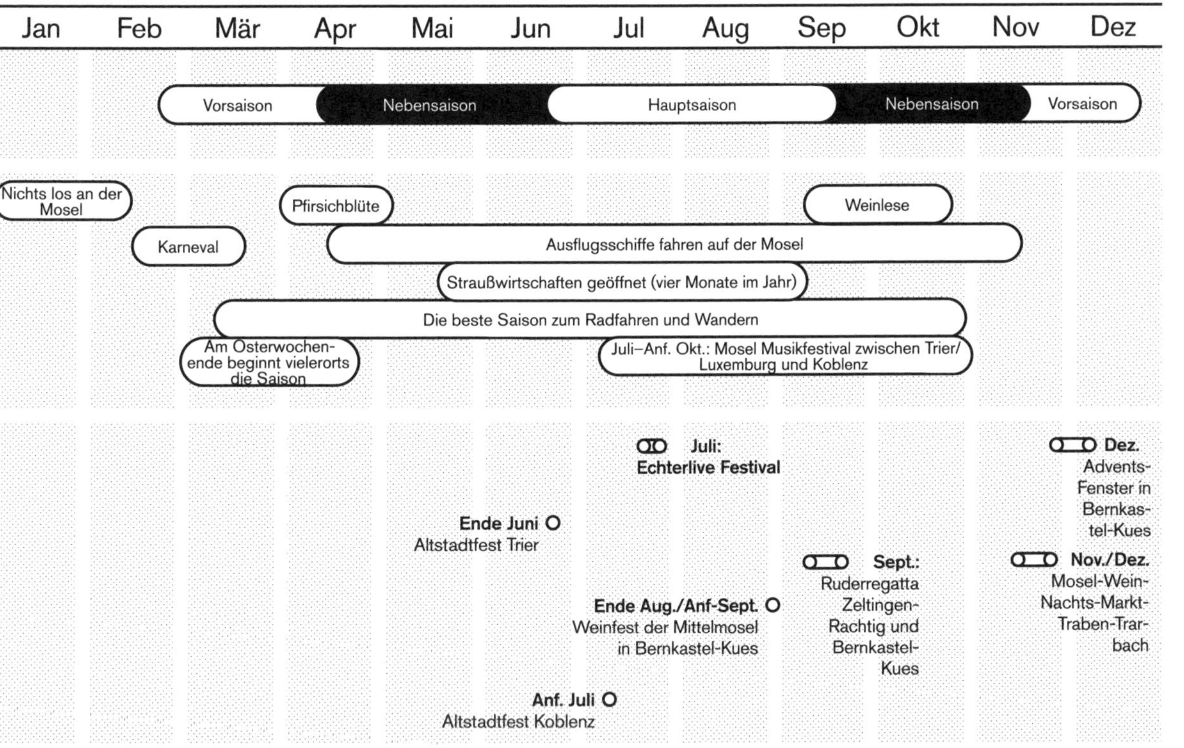
Jan
Feb
Mär
Apr
Mai
Jun
Jul
Aug
Sep
Okt
Nov
Dez
Vorsaison
Nebensaison
Hauptsaison
Nebensaison
Vorsaison
Nichts los an der Mosel
Pfirsichblüte
Weinlese
Karneval
Ausflugsschiffe fahren auf der Mosel
Straußwirtschaften geöffnet (vier Monate im Jahr)
Die beste Saison zum Radfahren und Wandern
Am Osterwochenende beginnt vielerorts die Saison
Juli–Anf. Okt.: Mosel Musikfestival zwischen Trier/Luxemburg und Koblenz
Juli: Echterlive Festival
Dez. Advents-Fenster in Bernkastel-Kues
Ende Juni Altstadtfest Trier
Sept.: Ruderregatta Zeltingen-Rachtig und Bernkastel-Kues
Nov./Dez. Mosel-Wein-Nachts-Markt Traben-Trarbach
Ende Aug./Anf-Sept. Weinfest der Mittelmosel in Bernkastel-Kues
Anf. Juli Altstadtfest Koblenz

te kleine Orte wie Grevenmacher und vor allem Echternach.

Wer Koblenz als Ausgangspunkt wählt, kann nicht nur Mosel-, sondern auch pure Rheinromantik erleben. Und ist schnell in Cochem. Die Stadt ist in der Saison ziemlich überlaufen, allerdings ein gutes Ziel für Burgen-Liebhaber. Nicht nur die stadteigene Reichsburg Cochem, sondern auch die Burg Pyrmont und die märchenhafte Burg Eltz liegen ganz in der Nähe und mit Beilstein und Ediger-Eller zwei Orte, so hübsch, dass man nur staunen kann.

Das Mittelmosel-Gebiet ist einen eigenen Urlaub wert. Bernkastel-Kues, Traben-Trarbach, Zell und Kröv versprechen wunderbaren Weingenuss, tolle Naturerlebnisse und pure Entspannung am Wasser. Wann immer es möglich ist, sollte man das Auto stehen lassen und das Fahrrad oder das Schiff nutzen.

Hat die Mosel eine Schokoladenseite?

Die Hunsrückseite (rechts der Mosel) und die Eifelseite (links der Mosel) haben jeweils ihre eigenen Reize. Das ist übrigens wichtig: Die Bewohner der Moselregion legen Wert darauf, dass sie Moselaner sind – sie leben nicht im Hunsrück oder in der Eifel, sondern auf der jeweiligen Seite der Mosel!

Dank ungefähr 50 Brücken zwischen Perl und Koblenz und gut zehn Personen- und Autofähren kann man in einem Urlaub ständig die Seite wechseln. Die Großstädte Trier und Koblenz haben sich an beiden Seiten des Flusses ausgebreitet, und bei den Doppelorten Bernkastel-Kues, Treis-Karden und Traben-Trarbach liegt jeweils auf jeder Seite des Flusses einer der beiden namensgebenden Stadtteile. Ediger-Eller liegt links der Mosel, Beilstein ein paar Kilometer weiter auf der rechten Seite – und beide Orte sind wunderschön.

Und abseits des Flusses?

Wer an der Mosel schon alles kennt und sich noch ein Stück weiter in die Eifel oder in den Hunsrück hineinwagen will, dem seien zwei Ausflüge empfohlen:

Die **Vulkaneifel** ist eine Landschaft, wie es sie in Deutschland nicht noch einmal gibt. Durch vulkanische Gasexplosionen sind vor vielen Tausend Jahren Maare entstanden, trichterförmige Vertiefungen, von denen einige mit Wasser gefüllt sind. In manchen kann man schwimmen. Daun ist das Zentrum dieser Region.

Auf der anderen Seite der Mosel, am südlichen Rand des Hunsrücks, befindet sich die Schmuck- und Edelsteinstadt **Idar-Oberstein** mit ihrem Wahrzeichen, der Felsenkirche. Wenn Sie einen Abstecher dorthin machen, sollten Sie nicht versäumen, einen original Spießbraten zu essen!

Sicherheit

Notrufnummern

Polizei: T 110
Feuerwehr, Notarzt: T 112
Ärztlicher Bereitschaftsdienst: T 116 117
Bank- und Kreditkarten-Sperrung: T 116 116
Pannenhilfe ADAC: T 0180 222 22 22

Telefonieren per Handy

Ein gut funktionierendes Mobilfunknetz gibt es je nach Anbieter längst nicht flächendeckend in der Region, allen gegenteiligen Beteuerungen zum Trotz. Den besten Empfang hat man erfahrungsgemäß oben auf der Höhe, in engen Tälern gibt es manchmal kein Netz.

Übernachten

Beim Winzer schlafen

Jeder getrunkene Schluck Moselwein sollte von einem Gefühl des Respekts begleitet werden: Für den Winzer oder die Winzerin und ihre Mitarbeiter, für die es Schwerstarbeit bedeutet hat, in den Steilhängen die Reben zu pflegen und die Trauben zu lesen. Der Preis dafür ist oft nicht angemessen. Es ist eher die Regel als die Ausnahme, dass ein Weingut als zweites Standbein noch eine Ferienwohnung oder Gästezimmer vermietet. Für die Gäste bedeutet das, einen kleinen Einblick in den Alltag einer Familie zu bekommen, beim Frühstück regionale Produkte wie selbst gekochte Marmeladen genießen zu können und natürlich den Wein vor Ort zu verkosten. Oft vermieten Weingüter ihre Zimmer nicht nur für eine Nacht.

Hotels

Die Preise im Buch beziehen sich, wenn nicht anders angegeben, auf ein Doppelzimmer mit Frühstück. Sie sind in den vergangenen Jahren vor allem in den größeren Orten ganz schön gestiegen. Im Winter sind viele Hotels und Pensionen geschlossen. Der Standard ist hoch, und viele Häuser versuchen, auch mit einer guten Gastronomie zu punkten. Überall an der Mosel kehren junge Köche nach Lehrjahren jenseits des engen Tals in die Heimat zurück und kombinieren in der Küche klassische Gerichte mit modernen Einflüssen.

DER UMWELT ZULIEBE

Tipps, wie man umweltfreundlich reist, kann man natürlich viele geben, und die meisten liegen auf der Hand: mit der Bahn anreisen, Fahrrad fahren und die gute Radwege-Infrastruktur im Moseltal nutzen, unterwegs und vor allem in den kleinen Moselorten das Auto möglichst häufig stehen lassen, mit Ressourcen schonend umgehen und regionale Produkte kaufen, möglichst direkt beim Erzeuger.

Auf dem Campingplatz

Camping- und Wohnmobilplätze gibt es wie Schiefer an der Mosel. Moderne Plätze bieten nicht nur eine Fläche für den Wohnwagen oder das Zelt, sondern auch Mobilheime und Schlaffässer, Waschmaschine und Trockner, Lebensmittelladen oder Restaurant. Die Plätze haben normalerweise nur in der Saison geöffnet, und da die meisten direkt an der Mosel liegen, kann es passieren, dass sie bei Hochwassergefahr geschlossen werden müssen.

Liste aller Camping- und Reisemobilstellplätze: www.mosellandtouristik.de

Herbergen nicht nur für die Jugend

Jugendherbergen haben sich in den vergangenen Jahren unheimlich gemacht und sind gerade für Familien, die in den größeren Städten übernachten möchten, eine preisgünstige Alternative zum Hotel oder zur Ferienwohnung. Die Jugendherberge Trier ist nach einer Erweiterung und Modernisierung wunderschön geworden, das Haus in Koblenz besticht durch seine traumhafte Lage auf dem Gelände der Festung Ehrenbreitstein oberhalb der Stadt. Weitere Jugendherbergen gibt es in Cochem, Manderscheid und Daun. Das Haus in Traben-Trarbach ist zurzeit wegen Renovierung geschlossen. Bernkastel-Kues und Saarburg sollen neue Jugendherbergen bekommen. Die DJH-Mitgliedschaft ist erforderlich (22,50 €/Jahr/Familie).

www.diejugendherbergen.de

Verkehrsmittel

Autofahren/Verkehrsregeln

Auch wenn der Moselwein noch so gut schmeckt: Da er sich mit dem Autofahren nicht gut verträgt, sind dem Konsum enge Grenzen gesetzt. Sowohl in Deutschland als auch in den Nachbarländern Frankreich und Luxemburg gilt eine Promillegrenze von 0,5. Die Höchstgeschwindigkeit beträgt in Deutschland in Ortschaften 50 km/h, auf Landstraßen 100 km/h, auf Autobahnen streckenweise 130 km/h. In Luxemburg gelten innerorts 50 km/h, außerorts 90 km/h und auf Autobahnen 130 km/h.

Umgehungsstraßen schützen einige Orte an der Mosel vor nervigem Durchgangsverkehr. Man sollte sich vorher auf jeden Fall genau überlegen, ob man wirklich mit dem Auto durch einen alten, nicht für SUVs vorgesehenen Ortskern fahren möchte. Das kann ungemütlich eng werden.

Die Straßen über Eifel und Hunsrück erinnern häufig an Alpenpässe. Es macht Spaß, durch extrem enge Spitzkehren zu kutschieren und auf abenteuerlich steilen Straßen die Berge zu erklimmen. Zumal immer wieder einmalige Ausblicke auf den Fluss garantiert sind. Dafür sind extra Parkplätze eingerichtet, die man anfahren kann, um die Aussicht zu genießen.

Bus und Bahn

Öffentliche Verkehrsmittel sind eine gute Alternative zum eigenen Auto. Über die Häufigkeit von Busverbindungen kann man selbst auf dem Land nicht klagen. In Trier versorgen Stadtbusse auch weiter entfernte Stadtteile und das Ruwertal. Auch Koblenz hat ein gutes Verbindungsnetz.

Eine Möglichkeit, neben dem Deutschland-Ticket günstig mit der Bahn zu fahren, bietet das **Rheinland-Pfalz-Ticket.** Für 28 € plus jeweils 7 € für bis zu vier Mitfahrer kann man einen Tag lang ab 9 Uhr durch Rheinland-Pfalz und das Saarland fahren und dabei alle Nahverkehrszüge und den städtischen ÖPNV nutzen. Eigene Kinder bis 15 Jahre fahren gratis mit. An Wochenenden und Feiertagen gilt das Ticket schon ab 0 Uhr, gegen einen geringen Aufpreis gilt es auch in Luxemburg. Seit 2020 ist der gesamte ÖPNV in Luxemburg für Einheimische, Pendler und Touristen kostenlos, und auch im Grenzverkehr gelten Ermäßigungen (s. S. 290).

www.rolph.de, www.cfl.lu

Lust auf eine kleine Ausfahrt? Die Fahrt mit dem Oldtimer an der Mosel entlang hat auf jeden Fall Stil.

Auto- und Personenfähren

Viele Orte, die nicht per Bahn erreichbar sind, werden von **Fähren** angesteuert. Autofähren verbinden Oberbillig und Wasserbillig, Pünderich und die Marienburg, Briedel und die andere Moselseite, Ellenz-Poltersdorf und Beilstein, Klotten und die andere Flussseite miteinander. Personenfähren verkehren zwischen Enkirch und Kövenig, Alf und Bullay, Cochem und Cond und zwischen verschiedenen Punkten in Koblenz. Beachten sollte man, dass die Fähren nur in der Saison fahren, viele auch nur zwischen Mai und September, dass sie nicht überall und täglich jederzeit betrieben werden – und dass sie für Wochen oder Monate ausfallen können, wenn die Fähre in Reparatur oder der Fährmann nicht (mehr) da ist – und natürlich, wenn gerade Hochwasser ist!

Das

Magazin

Nicht nur die Mosel hat schöne Schleifen – die Saar hat mit der Saarschleife vielleicht sogar die schönste von allen.

»Fass-Nacht«

Anders schlafen — Im Hotelzimmer übernachten kann schließlich jeder. Wir haben eine Nacht im Fass gebucht. Man kann es nicht anders als eine ›fass-zinierende‹ Erfahrung nennen. Oder ein kleines Abenteuer.

Mein Mann schaut mich irritiert an, als ich noch einmal aus dem Auto aussteige, wieder ins Haus gehe und mit einer Rolle Toilettenpapier und einem Stück Seife zurückkomme. »Warst du schon mal auf einem Campingplatz?«, frage ich ihn. Es gibt Dinge, die ich auch nach über 20 Jahren Beziehung noch nicht über ihn weiß. Er überlegt. »Ich glaube nicht.« In einem Wohnwagen haben wir mal geschlafen, aber der stand vor dem Haus von Verwandten, mit denen wir ein Familienfest gefeiert haben. Morgens konnten wir aufstehen, ins Haus gehen, duschen und frühstücken. Unsere Kinder, ein Mädchen und ein Junge im Grundschulalter, kennen zum Übernachten außer dem eigenen Bett nur Hotels, Jugendherbergen und Ferienwohnungen. Jetzt möchten wir ihnen eine neue Erfahrung bieten und haben beim Campingpark Triolago in Riol eine Nacht im Holzfass gebucht.

Ein bisschen Arbeit

Wir haben uns für die Luxusvariante entschieden: XXL-Fass mit Bettwäsche. Da meine letzte Campingerfahrung auch schon zwei Jahrzehnte zurückliegt, hätte ich meinen uralten blauen Schlafsack erst einmal suchen und dann waschen müssen. »Oh, das riecht aber fein hier«, sagt mein Sohn, nachdem wir die Fasstür geöffnet haben und zu viert hineinmarschiert sind. Tatsächlich, es duftet nach frischem Holz, besonders alt ist das Fass nicht. Und nein, es war nie Wein darin. Das hat mich vorher tatsächlich jemand gefragt, dem ich von unserer Fass-Übernachtung erzählt habe. Eigentlich wollten wir nur kurz unser Gepäck abstellen, einen Blick ins Fass und auf den See unter uns werfen und zum Abendessen in ein Restaurant in der Nähe fahren. Aber: Die grün-weiß karierte Bettwäsche liegt wie ein stummer Vorwurf auf den Sitzbänken im unteren Teil des aus zwei Ebenen bestehenden Fasses. Ich rolle mit den Augen. »Das hier ist ein Campingplatz«, sagt mein Mann mit sichtlicher Freude. »Was hast du denn erwartet?«

Ein kleiner Unfall

Man könnte die unteren Bänke umklappen und Schlafgelegenheiten daraus machen. Wir entscheiden uns dafür, alle vier

Hereinspaziert! In diesem Fass werden wir wunderbar schlafen.

auf der podestartigen oberen Hälfte des Fasses zu schlafen – eine Variante, die uns von zu Hause durchaus nicht unbekannt ist. Es gibt Campingplätze, die Fässer mit Toilette und Waschgelegenheit vermieten. Unserer gehört nicht dazu. Dafür steht ein recht neu aussehender und außerordentlich ordentlicher Container mit Toilette, Waschbecken und Dusche (und nur noch einem kleinen Rest Toilettenpapier) wenige Meter von den sechs Fässern entfernt. Nach dem Zähneputzen rennt unser Sohn euphorisch zu unserem mit der Nummer 2, übersieht leider in der Dunkelheit einen Fußabstreifer aus Metall und fällt mit dem Gesicht auf die Betonstufe vor dem Fass. Viel Blut, viele Tränen. Am nächsten Vormittag werden wir eine kostbare Urlaubsstunde bei einer Zahnärztin in Schweich verbringen, die etwas von »Glück im Unglück« murmeln wird: Alle Zähne sind heil.

Eine Milliarde Frösche

Der Schallschutz des Holzfasses scheint hervorragend zu sein. Von den lauten Schmerzensschreien unseres Sohnes bis zum erschöpften Einschlafen in der grün-weiß karierten Bettwäsche scheint kein Fassnachbar etwas mitzubekommen. Als mein Mann um 2.47 Uhr (wie er mir am nächsten Morgen sagt) die Fasstür öffnet, um zur Toilette zu gehen, hört es sich an, als würden sich draußen eine Milliarde Frösche befinden. Drinnen hören wir nichts. Und schlafen richtig, richtig gut. Als ich um 7 Uhr aus dem Bett oder vielmehr vom Podest krabbele, sitzt mein Mann schon auf dem Holzbänkchen vor dem Fass, genießt die frische Luft und überlegt, welche Autobahnbrücken das sind, die man von hier aus weit über uns sehen kann. Zu Hause würden wir jetzt im Halbschlaf ein paar Knöpfe auf der Kaffeemaschine drücken. Hier setzt sich mein Mann ins Auto und fährt ins zwei Kilometer entfernte Longuich-Kirsch. Von einem früheren Urlaub wissen wir, dass der kleine Ort mit Bäckerei, Metzgerei und Supermarkt außergewöhnlich gut ausgestattet ist.

So wie einst Diogenes

»Fass-Nacht«, sagt meine Tochter, als sie aufwacht, und sie strahlt dabei. In den nächsten Tagen wird sie noch häufiger sagen, dass sie wieder einmal im Fass schlafen möchte. Und tatsächlich, das hat was: Vor dem Fass auf zwei Bänken mit Tisch in der gerade aufgegangenen Sonne zu sitzen, Proviant aus der Bäckerei und der Metzgerei zu essen, über den griechischen Philosophen Diogenes im Fass zu sinnieren und darüber, ob Campingfässer nicht ein Mittel gegen die Wohnungsnot in Universitätsstädten sein könnten. Wir fühlen uns sehr wohl und ein bisschen als Camping-Experten. Als wir eine halbe Stunde später losfahren, lassen wir unser restliches Toilettenpapier zurück. Für den Nächsten. ■

S

SCHLAFEN IM FASS

Verspüren Sie Lust, die schon gebuchte Ferienwohnung zu stornieren und gegen ein Fass zu tauschen? An der Mosel bieten mittlerweile viele Campingplätze und auch einige Weingüter die Übernachtung im Holzfass an. Manche sind mit sanitären Einrichtungen ausgestattet, manche mit einer Kaffeemaschine und einem Kühlschrank. Die Preise variieren stark. Beim Campingpark Triolago in Riol, wo wir übernachtet haben, hat die Nacht 65 € gekostet sowie 5 € pro Garnitur Bettwäsche zum Selbstbeziehen, www.triolago.eu

»Ahoi!«

Moselschifffahrt — Es lässt sich unmöglich zählen, wie oft Ludwig Vögele die Strecke von Trier nach Bernkastel-Kues gefahren ist. Und zwar nicht mit dem Auto, sondern mit dem Schiff. Der Trierer hat sein komplettes Berufsleben der Mosel gewidmet. Und ist glücklich darüber.

Irgendwann im Sommer 1982, als ein gewisser Markus aus allen Radios »Ich will Spaß« skandierte, in diesem Sommer hatte der gerade mal 15-jährige Ludwig Vögele seinen ersten Kontakt mit der Moselschifffahrt. Er ist zwar in Trier aufgewachsen, aber bis dato hatte der Fluss in seinem Leben keine große Rolle gespielt. »Das ist eine kuriose Geschichte«, erinnert er sich. »Meine Eltern hatten damals einen Untermieter, der gerne an der Mosel spazieren ging und irgendwann mittags zu einem Schiffseigner sagte: ›Ich kenne da jemanden, der bestimmt gerne mal mitfahren würde.‹« Bei diesem einen Mal blieb es nicht. Von da an ging der junge Ludwig öfter nach der Schule runter ans Wasser, um dem Reeder zu helfen.

Die Mosel immer im Blick

Heute ist Ludwig Vögele selbst Vater zweier Kinder im jugendlichen Alter. »In ihrer Kindheit war das ganz anders als bei mir, der ich mit dem Wasser eigentlich nichts zu tun hatte«, sinniert er. »Sie sind hier praktisch aufgewachsen. Schon ihre Wiege stand im Steuerhaus, und heute stehen sie an Papas Seite und helfen in den Ferien tatkräftig mit.« Denn Vögele ist inzwischen bei der Personenschifffahrt Kolb, einem von fünf Brüdern gegründeten Unternehmen, zuständig für den Einkauf, für die Fahrplangestaltung, das Internet, die Personaleinteilung. Was als Hobby begann, wurde zum Beruf: 1990 bekam er sein Kapitänspatent. Später gründete er eine eigene Transportfirma, die heute für die Gebrüder Kolb arbeitet. Vögele arbeitet vor allem im Büro – mit Blick auf die geliebte Mosel und Sandsteinfelsen im Hintergrund.

Verträumte Landschaft

Ludwig Vögele ist froh, dass er nicht ausschließlich am Schreibtisch oder in Besprechungen sitzt, sondern auch immer wieder am Steuer. »Zu besonderen Veranstaltungen fahre ich selbst«, erzählt er, »oder wenn ich das Gefühl habe, ich muss mal aus dem Büro raus. Dann schippere ich gerne ein Stündchen auf der Mosel oder auf der Saar«. Seine »absolute Lieblingsstrecke« ist die zwischen seiner Heimatstadt Trier und Bernkastel-Kues. »Es ist einfach toll, um 9 Uhr loszufahren, wenn die Sonne aufgegangen ist«, sagt er, »und dann bis 20 Uhr unterwegs zu sein.« Auf dem Weg durch die für ihn »etwas verträumte Landschaft« liegen 14 Stationen, an denen Passagiere aus- und zusteigen können. In Bernkastel-Kues haben sie dann anderhalb Stunden Landgang. Was anderthalb Stunden Pause für Vögele bedeutet? »Nicht wirklich«, sagt er und lacht. »Auf dem Schiff gibt es immer was zu tun.« Schifffahrt sei Teamarbeit, »da arbeitet die ganze Mannschaft zusammen.« Meistens sei nur ganz wenig Zeit, um etwas zu essen.

Begrenztes Wachstum

Wie sehr die Schifffahrt auf der Mosel gewachsen ist in den vergangenen fast 40 Jahren, in denen Vögele im Geschäft ist, lässt sich anhand einer einfachen Zahl sehr gut nachvollziehen. »Am Anfang hatte die Reederei sechs Schiffe, inzwischen sind es 27.« Und während früher im Oktober für ein halbes Jahr Schluss gewesen sei mit den Ausflugsfahrten, lasse sich sein Unternehmen heute immer neue Events einfallen: Brunchfahrten, Fahrten an Silvester und Neujahr, Fahrten mit Heringsessen am Aschermittwoch. Im Winter, sagt Vögele, habe er fast mehr Arbeit als im Sommer: Gespräche mit Busunternehmern führen, den neuen Fahrplan gestalten, Vorbereitungen für die nächste Saison treffen.

»Es ist einfach toll, um 9 Uhr loszufahren, wenn die Sonne aufgegangen ist, und dann bis 20 Uhr unterwegs zu sein.«

Idyll am Fluss: Mit dem Boot durch eine wunderschöne Landschaft schippern

Ökologisch verträglich

»Der Tourismus an der Mosel boomt«, sagt er, »aber es könnte noch mehr passieren.« Über die Bestrebungen der Stadt Trier, Besucher an den Fluss zu bringen, freut er sich. »Ich sage immer, Trier liegt nicht an der Mosel, sondern an der Porta Nigra. Das macht es für uns manchmal etwas schwerer.« Er glaubt, dass die Mosel auch in ökologischer Hinsicht die Schifffahrt gut verkrafte – auch die Flusskreuzfahrtschiffe, von denen er inzwischen täglich zwei bis drei sehe. »Es gibt ja die Schleusen als Nadelöhr, anders als auf dem Rhein. Selbst wenn sie ausgebaut werden, was überall an der Mosel passiert, gebe es irgendwann eine natürliche Grenze für die Schifffahrt. Bis

Mit einem Riesling im Römerglas ist der Ausflug perfekt. Eine Schifffahrt auf dem Fluss steht von jeher ganz oben auf der Liste der Dinge, die einen Moselurlaub gelingen lassen.

dahin gebe es noch viele Ideen – »Mosel in Flammen« auf Luxemburger Seite ist nur eine davon.

Prominente Passagiere

In letzter Zeit, sagt Vögele, spreche sich bei den Amerikanern herum, dass es nicht nur in Heidelberg, in Rüdesheim und überhaupt am Rhein schön ist, sondern eben auch an der Mosel. Auch bei den Einheimischen, die vom Tourismus im Sommer oft verwöhnt seien, spürt er ein wachsendes Bewusstsein für die Attraktivität der Heimat. »Wenn man jeden Tag damit zu tun hat, sieht man das vielleicht irgendwann schon gar nicht mehr«, sagt Vögele – und gerät so sehr ins Schwärmen, dass man bei ihm nicht befürchten muss, er könne den Blick für die besondere Flusslandschaft irgendwann verlieren. Echt und groß wirkt die Freude, dass er sie immer wieder neuen Gästen zeigen kann. Der Mannschaft des 1. FC Kaiserslautern z. B., dessen großer Fan er ist, Prominenten wie Frank Elstner, der auf dem Schiff zum Ritter geschlagen wurde, oder 2019 Bundespräsident Frank-Walter Steinmeier. Vor allem aber den vielen Tausend Besuchern jedes Jahr. Und noch viele Jahre lang. ■

PERSONENSCHIFFFAHRT

Im Jahr 2021 feierte die Personenschifffahrt Gebr. Kolb ihren 100. Geburtstag. Bei dem in Briedern bei Cochem ansässigen Unternehmen handelt es sich um den größten Anbieter von Schifffahrten auf der Mosel.
Personenschiffahrt Kolb: www.moselrundfahrten.de

Lorettas Sohn Graf Johann III. ließ für die Sponheimer um 1350 die Grevenburg errichten. In der Nähe, auf der Starkenburg, spielte sich zwei Jahrzehnte vorher etwas Ungeheuerliches ab.

Mit den Waffen einer Frau

Kidnapping im Mittelalter — Es sind nicht gerade viele Frauen, die in die Geschichte des Mittelalters eingegangen sind. Eine von ihnen ist Gräfin Loretta von Sponheim. Im 14. Jh. inszenierte sie an der Mosel eine aufsehenerregende Entführung.

In der Männerdomäne

Wenn nicht sämtliche Männer in Lorettas Familie zu alt oder zu jung gewesen wären – vermutlich wäre es nie zu der herausragenden politischen Rolle gekommen, die sie gespielt hat. Als Teenager wurde sie 1315 mit dem deutlich älteren Junggrafen Heinrich von Sponheim zur Starkenburg verheiratet, der ebenso wie sein Vater schon wenige Jahre später starb. Der älteste der drei Söhne war erst neun Jahre alt. Und so übernahm Loretta ungewöhnlicherweise selbst die Verantwortung. Das war 1324, ihre Regentschaft sollte sieben Jahre dauern.

Mitkommen, bitte

In die Mitte dieser Zeit fällt eine Tat, die Historiker als »unerhört« bezeichnet haben: Im Mai oder Juni 1328, irgendwann im Frühsommer muss es gewesen sein, war der Trierer Kurfürst und Erzbischof Balduin auf der Mosel von Trier nach Koblenz unterwegs, als Lorettas Helfer unterhalb der Starkenburg sein Schiff überfielen und den Bischof auf die uneinnehmbare Burg auf einem 250 m hohen Felsgrat brachten. Schon lange war Loretta mit Balduin wegen der Kontrolle über das Territorium der Sponheimer und wegen kollidierender Interessen, wie der Aufnahme von landflüchtigen Sponheimer Bauern, im Clinch – und nicht nur mit ihm: Schon im Jahr zuvor hatte sie Wildgraf Friedrich von Kyrburg und seinen Sohn Gottfried überfallen und auf der Starkenburg in Beugehaft nehmen lassen.

Diplomatische Meisterleistung

Diesmal saß nun Balduin etliche Wochen auf der Burg fest, gut behandelt, aber streng bewacht. Bewegung kam erst in die Geschichte, als sich sein Neffe König Johann von Böhmen einschaltete und zwischen den Parteien vermittelte. Loretta ging als klare Siegerin aus dem Konflikt hervor. Sie erpresste ein Lösegeld von Balduin, erreichte die Unabhängigkeit der Grafschaft Sponheim vom Erzstift Trier und Absolution durch den Papst. Durch die Tat waren sie und ihre Lehensmänner nämlich exkommuniziert worden – im Mittelalter ein Problem. Loretta starb 1345 oder 1346. Und Balduin? Der regierte noch bis 1354 und ist in der Rückschau der bedeutendste Trierer Erzbischof des Mittelalters. Überall an der Mosel hat er Spuren in Form bedeutender Bauwerke hinterlassen. ■

Klatsch und Kuchen

Dorfladen — Irgendwann war es auch in Klausen soweit: In dem knapp 1500 Einwohner großen Ort auf der Eifelseite der Mittelmosel gab es weder Brot noch Wurst zu kaufen, etwas, das man überall in der Region kennt. Doch in Klausen hat sich das inzwischen geändert. Dank des Dorfladens.

Große Unzufriedenheit

2007 ist der Klausener Dorfladen eröffnet worden. Aber gehen wir zunächst noch einmal weitere zehn Jahre zurück. »Damals«, erinnert sich Angelika Meyer, »gab es noch drei Lebensmittelläden. Die haben alle altersbedingt zugemacht.« Irgendwann gab es gar nichts mehr. Und eine ziemlich große Unzufriedenheit darüber im Ort. Bei einer Bürgerversammlung 2006 erklärten viele Klausener, dass sie sich einen eigenen Markt im Ort wünschen. Zwar gibt es im drei Kilometer entfernten Salmtal einen Laden. »Aber schon damals hatten sich viele ältere Menschen gemeldet, die kein Auto haben«, sagt Angelika Meyer.

Begegnung beim Kaffee

Aber schon ein Jahr nach der Bürgerversammlung wurde der Dorfladen eröffnet. Für die ältere Generation ist er nicht nur ein Ort geworden, an dem man Fisch und Fleisch, Brot und Nudeln, Obst, Gemüse, Zeitungen und viele weitere Dinge des täglichen Bedarfs kaufen kann. »Das ist für mich tatsächlich zweitrangig«, sagt Angelika Meyer, die Frau des Ortsbürgermeisters und Geschäftsführerin des Ladens. »Der wichtigste Aspekt ist für mich der soziale. Wir haben vier Bistrotische, an denen Menschen zusammensitzen, einen Kaffee trinken, sich austauschen können.« Sonst, sagt sie, hätten sie vielleicht überhaupt keine Möglichkeit zur Begegnung. Der Dorfladen ist die wichtigste Nachrichtenbörse im Ort. »Wer ein Anliegen hat, kommt zuerst einmal zu uns«, erzählt Angelika Meyer

E

EINKAUFEN REGIONAL

Dorfladen Klausen: Eberhardstraße 3, 54524 Klausen, T 06578 98 58 59 www.unser-dorfladen-klausen.de, Mo 7.30–12.30, Di–Fr 7.30–18, Sa 7.30–13, So 7.30–12, 14–17 Uhr

www.direktvermarkter-rlp.de: Die Webseite der Vereinigung listet Adressen von Bauern- und Winzerhöfen in Rheinland-Pfalz.

am Telefon, während im Hintergrund ein Stimmengewirr zu hören ist, das ihr Recht gibt.

Euphorie und Ernüchterung

Aber wie kam es nun überhaupt zu diesem Dorfladen? Auf die erste, von Euphorie im Ort begleitete Idee folgte schnell Ernüchterung: Ein privater Betreiber war, wenig überraschend, nicht zu finden. Und die Kommunalaufsicht untersagte der Ortsgemeinde aus rechtlichen Gründen, wirtschaftlich tätig zu sein. »Zusammen mit der Kreisverwaltung haben wir dann das Modell eines ›Wirtschaftlichen Vereins‹ ersonnen und ausprobiert«, erzählt Meyer. »Und das ist von Anfang an gut gelaufen.« Sprich: Träger des Dorfladens ist ein Verein mit ehrenamtlich engagierten Klausener Bürgern, und im Laden arbeiten rund 15 Menschen, die dafür bezahlt werden.

Jeden Tag geöffnet

Von Anfang an, berichtet Angelika Meyer, sei es dem Laden wichtig gewesen, wirtschaftlich zu arbeiten und konkurrenzfähig mit anderen Geschäften zu sein. Nicht konkurrenzfähig mit Discountern, das sei unrealistisch und auch nicht das Ziel. Aber mit dem gehobenen Einzelhandel. So habe der Dorfladen – entgegen manch eines Vorurteils – ähnliche Preise wie ein normaler Supermarkt. Und Öffnungszeiten, die staunen lassen: täglich, auch am Sonntag!

Regionales im Mittelpunkt

Von Anfang an konnte ein Vollsortiment angeboten werden. Fleischwaren liefert ein Metzger aus der Region eingeschweißt an. Kartoffeln, Gemüse, Salat kommen aus der JVA-Gärtnerei Wittlich. Immer wieder kommt etwas dazu, vor allem Produkte aus der Region: Eier und Käse vom Biohof Breit aus Wittlich, Honig vom Imker, Wild aus heimischem Revier und Wein von regionalen Winzern.

Einheimische, Touristen, Pilger

Und es sind nicht nur die Einheimischen – wenn auch längst nicht alle, wie Angelika Meyer sagt –, sondern auch die Gäste, die in den Dorfladen kommen. Briefmarken, Wanderkarten, Bücher in einem offenen Bücherregal, Souvenirs zum Mitnehmen oder ein Stück Kuchen für den Nachmittag: All das gibt es hier.

Zudem ist der Dorfladen für die Vermietung der 35 Betten großen Pilgerherberge zuständig. Im Wallfahrtsort Klausen treffen der Mosel-Camino und der Eifel-Camino aufeinander, und viele Pilger machen hier auf dem Weg nach Trier Station. Es sei den ganzen Tag ein Kommen und Gehen, sagt Meyer, und genau so sei es auch gedacht gewesen.

Der Laden läuft gut – Vorbild für andere

Nach mehr als 15 Jahren hat der Dorfladen sich etabliert. Eigentlich kann man sogar sagen, er hat sich direkt etabliert. Er trägt sich von Anfang an selbst – das Haus, in dem er sich befindet, gehört der Gemeinde, an die der Trägerverein Miete bezahlt. Weil er der erste Laden dieser Art war und weil es sich beim Dorfladen Klausen um ein erfolgreiches und mit Auszeichnungen bedachtes Projekt handelt, ist er zum Vorbild für (teilweise etwas anders organisierte) andere Läden geworden. Bürgermeister Meyer und seine Mitstreiter haben unter anderem auf der Grünen Woche in Berlin berichtet, wie gut der Laden läuft. Und wie sehr sich seitdem die Lebensqualität im Ort verbessert hat. ■

Steh-paddeln!

Stand Up Paddling (SUP) — Nicht schwer zu lernen, auf fast jedem Gewässer möglich und eine sperrige Ausrüstung braucht man auch nicht. Deswegen liegt diese Sportart so im Trend. Ob es auch einfach ist?

Seit über zehn Jahren schreibe ich Mosel-Reiseführer. Und noch nicht ein einziges Mal bin ich auch nur ansatzweise in die Situation gekommen, das Wasser des von mir so oft bereisten, bestaunten und beschriebenen Flusses zu berühren. An diesem heißen Samstagmittag im Juli ist es soweit. Unter den Arm habe ich das SUP-Board und das Paddel geklemmt und marschiere ins Wasser. Fühlt sich gut an, die Mosel, erfrischend und nicht zu kalt. Lange denke ich nicht darüber nach, denn hinter mir wartet schon die nächste Teilnehmerin darauf, ihr Board und sich selbst zu Wasser zu lassen.

Leicht zu lernen

Wir sind am Statt-Strand im Koblenzer Stadtteil Metternich. Das Deutsche Eck und die Altstadt sind schräg gegenüber auf der anderen Moselseite, hier am Stadtrand ist es ruhig und entspannt. An diesem netten Fleckchen betreibt der Kölner Thorsten Kegler seit 2018 seine SUP-Station. Man kann hier Boards leihen und lospaddeln oder einen Schnupperkurs absolvieren. Wie es an diesem Vormittag etwa 15 Männer und Frauen vorhaben, die meisten deutlich unter 30. Stand Up Paddling (oder Stehpaddeln) scheint schwer angesagt zu sein. »Das liegt daran, dass man es sehr leicht lernen kann und schnell Erfolge sieht«, sagt Thorsten. »Und daran, dass man ein aufblasbares Board in einem Rucksack verstauen und einfach ins Auto packen kann, wenn man an einen See oder in den Urlaub fahren möchte.«

Schwimmen sollte man können

Der Theorieteil ist nach ein paar Minuten erledigt. Nachdem wir alle unterschrieben haben, dass wir schwimmen können, erklärt Thorsten, wie man sich aufs Board stellt (mittig, die Füße schulterbreit auseinander), wie man das Paddel greift (abwechselnd links und rechts) und wie man wieder aufs Board kommt, wenn man ins Wasser gefallen ist: »Wie eine Robbe.« Wer möchte, kann eine rote Schwimmweste anziehen. Ich verzichte.

Genussvolles Gleiten

Eine Stunde Zeit haben wir und können bis zur Staustufe stehpaddeln. Zunächst einmal gilt es allerdings, sich sicher aufs Brett zu stellen. Das Gebüsch am Ufer verlasse ich auf dem Board kniend. Erst als alle Menschen, die sich hier sonnen und die Gruppe beobachten, außer Sichtweite sind, richte ich mich langsam auf. Und bin begeistert, wie gut das klappt.

Ja, man kann souverän auf dem Brett stehen und durchs Wasser gleiten. Man kann aber auch in die Mosel fallen …

Schon bald gleite ich die Mosel entlang, paddle auf der linken Seite, paddle auf der rechten Seite, stolz, das Paddel korrekt zu halten, so wie Thorsten es uns vorher gezeigt hat.

Alles falsch gemacht

Leider komme ich nicht ganz so schnell voran, wie ich gerne würde. »Lass dir Zeit, das ist kein Wettrennen«, sagt Thorsten, als er wieder bei mir vorbeikommt. Und er sagt mir noch, dass ich das Paddel schon die ganze Zeit falschherum halte. Als ich es gedreht habe, klappt alles besser. Ein paar Meter vor mir fallen zwei junge Männer aus unserer Gruppe ins Wasser, beide gleichzeitig. Ha, denke ich triumphierend, das wird mir nicht passieren. Meine Füße werden die einzigen Körperteile sein, die heute die Mosel berühren.

Abgang ohne Stil

Wenige Minuten später komme ich an einer Mini-Marina vorbei, ein paar schicke kleine Boote sind dort verankert. Beim Versuch, diesen Bereich zu umkurven und auf keinen Fall an eines dieser Boote zu stoßen, verliere ich das Gleichgewicht und lande mit Haut und Haaren in der Mosel. Wie kommt man noch mal zurück aufs Brett? Wie eine Robbe? Ich fühle mich dabei eher wie ein Elefant. Als ich es geschafft habe, erfüllt mich tiefe Dankbarkeit darüber, dass kein Mensch diese Aktion gesehen hat. Die nächsten Meter zurück zum Strand absolviere ich in der von mir gerade erfundenen Trendsportart Sitzpaddeln. Kurz vor dem Ziel wage ich mich doch noch einmal im Stehen aufs Brett. Und gleite grazil zurück zum Ausgangspunkt. »Na?«, sagt Thorsten. »Wie war es? Du bist doch sehr gut reingekommen.« Ja, sage ich und lache, sehr gut reingekommen – das bin ich in der Tat.

»Alles cool«

Die Teilnehmer des Schnupperkurses kehren nun zurück, ganz allmählich. Thorsten Kegler ist keiner, der Leute scheucht. Ob sie nun drei Minuten früher oder fünf Minuten später wieder da sind – »alles cool«, sagt er. Seit 15 Jahren beschäftigt sich der gebürtige Norddeutsche, der lange als Aufnahmeleiter fürs Fernsehen gearbeitet hat und seit den 1990er-Jahren leidenschaftlicher Surfer ist, mit dem Stand-Up-Paddeln. Er hat die deutschen Meisterschaften mit ins Leben gerufen und den Funsport in Köln etabliert, von wo aus er nach Koblenz expandierte. Thorsten ist ein cooler Typ: Er lebt im Bus, mit dem er jeden Winter nach Portugal flüchtet. Und surft. Und paddelt. Und ist ganz entspannt. ■

S

STEHPADDELN IN KOBLENZ

Die SUP-Station am Statt Strand Koblenz ist von Mai bis September geöffnet. Man kann hier einstündige Schnupper- und Basiskurse buchen (ab 25 €) oder sich einfach ein Board ausleihen und selbst loslegen (15 €/Stunde). Wer über eine eigene Ausrüstung nachdenkt, muss laut SUP-Instructor Thorsten Kegler 850 bis 1400 € für ein gutes Board plus 150 € für ein ordentliches Paddel investieren. Seine SUP-Station organisiert auch Touren und Sunset-Trips, Junggesellenabschiede, Kindergeburtstage, Firmen- und Gruppenevents. www.supstationkoblenz.de

Der Plattschwätzer

Die Mundart der Moselaner — Als Vorsitzender einer Initiative für Mundart und als Mitautor eines Buches mit dem Titel »Mir schwätze Platt« ist Gerhard Schommers ein engagierter Kämpfer für die Bewahrung des moselfränkischen Dialekts. Im Interview erklärt er, warum.

Herr Schommers, haben Sie einen Lieblingsausdruck in Mundart?

Oh, das ist schwer, da gibt es viele. Ich nenne Ihnen einen, der nur in meinem Heimatort St. Aldegund bekannt ist: Käpp-Oosch.

Käpp-Oosch? Keine Ahnung, was das heißen könnte.

Es gab einmal einen Aufruf in der Zeitung: Demjenigen, der die richtige Bedeutung erraten würde, habe ich eine richtig gute Flasche Wein versprochen. Ich habe 100 Anrufe und Mails bekommen, aber den Wein musste ich selbst trinken. Es kam niemand drauf.

Was heißt es denn?

Muskelkater.

Hat jedes Dorf einen eigenen Dialekt?

Im Prinzip schon. »Eigener Dialekt« ist vielleicht ein bisschen übertrieben. Aber jedes Dorf hat seine Eigenheiten. In der näheren Umgebung muss jemand nur den Mund aufmachen, und ich errate sofort, ob er aus Ediger kommt, aus Bremm, aus Neef oder aus Zell. Aber im Prinzip sprechen wir alle die moselfränkische Mundart. Wissenschaftler haben sich jahrzehntelang mit Ausdrücken und grammatikalischen Besonderheiten beschäftigt und die Mühe gemacht, die Grenzen abzustecken. Wir in St. Aldegund sagen zu Garten z. B. »Goade«, im 30 km entfernten Cochem heißt es »Joade«.

Wie verbreitet ist es in Ihrer Heimat, Mundart zu sprechen?

Mundart kann man nicht ›lernen‹, mit Mundart muss man von Kindesbeinen an aufgewachsen sein. Ich bin Jahrgang 1940, und meine Eltern und Großeltern haben sie mit mir täglich gesprochen. Irgendwann in den 1960er-Jahren wurde es große Mode, mit den Kindern nicht mehr Mundart zu sprechen. Immer mehr Menschen glaubten, sie müssten Hochdeutsch sprechen, um nicht als dumm, provinziell oder als Bauern angesehen zu werden. Und ihre Kinder sollten Hochdeutsch sprechen, um es leicht in der Schule und im Leben zu haben.

Können Sie dieses Ansinnen nicht nachvollziehen?

Überhaupt nicht. Sprachwissenschaftler sind schon lange zu dem Schluss gekommen, dass Kinder, die zweisprachig aufwachsen, geistig beweglicher sind, sich besser ausdrücken und einfacher noch eine weitere Sprache lernen. Und dabei ist es völlig egal, ob das Deutsch-Englisch, Deutsch-Französisch oder Hochdeutsch-Mundart ist. Ich habe zwar selbst keine akademische Ausbildung, aber das kann ich nachvollziehen. Und es gibt noch einen zweiten Punkt: Wenn Eltern, die selbst Mundart gesprochen haben, ihren Kindern Hochdeutsch beibringen, das nicht korrekt ist, kann das die seltsamsten Blüten treiben. Dann wird ein Mischmasch gesprochen.

Wie kommt es, dass Sie sich so für dieses Thema begeistern?

Ich hatte vor bestimmt 50 Jahren ein einschneidendes Erlebnis. In einem Urlaub auf der Insel Juist habe ich jemanden erlebt, der in bestem Hochdeutsch ausführlich davon erzählt hat, wie ein Schiff gestrandet ist. Als alle anderen weg waren, bin ich zu ihm gegangen und habe gesagt: »Wie schön, einen Landsmann zu treffen. Sie kommen doch aus Reil.« Wir kannten uns nicht, ich habe es an der Sprachmelodie und verwendeten Ausdrücken erkannt. Ich sehe die Mundart als Kulturgut an, das erhaltenswert ist. Es ist ein Stückweit unsere Heimat. Wir freuen uns doch, wenn wir irgendwo sind und am Nachbartisch jemand so spricht wie wir.

Sie sind Vorsitzender der Mundart-Initiative im Kreis Cochem-Zell. Würde ich etwas verstehen, wenn Sie sich mit Ihren Mitstreitern unterhalten?

Das kommt darauf an, ob Ihnen die Sprache vertraut ist. Bei Veranstaltungen unseres Vereins gehört es zum guten Ton, Dialekt zu sprechen, und ich frage auch immer die Bürgermeister, ob sie das tun können. Manchmal ist einer dabei, der sagt, dass er nicht von der Mosel kommt. Dann sage ich zu ihm, er solle doch Schwäbisch sprechen, Kölsch, Düsseldorfer Dialekt – was auch immer. Hauptsache, Mundart. Wenn zu Veranstaltungen Menschen aus Mayen, Ulmen, Daun oder Kaisersesch kommen, können wir eine große Vielfalt präsentieren. Wir möchten die Menschen animieren, ihre Scheu abzulegen und selbstbewusst Mundart zu reden.

Warum?

Weil in Mundart eine ganz andere Art des Gesprächs möglich ist. Natürlich

PLATT FÜR ANFÄNGER

Bass dou mam Klammerbaidel gepudert?: Sprinnst du?
Boxetäsch: Hosentasche
Dä Kees as geaß: Der Käse ist gegessen (Die Sache ist erledigt)
Doeppen: Topf
Hieschwaassa: Hochwasser
Krotz: Obstrest
Majusebetter: Ausruf großen Erstaunens (Trier), gleichzeitige Anrufung von Maria, Josef und Petrus
mitholen: mitnehmen
petsche: zwicken
Saaschhummes: Ameise
Seessschmear: Marmelade
Strooss: Straße

– wenn man einem Gast ein Zimmer vermieten will, sollte man schon Hochdeutsch sprechen, so gut man kann.

Ich selbst komme aus der Pfalz. Als ich aufgewachsen bin, war Helmut Kohl Bundeskanzler – und über dessen Dialekt wurde sich oft lustig gemacht.

Ich fand schon eklatant, dass das Hamburgisch von Helmut Schmidt mit Weltgewandtheit in Verbindung gebracht wurde und Kohls Pfälzisch mit Provinzialität.

Ist die Mundart heute salonfähiger?

Ich glaube schon. Sie hat wieder mehr Freunde. Unsere Zeitung druckt auf meine Initiative jede Woche besondere Mundartwörter in einer kleinen Kolumne ab und erklärt sie. Leser schicken ihre Ausdrücke hin. Das ist doch eine schöne Eigenart: Man kann etwas, das andere nicht können.

Und wie ist es heute in Schulen?

Was haben wir uns bemüht, in Schulen Fuß zu fassen und die Direktoren dazu zu bringen, mal eine Stunde über Mundart zu reden. Ein Direktor sagte mir: Ich werde weder in der Schule noch auf dem Gelände erlauben, dass Dialekt gesprochen wird. Wir hören öfter, es sei gar nicht klar, ob es Lehrer gibt, die Mundart können. Und: Es steht nicht auf dem Lehrplan. Auch vom Kultusministerium habe ich nur Absagen bekommen. Andere Bundesländer gehen damit ganz anders um.

Ist die Mundart bedroht?

Wir werden sie nicht auf ewig retten können. Aber wir versuchen den Rückgang noch etwas aufzuhalten. Im Moment habe ich das Gefühl, dass noch nie so viel über Mundart geschrieben wurde wie in den vergangenen zehn Jahren.

Gerhard Schommers hat die Mosel-Mundart als Kind gelernt – und bedauert, dass sie mehr und mehr verschwindet.

Weil die Globalisierung ein neues Heimatgefühl geweckt hat?

Ich denke schon. Unsere Welt früher war das Dorf, und es war eine Ausnahme, wenn man mal ins Nachbardorf kam. Heute kommen meine Enkel vorbei und erzählen, dass sie am Abend nach Köln ins Kino fahren. Und gleichzeitig gibt es eben auch eine Rückbesinnung auf alte Werte.

Am schönsten sind ja immer die Schimpfwörter, die ein Dialekt zu bieten hat.

Ich sage immer: »Wenn ich ›Sie Arschloch‹ sage, ist das eine Beleidigung. ›Du Arschloch‹ ist ein Freundschaftsbeweis«. »Dabbes« gefällt mir auch sehr gut.

Vielen Dank für das Gespräch. Wie verabschieden wir uns in Ihrem Dialekt?

Tschö! ■

Ein ganz spezielles Klima

Ob sich hier irgendwo eine Rote Ödlandschrecke verbirgt? Im Naturschutzgebiet Brauselay bei Cochem finden seltene Arten gute Lebensbedingungen.

Artenvielfalt — An der Mosel fühlen sich Tier- und Pflanzenarten wohl, die sonst so weit nördlich in Deutschland kaum vorkommen. Sie sind Gewinner nicht nur des Klimawandels, sondern auch des Strukturwandels im Weinbau.

In Zeiten, in denen man vom Klimawandel noch nichts wusste, galt die Mosel als einer der nördlichsten Punkte, an denen Weinbau möglich war. Inzwischen wird Wein in der Nähe von Hamburg angebaut, in Schweden, und sogar in Norwegen wird neuerdings Riesling gekeltert.

Die Großwetterlage: gut

Möglich war Weinbau an der Mosel auch nur, weil hier mehrere klimatische Vorzüge zusammenkommen. »Das Moseltal ist südwestlich orientiert«, erklärt Carsten Neß, Geograph und Landespfleger beim Dienstleistungszentrum Ländlicher Raum (DLR) Mosel in Bernkastel-Kues, die Großwetterlage. »Aus Südwesten kommt das warme Wetter. Durch eine Westwinddrift gelangt warme Luft ins Moseltal.« Dazu kommt das sogenannte Geländeklima. In unseren Breiten fallen die Strahlen der Sonne die meiste Zeit des Jahres schräg auf die Erdoberfläche. Auf die Oberfläche der ›Steillagen‹, der extremen Hanglagen an der Mittelmosel und der Terrassenmosel, scheint die Sonne fast senkrecht. »Die Energieversorgung ist damit optimal für mediterrane Pflanzen«, sagt Neß. Und Tiere: Smaragdeidechse, Mauereidechse und Blaue Ödlandschrecke fühlen sich in den Weinbergen wohl.

LEBENDIGER WEINBERG

Naturschutzgebiete und naturnah bewirtschaftete Weinberge sichern die Artenvielfalt im speziellen Moselklima. Viele Infos zu den Pflanzen und Tieren – auch kindgerecht aufbereitet – und Broschüren zum Herunterladen findet man auf www.lebendige-moselweinberge.de.

Die Sonne als Starthilfe

Typisch für den Moselweinbau ist zudem dunkles Schiefergestein, das sich tagsüber stark aufheizt und in der Nacht die Wärme an die Umgebung abgibt. Eidechsen mögen diese Böden sehr. »Das sind wechselwarme Tiere, die morgens direkt eine kleine Starthilfe in Form von Sonnenstrahlen bekommen«, erklärt Neß. Er findet es »faszinierend, welche Anpassungsstrategien Flora und Fauna in der Evolution entwickelt haben«. Der Weiße Mauerpfeffer, auch als Weiße Fetthenne bekannt, und die Futterpflanze der Apollofalterraupen, lebt auf Felsen und Mauern. In den terrassierten Wingerten der Mosel kann sie sich deshalb hervorragend ausbreiten. Der Klimawandel hat dazu geführt, dass sich die Blaue Ödlandschrecke und eine verwandte Art, die vom Aussterben bedrohte Rote Ödlandschrecke, an der Terrassenmosel sehr wohlfühlen. Möglicherweise breiten sich diese Heuschreckenarten in Zukunft moselaufwärts weiter aus. Der Klimawandel werde sicher aber auch Verlierer hervorbringen, sagt Neß. Nur: Welche Tiere und Pflanzen das sein werden, lasse sich noch nicht genau sagen.

Viele Weinberge liegen brach

Viel mehr als der Klimawandel hat in den vergangenen Jahrzehnten der Strukturwandel im Weinbau der Region zu schaffen gemacht. Rund ein Viertel der bewirtschafteten Rebflächen sind in dieser Zeit aufgegeben worden, weil sich die schwere (Hand-)Arbeit im Steilhang bei gleichzeitig recht niedrigen Preisen für den Moselwein für viele Winzer nicht mehr lohnte. 8661 Hektar Ertrags-Rebfläche hatte die Mosel 2021. Im Jahr 1990 waren es noch 12.304 Hektar. Wenn aus Weinbergen Brachflächen werden, wachsen Gräser, Stauden, Sträucher und schließlich Bäume. Über Jahrzehnte entwickelt sich Wald. Wo immer mehr Hölzer für immer mehr Schatten sorgen, verschwinden irgendwann die wärmeliebenden Arten, die Eidechse und der Mauerpfeffer. »Das sind dann trotzdem Lebensräume«, sagt Neß, »für Vögel sind das z. B. Paradiese.«

Auch das Bewusstsein wandelt sich

Wann der Mensch pflegerisch eingreifen sollte, wie man die Artenvielfalt am besten erhält, wie wirtschaftliche und ökologische Interessen miteinander in Einklang gebracht werden können und wer das alles bezahlen soll – das alles sind Fragen, denen sich das Projekt »Lebendige Moselweinberge« seit 2013 widmet. Das Bewusstsein verändere sich, sagt Neß. Winzern der heutigen Generation, ob sie nun konventionellen oder Bio-Weinbau betreiben, sei klar, dass es sich beim Weinberg um ein Ökosystem handelt, dessen biologische Vielfalt erhalten werden solle. Mit anderen Worten: Früher wurde alles weggespritzt. Heute nutzen immer wenige Betriebe Herbizide; Insektizide werden nach Neß' Worten so gut wie gar nicht mehr eingesetzt. »Für die Natur«, sagt der Landespfleger, »ist es ein großer Vorteil, wenn man sie einfach gewähren lässt.« ■

Schaales oder Gräwes?

Moselküche — Seit Jahrhunderten dreht sich in der moselfränkischen Küche alles um die Kartoffel. Sie ist Beilage zum Moselaal oder Moselzander, kommt als Schaales oder Gräwes daher. Oder darf es vielleicht ein Teller Krumpernsupp sein?

Wir kennen heute Chips und Pommes, Kroketten, Kartoffelsalat und Kartoffelbrei, Kartoffelsuppe, Kartoffelauflauf, Kartoffelpuffer und Kartoffelknödel. Und natürlich auch Pellkartoffeln, Bratkartoffeln und Salzkartoffeln. Die Kartoffel ist in Deutschland trotz des Siegeszugs von Pasta und Reis immer noch derart beliebt, dass der Spitzname »Krauts« für die Deutschen allmählich von »Kartoffeln« abgelöst wird.

Siegeszug im 19. Jahrhundert

Die Kartoffel ist zwar ein, wenn nicht sogar das zentrale Element der deutschen Küche. Aber so lange währt die Liebesbeziehung zwischen den Deutschen und der Knolle noch gar nicht. Nämlich erst etwas mehr als 200 Jahre. Als das Nachtschattengewächs um 1630, also mitten im Dreißigjährigen Krieg, nach Deutschland kam, wurde es erst einmal mit Argwohn betrachtet. Spanische Eroberer hatten die Kartoffel rund 100 Jahre zuvor in Südamerika entdeckt und nach Europa mitgebracht, von wo sie sich von den Kanaren aus langsam über das Festland ausbreitete. König Friedrich II. von Preußen war es dann, der noch einmal deutlich später, nämlich 1756, per Dekret ihren Anbau durchsetzte. Ihren Siegeszug als eines der wichtigsten Nahrungsmittel trat die Kartoffel dann allerdings erst zu Beginn des 19. Jh. an. Zuvor war sie eher ihrer

Spanische Eroberer brachten die Kartoffel im 16. Jh. aus Südamerika mit.

An der Mosel heißen die Kartoffeln Krumpern. Ob gelb, rot oder blau, rund oder länglich – die tolle Knolle ist seit Jahrhunderten eine der wichtigsten Zutaten der moselländischen Küche.

hübschen Blüten wegen als Zierpflanze kultiviert worden.

Gutes Essen für hungrige Winzer

In der Moselregion hat sich die Kartoffel als Grundnahrungsmittel so sehr durchgesetzt wie kaum irgendwo sonst. Drei Vorzüge wirkten besonders überzeugend: Sie war (und ist) günstig und damit wie geschaffen als »Arme-Leute-Essen«. Sie ist massenhaft verfügbar. Sie füllte die Mägen der hart im Wingert arbeitenden Moselwinzer. Und so war die Kartoffel schon bald nicht mehr wegzudenken aus der moselfränkischen Küche.

Der Mix macht's

In der Eifel, an der Mosel und im Hunsrück wird traditionell deftig, reichlich und mit einfachen Zutaten gekocht. Ein paar Gerichte gibt es tatsächlich nur in dieser Region. Irgendwann kam man auf die Idee, Kartoffelbrei und Sauerkraut nicht mehr getrennt zu servieren, sondern beides miteinander zu vermischen, gekochten Speck hinzuzugeben und das Ganze mit goldbraun gebratenen Zwiebelwürfeln zu übergießen. »Gräwes« heißt das Gericht, das als Beilage zu Fleisch oder Fisch, Blut- oder Leberwurst gereicht wird. Die Trierer nennen diese Spezialität übrigens »Kappes Teerdisch«, die Saarländer »Kappestiertisch«.

Immer rein damit

Kartoffeln haben die praktische Eigenschaft, dass man sie kochen, braten, backen, kleinschneiden oder zerstampfen kann – je nach Lust und Laune. Oder auch füllen. Eine besondere Spezialität des Hunsrücks sind »Gefillde«, also gefüllte Klöße: Kartoffelknödel, die mit einer Mischung aus Hack- und Rauchfleisch, Lauch, Petersilie und Brötchen gefüllt sind. Und darüber muss dann natürlich ordentlich viel Soße. Ein Genuss!

Die innovative Seite der Moselküche

Ist ja klar, dass Globalisierung und Standardisierung auch vor der Moselregion nicht Halt machen. Selbstverständlich bekommt man auch in den kleinsten Moselorten Döner und Currywurst, Gyros, Burger und Pizza. Aber es gibt einen deutlichen Gegentrend zum kulinarischen Einheitsbrei. Viele Weinstuben, Straußwirtschaften, Ausflugslokale und auch gehobene Restaurants haben die traditionellen lokalen Gerichte auf der Karte und servieren nicht nur das ewige Wiener Schnitzel und die unvermeidlichen Pommes, sondern eben auch lokale moseltypische Spezialitäten – oft innovativ interpretiert – wie Tresterfleisch, Gräwes und Mosel-Zander. Und dazu gibt es natürlich einen Riesling von der Mosel und zum Abschluss des Ganzen dann noch einen Likör, einen Tresterschnaps, ein Eis oder eine Praline vom Moselweinbergpfirsich (s. S. 288).

Regional, saisonal – und gesund

Zurück zur Kartoffel. Zwar essen die Deutschen mit etwa 60 kg pro Jahr nur noch rund ein Drittel der Kartoffeln, die sie in der Nachkriegszeit gegessen haben – als es oberste Priorität hatte, die Bevölkerung irgendwie satt zu bekommen. Und in diesen 60 kg sind verarbeitete Kartoffeln in Form von Pommes frites oder Kartoffelchips auch schon enthalten. Aber ganz verschwinden wird die Kartoffel mit Sicherheit nicht von der Speisekarte. Vor allem nicht in Zeiten, in denen es den Menschen immer wichtiger wird, regional, saisonal, gesund und kalorienarm zu essen (es sei denn natürlich, man macht Bratkartoffeln daraus). Und vor allem nicht hier, an der Mosel. ■

R

REZEPT DIBBELABBES/ SCHAALES

Es gibt vermutlich so viele Rezepte wie Küchen an der Mosel und der Saar, in der Eifel und im Hunsrück. Hier ist eine von vielen Möglichkeiten, Schaales zuzubereiten.

Zutaten für zwei Personen
600 g Kartoffeln
80 g Speck
1 Ei
1 Zwiebel
1 Stange Lauch
Petersilie
Majoran
Pfeffer
Salz
Muskat
Öl

Zubereitung: Kartoffeln schälen, reiben und in einem sauberen Tuch gut ausdrücken. Speck, Zwiebel und Lauch kleinschneiden. Öl in einem Bräter erhitzen und den Speck auslassen. Lauch und die Hälfte der Zwiebelwürfel hinzugeben, kurz mitbraten und zur Seite stellen. Petersilie und Majoran kleinschneiden. Danach die restlichen Zwiebeln, Ei, Kräuter und die Speckmischung mit den Kartoffeln vermischen. Mit Muskat, Pfeffer und Salz würzen. Etwas Öl in einem Topf erhitzen und die Masse darin kurz anbraten und anschließend für 90 Min. in den Ofen (200 °C) schieben. Mit Apfelmus oder grünem Salat servieren.

Das zählt

Zahlen sind schnell überlesen — Aber sie können die Augen öffnen. Nehmen Sie sich Zeit für ein paar überraschende Einblicke. Und lesen Sie, was an der Mosel zählt.

68

Grad Hangneigung hat der Calmont vorzuweisen – der steilste Weinberg Europas.

160

Meter hoch ist die Hochmoselbrücke. Sie spannt sich etwa 1,7 Kilometer bei Zeltingen-Rachtig über die Mosel und wurde Ende 2019 nach über acht Jahren Bauzeit eröffnet.

74

Moselweinköniginnen gab es bis 2023/2024. Elf von ihnen trugen den Titel ›Deutsche Weinkönigin‹.

5,52

Prozent Anteil hat die Koblenzer Fußgängerzone am Straßennetz. Damit liegt die Stadt vor Freiburg mit 4,95 % und Hannover mit 4,48 % auf dem ersten Platz. Insgesamt hat Koblenz 13 km Fußgängerzone, Allein die Passanten vorbehaltene Löhrstraße in Koblenz ist über 400 m lang.

500

Vorschläge waren für die Benennung eines neuen Kulturgebäudes auf dem Koblenzer Zentralplatz eingegangen. Durchgesetzt hat sich Forum Confluentes.

15 Mrd.

D-Mark waren im Cochemer Bundesbankbunker gelagert.

311

Kilometer lang ist der Mosel-Radweg. Davon verläuft der größte Teil in Deutschland, nämlich eine Strecke von 248 km. Der französische Teil führt nach Metz, Ziel des Radwegs ist das Deutsche Eck in Koblenz.

2

Fußballvereine von der Mosel haben es zwischenzeitlich bis in die Zweite Bundesliga geschafft: TuS Koblenz und Eintracht Trier. Aktuell spielen die beiden Traditionsvereine aber in unteren Ligen.

18.000

Besucher passten in das Ende des 2. Jh. erbaute Amphitheater in Trier. Sie sahen von ca. 22 m hohen Rängen aus Kämpfe zwischen Mensch und Tier, zwischen Mensch und Mensch, wohnten religiösen Versammlungen bei und feierten Feste.

24

Etappen hat der Moselsteig. Er ist 365 km lang und wurde 2014 eröffnet.

0,25

Liter sind an der Mosel ein Schoppen – anders als in der Pfalz, wo ein Schoppen ein halber Liter ist.

3

Anrainerstaaten hat die Mosel: Frankreich, Luxemburg und Deutschland.

36

Kilometer lang ist die Mosel als Grenzfluss zwischen Deutschland und Luxemburg. Sie ist hier ein Kondominium: Die Grenze verläuft nicht in der Mitte des Flusses, er ist gemeinsames Hoheitsgebiet.

650

Polizeikräfte waren im Einsatz, als im September 2019 im beschaulichen Traben-Trarbach ein riesiges Netzwerk von Cyberkriminellen ausgehoben wurde. Die Behörden hatten davor fünf Jahre lang ermittelt.

23

Meter hoch ist die Igeler Säule bei Trier. Es handelt sich um das am besten erhaltene oberiridische römische Grabmal nördlich der Alpen und ist Teil des UNESCO-Welterbes.

9

Menschen, nämlich zwei Frauen und sieben Männer, lebten Ende 2022 in der kleinsten Gemeinde Deutschlands: Dierfeld im Landkreis Bernkastel-Wittlich.

80

Prozent Luftfeuchtigkeit herrschen im Schmetterlingsgarten in Grevenmacher, in dem Arten aus aller Welt leben.

8

Tage lang ist jedes Jahr im Mai oder Juni die Mosel wegen Wartung der Schleusen für die Schifffahrt gesperrt.

28

Staustufen regulieren den Wasserstand der Mosel, wobei eine Fallhöhe von zusammen 161 m überwunden wird.

In hübschen Gewändern und ordentlich frisiert gingen die Winzer (und Winzerinnen) im 19. Jh. zur Weinlese – zumindest in dieser Lithographie von Albert Kretschmer.

Reise durch Zeit & Raum

Höchste Höhen, tiefste Tiefen — Die Geschichte der Moselregion kann man als eine Geschichte des Weinbaus erzählen. Sie war nicht immer ruhmreich. Es hat viel Licht gegeben. Aber auch einigen Schatten.

Steinige Anfänge und Keltenkultur

ca. 5000–500 v. Chr.

In der Endphase der Mittelsteinzeit entstehen die ersten Sammelplätze und Siedlungen; in der Jungsteinzeit und auch in Bronze- und Eisenzeit ist die Region dicht besiedelt. Ab etwa dem 7. Jh. v. Chr. ist die Hunsrück-Eifel-Kultur nachweisbar. Sie steht ab dem 6. Jh. v. Chr. deutlich unter keltischem Einfluss. Aus Prunkgräbern vor allem im Hunsrück stammen Gold und Silber. Zu sehen sind diese Schätze heute im Museum. Gegen die Römer bauen die Kelten, die Cicero, Caesar und der römische Geschichtsschreiber ›Treverer‹ nennen, befestigte Höhensiedlungen, z. B. auf dem Martberg. Dass die Kelten gerne mal einen gehoben haben, wissen Historiker. Allerdings tranken sie vor allem Bier.

Zum Anschauen:
Landesmuseum Trier S. 28, Martberg S. 187

Die Kaiserstadt

ca. 50 v. Chr.–70 n. Chr.

Das Imperium Romanum besetzt das Land der Treverer. Es wird in die Provinz Gallia Belgica eingegliedert. Die Römer nutzen die Mosel als Handelsstraße und um 16/17 v. Chr. herum gründet Kaiser Augustus die Stadt Augusta Treverorum, aus der das heutige Trier hervorgeht. An der Mündung der Mosel in den Rhein entwickelt sich wenige Jahre später, etwa 9 v. Chr., aus dem Lager Confluentes die Stadt Koblenz. Jetzt beginnt, was die Moselregion weltberühmt machen sollte und bis heute prägt: der Weinbau im großen Stil. Das Anbaugebiet Mosel ist damit das älteste Weinbaugebiet Deutschlands. Im Jahr 70 n. Chr. proben die Treverer den Aufstand. Zur entscheidenden Schlacht zwischen römischen Legionären und aufständischen Kelten kommt es bei Rigodulum, dem heutigen Riol. Damit war der Sieg der Römer entschieden – und sie sollten ihre Macht für lange, lange Zeit behalten.

Zum Anschauen: Porta Nigra und weitere römische Bauten in Trier S. 18, Villa Borg S. 48, Mosaik in Nennig S. 51

Gesponnene Legenden und veränderte Machtverhältnisse

327–496

Von einer Wallfahrt ins Heilige Land bringt Helena, die Mutter des Kaisers Konstantin der Große, im Jahr 327 den Heiligen Rock Christi nach Trier. Dieses Textil, das Fragmente der Tunika Jesu

Christi enthalten soll, wird seitdem im Trierer Dom aufbewahrt und selten der Öffentlichkeit gezeigt. Die Zeiten werden unruhiger und im Jahr 392 verlagert der Kaiser die Residenz von Trier nach Mailand. Das 5. Jh. ist eine unruhige Zeit in der Moselregion: 406 fallen Alanen, Sueben und Vandalen in Trier ein, 451 Attilas Hunnen. Viermal erobern die Franken die Stadt, zuletzt und endgültig 475. Politisch geht das römische Reich im Westen unter. Aber seine Architektur und Kultur prägen die Gegend bis heute.

Zum Anschauen: Dom Trier S. 22

Burgenbau und Klostergründungen

500–1500

Das Mittelalter prägt die Moselregion mindestens so sehr wie die Antike. Es ist die Zeit, in der die Klöster die größten Landbesitzer sind und den Weinbau weiterentwickeln. Aus dem Burgund bringen Zisterziensermönche weitere Kenntnisse darüber, wie man aus Trauben Wein macht, ins Moselland. Heute noch bekannt sind die Klosteranlagen Machern, Springiersbach, Wolf oder Himmerod. Und natürlich sind die berühmten Burgen und Wehranlagen entstanden, die heute zu den beliebtesten Zielen von Touristen gehören, darunter Burg Eltz, die Reichsburg Cochem, die Burgruine Landshut in Bernkastel-Kues und Burgruine Metternich in Beilstein. Vom 12. bis zum Beginn des 19. Jh. herrschen die römisch-deutschen Kaiser im Heiligen Römischen Reich (deutscher Nation). Es ist in sieben Kurfürstentümer aufgeteilt, von denen eines das Kurfürstentum Trier ist, auch Kurtrier genannt. Der Trierer Erzbischof ist damit Kurfürst. Einer von ihnen, Balduin von Luxemburg, Erzbischof und Kurfürst von 1307 bis 1354, geht in die Geschichte ein, auch weil ihn seine Gegenspielerin Loretta von Sponheim spektakulär entführt.

Zum Anschauen: Burg Landshut S. 104, Burg Metternich S. 167, Burg Eltz S. 192

Elend und Wohlstand

1815–1900

Das Königreich Preußen übernimmt an Mosel und Saar nach dem Wiener Kongress 1815 die Herrschaft. Die repressive Handelspolitik mit hohen Steuern und Zöllen stürzt viele Weinbauern in existenzielle Nöte. Ein Umstand, der auch den 1818 in Trier geborenen Karl Marx beeindruckt und beeinflusst. Sein Vater Heinrich besitzt selbst – als Kapitalanlage – Weinberge an Mosel und Ruwer. Es gibt die These, dass das Elend der Winzer den jungen Karl – zeitlebens ein Freund eines guten Tropfens – gar zum Kommunisten gemacht haben soll. Gegen Ende des 19. Jh. wendet sich das Blatt. Eine neue Blütezeit des hiesigen Weins beginnt. Für Steillagen-Rieslinge von Mosel, Saar und Ruwer werden die höchsten Preise bezahlt, und sie werden an den Königs- und Zarenhöfen in ganz Europa getrunken. Speziell Traben-Trarbach, 1857 noch von einem verheerenden Großbrand gebeutelt, profitiert von diesem Boom. Der Ort ist damals der wichtigste Wein-Umschlagplatz nach Bordeaux. Es entstehen viele Jugendstilbauten, unter anderem verewigt sich der Berliner Architekt Bruno Möhring 1898/99 mit einem eleganten Brückentor. Heute noch kann man im Stadtbild Spuren dieser Zeit entdecken.

Zum Anschauen: Karl-Marx-Haus Trier S. 29, Traben-Trarbach S. 136

Dunkles Kapitel

1933-1945

In der dunklen Zeit des Nationalsozialismus ist die Region kein ruhmreicher weißer Fleck. Überall an der Mosel sind die Nazis mit ihrer menschenverachtenden völkischen Ideologie erfolgreich – wenngleich es auch hier Widerstand gibt, in Traben-Trarbach z. B., einer SPD-Hochburg. 1931–1941 wird die Region von der NSDAP zur Verwaltungseinheit »Gau Koblenz-Trier« erklärt, von

1941 an heißt sie »Gau Moselland«. Im Weinbau müssen Zwangsarbeiter schuften. In der Nähe von Trier existiert mit dem SS-Sonderlager Hinzert ein Haft- und Konzentrationslager mit etlichen Außenlagern, unter anderem in Wittlich. Geschätzt wird, dass im KZ Hinzert rund 1000 Menschen zu Tode gekommen sind. Heute informiert an dieser Stelle ein Dokumentations- und Begegnungshaus über das Leiden der Häftlinge und die Gräueltaten der Täter. Im Zweiten Weltkrieg lassen in der ›Schlacht am Orscholzriegel‹ zwischen Amerikanern und Deutschen Tausende Soldaten ihr Leben.

Zum Anschauen: Friedensdenkmal Orscholzriegel S. 47

Viel los an der Mosel

1946–2000

Um die Mosel besser schiffbar zu machen, wird der Fluss von 1958 an kanalisiert. Mit dem markigen Satz »Es muss mehr gesoffen werden« zitiert das Nachrichtenmagazin »Der Spiegel« 1961 den damaligen rheinland-pfälzischen Weinbauminister Oskar Stübinger (CDU). Der fruchtige Weißwein von Mosel, Saar und Ruwer schmeckt den Menschen in Nachkriegsdeutschland hervorragend. Die Nachfrage ist enorm, die Qualität hat nicht immer oberste Priorität. Weinpanscher-Skandale sorgen dafür, dass der früher ruhmreiche Moselwein einen Imageverlust erleidet, von dem er sich nur sehr schwer wieder erholt. Eine faustdicke Überraschung erleben später die Cochemer, als sie erfahren, dass in ihrem Städtchen zwischen 1964 und 1988 ein geheimer Milliardenschatz lagerte – inzwischen ist der Bundesbank-Bunker eine Top-Sehenswürdigkeit. 1990 rückt ein kleines luxemburgisches Moseldorf in den Blickpunkt der Weltöffentlichkeit: Das Schengener Abkommen besiegelt die Abschaffung der meisten europäischen Grenzen. Bei Hochwassern zeigt sich die liebliche Mosel von ihrer ungemütlichen und zerstörerischen Seite. Das Hochwasser am 23. Dezember 1993 ist für viele Orte das schlimmste seit 200 Jahren.

Zum Anschauen: Bundesbank-Bunker in Cochem S. 194

Überraschungen im 21. Jahrhundert

2000 bis heute

Eine unangenehme Überraschung beschert die Mosel den Menschen an ihren Ufern immer wieder mit Hochwasser-Ereignissen. Keine Überraschung ist es, als 2002 das Obere Mittelrheintal zum UNESCO-Welterbe wird und 2011 die Bundesgartenschau Besucher und Impulse für die Stadtentwicklung nach Koblenz bringt. Die große Landesausstellung zum römischen Kaiser Marc Aurel wird Trier 2025 bestimmt erneut zu einem Besuchermagneten machen. Und eines ändert sich sicher so schnell nicht: Der Wein ist immer noch Wirtschaftsfaktor, Kulturgut und Exportschlager.

1938 war das Deutsche Eck in Koblenz Aufmarschplatz für die Wehrmacht, die das entmilitarisierte Rheinland besetzte.

Der Wandel im Weinberg

Wetter und Klima — Für einen Moselwinzer sind das seit jeher wichtige Parameter, die seine Arbeit beeinflussen. Welchen Einfluss der Klimawandel auf Riesling und Spätburgunder vom Steilhang hat, erklärt Winzer Matthias Lay aus Pünderich.

Herr Lay, wie oft schaut ein Winzer auf den Wetterbericht?

Täglich. Das geht ja mittlerweile sogar mit dem Smartphone im Weinberg.

Wenn man Netz hat.

(Lacht.) Das stimmt.

Müssen Sie jeden Tag sofort auf das Wetter reagieren?

Nein, nicht jeden Tag. Mit der Zeit entwickelt man ein gewisses Gefühl dafür, wann man im Weinberg eingreifen muss.

Im Winter aber nicht, oder?

Das stimmt. Da passiert im Weinberg eigentlich wenig. Die Vegetationsperiode beginnt mit dem Austrieb Ende April/Anfang Mai. Dann sind die Reben sehr empfindlich. Aber: In den vergangenen Jahren sind die Winter sehr mild gewesen. Der Austrieb war früh. Spätfröste können dann ein großes Problem sein. Uns sind schon Ende April viele Triebe abgestorben. Der Schaden war immens.

Das Wetter hat also einen direkten Einfluss auf den Ertrag?

Ja, das ist so.

Wie steil sind denn Ihre Weinberge?

Einige Weinberge haben eine Neigung von 45 bis zu 65 Grad. Damit sind sie nur unwesentlich flacher als der steilste Weinberg, der Calmont.

Hat das Wetter an den Steilhängen der Mosel einen besonders großen Einfluss auf den Weinbau?

Das kann man schon sagen. Schon die Römer haben den Zusammenhang herausgefunden. Durch die steilen Weinberge gibt es mehr Oberfläche und eine bessere Sonneneinstrahlung. Dazu kommt das Schiefergestein. Der Schiefer reflektiert und gibt nachts Wärme ab. Das sorgt für ein gutes Mikroklima.

Gilt das Prinzip »Je mehr Sonne, desto besser«?

Eigentlich schon. Der Klimawandel sorgt aber für längere Trockenperioden. Das sorgt dann auch wieder für Stress. Wenn es sehr trocken ist und hohe Temperaturen herrschen, kann man nicht viel machen.

Wässern?

Nein, die Möglichkeit haben wir nicht. In einem heißen Sommer hatten wir zuletzt Glück, und es kam zur richtigen Zeit zweimal Regen. Die alten Reben mit tiefen Wurzeln haben auch nicht so stark gelitten wie die jungen. In einem jungen Spätburgunder-Weinberg musste ich Frucht herausschneiden, um die Anlage zu entlasten. Außerdem muss man auf die Begrünung achten, um keine Wasserkonkurrenz zu haben.

Was denken Sie, wann kommt der Klimawandel?

Ich würde sagen, er ist schon längst da. Die Extreme verstärken sich: Hagel, Schauer, lange Trockenphasen, ein Anstieg der monatlichen Durchschnittstemperatur. Dadurch gibt es auch neuartige Pilzinfektionen.

Zuletzt gab es an der Mosel Jahrgänge von hervorragender Qualität. Der Klimawandel ist also nicht nur negativ?

Nein, wir profitieren auch davon. Vielleicht auch noch die nächsten 50 Jahre. Niemand weiß, wie sich das entwickeln wird. Deswegen ist es wichtig, aufmerksam, vorsichtig und flexibel zu sein. Alte Erfahrungen und Parameter stimmen teilweise nicht mehr.

Profitieren die Winzer an der Mosel auch mit Blick auf die Preise? Es gibt Spitzenwinzer. Aber in der Masse ist der Moselwein ganz schön günstig – trotz geringer werdender Rebfläche.

Das stimmt, eigentlich ist er viel zu günstig. Dabei hatte der Moselwein Ende des 19. Jh. einen hervorragenden Ruf. Das hat man wohl versucht auszubeuten. Es gibt viele junge Kollegen, auch in der Gastronomie, die versuchen, mit Qualität zu überzeugen und entsprechend die Preise zu gestalten. Wir müssen ja auch nachhaltig von unserer Arbeit leben. Die Mosel hatte lange Zeit ein angestaubtes Image, und das beginnt sich nun langsam zu ändern. Zudem ist Wein ein Modegetränk, gerade bei jungen Leuten. Vielleicht spielt uns das in die Karten. ■

Matthias Lay führt das Weingut der Familie in der zehnten Generation.

Nur noch kurz die Welt retten

Müll im Fluss — Von Plastik in den Weltmeeren hört und liest man ständig. Von Müll in Flüssen weniger. Dabei ist der ein großes Problem. Das Clean River Project möchte zu seiner Lösung beitragen. Mit Paddeln und mit Kunst.

Ein Mann sitzt in einem gelben Kajak und paddelt durch ein Meer aus Müll. Eine zerbrochene blaue Plastikmuschel ist dabei, Kinder haben sie einmal zum Spielen benutzt. Ein leerer Bierkasten, viele Trinkpäckchen aus Plastik, Autoreifen, ein Wäschekorb, Taue, Kleinkram, ein altes Dreirad ist noch zu erkennen, schon eine Weile dürfte niemand mehr damit gefahren sein. Und, als Höhe- oder Tiefpunkt, drei Verkehrsbarken, weiß mit diesen schwarzen Schrägstreifen, hundertmal schon ist man an ihnen vorbeigefahren. »All das zusammen ist die durchschnittliche Menge Müll, die wir auf einem Kilometer Fluss finden«, sagt Franziska Braunschädel, die stellvertretende Vorsitzende des Vereins Clean River Project. Jedem, der am Sinn oder Nutzen von dessen Mission zweifeln sollte, zeigen sie und ihre Mitstreiter dieses Foto. Das überzeugt – davon, dass das Problem des Plastikmülls auch ein deutsches ist und nicht nur eins von Afrika oder Asien.

Das Problem der Anderen?

»Das Problem stoßen wir gerne von uns«, sagt Franziska Braunschädel. »Weil wir doch angeblich ein super Entsorgungssystem haben.« Dabei, sagt sie, sei Deutschland der größte Produzent und Konsument von Plastikprodukten in Europa – und Teil eines weltweiten Kreislaufsystems. Über das Land kommen Abfälle in die Flüsse und von dort in die Meere, wo sie in Form von Mikroplastik in Mägen von Fischen landen und diese an den Theken unserer Supermärkte. Das Clean River Project möchte dazu beitragen, dass dieser zerstörerische Kreislauf unterbrochen wird: durch Schulprojekte, Kunstausstellungen und Müllsammelaktionen auf Flüssen in ganz Deutschland vom Rhein über die Donau bis zur Leine. Vor allem aber sind die Mitglieder des Clean River Projects immer und immer wieder auf der Mosel unterwegs.

Autoreifen zu Kunstwerken

Denn seinen Ursprung hat das Clean River Project in Winningen. Hier lebte damals der Fotograf und Künstler Stephan Horch, der über viele Ecken tatsächlich mit dem Autopionier August Horch verwandt ist. Horch entdeckte 2012 das Paddeln für sich – und stellte dabei fest, wie viel Müll auf, in und an der Mosel zu finden ist. »Am Anfang hat er den Müll fotografiert, aber das allein hat eigentlich noch niemanden interessiert«, sagt Franziska Braunschädel und lacht. »Also hat er überlegt, wie er das Thema besser zugänglich machen könnte. Aus dieser Idee sind die ersten Kunstwerke entstanden.« Mit einer ersten Paddeltour von Winningen bis zur Nordsee machte er 2015 auf sich aufmerksam, im Jahr darauf gründete er den Verein, dessen Vorsitzender er nun ist. »Wir wollten es auf eine solide Basis stellen«, sagt Braunschädel. »Ganz oder gar nicht.«

Trügerische Idylle

Mit einem Team von sechs bis acht Mitstreitern kümmern sich die beiden unermüdlich um ihr Anliegen: Auf die Verschmutzung von Flüssen aufmerksam zu machen. »Wenn wir auf der Mosel unterwegs sind, finden wir auf einem Abschnitt von sechs bis zehn Kilometern zwischen 500 Kilogramm und einer Tonne Müll«, erklärt Braunschädel. Und das wohlgemerkt, ohne zu tauchen. An Ufern, an schwer zugänglichen und nur mit dem Boot erreichbaren Stellen sammeln sie das, was Menschen bei ihrem Aufenthalt in der schönen und idyllischen Natur ›vergessen‹ haben: Einweggrills, Flaschen, Bierkästen. Aber eben auch Fahrräder, Kinderspielzeug, gewerblichen Abfall wie vor einigen Jahren fünf bis sechs riesige Säcke mit Bauschaum sowie Glyphosatkanister. »Wir haben auch schon Hausmüll gefunden«, sagt Braunschädel, »Säcke, die einfach die Böschung runtergeschmissen wurden.« Die Müllsammler kümmern sich – oft unterstützt von Projekten vor Ort – auch um die Entsorgung. Was gar nicht immer so einfach zu bewerkstelligen sei.

Es wird nicht weniger

»Man findet überall Müll«, sagt Braunschädel. »Auch in Naturschutzgebieten.« Und auch wenn seit einiger Zeit die Bilder von mit Plastik überfluteten Stränden oder Plastikteilchen in den Mägen toter Fische um die Welt gehen, auch wenn viele Menschen ein wachsendes

Zusammen ist man weniger allein: Die Akteure des Clean River Project suchen immer wieder neue Mitstreiter und verbinden dabei Engagement und Spaß.

Bewusstsein für das Problem haben, fürchtet sie, dass die Arbeit so schnell nicht weniger werden wird. »Wir brauchen langfristig Wege und Ideen«, sagt sie, »auch im Handel und in der Politik.« Das Clean River Project möchte weiter Fahrt aufnehmen – und dabei auch Spaß haben. Die Aussicht auf gemeinsames Müllsammeln werde kaum jemanden locken, sagt Braunschädel. Die Aussicht auf eine Kanufahrt auf der Mosel dagegen schon. ■

C

CLEAN RIVER PROJECT

Die Macherinnen und Macher des Clean River Project sind in ganz Deutschland unterwegs, kehren aber regelmäßig an die heimische Mosel zurück, um über ihre Arbeit zu informieren. Termine: www.cleanriverproject.de.

Freunde des Weins

Mosel-Riesling weltweit — Die Leidenschaft von David Rayer und Jean Fisch für feinen Moselwein ist so groß, dass sie einen Newsletter mit diesem Namen herausgeben, nämlich »Mosel Fine Wines«. Die Abonnenten kommen aus aller Welt.

Beruflich haben beide nichts mit Wein zu tun. Wie genau es zu der großen Begeisterung für Mosel-Riesling kam – David Rayer und Jean Fisch wissen es selbst nicht mehr genau. Die beiden sprechen von einem »Aha-Moment« vor etwa 25 Jahren. Dass Riesling eine faszinierende Rebsorte ist, war ihnen vorher schon bewusst. »Aber er ist einzigartig an der Mosel«, sagen die beiden, »wo der Boden den Weinen Schliff und Leichtigkeit verleiht.«

Alle mal herhören

Als die beiden (Wein-)Freunde sich intensiver mit dem Thema Mosel-Riesling zu beschäftigen begannen, stellten sie fest, dass es zwar ausführliche deutsche Führer gibt, aber kaum etwas auf Englisch für ein internationales Publikum. »Da hinkte der Moselwein weit hinterher«, sagen sie. »Der Weinliebhaber aus London, New York, Tokio oder Stockholm konnte über Burgund, Italien, Bordeaux und vieles mehr aktuell lesen, aber nicht über die Mosel.« So riefen sie selbst vor über zehn Jahren das Projekt »Mosel Fine Wines« ins Leben.

Abonnenten weltweit

»Mosel Fine Wines – The Independent Review of Mosel Riesling« ist eine mehr oder weniger quartalsweise erscheinende Publikation, die als pdf-Dokument per E-Mail an die inzwischen mehr als 8000 Abonnenten verschickt wird. Und zwar gratis. Es ist ehrenamtliche und vielleicht auch ein bisschen missionarische Arbeit, die Rayer und Fisch leisten. Nach Schätzung der beiden Autoren kommen die Abonnenten etwa zu 50 % aus den USA, zu 40 % aus Europa und zu 10 % aus Asien. »Da wir sehr detailliert und akribisch an unsere Aufgaben herangehen, kamen die Leser zuerst aus der Weinbranche«, sagen die beiden, »heute ist es ausgewogener. Wir schätzen, dass die Hälfte Profis wie Händler, Ladenbesitzer und Importeure sind und die andere Hälfte private Weinliebhaber.«

Und der Lieblingswein?

Ihre eigenen Wohnorte in Frankreich und Belgien, die beide höchstens zwei bis drei Autostunden von der Mosel entfernt sind, erlauben es ihnen, alle vier bis sechs Wochen in die Region zu reisen, um Weingüter zu besuchen und Weine zu testen. Was sie vor Ort nicht schaffen, testen sie zu Hause. »Allerdings führen wir dann ein detailliertes Gespräch mit den Winzern, um die Weine besser einordnen zu können.«

Was für eine wunderbare Perspektive: Wenn im Herbst die Trauben richtig prall geworden sind, wie hier bei Bremm, freuen sich Weinfreunde auf den nächsten Jahrgang von der Mosel.

Eine Frage wird David Rayer und Jean Fisch immer wieder gestellt – und sie antworten äußerst ungern darauf: die nach dem besten Wein, dem Winzer, den man unbedingt besuchen sollte, ihren eigenen Favoriten. »Seit Anfang an wehren wir uns gegen pauschale Vereinfachungen«, sagen sie. »Der Riesling bietet an der Mosel die Möglichkeit, trockene Weine, feinherbe Weine, fruchtige Weine sowie edelsüße Weine zu machen – und daneben gibt es ja auch noch Sekt, Spätburgunder und vieles mehr.« Nicht jeder Winzer sei in allem gut. Es gebe mindestens 50 Weingüter an der Mosel, die sie extrem schätzen, deren Weine sie jedes Jahr testen und über die sie dann detailliert berichten. »Jedes Jahr haben wir unsere Lieblingsweine, die wir am Jahresende in Listen auch teilen.« Lesern, die sich an die Moselweine erst einmal herantasten und sie entdecken möchten, geben sie den Rat, sich von einem der großen Weingüter rund um Trier (Bischöfliche Weingüter, Vereinigte Hospitien oder Reichsgraf von Kesselstatt) ein Probierpaket schicken zu lassen oder vor Ort zu probieren. Denn: »Diese Weingüter bieten das volle Spektrum an Geschmacksrichtungen an, und das aus den drei Hauptgegenden der Mosel – Mosel, Saar und Ruwer.«

Und sonst so?

Wenn David Rayer und Jean Fisch einmal keinen Moselwein trinken, dann greifen sie auch gerne zu einem anderen guten Tropfen aus aller Welt: zu einem großen Riesling aus Deutschland zum Beispiel oder auch einem Champagner oder Burgunder aus Frankreich, einem schönen Italiener oder einem feinen Rioja. ■

Lecker schmecker

Der Weinbergpfirsich — Schon fast in Vergessenheit geraten, erlebt die rote Delikatesse seit einigen Jahren in der Moselregion eine Renaissance in Form vieler Produkte von der Konfitüre bis zum Schnaps.

Was haben Champagner und Parmaschinken gemeinsam? Abgesehen davon, dass sie köstlich schmecken? Sie kommen aus einer bestimmten Region. Trauben für Champagner müssen in der Champagne gewachsen sein, die Schweine für den Parmaschinken in der Region Parma gezüchtet und geschlachtet, der Schinken hier geschnitten und verpackt werden (anders als übrigens bei der Thüringer Bratwurst oder beim Schwarzwälder Schinken). Geht es nach dem Verein Roter Weinbergpfirsich der Mosel und dem Dienstleistungszentrum Ländlicher Raum Mosel, soll die Herkunftsbezeichnung für die süße Frucht irgendwann genauso streng geregelt sein. Davon erhofft man sich Vorteile in der Vermarktung und Impulse für den Tourismus.

WEINBERGPFIRSICH-PESTO

Zutaten: 100 g Weinbergpfirsiche
6 EL Pinienkerne oder Mandeln
2 EL Balsamico-Essig
7 EL Rapsöl
Salz und Pfeffer
Zubereitung: Alle Zutaten werden gemixt und mit Salz und Pfeffer abgeschmeckt.
Quelle: www.moselweinbergpfirsich.de

Uralte Sorte aus dem Fernen Osten

Welches Potenzial diese Frucht hat, erkennt man in der Region seit einigen Jahren (wieder). Der Ursprung des Pfirsichs liegt im mittleren und nördlichen China. Dort wurden bereits 2200 v. Chr. verschiedene Pfirsichsorten gezüchtet. Von China wanderte der Anbau von Pfirsichen nach Persien, wo die Römer die Frucht kennenlernten und ›persische Pflaume‹ nannten, *Prunus persica*. Vor über 2000 Jahren brachten die Römer den Roten Weinbergpfirsich als Obst mit ins warme Klima der Weinbaugebiete an der Mosel und am Rhein. Denn hier gibt es etwas, das der Pfirsich über alles liebt: Sonne.

Die liebe Sonne

Um gute Früchte hervorzubringen, braucht der Baum einen warmen und windgeschützten Standort, viel Sonneneinstrahlung, einen nährstoffreichen Boden und genug Wasser. Im besten Fall bringen die Moselweinbergpfirsichbäume im Herbst diese ganz besonderen Früchte hervor, die sich vom gewöhnlichen Pfirsich deutlich unterscheiden: Außen sind sie rau, innen burgunderrot und sehr aromatisch. Betriebe, die den Moselweinbergpfirsich und seine Produkte vermarkten, können sich zertifizieren lassen und dann das Qualitätssiegel »Moselweinbergpfirsich – Original« tragen.

Früchte statt Reben

Nachdem die Sorte in den 1970er-Jahren schon fast ausgestorben war, stehen inzwischen einige Tausend Bäume in der Moselregion, vor allem in aufgelassenen Weinbergen. Es handelt sich dabei um Obstbäume, die wurzelecht sind, also nicht veredelt, sondern aus Samen gezogen werden. Dadurch können sich die Pflanzen besser an das lokale Klima anpassen. Ihre Früchte werden längst nicht nur auf dem Markt verkauft, sondern zu allen möglichen Produkten verarbeitet. Urlauber, die auf einem Weingut oder in einem familiären Hotel übernachten, können oft mit der Frucht schon in den Tag starten: Auf vielen Frühstückstischen steht die Weinbergpfirsichkonfitüre. Als Aperitif zum Abendessen gibt es manchmal auch ein Glas Perl- oder Schaumwein mit Weinbergpfirsichlikör. Verkauft wird der Moselweinbergpfirsich in Form von Bonbons, Pralinen, Eis, Senf, Fruchtgummis, Balsamico – und natürlich als Alkohol: Schnaps, Punsch, Whisky. Es gibt sogar Badekristalle, Duftkerzen und Tabak mit dem Aroma des Weinbergpfirsichs. Nur eines sollte man nicht tun: ihn einfach essen. Dafür ist er zu bitter.

Backe, backe Kuchen

Es lässt sich hervorragend mit Weinbergpfirsichen kochen und backen. Köche und Hobbyköche nutzen die Frucht gerne als Zutat für alles Mögliche. Die (Koch-)Bücher »Rund um den Roten Weinbergpfirsich« von Heike Raab und »Der Rote Weinbergpfirsich« von Ingeborg Scholz geben viele Anregungen. Man kann die Frucht einkochen und einfrieren, Fruchtaufstriche daraus machen oder Pesto, Essig oder Chutney. Oder, oder, oder … ■

Unter den warmen Strahlen der Sonne öffnen sich früh im Jahr die rosa Blüten des Roten Weinbergpfirsichs. Die kleinen harten Früchte haben rotes Fleisch.

Kostenlos durch Luxemburg

In unserem Nachbarland ist vieles teurer — aber nicht alles. Bei der Mobilität kann man nämlich ordentlich sparen. Benzin gibt es günstiger als in Deutschland. Und Bus- und Bahnfahren ist seit einigen Jahren sogar gratis.

Luxemburg, von jeher eigentlich ein klassisches Autofahrerland, ist das erste Land der Welt, das die freie Fahrt mit Bussen und Bahnen eingeführt hat. Und zwar nicht nur für die eigenen Bürgerinnen und Bürger, sondern auch für alle Besucher des Landes sowie für Pendler, die in Luxemburg leben und in Deutschland, Frankreich oder Belgien arbeiten und umgekehrt. Sie alle können einfach einsteigen und mitfahren. Man muss sich nirgends registrieren, anmelden oder Plätze reservieren. Komfortabler geht es nicht.

Argumente und Gegenargumente

Seit dem 1. März 2020 ist der öffentliche Personennahverkehr kostenlos. Die drei Koalitionsparteien, die von 2018 bis 2023 die luxemburgische Regierung gebildet haben (DP, LSAP und déi gréng), hatten die Maßnahme schon in ihrem Wahlprogramm angekündigt. Ganz unumstritten war sie nicht. »Eine der anfänglichen Hauptsorgen war, dass der öffentliche Personennahverkehr mit Fahrgästen überschwemmt werden würde, die den Nutzern, die schon vor Einführung des Nulltarifs regelmäßig den ÖPNV genutzt haben, Kapazitäten wegnehmen würden«, teilt eine Sprecherin des Ministeriums für Mobilität und öffentliche Arbeiten mit. Da das Angebot aber stetig ausgebaut werde, gebe es das Problem von Engpässen nicht.

Zudem sei ein häufig geäußertes Vorurteil gewesen, dass man »kostenlos« mit »schlechter Qualität« gleichsetze. Auch das habe sich als falsch herausgestellt. »Und schließlich hatten manche Bürgerinnen und Bürger Hygiene- und Sicherheitsbedenken durch das Wegfallen der Fahrkartenkontrollen«, erläutert die Sprecherin weiter. Die gesetzlichen Grundlagen seien jedoch, was etwa Strafen für ein Fehlverhalten in öffentlichen Verkehrsmitteln angehe, angepasst worden. So müsse sich jeder Fahrgast ausweisen können und könne vom öffentlichen Transport ausgeschlossen werden. »Dadurch, dass es nicht zu einem Personalabbau, sondern im Gegenteil eher zu einer personellen Verstärkung kam, konnten eventuelle Probleme von vornherein vermieden werden.«

Ordentlich gespart

Wir machen die Probe aufs Exempel und sind in den rheinland-pfälzischen Herbstferien einen Tag lang zwischen Echternach im Süden des Landes und der knapp 30 km entfernten Hauptstadt Luxemburg-Stadt in Bussen und Straßenbahnen unterwegs. Und ziehen abends ein positives Fazit: Selbst in kleinen Orten ist das Angebot an öffentlichen Verkehrsmitteln groß, Busse fahren häufig und sind selten überfüllt. Selbst wenn das Tanken in Luxemburg immer noch deutlich günstiger ist als in Deutschland: Wir haben am Ende schon einige Euro an Benzinkosten und Parkgebühren in den Parkhäusern der Altstadt gespart.

Und dazu kommt das gute Gefühl, etwas für die Umwelt getan zu haben. Stau unterwegs oder Parkplatzsuche in der Großstadt? Themen, mit denen wir uns einen Tag lang überhaupt nicht beschäftigen mussten.

Deutlich gestiegene Nutzerzahlen

Menschen dazu zu bewegen, das Auto häufiger stehen zu lassen, war aber nicht die Hauptmotivation der Befürworter des Projekts. Dazu noch einmal die Ministeriumssprecherin: »Kurzfristig wurde keine signifikante Verkehrsverlagerung erwartet«, sagt sie. »Was die Tarife betrifft, war das Fahren mit öffentlichen Verkehrsmitteln in Luxemburg immer deutlich billiger als das Autofahren, selbst als die öffentlichen Verkehrsmittel noch eine kostenpflichtige Dienstleistung waren (50 € pro Monat oder 4 € pro Tag für das ganze Land). Dementsprechend gab es keine ausschlaggebenden Faktoren für einen plötzlichen Umstieg auf öffentliche Verkehrsmittel.«

Dazu kam, dass die Einführung des kostenlosen ÖPNV fast genau mit dem Ausbruch der Covid-19-Pandemie zusammenfiel und viele Menschen ihren Arbeitsplatz phasenweise ins Homeoffice verlagerten – ein Trend, der immer noch anhält und sich wahrscheinlich auch nicht mehr umkehren wird. Langfristig werde aber erwartet, so die Sprecherin, »dass die Abschaffung des Fahrkartenverkaufs die spontane Nutzung öffentlicher Verkehrsmittel fördert«. So sei die Zahl der Tram-Nutzer von 4,7 Millionen (2018) auf 28,7 Millionen (2023) pro Jahr gestiegen.

Großes Interesse aus dem Ausland

Die luxemburgische Regierung sieht das Projekt des kostenlosen ÖPNV vor allem als soziale Maßnahme, die Geringverdiener entlastet und, da Steuergelder dafür verwendet werden, breite Schultern stärker belastet als schmale. Die Maßnahme soll eine dauerhafte sein – und sie stößt auf der ganzen Welt auf große Aufmerksamkeit. »Mehrere mittelgroße oder große Städte haben Interesse an der Umsetzung und den Erfahrungswerten gezeigt, da Luxemburgs kostenloser ÖPNV wichtige Merkmale mit Initiativen wie zum Beispiel dem deutschen 49-Euro-Ticket teilt«, sagt die Sprecherin des Ministeriums, »eine leicht verständliche und einprägsame Tarifstruktur für den ÖPNV, die gleichzeitig Komfort mit sich bringt. Die Nutzung öffentlicher Verkehrsmittel sollte so unkompliziert wie die Nutzung des eigenen Autos sein: einfach hingehen, einsteigen und ans Ziel fahren.« ■

Feste feiern

Weinfeste — Sie sind die Höhepunkte im Mosel-Kalender. Eines der größten ist das Weinfest der Mittelmosel in Bernkastel-Kues.

»Moselblümchen« heißt die hübsche Tracht, die traditionell beim Weinfest getragen wird. Eröffnet werden die Feierlichkeiten mit dem »Moselblümchenabend«.

Eine Bürgerwehr der harmlosen Art: So nennt sich die Musikgruppe, die seit 1973 an eine Tradition von 1848 anknüpft und das Weinfest musikalisch begleitet.

Farben, Lichter, Musik – das lässt nicht nur Kinderherzen höher schlagen.

Jedes Jahr Anfang September kommen rund 200 000 Besucher zu dem fünftägigen Fest nach Bernkastel-Kues. Ein Höhepunkt des Weinfestes der Mittelmosel ist der große Umzug mit vielen Musik- und Tanzgruppen (oben).

Noch mehr aktuelle Reisetipps und News zum Reiseziel finden Sie auf www.dumontreise.de/mosel.

DAS KLIMA IM BLICK

Reisen bereichert und verbindet Menschen und Kulturen. Wer reist, erzeugt auch CO_2. Der Flugverkehr trägt in erheblichem Maße zur globalen Erwärmung bei. Wer das Klima schützen will, sollte sich für eine schonendere Reiseform (z. B. die Bahn) entscheiden – oder die Projekte von atmosfair unterstützen. Atmosfair ist eine gemeinnützige Klimaschutzorganisation. Die Idee: Flugpassagiere spenden einen kilometerabhängigen Beitrag für die von ihnen verursachten Emissionen und finanzieren damit Projekte in Entwicklungsländern, die dort den Ausstoß von Klimagasen verringern helfen. Dazu berechnet man mit dem Emissionsrechner auf www.atmosfair.de, wie viel CO_2 der Flug produziert und was es kostet, eine vergleichbare Menge Klimagase einzusparen (z. B. Berlin – London – Berlin 14 €). Atmosfair garantiert die sorgfältige Verwendung Ihres Beitrags.

atmosfair

Abbildungsnachweis
Antoon Gadiot, Ernst: S. 292/293 **Archiv der Tourist-Information Ferienland Cochem,** Cochem: S. 161 **Carlo Rinnen,** Ehnen (LU): S. 71 **Clean River Project,** Winningen: S. 285 (Stephan Horch) **Deutsche Bahn Stiftung gGmbH,** Nürnberg: S. 217 M. (DB Museum Koblenz/ Stefan Wildhirt) **DuMont Bildarchiv,** Ostfildern: S. 6 li., 14 li., 14 re., 25, 30, 56, 80, 93, 101 M., 135, 153 M., 153 re., 155, 175, 177, 180, 205, 207, 208, 219, 240 (Arthur F. Selbach); 226, 216 li. (Christian Baeck); 51, 42 re., (Georg Knoll); 192 (Peter Hirth); 129 M., 197 M. (Rainer Hackenberg) **Gerhard Schommers,** St. Aldegund: S. 269 **Godehard Juraschek,** Höhr-Grenzhausen:

Nicole Sperk ist auf fernen Kontinenten genauso gerne unterwegs wie im eigenen Bundesland. Jeden Ort an der Mosel erreicht sie in höchstens 100 Minuten. Dort schätzt sie das Gleiche wie in ihrer eigenen Heimat, der Pfalz: die wunderschönen Landschaften, die Lust am Genuss, die fast südländische Lebensart und den historischen und kulturellen Reichtum. Und die eleganten Weißweine. Die Redakteurin und Soziologin lebt mit ihrer Familie in Bad Dürkheim.

S. 233, 216 re. **Huber-Images,** Garmisch-Partenkirchen: S. 9, 107, 114, 159 (Reinhard Schmid); 211 (Chris Seba); 27, 145 (Hans-Georg Eiben); 37, 61, 260 (Hans-Peter Merten); 251 (Luca Da Ros); 7 re., 103 (Massimo Ripani); 287 (Olimpio Fantuz) **iStock.com,** Calgary (CA): S. 152 li. (8vFanl) **laif,** Köln: S. 45, 72 li., 79 (Bernd Jonkmanns); 86 (Christian Kerber); 270/271 (Clemens Zahn); 23 (Dirk Eisermann); 101 re., 157 (Dorothea Schmid); 59 (Gerald Haenel); 15 re., 68 (Heiko Specht); 225 (hemis.fr/Gregory Gerault); Titelbild, 258, 11 (Katja Hoffmann); 265 (Oliver Soulas); 12/13 (robertharding/Gavin Hellier); 165 (robertharding/Jochen Schlenker); 168 (robertharding/Michael Runkel); 43 M., 63 (Zanettini) **Lookphotos,** München: S. 187 (Brigitte Merz); 17 (Günther Bayerl); 137 (Thomas Stankiewicz) **Maria Gietzen,** Hatzenport: S. 196 re., 203 **Mauritius-Images,** Mittenwald: S. 183 (age fotostock/Hoffmann Photography); 75, 196 li., 199, 259 (Alamy/Helmut Corneli); 19, 41 (Alamy/Joaquin Ossorio-Castillo); 131 (Alamy/Mark Dunn); 66 (Alamy/Wolfgang Diederich); 123 (Chromorange/Beate Tuerk); 274 (foodcollection/Itummy); 55, 252/253 (Hans-Peter Merten); 7 li. (imagebroker/Creativ Studio Heinemann); 99 (imagebroker/Hartmut Schmidt); 2/3 (imagebroker/Heinz-Dieter Falkenstein); 120 (robertharding/Hans-Peter Merten); 111 (Torsten Krüger); 33, 8, 15 M., 73 re., 100 li. (Udo Bernhart); 229 (United Archives/Werner Otto); 97 (Westend61/Andreas Pacek) **Mittelmosel-Museum,** Traben-Trarbach: S. 128 li. (Gernot Weyrich) **Moseljünger e.V.,** Briedel: S. 283 (StraMa Max Werbeagentur) **Nicole Sperk,** Bad Dürkheim: S. 72 re., 82, 89, 117, 124, 139, 171, 191, 255, 299 **Passionsspiele Wintrich e.V.,** Wintrich: S. 73 M. (Joerg Kinn) **picture-alliance,** Frankfurt a. M.: S. 195, 173 re. (augenklick/firo Sportphoto/Jürgen Fromme); 289 u. (blickwinkel/A. Jagel); 289 o. (Chromorange/Silke Rottleb); 281 (Dpa-Zentralbild/Sammlung Berliner Verlag Archiv); 151, 231, 238/239 (dpa/Thomas Frey); 273 (Mary Evans Picture Library); 35 (Rolf Wilms); 278 (ullstein bild/Archiv Gerstenbe) **shutterstock.com,** Amsterdam (NL): S. 172 li. (Gino Van de brempt); 42 li. (Joerg Steber); 148, 129 re. (Klaus Brauner); 172 re. (Lauredin); 217 re. (leoks); 152 re. (Lightboxx); 6 re. (max dallocco); 100 re. (NatalyaBond); 43 re. (Sergey Izotov); 173 M. (Sergey Novikov); 128 re. (Stanislava Karagyozova); 197 re. (Volker Rauch); 53 (Wsf-s) **Theater Koblenz,** Koblenz: S. 236 (Katharina Dielenhein) **Wein- und Ferienregion Bernkastel-Kues GmbH,** Bernkastel-Kues: S. 294 o. li., 294 m. re., 295 o., 295 u., 294 u. li. **Wikimedia Commons:** S. 214/215 (CC BY-SA 3.0/Mirdsson2) **Zylinderhaus,** Bernkastel-Kues: S. 127

Umschlagfoto
Titelbild: Weingut im Landkreis Bernkastell-Wittlich

Zitatnachweis
S. 85 Stefan Andres: »Des Lebens tiefste Weisheit liegt im Wein«, Verlag Langen-Müller, München 1989; Stefan Andres: »Das Regulierungsprojekt«, in »Land um die Mosel«, Süddeutscher Verlag, München 1978; Stefan Andres: »Der Knabe im Brunnen«, dtv, München 2006

Kartografie
© KOMPASS-Karten GmbH, A-6020 Innsbruck; DuMont Reiseverlag, D-73751 Ostfildern

Autorin: Nicole Sperk **Redaktion/Lektorat:** Petra Juling, Susanne Pütz **Bildredaktion:** Sima Ebrahimi, Titelbild: Carmen Brunner **Grafisches Konzept und Umschlaggestaltung:** zmyk, Oliver Griep und Jan Spading, Hamburg

Hinweis: Autorin und Verlag haben alle Informationen mit größtmöglicher Sorgfalt geprüft. Gleichwohl erfolgen alle Angaben ohne Gewähr. Bitte schreiben Sie uns! Über Ihre Rückmeldung und Ihre Verbesserungsvorschläge freuen wir uns: DuMont Reiseverlag, Postfach 3151, 73751 Ostfildern, info@dumontreise.de, www.dumontreise.de

2., aktualisierte Auflage 2024

Printed in Poland

Offene Fragen*

Und wenn man an Pfälzer Riesling gewöhnt ist?

Pop oder Protest?
Seite 214

Und wenn ich nur zum Tanken nach Luxemburg will?
Seite 66

Und es kostet wirklich gar nichts?
Seite 290

Und im Januar hat alles zu?
Seite 248

Gab es Dinos an der Mosel?
Seite 70

Nehmen wir Badesachen mit zur Thermen-Tour?
Seite 26

Wäre es nicht praktischer, Weinkorken zu sammeln als alte Autos?
Seite 126

Wann sollte man den Fährmann bezahlen?
Seite 186

Gibt es Burgen über Burgen?
Seite 200

Diese tolle Seilbahn muss wirklich wieder weg?
Seite 234

Fragen über Fragen – aber Ihre ist nicht dabei? Dann schreiben Sie an info@dumontreise.de. Über Anregungen für die nächste Ausgabe freuen wir uns.